शोर के विरुद्ध सृजन

(ममता कालिया का रचना संसार)

शोर के विरुद्ध सृजन

(ममता कालिया का रचना संसार)

सम्पादक

जितेन्द्र श्रीवास्तव

सहयोग

अरुण कुमार पाण्डेय

शम्भुनाथ मिश्र

शिवदत्ता वावळकर

वाणी प्रकाशन

वाणी प्रकाशन

4695, 21-ए, दरियागंज, नयी दिल्ली 110 002

शाखा

अशोक राजपथ, पटना 800 004

फ़ोन : +91 11 23273167 फ़ैक्स : +91 11 23275710

www.vaniprakashan.in
vaniprakashan@gmail.com
sales@vaniprakashan.in

SHOR KE VIRUDDH SRAJAN
(MAMTA KALIA KA RACHNA SANSAR)
Edited by Jitendra Srivastava

ISBN : 978-93-86799-17-3
Criticism

प्रथम संस्करण

मूल्य : ₹ 795

सिटी प्रेस, दिल्ली-110 095 में मुद्रित

वाणी प्रकाशन का लोगो मक़बूल फ़िदा हुसेन की कूची से

कुछ शब्द

ममता कालिया की कहानियों को स्त्री-विमर्श की कहानियाँ न कहकर बृहत्तर जीवन-मूल्यों की कहानियाँ कहना अधिक न्यायोचित होगा। वे उन स्त्री कथाकारों से भिन्न हैं जो पुरुष मात्र को खलनायक की तरह प्रस्तुत कर मुँह के बल लिटा देती हैं और उनकी आत्मा तक को लहूलुहान करके ही दम लेती हैं। ममता जी की कहानियों में स्त्री-पुरुष सम्बन्ध और पारिवारिक मूल्य केन्द्रीय तत्त्व की तरह उपस्थित हैं। यहाँ जब स्त्री-पुरुष सम्बन्ध की बात हो रही है तो यह स्पष्ट करना आवश्यक है कि इस पद का प्रयोग सीमित अर्थों में नहीं किया गया है। यहाँ इसका आशय जीवन के हर क्षेत्र में सामंजस्य से है। ऐसा सामंजस्य जिसमें स्त्री और पुरुष दोनों एक-दूसरे को ठीक से समझते हों और व्यवहार के स्तर पर जहाँ किसी भी प्रकार की गैर-बराबरी के लिए कोई जगह न हो। ममता जी की कई कहानियाँ इस दृष्टि से उल्लेखनीय हैं। 'बड़े दिन की पूर्व साँझ' शीर्षक कहानी को इस नजरिए से प्रस्थान बिन्दु के रूप में देखा जा सकता है। यही स्त्री और पुरुष के बीच बने रिश्ते का रसायन समाज को अग्रगामी बनाने वाला है। यह भरोसे का संसार निर्मित करने वाले स्त्री-पुरुषों की कहानी है। उनकी नहीं, जो पुरुषों को मालिक और स्त्री को दास माने बैठे हैं या यह कि विवाह और परिवार अन्ततः विनाशकारी प्रवृत्तियों से भरी हुई एक रोगग्रस्त संस्था है।

ममता कालिया की कहानियों से गुजरते हुए मन-मस्तिष्क कई स्थलों पर रुके बिना रह ही नहीं पाते। जीवन और समाज के छोटे-छोटे सन्दर्भ, जिन्हें हम आमतौर पर नजरअन्दाज़ कर देते हैं, इन कहानियों में आकर एक बड़ा परिप्रेक्ष्य सृजित करते हैं। हम हठात् सोचने को विवश हो जाते हैं—क्या ऐसा ही है! पाठक के भीतर अपनी रचना के माध्यम से यह जागृति पैदा कर देना महज कौशल का नहीं, प्रतिभा और सुदीर्घ जीवनानुभव का कमाल है। बिना किसी शोर के अपनी कहानियों से सार्थक हस्तक्षेप करना ममता कालिया के कहानीकार का मूल स्वभाव है। वे रचना और रचनात्मकता में भरोसा रखने वाली कहानीकार हैं। यानी 'बात बोलेगी हम नहीं।'

ममता कालिया ने अपने शुरुआती दौर की छोटी-छोटी कहानियों में जिन छोटे-छोटे जीवन-प्रसंगों को पुनर्सृजित किया है, वे पाठकों को अपने मन और जीवन

के बहुत करीब लगते हैं। उनकी कहानी–'बीमारी' इस दृष्टि से एक मानक कहानी है। बदलते समय और समाज में रिश्तों का गणित कितना उलझता जा रहा है, इस कहानी को पढ़कर महसूस किया जा सकता है। कई दशक पहले ममता जी ने इस कहानी को जब लिखा होगा तब से अब तक रिश्तों की नदी और सँकरी हुई है और इसी कारण इस कहानी की कथ्यगत प्रासंगिकता बनी हुई है।

किसी भी पाठक को महज एक किस्म की रचनाएँ ही आकृष्ट नहीं करती हैं। एक ही रचनाकार के रचना संसार की दो चीजें उसे अलग-अलग कारणों से भी प्रीतिकर या आवश्यक लग सकती हैं। जैसे किसी कवि की कोई प्रेम कविता व्यक्तिगत और मनोगत कारणों से, किसी समस्या पर लिखी गयी कोई कविता सामाजिक-सांस्कृतिक या राजनीतिक कारणों से। कहने का आशय यह कि पाठकीय समाजशास्त्र का कोई एक बना-बनाया फार्मूला नहीं होता। यदि कोई आलोचक फार्मूला आधारित आलोचना की ओर बढ़ेगा तो मुँह के बल गिरना उसकी नियति होगी। एक कथाकार के रूप में ममता कालिया के पास कई रंग की कहानियाँ हैं। यदि जीवन के सभी रंगों की नहीं तो भी अधिकांश रंगों की तो हैं ही। वैसे भी जीवन को सम्पूर्णता में पकड़ना किसके बूते में रहा है! बड़ा रचनाकार वही होता है जो अपनी सामर्थ्य और सीमा को जानता है। असीम तो कोई भी नहीं। ममता जी की *वे तीन और वह, अपत्नी, दो जरूरी चेहरे, सीट नं. 6, लगभग प्रेमिका, आजादी, एक जीनियस की प्रेम कथा, पच्चीस साल की लड़की, इक्कीसवीं सदी, प्रिया पाक्षिक, बोलने वाली औरत, रोशनी की मार, उत्तर अनुराग, लड़कियाँ, निर्मोही, वसन्त–सिर्फ एक तारीख, अनुभव, छुटकारा, सिकन्दर, बोहनी, लकी, सुलेमान* तथा *सवारी और सवारी* जैसी कहानियाँ हमारे सामने सिर्फ एक जाना-पहचाना संसार ही नहीं रखती हैं बल्कि एक नये संसार की परिकल्पना भी प्रस्तुत करती हैं। 'दो जरूरी चेहरे' अपने कलेवर में एक साधारण-सी लगती प्रेम कहानी है लेकिन सचमुच साधारण कहानी नहीं है। इस कहानी को असाधारण बनाने वाली चीजें हैं–उसमें घुला जीवन रस, उल्लास और चंचल-निर्मल भाषा। वैसे जहाँ तक भाषा का प्रश्न है, ममता कालिया लाजवाब हैं। वे सीधी सरल भाषा लिखकर जो असर पैदा कर देती हैं, कई लोग भाषा में तमाम तरह की उठा-पटक के बाद भी नहीं कर पाते हैं। उदाहरण के लिए कुछ कहानियों के ये अंश देखे जा सकते हैं–

> 'उसने झटपट गाउन पहना, लम्बे बालों की ऊँची नॉट बनाई, गेरुए रंग की चप्पलें पैर में डालीं और तैयार हो गयी। संन्यास में भी वह विन्यास के प्रति सचेत थी।'
>
> (*मेला*)

> 'बाबा की पुरानी कोठी। लम्बे-लम्बे किवाड़ों वाला फाटक, जहाँ पहुँच रेल की पटरी ट्राम की पटरी जैसी चौड़ी हो जाती। जब बन्द होता, ताँगों की कतार लग जाती कोठी के सामने। रेल क्रॉसिंग के पार झाड़बिरिख, और कुछ दूर पर

सौंताल। कभी इसका नाम शिवताल रहा होगा पर सब उसे सौंताल कहते। उसके पार जंगल-जंगल, बीच-बीच में जर्जर टूटी दीवारें। कहते हैं वहाँ राजा सूरसेन की कोठी थी कभी। घर की छत पर मोरों की आवाजें उठतीं—मेहाओ। जब तक हम दौड़े-दौड़े छत पर पहुँचते मोर उड़ जाते। लम्बी उड़ान नहीं भरते। बस सौंताल के पास कभी कदम पर या कटहल पर बैठ जाते। सौंताल से हमारी छुट्टियों का गाथा-लोक बँधा हुआ था। शाम को ठंडी बयार चलती। दादी हाथ में पंखा रोक कर कहतीं—जे देखो सौंताल से आया सील समीरन। कभी आकाश में बड़ी देर से टिका एक बादल थोड़ी देर से लिए बरस जाता। दादी का आह्लाद देखने वाला होता, 'आज सिदौसी से मोर-पपीहा मल्हार गा रहे थे। मैं जानू मेह परेगौ।' (*निर्मोही*)

'हम कनॉट प्लेस के पीछे की गलियों में घूम रहे थे। पीछे की गलियों को देखकर कोई नहीं सोच सकता कि आगे इतनी भीड़ और इतना शोर होगा, जिसे आम भाषा में रौनक कहते हैं। वहाँ ज्यादातर नौकरों, शोहदों की आवाजें थीं, पर भीड़ नहीं थी और हमें एकान्त की जरूरत थी, चाहे वह एकान्त श्मशान का ही क्यों न हो। पीछे से कनॉट प्लेस बेडौल नजर आ रहा था। कनॉट प्लेस से वे खम्भे हटा लिए जाएँ और वह गोलाई छीन ली जाए तो कनॉट प्लेस और इमली बाजार में ज्यादा फर्क न रहे। हर खूबसूरत दुकान का पिछवाड़ा यहाँ था और हम कभी फुटपाथ पर चढ़ते, कभी उतरते जा रहे थे।' (*दो जरूरी चेहरे*)

'धीरे-धीरे काफी अँधेरा हो गया। ठंड भी बढ़ गयी। हवा में नमी थी मानो पानी बरसेगा। रामू के बदन पर स्वेटर था लेकिन ढीला और पुराना होने के कारण उससे उसे कोई गरमाई नहीं मिल रही थी। इतनी देर रजाई के अन्दर रहने पर भी उसके पैर गर्म नहीं थे। रजाई की रुई जगह-जगह से टूटकर सिमट गयी थी। वह रजाई उसकी पाँचवीं नौकरी की यादगार थी। उस परिवार के बूढ़े बाबा जब मरे तो उसका गद्दा, तकिया-चादर दान कर दिये गये। बचत के ख़याल से रामू के लिए गर्म लिहाफ का प्रबन्ध मृत बुजुर्ग की रजाई से कर दिया गया। रजाई पहले ही काफी पुरानी थी। अब इस बात को भी ढाई साल हो चुके। गर्मियों में रामू इसे गद्दे की तरह बिछा लेता था और सर्दियों में ओढ़ लेता। चादर के बारे में उसने न कभी सोचा न जुगाड़ किया। यह मैली चीकट रजाई जो साहबों के घरों में रखी कितनी मनहूस, मटमैली और मुसीबत लगा करती थी आज उसे साही बिस्तर का आराम दे रही थी। यह भी न होती तो वह क्या करता, रामू ने काँपते हुए सोचा।' (*अनुभव*)

जिस तरह अमरकान्त अपनी पीढ़ी में बिल्कुल अलग हैं, उसी तरह ममता कालिया भी अपनी पीढ़ी में। कहानी पर भरोसा, कलाबाजी पर नहीं। यह अकारण नहीं है कि ममता कालिया के पास पाठकों का टोटा नहीं है। रवीन्द्र कालिया ने

उनके विषय में लिखा है—'वास्तव में ममता का एक निश्चित पाठकवर्ग है। उसकी कोई रचना प्रकाशित होती है तो हमारे घर की डाक में अप्रत्याशित रूप से वृद्धि हो जाती है। डाकिया डाकघर से अलग पैकेट बनाकर लाता है। बड़ी दिलचस्प होती है वह डाक। अधिसंख्य पत्र प्रशंसकों के होते हैं, कुछ पत्र दिलफेंक दीवानों के भी होते हैं। कई पत्रों में सिर्फ अभद्रता होती है। शुरू-शुरू में तो कहानी पढ़कर पाठक विवाह का प्रस्ताव भी भेज देते थे...एक बार तो अमरीका से अनिवासी भारतीय का प्रस्ताव ही नहीं, कुछ तोहफे भी आये थे। हिन्दुस्तान में औरत होना काफी जोखिम का काम है, महिला कथाकार होना तो उससे अधिक बहादुरी का काम। ममता के सैकड़ों पत्रों के बीच बहुधा इस सुदामा के नाम एक पत्र नहीं होता! एक बार ममता की एक कहानी साप्ताहिक हिन्दुस्तान में प्रकाशित हुई। मनोहर श्याम जोशी सम्पादक थे। कहानी के सम्बन्ध में इतने अधिक पत्र प्राप्त हुए कि वे चमत्कृत रह गये, उन्होंने साप्ताहिक के आगामी किसी अंक में ममता की लोकप्रियता को लेकर सम्पादकीय ही लिख डाला।'

एक कथाकार के रूप में ममता कालिया की लोकप्रियता और स्वीकार्यता असंदिग्ध है। उनकी प्रसिद्ध कहानी 'आपकी छोटी लड़की' को आलोचक बाल-मनोविज्ञान की कहानी मानते हैं लेकिन वह महज बाल-मनोविज्ञान की कहानी नहीं। उसमें अन्तर्निहित संस्कृति-समीक्षा को नज़रअन्दाज़ करना उसे एकांगी बनाने जैसा है। एक साधारण विषय-वस्तु को कथा के अन्तर्वस्तु में बदलते हुए उसमें किस प्रकार अर्थदीप्ति पैदा की जा सकती है, यह ममता जी की कहानियों में देखा जा सकता है। वे दृश्य यथार्थ की अदृश्य बहुस्तरीयता को बेहद सलीके और संवेदनशीलता से उद्घाटित करती हैं। उनकी कहानियाँ उन प्रश्नों और समस्याओं को हमारे सामने आईने की तरह रख देती हैं, जिनसे हम बचते फिरते हैं। मनुष्य की फितरत होती है कि वह रास्ते में पड़े पत्थरों से बचकर निकल जाता है और धीरे-धीरे यह उसकी आदत में इस तरह शामिल हो जाता है कि वह उस पत्थर का अस्तित्व ही भूल जाता है, बस बचा हुआ रास्ता उसे याद रहता है। अच्छी कहानियाँ, अच्छी कविताएँ या अच्छे उपन्यास राह के उस भूले हुए पत्थर और उसके पत्थरीकरण का बोध कराते हैं और उन विभ्रमों से मनुष्य को निकालने में मददगार होते हैं, जिनका सृजन जाने-अनजाने उसने स्वयं किया है। साहित्य केवल संस्कृति और मनुष्यता के बचे हुए रास्तों का प्रहरी नहीं, बल्कि वह गुम हो चुके रास्तों के साथ ही नये रास्तों का भी अन्वेषक होता है। वह मनुष्यता और संस्कृति का रक्षक ही नहीं, कई बार उसका सर्जक और कई बार पुनःसर्जक भी होता है। ममता कालिया की कहानियों में इस सच को देखा जा सकता है।

ममता कालिया के उपन्यासों का फलक विस्तृत होता है। उनके कथा-संसार में वे सभी विशिष्टताएँ उपस्थित हैं, जिनकी हम उम्मीद करते हैं। एक लम्बे रचनाकाल

में अधिकांश लेखक थक और चुक जाते हैं लेकिन ममता कालिया का लेखन इस बात का गवाह है कि उनमें अब भी किसी युवा रचनाकार की-सी ऊर्जा भरी हुई है। उनके बारे में पूरे विश्वास से कहा जा सकता है कि उनके उपन्यास और कहानियों के संकलन अभी और प्रकाशित होंगे—अपने पाठकों से बोलते-बतियाते, उनके जीवन में रंग भरते और उनके विवेक को अग्रगामी बनाते हुए।

इस पुस्तक में ममता जी के लेखन के सभी पक्षों पर आलेख दिये गये हैं। अन्तिम मूल्यांकन का हमारा कोई दावा नहीं है। फिर भी उम्मीद है, ये आलेख मूल्यांकन का एक परिप्रेक्ष्य निर्मित करेंगे। हम इस पुस्तक के सभी लेखकों और वाणी प्रकाशन, नयी दिल्ली के प्रति अपना हार्दिक आभार व्यक्त करते हैं क्योंकि इनकी वजह से ही यह पुस्तक इस रूप में सम्भव हो सकी है।

नयी दिल्ली

—जितेन्द्र श्रीवास्तव

26 जून, 2016

अनुक्रम

उपन्यास

खण्डित नायक की ट्रेजेडी : बेघर

–उपेन्द्रनाथ अश्क

ममता का अनुरोध था कि यदि मैं इस समीक्षा-पुस्तक में अपना पत्र सम्मिलित करूँ तो उसका उत्तर भी जरूर दूँ। सो वैसा ही किया गया है। मैं जब बंगलौर से वापस आया था तो ममता ने मुझे बताया कि उसे 'चूतिया' शब्द से बेहद चिढ़ है, इसलिए उसे बुरा लगा। एक ओर वह अपने पत्र में लिखती है कि भाषा इतनी रूढ़ और मृत हो चुकी है कि लेखक जो भाषा बोलता है, वही लिखनी चाहिए, दूसरी ओर वह एक ऐसे शब्द से तिनकती है, जिसे इलाहाबाद में पढ़े-लिखे और बे-पढ़े मर्द तो दिन में दस बार बोलते ही हैं, कम पढ़ी-लिखी औरतें भी बोलती हैं और अब तो ज्ञान, दूधनाथ और उनके दूसरे साथी लगातार इस शब्द को अपनी रचनाओं में लिखते हैं। यदि ममता शब्दकोश में 'औरत' के अर्थ देखें (जो शब्द कि आज 'स्त्री' के अर्थों में रूढ़ हो गया है) तो उसे मालूम होगा कि अपने मूल अर्थों में वह 'चूतिया' से भी ज्यादा अश्लील शब्द है। 'मूर्ख' और 'चुग़द' जिस भाव को नहीं व्यक्त करते, उसे यह शब्द अभिव्यक्ति देता है, तभी यहाँ के पढ़े-लिखे और बे-पढ़े उसे बोलते हैं। मैं अब भी यह मानता हूँ कि यदि **बेघर** का यही अन्त रहना है तो उसका शीर्षक कुछ वैसा ही होना चाहिए और यदि शीर्षक **बेघर** ही रहता है तो अन्त कुछ दूसरा होना चाहिए! **–उपेन्द्रनाथ अश्क**

प्रिय ममता,

आशा है, तुम और कालिया प्रसन्न, स्वस्थ और सानन्द हो।

मैं परसों यहाँ पहुँचा था। एक दिन मुझे सेट होने में लगा। मेरे लिए जो कमरा सेक्रेटेरिएट ने फ़िक्स किया था, वह मुझे पसन्द नहीं आया। रात खाने पर मैंने धर्मवीर जी से कहा कि वहाँ मुझे औपचारिक ढंग से रहना पड़ेगा, जो मेरे लिए कठिन है। सो वे मुझे साथ ले कर सभी कमरे दिखाने चल दिये और अपने व्यक्तिगत मेहमानों के लिए सुरक्षित कमरों में दो बड़े कमरों और ग्लेज़्ड बरामदे वाला एक अलग और एकान्त सूट उन्होंने मेरे लिए फ़िक्स कर दिया। कल शाम हम यहाँ जम गये। धर्मवीर जी का व्यवहार इतना अनौपचारिक, सौहार्द और स्नेह-भरा है और मुझे यहाँ इतनी सुविधा है कि अब भी यदि मैं उपन्यास पूरा न कर पाया तो दोष मेरा ही होगा।

बहरहाल, अपना काम शुरू करने से पहले मैं तुम्हें पत्र लिखने बैठ गया हूँ। वह इसलिए कि रास्ते में मैं तुम्हारा उपन्यास **बेघर** पढ़ने लगा था और बंगलौर पहुँचने से पहले मैंने उसे खत्म कर दिया। पहले मैंने सोचा कि मैं चुप लगा जाऊँ, जैसे तुम मेरा उपन्यास पढ़ कर चुप लगा गयीं। इसलिए भी कि मैं तो उम्र-रसीदा हूँ और हमदर्द आलोचना का बुरा नहीं मानता, बल्कि उससे लाभ उठा लेता हूँ, पर तुम दोनों के लिए कठिन है। सच्ची बात यह है कि यदि उपन्यास में कुछ भी अच्छा न होता और यदि यह तुम्हारी उन कहानियों की तरह (जो मेरी नज़र से गुज़रीं) उथला होता तो मैं चुप ही लगा जाता, लेकिन उपन्यास का दो-तिहाई मुझे बहुत अच्छा लगा है और इसीलिए मैं कोई भी दूसरा काम शुरू करने से पहले तुम्हें पत्र लिखने बैठ गया हूँ।

इलाहाबाद में दो-एक मित्रों ने उपन्यास पढ़ कर कुछ ऐसे कमेण्ट दिये थे कि मेरे मन में उपन्यास के विरुद्ध हल्का-सा पूर्वाग्रह बन गया था। ऐसा कि बावजूद इसे ब्रीफ़केस में रखने के, 13 की शाम और 14 का पूरा दिन मैं इसे हाथ नहीं लगा सका। ब्लिट्ज़ और अन्य समाचार-पत्र खरीद कर उन्हें पढ़ता अथवा सहयात्रियों से व्यर्थ की बहस में उलझा रहा। फिर 15 को उस सब से बोर हो कर जब मैंने उपन्यास उठाया, तो फिर उसे बंगलौर पहुँचने तक खत्म कर दिया। शुरू का हिस्सा जरूर कुछ खला, लेकिन परमजीत की शादी के बाद उपन्यास ने कुछ ऐसी गति पकड़ी कि फिर मैंने उसे खत्म करके ही छोड़ा।

तुम्हारा यह पहला उपन्यास है। तुमने इसमें, दिल्ली में परमजीत के परिवार और बम्बई के जीवन में उसके निकट आने वाले कुछ पात्रों, मसलन, केकी अंकलेसरिया, वालिया, विजया केलकर, शिन्दे, प्रेम आर्य, परमजीत की अग्रेसिव और फूहड़ बीवी और शादी के बाद परमजीत का कुछ ऐसा सुन्दर और यथार्थ-परक चित्रण किया है कि तुम्हें अनायास दाद देने को जी चाहता है। उपन्यास को पढ़ कर लगा है कि तुम कहानीकार की अपेक्षा बेहतर उपन्यासकार हो और तुम्हें और भी अच्छे उपन्यास लिखने चाहिए और इसमें जो त्रुटियाँ रह गयी हैं, वे अपने आगामी उपन्यासों में नहीं आने देनी चाहिए।

बेघर पढ़ कर मुझे लगा कि छपने से पहले मुझे उसे पढ़ लेना चाहिए था। हो सकता है, तुम मेरे सुझाव न मानतीं। पर कुछ तो तुम मान ही लेतीं और कुछ प्रकट दोष तो निकल ही जाते। पर जिस दिन मैं तुमसे उपन्यास का पहला परिच्छेद सुनने लगा था और मैंने शब्द 'ठेके' पर एतराज किया था, तो तुमने घबरा कर फाइल बन्द कर दी थी कि आप स्वयं पढ़ लीजिएगा। मैं फाइल घर ले आया था, पर फिर मुझे पढ़ने का साहस नहीं हुआ। मैं पढ़ता तो जरूर राय देता और यदि मुझे कोई बात खलती तो उसका उल्लेख करता और तुम (इलाहाबाद का जैसा

वातावरण है) मेरी नीयत पर शक करतीं। इसलिए मैंने तय किया कि उपन्यास छप जाय तभी पढ़ूँगा। ...लेकिन अब उपन्यास खत्म करने के बाद मुझे अफसोस होता है कि मैंने इसे छपने से पहले क्यों नहीं पढ़ा और क्यों तुम्हें राय नहीं दी। मैं यह भी जानता हूँ कि तुम इसका मुख्य दोष नहीं निकाल पातीं। मेरे अथवा दूधनाथ जैसा धैर्य और ग्रहणशीलता तुम्हारे यहाँ नहीं है, पर तो भी छोटे-मोटे कुछ दोष तो अवश्य निकल ही जाते।

बहरहाल अब, जब मैंने उपन्यास पढ़ लिया है और मैं इसकी दो-तिहाई सफलता का कायल हूँ, इसकी एक-तिहाई असफलता का उल्लेख न करना मैं पाठक के नाते अपने और लेखक के नाते तुम्हारे साथ ज्यादती समझता हूँ, इसलिए संक्षेप में इसकी कुछ छोटी-बड़ी त्रुटियों का नीचे उल्लेख करूँगा—इस आशा के साथ कि इनमें से कुछ तुम दूसरे संस्करण में दूर कर लो और शेष से अपने अगले उपन्यासों में बच सको—उस सूरत में, यदि तुम मेरी किसी बात से सहमत हो सको। न भी हो सको तो पाठक और सहधर्मी के नाते मेरे इम्प्रेशन तो जान ही लो।

मुझे उपन्यास में निम्नलिखित बातें खली हैं :

1. यद्यपि परमजीत और उसके परिवार का चित्रण शुरू में बहुत अच्छा हुआ है, लेकिन परमजीत का, बिना किसी ट्रेनिंग के, बम्बई-जैसे बड़े नगर में उस काम के लिए भेज दिया जाना और आठ महीने के अल्प समय में उस काम में पारंगत भी हो जाना सम्भव नहीं लगता। ...यदि ऐसा सम्भव भी हो तो उस लड़के की मेधा और योग्यता के सन्दर्भ में कुछ ब्योरे शुरू के हिस्से में दरकार थे—'अपनी पुरानी कब्ज़ और कच्ची-पक्की अंग्रेजी लिये' बम्बई की गाड़ी में सवार होने वाला परमजीत वे सब कारनामे आठ महीने के अल्प समय में सरअंजाम नहीं दे सकता। फिर पुरानी कब्ज़ के इस ब्योरे का क्या अभिप्राय है, जब बाद में इस कब्ज़ का कोई उल्लेख नहीं और अंग्रेजी वह आठ महीने में ही ऐसी बोलने लगता है, जो एम.ए. पास नहीं बोल सकते।

2. परमजीत को तुमने दो भागों में विभक्त कर दिया है। कहूँ कि तीन भागों में—बम्बई से पहले का परमजीत, बम्बई में संजीवनी से सम्भोग करने तक का परमजीत और उसके बाद रमी का पति परमजीत! अब इन तीन खण्डों में, पहला और तीसरा एक ही व्यक्ति के खण्ड लगते हैं, जब कि बीच का परमजीत अपना एक अलग व्यक्तित्व रखता है और पहले और तीसरे से मिल नहीं पाता, जब कि ये तीनों खण्ड अलग-अलग नहीं लगने चाहिए थे।

परमजीत के यों बदल जाने का कारण है—पत्नी की वर्जिनिटी के सन्दर्भ में उसकी ग्रन्थि! लेकिन यों बदल जाने वाले परमजीत को बीच के खण्ड में दूसरी तरह

गढ़ना होता ताकि उसका वह परिवर्तन स्वाभाविक लगे। अब वह स्वाभाविक नहीं, आरोपित लगता है। ...मैं समझता हूँ, इसके लिए परमजीत की इस ग्रन्थि अथवा सोच का पहले कहीं किसी मित्र से बात-चीत के दौरान या किसी और तरह उल्लेख होना चाहिए था। विस्तार से अथवा संकेत में। अब उसका वह कृत्य झटका देता है और झूठा लगता है। थीम ठीक है और मैं निम्न मध्यवर्गीय युवक की उस झूठी मान्यता और ग्रन्थि को जानता हूँ? मैं ऐसे युवकों को भी जानता हूँ, जिन्हें वह झटका लगा और वे उसे रैशनलाइज कर, सह गये। जो सह नहीं सका, वह संजीवनी से प्रेम करने वाला परमजीत नहीं हो सकता, न संजीवनी ही ऐसी हो सकती है।

3. क्योंकि संजीवनी जो वाक्य बोलती है, वे उस ग्रन्थि वाले युवक के मन में पर्याप्त सन्देह पैदा कर सकते हैं। वह कहती है कि—मैं बहुत कमजोर हूँ, तपने लगती हूँ। जब मैं ऐसी बातें सोचती हूँ तो जी चाहता है फाटक उलाँघ कर भाग जाऊँ आदि...आदि...लेकिन उस परमजीत के मन में वे वाक्य कोई सन्देह पैदा नहीं करते। यदि परमजीत की उस ग्रन्थि का पहले कहीं संकेत होता। संजीवनी के कुँवारेपन के सन्दर्भ में वह सोचता और सन्देह के बावजूद अपने को धोखा दिये रहता तो सम्भोग के बाद उसका वह कृत्य न झटका देता, न अस्वाभाविक लगता। पर वैसा तुमने नहीं किया। —जैसा कि तुमने संजीवनी का चित्रण किया है, वह ऐसी लड़की नहीं है, जिसके बारे में वह सन्देह न हो और न परमजीत जैसा चित्रित हुआ है, उस तरह धक्का ही खा सकता है।

4. फिर संजीवनी कहीं से भी गुजराती लड़की नहीं लगती। वह शुद्ध हिन्दी बोलती है और उत्तर प्रदेश की लगती है। उसे गुजराती बनाने में तुमने क्या मसलहत समझी? तुम्हें गुजराती लड़की ही रखनी थी तो थोड़ा श्रम करके उसकी भाषा को गुजराती टच देना था, 'सारो,' 'नान्हा,' 'मोटा,' 'आऊजो' जैसे शब्द रखने चाहिए थे। गुजराती लड़कियाँ जब अलग होती हैं तो बड़े प्यारे ढंग से 'आऊजो' बोलती हैं—याने फिर आयेंगे, या फिर आइएगा। कुछ ऐसे शब्द या वाक्यांश उस पात्र को यथार्थ बना देते।

5. अजीब बात है कि परमजीत और संजीवनी प्रसंग की भाषा और संवाद अंग्रेजी में सोच कर हिन्दी में अनुवाद किये गये लगते हैं। संजीवनी तो वैसे वाक्य बोल सकती है, लेकिन परमजीत नहीं। कच्ची-पक्की अंग्रेजी इतनी जल्दी वैसी शुस्ता नहीं हो जाती। एक बार परमजीत की शादी हो जाती है तो फिर भाषा से वह दोष निकल जाता है और परमजीत का तीसरा खण्ड दूसरे खण्ड से नितान्त अलग हो कर पहले से मिल जाता है।

6. उर्दू के शब्द भी गलत इस्तेमाल हुए हैं। यह भी इसीलिए हुआ कि वे अंग्रेजी से अनूदित हैं, इसीलिए खलते हैं। मसलन 'कम्फ़र्टेबल' का अर्थ उर्दू में 'आरामदेह' है, लेकिन अंग्रेजी में वह शब्द द्विअर्थी है, जब कि उर्दू में 'आरामदेह' द्विअर्थी नहीं:

(क) वाक्य है—यह सोफ़ा बड़ा कम्फ़र्टेबल है। याने सोफ़ा बहुत आरामदेह है। यहाँ आरामदेह का इस्तेमाल ठीक है।

(ख) मैं कम्फ़र्टेबल महसूस करता हूँ। इसका अनुवाद यह नहीं हो सकता कि मैं आरामदेह महसूस करता हूँ। आरामदेह का अर्थ है आराम देने वाला। पाने वाला या महसूस करने वाला नहीं। तुमने उपन्यास में यह शब्द इसी अर्थ में रखा है, जो गलत है। ऐसे ही दो-तीन जगह उर्दू शब्दों का गलत प्रयोग हुआ है। हिन्दी में इन अर्थों के लिए सन्तुष्ट, प्रफुल्ल, भरा-पूरा या इसी श्रेणी का कोई शब्द रखना या गढ़ना होगा। और अनकम्फ़र्टेबल के लिए अस्वस्ति-बोध या उलझन को लेकर कोई शब्द बनाना होगा।

7. पंजाबी के शब्द और वाक्यांश तुमने एक-दो जगह को छोड़ कर सभी जगह गलत लिखे हैं। यह तकलीफ उस स्थिति में और भी होती है, जब कालिया पंजाबी है और उसे तुम्हारे उपन्यास में इस छोटे-से ब्योरे के सही होने का ध्यान रखना चाहिए था। सभी पंजाबियों को उपन्यास की इस त्रुटि से तकलीफ पहुँचेगी। भले ही कोई उस तकलीफ का उल्लेख न करे। मैं ठीक और गलत वाक्यों की लम्बी सूची दे सकता हूँ, पर उससे कोई लाभ नहीं। जब इलाहाबाद आऊँगा तो बता दूँगा। दूसरे संस्करण में उन्हें जरूर ठीक कर देना। वरना पंजाबी पाठकों को यही लगेगा कि लेखिका पंजाबियों को नहीं जानती, यूँ ही छिछलेपन से उसने पंजाबियों का मजाक उड़ाया है।

8. हिन्दी भाषा में भी दो-चार जगह भद्दी गलतियाँ हैं। केकी का यह कहना कि मैं रोचक नहीं हूँ, खलता है। यहाँ अंग्रेजी शब्द ही होना चाहिए था। एक पृष्ठ पर तुम ने लिखा है, 'संजीवनी ने उससे इतना निस्संकोच तो बरता' यह प्रयोग उतना ही बुरा है, जितना यह लिखना कि संजीवनी ने उससे इतना 'संकोचहीन तो बरता है' मैं जानता हूँ, तुम कह दोगी, 'हम ऐसे ही बोलते हैं,' या हम यह प्रयोग इन अर्थों में चलाना चाहते हैं। जब तुम अपनी तन-आसानी और अज्ञता को यूँ जस्टीफाई करना चाहो तो कोई क्या शिकायत कर सकता है, पर उपन्यास में ऐसे सभी अंग्रेजी में सोच कर हिन्दी बनाये गये वाक्य खलते हैं।

9. जैसा कि मैंने शुरू में कहा, परमजीत का दिल्ली से किसी तरह की ट्रेनिंग लिये बिना चले जाना और आठ ही महीने में एजेंसी को उतना जमा देना अयथार्थ लगता है। उसकी वह कच्ची-पक्की अंग्रेजी इतनी शुद्ध और शुस्ता कैसे हो गयी कि वह कॉण्टेम्प्लेटिंग और मेडिटेटिंग के अर्थों की सूक्ष्मता समझने लगा, यह समझ में नहीं आता। इलाहाबाद में बी.ए., एम.ए. के अंग्रेजी-पढ़े छात्रों से इन शब्दों के अर्थों का अन्तर पूछ कर देख लो—अस्सी प्रतिशत नहीं बता पायेंगे।

इसी कारण बम्बई में उसके पहुँचने से संजीवनी प्रसंग के खत्म होने तक वाला परमजीत अपने पहले और तीसरे खण्ड से नितान्त अलग रह जाता है। उपन्यास में

उसका वह रूप झूठा और अयथार्थ लगता है और शेष दोनों हिस्सों से जुड़ नहीं पाता।

10. और अन्त में उपन्यास व्यंग्य-प्रधान भले ही हो, करुणा-विहीन है। तुमने परमजीत को खत्म करके उस करुणा को खत्म कर दिया है, जो उसके प्रति होनी चाहिए थी और यों उपन्यास के नाम के साथ न्याय नहीं किया। **बेघर** शब्द में करुणा है। पर परमजीत 'बेघरा' नहीं। घर-विहीन होने के लिए प्रेमिका, पत्नी, बच्चों और घर के बावजूद उसे 'बेघर' दिखाना जरूरी था। तब उस पात्र के लिए मन में करुणा उपजती और वह अविस्मरणीय पात्र बन जाता। लेकिन वैसे प्रभाव के लिए तुम्हें श्रम करना पड़ता और उदास गहराइयों में जाना पड़ता और वैसा सब्र शायद तुम्हारे पास नहीं है।

उपन्यास जैसे खत्म किया गया है, उसका नाम **बेघर** नहीं, चुग़द या चूतिया ही बेहतर हो सकता है। ऐसे गलत ग्रन्थि के मूर्ख पात्र का वह अन्त और इसीलिए उपन्यास का वह नाम ही उपयुक्त होता—और मॉडर्न भी! लेकिन यह सब लिखने के बाद मैं फिर कहना चाहूँगा कि तुमने केकी और रमी के चरित्र-चित्रण में अद्‌भुत कौशल का परिचय दिया है और उन पात्रों के चित्रण के लिए जितनी भी प्रशंसा तुम्हें दी जाय, कम है। वे पात्र मन में कहीं बहुत गहरे में अंकित हो जाते हैं और उन्हें भुला देना कठिन है और अपनी इस उपलब्धि पर तुम उचित ही गर्व भी कर सकती हो। उपन्यास के इन पात्रों का सफल चरित्र-चित्रण तुम्हारे उपन्यासकार की सम्भावनाओं को उजागर कर जाता है।

कालिया को मेरी याद दिलाना।

सस्नेह

मार्च '71 **उपेन्द्रनाथ अश्क**

निम्नमध्यवर्गीय जीवन का बोलता हुआ चित्र

—नन्दकिशोर नवल

प्रेमचन्द की परम्परा का हिन्दी में बहुत नाम लिया जाता है, लेकिन उसकी समझ बहुत कम कथाकार रखते हैं। कोई प्रेमचन्द की पुस्तकें जला रहा है, तो कोई उनकी पूँछ पकड़कर वैतरणी पार करना चाहता है। हिन्दी के एक कथा-मासिक के छोटे सम्पादक हैं, जो दो सुन्दर वाक्य भी नहीं लिख सकते, लेकिन होड़ प्रेमचन्द से करते हैं! क्या है प्रेमचन्द की परम्परा? वह विषय या शैली-मात्र है, या कोई जीवन-दृष्टि है? आमतौर पर उन्हें सामाजिक यथार्थ का हू-ब-हू चित्रण करनेवाला कथाकार माना जाता है। निस्सन्देह उनमें कृषक-जीवन और शहरी निम्नमध्यवर्गीय जीवन का चित्रण हुआ है और उनकी भाषा-शैली भी इतिवृत्तात्मक है, लेकिन उनके लेखन के भीतर दूर तक झाँकने पर पता चलता है कि वे यथार्थवादी थे (यद्यपि इस शब्द को उन्होंने प्रकृतवाद के रूप में लिया है और उसे अवांछित माना है), लेकिन आधुनिक अर्थों में यथार्थवाद वस्तुतः उनके लिए जीवन-दृष्टि थी। इस बात को जिस कथाकार ने ठीक-ठीक समझा है और अपने लेखन में उतारा है, वही सच्चे अर्थों में उनकी परम्परा का कथाकार है।

उपर्युक्त भूमिका का तात्पर्य यह है कि हिन्दी की समकालीन कथाकार ममता कालिया को पूरी गम्भीरता से प्रेमचन्द की परम्परा की लेखिका मानना चाहिए। इस बात की जोरदार पुष्टि उनके नवीनतम उपन्यास 'दुक्खम-सुक्खम' से होती है। मैं नहीं जानता कि मेरी इस बात से लेखिका प्रसन्न होंगी या होंठ बिचका देंगी, लेकिन मैं यह बात पूरी जवाबदेही के साथ कह रहा हूँ। मैंने जब यह उपन्यास पढ़ना शुरू किया, तो इसके आरम्भ में इन्दु को अपनी ससुराल में अपनी सास और ननद के द्वारा दी गयी यातना का जो चित्रण हुआ है, उसे देखकर मेरा चित्त आशंका से भर उठा। मैं डर गया कि कहीं यह उपन्यास पश्चिमी स्त्री-विमर्श को केन्द्र में रखकर तो नहीं लिखा गया है। मुझे आचार्य शुक्ल याद आये, जिन्होंने लिखा है कि यूरोपीय देशों के झड़े हुए पत्ते यहाँ पारिजात-पुष्प कहकर प्रदर्शित किये जाते हैं! स्त्री को विषय बनाकर रचना करना हर दृष्टि से उपयोगी और अपेक्षित है, लेकिन यह सब अपनी परम्परा को भुलाकर नहीं होना चाहिए। आधुनिक हिन्दी को ही लें, तो स्वयं

प्रेमचन्द से लेकर रघुवीर सहाय तक में स्त्री एक अहम विषय है। प्रेमचन्द के बाद मैथिलीशरण, प्रसाद, निराला और यशपाल-जैसे महान लेखकों के साहित्य के केन्द्र में बहुत-कुछ स्त्री ही है। यह स्त्री एक स्तर पर अपनी अस्मिता की खोज करती है, तो दूसरे स्तर पर बृहत्तर उद्देश्य के लिए अपने को विसर्जित भी करती है। पश्चिम में स्त्री-विमर्श का सूत्रपात करनेवाली साइमन द बुआ ने भी नारी-स्वतन्त्रता की अपनी धारणा को एक बृहत्तर उद्देश्य में विसर्जित किया था और परिवार-संस्था के विघटन का समर्थन न करते हुए यह कहा था कि उनकी माँग सिर्फ यह है कि परिवार में स्त्री को पुरुष के समकक्ष माना जाए और दोनों के बीच समानता के आधार पर एक समझदारी तथा आपसदारी हो।

मुझे इस बात से अत्यधिक प्रसन्नता हुई है कि ममताजी ने 'दुक्खम-सुक्खम' को पश्चिमी स्त्री-विमर्श के साँचे में बिल्कुल नहीं ढाला है और इसे दो शहरी निम्न-मध्यवर्गीय पारिवारिक जीवन की कथा-भर रहने दिया है। ये दोनों परिवार भी परस्पर संयुक्त हैं। पहला परिवार लाला नत्थीमल का है, तो दूसरा उन्हीं के सुपुत्र कविमोहन का, जो पहले परिवार की ही शाखा है। निश्चय ही पारिवारिक कथा परिवार तक ही सीमित नहीं रहती और हमें स्वतन्त्रता-संघर्ष के दिनों से लेकर स्वतन्त्रता-प्राप्ति के बाद के दिनों तक के समाज की झाँकी दिखलाती है। ग़ालिब का शेर याद आता है, 'क़तरे में दज़ला दिखाई न दे, और जुज़ में कुल/खेल लड़कों का हुआ, दीद-ए-बीना न हुआ।' कहने की आवश्यकता नहीं कि इस उपन्यास में ममताजी ने बच्चों की तरह कोई खिलवाड़ नहीं किया, बल्कि बड़ी सटीकता से हमारे सामने दो निम्नमध्यवर्गीय परिवारों को रख दिया है, जो दो काल-खण्डों में विभाजित हैं, लेकिन हमारे समाज की उस निरन्तरता से हमें परिचित कराते हैं, जो सुख-दुख झेलता और संघर्ष एवं छोटी-मोटी उपलब्धियाँ करते जीवन-यापन करते चले जा रहे हैं। निरन्तरता के इस शान्त जल में एक पत्थर सिर्फ कविमोहन की बड़ी पुत्री प्रतिभा फेंकती है, जो मॉडलिंग का धन्धा करने के लिए माँ-बाप की इच्छा के विरुद्ध भागकर बम्बई चली जाती है। क्षण-भर के लिए ऐसा लगता है कि स्वाधीनचेता प्रतिभा शायद नयी नारी की प्रतीक और लेखिका का आदर्श हो, लेकिन बहुत जल्द पाठकों को यह एहसास हो जाता है कि लेखिका उसका पक्ष-समर्थन नहीं करती और वह स्वयं भी पहले मॉडलिंग से बिदककर अपनी दो मित्रों के नृत्य-विद्यालय में नृत्य की शिक्षा देने लगती है, भले ही बाद में फिर मॉडलिंग करने लगती हो। कहा जा सकता है कि कुहू के प्रति कविमोहन का विवाहेतर प्रेमाकर्षण भी कथा-धारा को थोड़ी देर के लिए चंचल बनाता है, लेकिन लेखिका ने बड़ी कुशलता से इस प्रसंग को यथास्थान स्वाभाविक रूप से लेकर फिर उसे छोड़ दिया है।

पहला खण्ड समाप्त कर जब मैं उपन्यास के दूसरे खण्ड में पहुँचा, तो फिर मुझे आशंका हुई कि कहीं इसमें इन्दु और कविमोहन के मात्र दाम्पत्य-सम्बन्ध की

कथा न कही गयी हो, लेकिन मेरी यह आशंका भी निराधार साबित हुई, क्योंकि यह खण्ड भी दोनों के परिवार की ही कथा कहता है। इस उपन्यास की एक बड़ी भारी विशेषता यह है कि यह न लाला नत्थीमल की कहानी है, न विद्यावती की, न इन्दु की और न उसकी दो बेटियों—प्रतिभा और मनीषा की। ये सभी अपने चरित्र और व्यवहार से कथा-धारा में उगते और डूबते हैं और बहुत ही मन्द गति से बदलने वाले निम्नमध्यवर्गीय भारतीय समाज की कहानी कहते हैं। जैसे कथा में कोई पात्र प्रधान नहीं है, वैसे ही कोई घटना भी नहीं। प्रतिभा का घर से भाग जाना एक धमाकेदार घटना बन सकता था, लेकिन लेखिका ने गजब के संयम और धैर्य का परिचय देते हुए उसे बिल्कुल तूल नहीं दिया और कथा की निम्नमध्यवर्गीय भूमि पर दृढ़ता से पाँव टिकाए रही। यही बात कविमोहन के उपर्युक्त प्रेमाकर्षण के लिए भी सही है।

'दुक्खम-सुक्खम' का एक बहुत बड़ा गुण उसकी रोचकता है। रोचकता कुछ लेखकों के लिए अरुचिकर हो सकती है, क्योंकि उसका सम्बन्ध साधारण पाठक-वर्ग से है। लेकिन तमाम कलाबाजियों के बावजूद कथा में रोचकता तभी पैदा होती है, जबकि कथावस्तु से लेकर उद्देश्य तक जो उसके तत्त्व निरूपित किये गये हैं, उनमें एक सन्तुलन हो। बिना इस सन्तुलन के कोई कथाकृति सफल नहीं हो सकती। मुझे यह देखकर आश्चर्यजनक प्रसन्नता हुई है कि इस समकालीन कृति में प्रेमचन्द-जैसी रोचकता ही नहीं है, बिना किसी घटना या पात्र को उभारे हुए यह उपन्यास व्यक्ति से समूह की कथा बन जाता है और पाठकों को अन्त-अनन्त तक अपने साथ ले चलने में समर्थ है। जैसे प्रतिभा अपने व्यक्तित्व के प्रति सचेत हो उठती है, वैसे ही स्वतन्त्रता-आन्दोलन के रचनात्मक कार्यक्रम के सम्पर्क में आकर विद्यावती के चरित्र में भी एक परिवर्तन दिखलायी पड़ता है, लेकिन अन्त-अन्त तक वह इन्दु के प्रति परम्परागत सास ही बनी रहती है। लेखिका ने जैसे प्रतिभा की कहानी को तूल नहीं दिया, वैसे ही विद्यावती का चरित्र भी पूरी वस्तुनिष्ठता से चित्रित किया है। दूसरी बात यह कि यदि इसमें स्त्री की यातना का वर्णन है, तो इसमें उसका दुष्टतापूर्ण रूप भी चित्रित है। कविमोहन भी एक निम्नमध्यवर्गीय चरित्र है, भले वह मथुरा के कॉलेज से दिल्ली होता हुआ पुणे में रेडियो की नौकरी पा गया है। एक अवस्था में मुझे ऐसा लगा था कि यह ममताजी का आत्मकथात्मक उपन्यास है, क्योंकि इसमें कविमोहन की जो कविताएँ या काव्यांश उद्धृत हैं, प्रायः भारतभूषण अग्रवाल के हैं, जो उनके अपने चाचा होते थे। कथाकार की रचना-प्रक्रिया बहुत ही जटिल होती है। वह वस्तुतः एक रासायनिक प्रक्रिया है, जिसमें कौन वस्तु कहाँ से आकर कौन-सा रूप ग्रहण कर लेगी, कहना मुश्किल है। इस तरह यह कतई आत्मकथात्मक उपन्यास नहीं है। यह जिस सादे ढंग से शुरू हुआ है, उसी सादे ढंग से समाप्त भी। मजा यह कि इसमें ऐसा कोई सुदृढ़ कथानक नहीं है, जिसे संक्षेप में प्रस्तुत किया जा सके। बिना किसी सुदृढ़ कथानक के पूरा रोचक उपन्यास लिखना कथाकार की परिपक्वता का सूचक है।

ममताजी ने उपन्यास में एक जगह लिखा है, "कवि उनकी (लेखक-विशेष की) कई पुस्तकें पढ़ चुका था। उनकी प्रसिद्धि और प्रतिष्ठा का कारण उसकी समझ से बाहर था, क्योंकि वे पौराणिक प्रतीकों के माध्यम से कथा का ताना-बाना तैयार करते थे। कवि को लगता कि साहित्यकार को अपनी बात प्रत्यक्ष और प्रामाणिक रूप से लिखनी चाहिए, प्रतीकों से बात अकारण अस्पष्ट हो जाती है।" इसे हम लेखिका की अपनी बात भी मान सकते हैं, क्योंकि उसने इस उपन्यास में जो कुछ लिखा है, सब प्रत्यक्ष और प्रामाणिक रूप से। प्रत्यक्ष और प्रामाणिक रूप से भी महान कथा लिखी जा सकती है। उदाहरणार्थ प्रेमचन्द का सर्वश्रेष्ठ उपन्यास 'गोदान' और यशपाल का सर्वश्रेष्ठ उपन्यास 'झूठा सच' (प्रथम भाग)। लेकिन यह पूरी सच्चाई नहीं है, क्योंकि फैंटेसी के माध्यम से कभी-कभी कथा को उभारकर बेहद प्रभावशाली ढंग से प्रस्तुत किया जा सकता है। काफ्का की फैंटेसी और लातीनी अमरीकी कथाकारों के 'जादुई' यथार्थवाद की शैली में लिखी गयी कथाओं की बात छोड़ दें, हिन्दी में ही देखें, तो फैंटेसी की शैली में लिखा गया विनोद कुमार शुक्ल का छोटा उपन्यास 'दीवार में एक खिड़की रहती थी' एक विलक्षण प्रभाववाला उपन्यास है, जो उपभोक्ता-सामग्री के पीछे भयानक अतृप्ति की शिकार होकर दौड़नेवाली दुनिया के बरअक्स सिर्फ थोड़े से सन्तुष्ट एक दम्पती के जीवन को उठाकर रख देता है। दरअसल रचना-प्रक्रिया इतनी रहस्यमयी प्रक्रिया है कि उसमें रचनाकार अपने विषय को किस विधि से पकड़ेगा, स्वयं उसे पता नहीं होता। ऐसी स्थिति में किसी विधि के पक्ष में और किसी विधि के विरोध में कुछ नहीं कहा जा सकता। देखना सिर्फ यह चाहिए कि लेखक ने जिस विधि से अपने विषय को पकड़ा है, वह विधि इतनी उपयुक्त है कि नहीं कि उसके विषय को सभी आयामों के साथ उपस्थित कर सके। कहने की आवश्यकता नहीं कि जैसे 'दीवार में एक खिड़की रहती थी', 'दुक्खम-सुक्खम' की शैली में नहीं लिखा जा सकता था, ठीक उसी प्रकार 'दुक्खम-सुक्खम' को 'दीवार में एक खिड़की रहती थी' की शैली में लिखना असम्भव था।

उपन्यास का पूरा संसार जिस माध्यम से साहित्य में अवतरित होता है, वह है भाषा। 'भाषा' का प्रयोग व्यावहारिक सुविधा के लिए किया जा रहा है, वर्ना उपन्यास से भाषा उसी प्रकार अभिन्न होती है, जिस प्रकार पात्र से मिट्टी या फिर मिट्टी से पात्र। ममताजी के पास एक बहुत ही सशक्त भाषा है, जो अपनी सटीकता और तीक्ष्णता में बेमिसाल है। उनमें वर्णन और संवाद-रचना दोनों की विलक्षण क्षमता है। जब वे वर्णन करती हैं, तो चित्र खड़ा हो जाता है और जब संवाद लिखती हैं, तो वह चित्र बोलने लगता है। उनकी ब्रजभाषा मिश्रित संवाद रचना हमें प्रेमचन्द और अमृतलाल नागर के अपने संवादों की याद दिलाती है। ऐसी पटुता है उनमें। यह उपन्यास कोई महान कृति नहीं है, लेकिन एक विशिष्ट कृति अवश्य है।

'दुक्खम-सुक्खम' : ब्रज क्षेत्र के जनजीवन का एक दस्तावेज़

–पुष्पपाल सिंह

'बेघर', 'नरक-दर-नरक', 'दौड़' तथा 'अँधेरे का ताला' उपन्यासों के बाद ममता कालिया अपने नये उपन्यास 'दुक्खम-सुक्खम' में ब्रज क्षेत्र का जनजीवन अत्यन्त प्रामाणिक तथा दस्तावेज़ी रूप में चित्रित करती हुई उपस्थित हैं। एक ऐसा दस्तावेज़ जो प्रायः 60-70 बरस पूर्व के समाज को बड़े चटख रंगों में प्रस्तुत करता है–एक प्रकार से यह बीसवीं सदी के पूवार्द्ध की–समाज-कथा है। यद्यपि कथा के केन्द्र में मथुरा है, कहीं-कहीं वृन्दावन भी किन्तु यह कथा केवल इस ब्रज क्षेत्र की कथा न रह कर पूरे उत्तर भारत की कस्बाई-संस्कृति को पुनर्जीवित करती है। लेखिका स्मृति के सहारे पाठक को उस तीन लोक से न्यारी मथुरा नगरी में ले चलती है जो अभी भी मध्यकालीन संस्कारों में जी रहा है। यद्यपि मथुरा एक जनपद का मुख्यालय है किन्तु अपनी संस्कृति में पूरी तरह कस्बे की संस्कृति को जीता है। वस्तुतः यह वह मथुरा है जिसको अभी उद्योगीकरण-जनित नगरीकरण की हवा नहीं लग पायी है। वस्तुतः उस समय बड़े-बड़े नगरों यहाँ तक कि दिल्ली जैसे महानगर के संस्कार भी कमोबेश कस्बाई ही थे, आधुनिकता का संचरण बड़ा नहीं हुआ था। विगत शती के प्रायः अर्द्ध-भाग के काल खण्ड से लेकर कथा वर्तमान तक संचरित होती हुई हमारे समाजार्थिक परिवर्तनों का साक्ष्य तीन पीढ़ियों के माध्यम से कराती है। लाला नत्थीमल तथा उसकी पत्नी विद्यावती उर्फ जीजी का वैश्य परिवार, उनके पुत्र कवि तथा पुत्रवधू इन्दु तथा तीसरी पीढ़ी इन दोनों की दो पुत्रियाँ मनीषा और प्रतिभा जिस प्रकार कस्बे से दिल्ली (तब नगर) और फिर बम्बई (महानगर) में प्रस्थापित होते चले जाते हैं, उससे इस काल-खण्ड का समाजशास्त्रीय विवेचन उपन्यास में हो जाता है। इस चित्रण की विशेषता यह है कि जिन पात्रों के माध्यम से कथा कही गयी है, वे इस प्रकार जमीन से उठाए गये हैं कि लगता है कि वे हमारे आस-पास के ही जीवन्त पात्र हैं। पात्रों की इन तीन पीढ़ियों के साथ चलती हुई कथा प्रतिभा के माध्यम से वैश्वीकरण की स्थितियों तक आती है और इस रूप में बीसवीं शती के प्रायः मध्य से चल कर इक्कीसवीं सदी के प्रथम दशक तक के समय को अपने कथा-परिवृत्त में घेरती है। उपन्यासकार ने बड़े कौशल से वर्तमान से पुरातन और

आगत भविष्यत् को संग्रथित किए बिना बहुत मुखर 'वोकल' हुए सहज रूप में समस्याओं को कथा में अनुस्यूत किया है। उपन्यास का प्रारम्भ यद्यपि परिवार में पुत्री-जन्म की घटना पर परिवारजनों की प्रतिक्रियाओं से होता है किन्तु यह विवरण सहज ही स्त्री-विमर्श का प्रकरण बन जाता है। हमारे समाज में कन्या-जन्म के साथ ही उसे और उसकी जन्मदात्री माँ को सास तथा अन्य परिवारजनों के ताने-तिसने और अमानवीय व्यवहार, प्रताड़ना, विशेषतः नारी जाति द्वारा ही मिलता है, मानो उसने कोई जघन्य पाप, कठोर अपराध कर डाला है, "जिस दिन वह पैदा हुई, घर में कोई उत्सव नहीं मना, लड्डू नहीं बँटे, बधावा नहीं बजा। उल्टे घर की मनहूसियत ही बढ़ी। दादी ने चूल्हा तक नहीं जलाया। लालटेन की रोशनी में सिर पर हाथ रखे वे देर तक तख्त पर बैठी रहीं। बेटे की बेटी के लिए उनके मन में अस्वीकार का भाव था।" स्त्री के गर्भ धारण करते ही जिस प्रकार पुत्र-जन्म के स्वप्न बुने जाते हैं, वे समाज की विद्रूपमयी स्थितियाँ हैं जिसके मूल में लेखिका जाती है और दूसरी पुत्री के होने पर परिवार में जो कुहराम मचता है, उसका चित्रण बड़े प्रामाणिक और सूक्ष्म रूप से कथा में हुआ है। इन्दु और उसकी सास के बीच निरन्तर चलती चख-चख इस कथन की साक्ष्य है। स्त्री-चेतना की अभिव्यक्ति के लिए उपन्यास में जब-तब अवसर निकाल ही लिये गये हैं। औरतों की गप-गोष्ठी में गाँधी बाबा के प्रवचनों के उदाहरण देकर स्त्री-पुरुष समानता की बात की जाती है। उपन्यास का शीर्षक भी यही ध्वनित करता है कि औरत की पूरी जिन्दगी किसी प्रकार दुक्खम सुक्खम कट ही जाती है, "औरतों की ताउम्र ऐसे ही कट जाती है—कभी दुक्खम कभी सुक्खम। कहने की बात है कि मायके में सुख मिले, सासरे में दुख। माँ भी कम बैरी नहीं होती। बच्चों में दुभांत करना बाप का नहीं, माँ का काम दिखता है। बेटों को प्यार, बेटियों को दुत्कार। बेटे सारी 'जमा-पूँजी, जमीन-जायदाद' लै जाएँ तो भी प्यारे। बेटियाँ अचार की फाँक पर पलें, तब भी भारी।" ऐसे कई प्रसंग और कथा में अनुस्यूत रानी फूलमती की कथा भी भारतीय समाज के इसी विद्रूप को उघाड़ती है।

सामाजिक संरचना का विश्लेषण करता हुआ उपन्यास राष्ट्रीय स्वतन्त्रता संग्राम के समय इस क्षेत्र के जनजीवन पर भी उँगली रखता है। जब गाँधी बाबा का वर्चस्व राजनीति में छाया हुआ था, तब गाँव-समाज और विशेषतः स्त्रियाँ उसमें कैसे अपनी भागीदारी निभा रही थीं, उसका भी रेखांकन यहाँ किया गया है। 'सुराजियों' की सभाओं में शिरकत करतीं ग्रामीण महिलाएँ स्वदेशी की भावना से किस प्रकार प्रभावित थीं, उसका चित्रण विद्यावती के माध्यम से हुआ है। महिला-सभाएँ, वानर सेना आदि विदेशी वस्तुओं का बहिष्कार कर रही थीं। विद्यावती को यह स्वीकार्य नहीं कि उसका पति गाँधी बाबा के स्वयं सेवकों को 'घुना हुआ कनक' (गेहूँ) खिलाए, वह पति से भिड़ पड़ती है, "गाँधी बाबा के भौलंटियारों को घुना हुआ गेहूँ

खिलाओगे तो तुम्हें पाप पड़ेगा, समझे।" राष्ट्रीय स्वतन्त्रता-संग्राम के इन प्रभावों के चित्रण के साथ-साथ पाकिस्तान बनना भी सामान्य जनता को जिस प्रकार रास नहीं आया था, उसका चित्रण भी यहाँ कुशलता से कर तत्कालीन समाज की चित्ति को चित्रित किया गया है।

लाला नत्थीमल की तीसरी पीढ़ी अर्थात् इन्दु और कवि की पुत्री प्रतिभा जिस रूप में बम्बई की दुनिया से चाक-चिक्य में प्रवेश कर विज्ञापन और मॉडलिंग की दुनिया में छा जाने का प्रयत्न करती है, उसके द्वारा वैश्वीकरण के बढ़ते चरणों का परिचय मिलता है। अपने समापन की ओर बढ़ती कथा उस समाज के रूपान्तरण का परिचय देती है जो कस्बाई संस्कृति से चल कर वैश्विक गाँव की संस्कृति में ढल गया है। इस प्रकार 'दुक्खम-सुक्खम' तीन लोक से न्यारी मथुरा की कथा के माध्यम से भारतीय समाज के पिछले 60-70 वर्षों का समाजशास्त्रीय अध्ययन प्रस्तुत करता है।

विवेच्य उपन्यास का बहुत बड़ा आकर्षण उसका ब्रज भाषा की बोली-बानी का सहज-सरस प्रयोग है। पुरातन परिवेश के सभी पात्र पूरी तरह जन-संस्कृति में ढले अपनी भाषा की शब्दावली, मुहावरे, लोकोक्तियों का प्रयोग जिस रूप में करते हैं, वह लोक-जीवन को और भी चटख रंगों में प्रस्तुत कर देता है। इस प्रकार कथ्य और भाषा शैली दोनों दृष्टियों से 'दुक्खम-सुक्खम' एक महत्त्वपूर्ण और अत्यन्त पठनीय उपन्यास बन पड़ा है।

चिकित्सकीय नैतिकता का कुशल-क्षेम
'प्रेम कहानी'

–जगदीश प्रसाद श्रीवास्तव

'प्रेम कहानी' में, मारीशस के निर्माण में भारतीय किसानों की संघर्ष-गाथा की संक्षिप्त झलक देते हुए ममता ने यह सिद्ध करने की कोशिश की है कि जीवन-संघर्ष से ही मानवीय मूल्य बनते हैं। अपने इस उपन्यास में उन्होंने नयी जन-शक्ति के विकास के सड़े-गले अवरोध तत्त्वों की न केवल पहचान की है बल्कि उसके विकल्प की संस्कृति को उजागर करने का भी प्रयास किया है। ममता की बोल्ड-बेबाक और बेझिझक भाषा न केवल समस्यागत यथार्थ को सुथरेपन के साथ पाठक के रूबरू करती है बल्कि जिन्दगी की रूढ़ियों और चुके हुए आदर्शों पर रोचक शैली में आक्रमण भी करती है। इस उपन्यास में मारीशस से आकर दिल्ली में हाउस जाब करने वाले एक छात्र-डाक्टर गिनेस की कहानी है जो प्रवासी हिन्दुस्तानी होने के कारण भारत की धरती तथा यहाँ बसने वाले, खासकर गरीब लोगों से दिली तौर पर हमदर्दी रखता है। कथा-नायिका उसकी सहपाठी है जिसे वह प्यार करने लगता है। गिनेस के आधुनिक विचार, उसका हँसमुख व्यक्तित्व और खुलापन कथा-नायिका को भी आकर्षित करता है। गिनेस सिर्फ आठ दिनों के परिचय में कथा-नायिका से बिना किसी लाग-लपेट के हँसते हुए एकान्त में कहता है, "हम दोनों के बीच कोई गम्भीर बात हुआ चाहती है। आय वांट टु मैरी यू।" कथा-नायिका उसके इस कथन पर अचकचा जाती है, "मैं नहीं जानती तुम कहाँ रहते हो, तुम्हारा स्वभाव, तुम्हारी आदतें, तुम्हारा चरित्र।" गिनेस फिर हँस देता है, "अब तुम बिल्कुल अपनी अम्माँ की तरह बोल रही हो।" कथा-नायिका की अचकचाहट कम नहीं होती। "मैंने हमेशा कल्पना की थी कि जिस दिन मुझसे कोई विवाह का इशारा भी करेगा, दसों दिशाओं से फूल बरसने लगेंगे, उनचास पवन सुगन्धियाँ लुटा देंगे, सूरज-चाँद हाथ में हाथ डाले मुझे आशीर्वाद देने आयेंगे और मैं छुई-मुई-सी लाज के मारे लरज-लरज जाऊँगी।"... गिनेस साथ चलते-चलते बीच-बीच में मुझे एकटक देखने लगता है, "तुम मेरे साथ (मारीशस) नहीं चलोगी तो मैं वापस मारीशस जाकर बाहरी तौर पर मसरूफ तो

हो जाऊँगा, अन्दरूनी तौर पर तुम्हारी यह कच्ची कौमार्य-भरी आवाज, तुम्हारा यह रजनीगन्धा-भरा व्यक्तित्व, तुम्हारी लजीली हँसी की यह बारीक खनखनाहट, कहीं मेरे दिल के करीब टकराती रहेगी...मेरे देखते, नोट्स लेते, सोते-जागते, उठते-बैठते मैं अचेतन आँखों से तुम्हें देखा करता हूँ।"

कथा-नायिका गिनेस के प्रेमिल व्यवहार-बर्ताव से एक पुलक महसूस करती है, "हमारी उम्र केवल उन्नीस है, पास एक खूबसूरत मँगेतर है, उँगलियों पर उसका दिया हुआ चुम्बन है और मन उसकी बातों से लबालब है।" अन्ततः दोनों मैरिज-रजिस्ट्रार के दफ्तर से विवाह-प्रमाण-पत्र लेकर दाम्पत्य-सूत्र में बँध जाते हैं और गिनेस के घरवालों और उसके प्यार से कथा-नायिका की दुनिया बदल जाती है।

लेकिन 'प्रेम कहानी' का कथानक कुल इतना ही नहीं है। यह प्रेम-कथानक तो मेरे ख़याल से मूल कथानक का प्रस्थान-बिन्दु है जो डॉ. गिनेस के माध्यम से आगे बढ़ता है। गिनेस केवल अपने व्यक्तिगत जीवन में ही सामाजिक रूढ़ियों को नहीं तोड़ता, बल्कि अपने पेशेगत जीवन में भी भारतीय समाज के टूटे और आर्थिक रूप से असहाय लोगों के बराबर उत्कर्ष में लगा रहता है और संवेदनशील रहता है। इतना ही नहीं, अस्पताल में उच्चपदस्थ डाक्टरों की तानाशाही, उनके द्वारा किया जा रहा मरीजों का शोषण, मरीजों के प्रति उनकी बेईमान वफादारी, अस्पताल के छोटे कारकुनों के प्रति उनका क्रूर व्यवहार, इन सबकी पोल ममता कालिया अपने इस लघु उपन्यास में खोलती हैं।

नये विचारों-आदर्शों से उत्तेजित नये-नये युवा डाक्टर अध्यक्षों की पद-लोलुपता और धन-लोलुपता पर सिर धुनते। डॉ. बंडी कहता, "डॉ. गुप्ता, डॉ. मेंहदीरत्ता इतने पैसों का करेंगे क्या?" गिनेस चिढ़ता, "जाने किस-किस की व्याधि से कलंकित, किस-किस की मजदूरी से मुड़े-तुड़े नोटों से ऐश करते हैं ये लोग। यह क्या कि जो फीस दे सकता है वह छींक का इलाज भी वी.आई.पी. ढंग से करा ले और जो नहीं दे सकता, वह दमा, लकवा, तपेदिक को भी किस्मत का हिस्सा मानकर सब्र कर ले...कायदे से उन्हें फीस लेनी ही नहीं चाहिए। उन्हें सरकार से वेतन मिलता है। किताबों से रायल्टी भी आती है।" नवउपभोक्तावादी संस्कृति के पूजक ये बड़े डाक्टर अपनी नयी पीढ़ी को भी धन-लिप्सा की यह विरासत बड़े गर्व और बेशर्मी से सौंपते चले जाते हैं।

मरीज के जाने पर डॉ. गुप्ता ठठाकर हँस पड़े, "देखा चक्रधर! यह है हमारे धन्धे का अन्धा जादू। सीख लो, सीख लो, काम आएगा। कम बोलो, ध्यान से सुनो, जाँचो, मरीज के अटेंडेंट को कभी समझाने की कोशिश न करो, बस पर्चा लिखो, पकड़ा दो। ज़्यादा से ज़्यादा हूँ-हाँ से काम चलाओ।"

बड़ी-बड़ी दवा कम्पनियों से ये कमीशनखोर डाक्टर छोटी-मोटी बीमारियों के लिए भी महँगी दवाएँ प्रेस्क्राइब करते हैं बगैर इस पर विचार किए कि इसका मरीज

पर कुप्रभाव क्या पड़ेगा। इसका बड़ा दिलचस्प खाका डॉ. गिनेस और डॉ. गुप्ता की बहस के माध्यम से खींचा गया है।

"आपने उस कम्पनी की दवा क्यों लिखी? आपको पता है, उस दूसरी कम्पनी की वही दवा उससे सस्ती और ज्यादा कारगर है।...इससे उस छः माह के शिशु की भूख हवा हो जाएगी, पाचन-क्रिया चौपट हो जाएगी, उसका ब्लड-काउंट भी लो हो सकता है।"

"तो फिर उसके माता-पिता पाचन-क्रिया और ब्लड-काउंट का भी इलाज करवा लेंगे।"

"और उनका भी साइड इफेक्ट होगा।...सर, अगर आपका बच्चा बीमार हो जाए तो क्या आप उसको वही दवा देंगे?"

"यह एक जाल है जो पूरे कॉलेज और अस्पताल में फैला हुआ है। जो लोग इस जाल को फैलाने में उनकी मदद करते हैं, उनकी ये भी मदद करते हैं। जैसे बेज़रूरत मरीज़ का फलाँ डाक्टर से एक्स-रे करवाना। अगर वह कहीं और से करवा लाया तो उसकी रिपोर्ट को ऑथेंटिक न मानना। जनरल वार्ड में बिस्तर होते हुए भी जबरदस्ती प्राइवेट वार्ड में मरीज को दाखिल करना, जब तक मरीज मरणासन्न न हो जाय, लापरवाही बरतना, जो मरीज प्राइवेट उपचार करायें उन पर ज्यादा ध्यान देना।"

डॉ. गिनेस कई बार अस्पताल में बचे हुए सैम्पल लाकर पिछवाड़े बसी झुग्गी-कालोनी में बाँट आता है जिनमें अधिकांशतः मजदूरिनें, लुहार, चमार और धोबी बसते हैं तो बाल-विभाग के अध्यक्ष व अस्पताल के सुपरिण्टेण्डेण्ट प्रोफेसर गुप्ता कहते हैं, "तुम समझते नहीं हो गिनेस, अगर सारे शहर के भिखमंगे यहाँ भीड़ लगा लेंगे तो अस्पताल का काम क्या खाक होगा?...अस्पताल ने क्या सारे शहर का ठेका ले रखा है? ये गलीज लोग क्या ठीक हो सकते हैं? आज इन्हें मलेरिया से बचाओ, कल इन्हें फ्लू हो जाएगा। फ्लू ठीक करो, टायफायड हो जाएगा। दवाई खिलाने से पहले इन्हें सफाई की जरूरत है। गन्दगी इनका भोजन है और मच्छर इनका हमसाया।"

गिनेस कहता, "नहीं सर, गरीबी इनका हमसाया है, भुखमरी इनका भोजन।"

इससे स्पष्ट है कि ममता की संवेदनशील पक्षधरता किसी निर्गुण या निराकार मनुष्य के प्रति नहीं बल्कि हाड़-मांस और धड़कते हुए दिल और दिमाग वाले उस मनुष्य के प्रति है जो गरीब दुनिया में बसते हैं और देश में सुलभ हर तरह की सुविधा से वंचित हैं। इसी नज़रिये से वह समाज के इस पेचीदा सवाल को उठाती और उस पर बहस करती है। 'प्रेम-कहानी' से गुज़रते हुए हमें लगता है कि इस मनुष्य को पहचानने वाली उनकी दृष्टि व्यवस्था द्वारा दी हुई दृष्टि नहीं है और उनका विश्वास, उनका आचरण किसी भी स्तर पर विचार और कर्म से निरपेक्ष या निस्संग नहीं है। इस तरह, उनका रचना-कर्म, सौन्दर्यशास्त्र, आस्थाएँ, स्मृतियाँ और विवेक यहाँ तक कि उनकी छोटी से छोटी पसन्द-नापसन्द उस सिस्टम से टकराती

है जिसके चलते आज आम हिन्दुस्तानी की यह हालत हुई है। कहें कि इसी बिन्दु से ममता कालिया के पास दूसरे विकल्पों को चुनने-पहचानने की कोशिश दिखती है। यहीं से वह आतंकवादी व्यवस्था के बीच से दूसरी व्यवस्था की सम्भावनाओं की तलाश करती हुई-सी दिखने लगती हैं। शायद इसीलिए मुझे 'प्रेम-कहानी' की कलात्मकता में शब्दों की जादूगरी और लहजे की रक्षा नहीं बल्कि उस सत्य की रक्षा के दर्शन होते हैं जो आदमी को क्रूर दुनिया से लड़ने के लिए संगठित करता है।

अस्पताल के सफाई कर्मचारियों को इतना भी वक्त न मिलता कि वे चैन से दोपहर की रोटी खा लें। ड्यूटी से ऑफ होकर दुलारी जमादारिन दीवार से टिकी बैठी तम्बाकू का सेवन करने जा रही है :

"आवाज नहीं सुनाई देती तुम्हें?" पैंतालीस नम्बर से दनदनाता हुआ अभिभावक प्रकट हुआ।

"साहब, हम ऑफ हो गयी हैं। दूसरी जमादारिन आती होगी।"

"ऑफ की बच्ची, तुमने जवाब क्यों नहीं दिया!"

"अच्छा-अच्छा, ज्यादा किट-किट मत करो। हम न आएँगे।"

"तुम्हारे बाप को भी आना पड़ेगा। कूड़े की बाल्टी मैं उठाऊँगा? दो पैसे की लौंडी जबान लड़ाती है!"

"साब! जबान सँभालकर बोलो! नहीं अच्छा न होगा।"

"देखा इसका दिमाग, हमें धमकी दे रही है। इसे पता नहीं है किससे बातें कर रही है। क्लास वन अफसर हैं, कान पकड़कर बाहर न कर दिया तो..."

दुलारी सामने आ गयी, "पकड़ो तो कान, हिम्मत है तो?"

"चटाक।" अभिभावक ने तमाचा जड़ दिया। वह क्रोध से काँप रहे थे, "दो कौड़ी की भंगिन। आफ हो गयी है, कूड़ा नहीं फेंक सकती। बाथरूम उसका बाप साफ करेगा। हम पैंतीस रुपये रोज़ देते हैं और यह हमें 'आफ' और 'आन' का मतलब सिखाने चली है।"

किसी ने जाकर बाकी जमादारों को खबर कर दी। अभी-अभी छुट्टी पाये जमादार-जमादारिनें वार्ड तक आ पहुँचे। स्थिति पता चलते ही मैकू भिड़ गया, "ऐ साब, सारी अफसरी झाड़ू से बुहारकर रख देंगे, नहीं करेंगे सफाई, देखें क्या बिगाड़ लोगे।"

मैकू, पुरुषोत्तम, ठकुरा, बड़का सबका खून खौल रहा था। प्यारे जाकर डॉ. शीतल बंडी को बुला लाया। उसके आने पर पैंतालीस नम्बर ने अंग्रेजी में बोलना शुरू कर दिया, "ए. जी. सी. आर. में एकाउण्ट्स आफिसर हूँ, जितनी इस जमादारिन की तनखा होगी उससे ज्यादा मेरे मकान का किराया होगा।"

युवा डॉ. बण्डी ने उन्हें ठीक ही जवाब दिया, "आप संयुक्त मन्त्री हैं। कल मन्त्री हो जाएँगे लेकिन यह जमादारिन 15 साल पहले जब भर्ती हुई तब भी जमादारिन थी,

आज भी जमादारिन है और इसी पद से रिटायर भी हो जाएगी। आप इनसे इतनी कार्यक्षमता की उम्मीद कैसे कर सकते हैं?"...नतीजतन सफाई कर्मचारी प्राइवेट वार्ड वाले धनी-मानी मरीज़ों का काम बन्द करने का फैसला कर लेते हैं क्योंकि बराबर किट-किट वहीं से शुरू होती है। "चतुर्थ श्रेणी कर्मचारियों का कोई भी आन्दोलन अस्पताल को महँगा पड़ता था। डॉ. गुप्ता इस आन्दोलन के प्रति कड़ा रुख अपनाते हैं और अस्थायी कर्मचारियों की छँटनी कर देते हैं। डॉ. गुप्ता अपने क्षेत्र के इतने मर्मज्ञ होकर भी जीवन की मार्मिकता से अछूते थे...मरीज उनके लिए इंसान नहीं 'केस' थे। वह अस्पताल के सुपरिण्टेण्डेण्ट की हैसियत से अस्थायी कर्मचारियों को स्थायी कर सकते थे, असमर्थ मरीज़ों को बिस्तर मुहैया करा सकते थे, जमादारों को महँगाई-भत्ता मंजूर करा सकते थे लेकिन वह केवल अपनी निजी प्रैक्टिस को लेकर मशगूल रहते और मिसेज गुप्ता अक्सर शाम को सज-धजकर अपनी सहेलियों के यहाँ पपलु खेलने जा चुकी होतीं।"

हादसा तब होता है जब डॉ. गुप्ता को बिशप स्कूल शिमला से ट्रंक काल और तार मिलता है कि उनके दोनों बेटे अस्पताल से लापता हैं और बाद में उनकी लाश बरामद होती है। उनका हत्यारा वह आदमी होता है जिसका घायल बच्चा कुछ दिनों पूर्व डॉ. गुप्ता की उपेक्षा का शिकार होकर, रुपयों के अभाव में दम तोड़ देता है।

प्रायः कहा जाता है कि चिकित्सा-विज्ञान और तकनीक से जुड़े हुए लोगों की संवेदना मृत्यु के बोध से टकराते-टकराते, तोड़ते-तोड़ते क्रमशः जड़ हो जाती है। रुदन-कराह-पीड़ा और मृत्यु उनके लिए जीवन का सत्य हैं। इनसे विचलित क्या होना? परन्तु इस तर्क पर यदि डॉ. गुप्ता की हृदयहीनता एक तरफ है तो दूसरी तरफ युवा डॉ. गिनेस और डॉ. शीतल बंडी की हार्दिकता भी तो है। जाहिर है, संवेदनशीलता और चिकित्सा-विज्ञान की कोई दुश्मनी नहीं है। संवेदन और चिकित्सा-विज्ञान मनुष्य के मित्र हैं। इससे अलग की सोच किसी प्रासंगिक रचना को जन्म दे ही नहीं सकती। दुनिया के बहुत बड़े-बड़े दुखों और क्रूरताओं के विरोध में चिकित्सा-विज्ञान की सबसे बड़ी और ताकतवर हिस्सेदारी है। मनुष्य की सैकड़ों मूर्खताओं से मुक्ति दिलाने में उसकी लाभदायक भूमिका है। दरअसल बात यह हुई है कि चिकित्सा-विज्ञान की अन्य विज्ञानों की तरह सारी उपलब्धियाँ मनुष्य-विरोधी शक्तियों के हाथ में चली गयी हैं। इसको नैतिक शक्तियों और मानवीय स्पर्श से जोड़ते ही हमें लगने लगेगा कि वह मानवीय जीवन के प्रतिपक्ष में नहीं बल्कि पक्ष में है। भारतीय शास्त्रों में शायद इसी दृष्टि से चिकित्सक को दूसरा ईश्वर कहा गया है। 'प्रेम-कहानी' में ममता कालिया ने इसी सच को रेखांकित करने की साहसिकता दिखलायी है।

सहजता का कथा-शिल्प

–अजय तिवारी

सम्भव है, आजकल के माहौल में इसे प्रशंसा न माना जाए। बात यह है कि सहजता जीवन से ही नहीं, कला से भी बाहर होती जा रही है। अब तो यह कहना भी मुश्किल है कि कला प्रकृति और जीवन के मूल रागों को वापस लाती है, इसलिए सभ्यता के आवरण (समाज की जटिलता-कुटिलता) जैसे-जैसे बढ़ते हैं वैसे-वैसे कला की जरूरत बढ़ती जाती है। बल्कि आजकल, चाहे जिस कारण से हो, चमत्कार की प्रवृत्ति ऐसी बढ़ रही है कि कथा-रचना में व्यक्तिगत पहचान धुँधली पड़ती जा रही है और कथा-रस भी नदारद होता जा रहा है। महान बनने की ऐसी आपाधापी मची है कि रचना अगर तत्काल सबका (यानी आलोचकों और पुरस्कारदाताओं का) ध्यान आकर्षित नहीं कर पाती तो जनम अकारथ हो जाता है। ऐसे में कोई लेखक अगर नम्रता के साथ जीवन का चित्र आँकता है तो वह पाठक के विश्वास का भाजन बन जाता है। सिद्ध कथाकार ममता कालिया ने अपने नये उपन्यास 'दुक्खम-सुक्खम' से यही किया है। पुरस्कारों को निशाना बना कर लिखे गये उपन्यासों से तुलना करने पर प्रगल्भता और सहजता का अन्तर स्पष्ट हो जाता है।

उपन्यास का कथानक मथुरा निवासी लाला नत्थीमल के परिवार पर आधारित है, जिसकी तीन पीढ़ियों के माध्यम से लेखिका ने बीसवीं सदी के भारतीय समाज की हलचलों और परिवर्तनों का संकेत किया है। कथानक प्रकटतः सरल है और शैली सादगी लिए हुए। लेकिन तीन पीढ़ी का कथा-विस्तार अपने भीतर देश और काल का ही नहीं, कथा के सूत्रों और प्रसंगों का विस्तार भी छिपाए हुए है। इसलिए इसमें पर्याप्त जटिलता है। यह जटिलता राजनीति, परिवार, सामाजिक-आर्थिक जीवन और स्त्री-प्रश्न जैसे अनेक पहलुओं को कथानक में धारण करने के नाते आयी है। लेखिका में इस विस्तार को समेटने का धैर्य भी है और मूल कथा से ज्यादा दूर न भटकने का संयम भी है। उसकी कथा-शैली की सहजता यही है कि इस जटिल ताने-बाने को वह पाठक के सामने बिना आडम्बर के प्रस्तुत कर देती है।

उपन्यास की शुरुआत इस तरह होती है, 'उसके जन्म में ऐसी कोई असाधारण बात नहीं थी कि उसका जिक्र इतिहास या समाज-विज्ञान की पुस्तकों में पाया

जाता।' यह कथन लाला नत्थीमल की इकलौती बहू इन्दु की दूसरी बेटी मनीषा के जन्म के बारे में कहा गया है। एक बार को तो लगा कि वही स्त्री-वेदना का फार्मूला है। इसलिए थोड़ा मीन-मेख के साथ पढ़ना शुरू किया। लेकिन जल्दी ही समझ में आ गया कि इसमें फार्मूला नहीं जीवन-प्रसंगों का संघात है। प्रेमचन्द के उपन्यास 'सेवासदन' या 'रंगभूमि' की शुरुआत याद कीजिए जहाँ पहले वाक्य में मूल घटना या संघर्ष का बीज मौजूद होता है। यह आसान काम नहीं है। ममता कालिया संघर्ष की रचनाकार तो नहीं हैं लेकिन जीवन के अनिवार्य अनुभव की रचनाकार अवश्य हैं।

उपन्यास के आरम्भ में जिस मनीषा के जन्म पर उसकी दादी विद्यावती ने अपनी बहू को ताने-उलाहने-यातनाएँ दी थीं, उपन्यास के अन्त में दादी की मृत्यु के बाद वही मनीषा सोचती है कि 'उसकी दादी अपनी तरह की अलबेली स्वाधीनता सेनानी थीं, कभी देश की आजादी के लिए लड़ीं, कभी अपनी। अपनी शिक्षा आप ग्रहण की। सारे बन्धनों के बीच रास्ता निकाला। जैसी जिन्दगी मिली, उससे बेहतर जिन्दगी का सपना उन्होंने देखा। मनीषा जानती है कि दादी की याद में कहीं कोई स्मारक खड़ा नहीं किया जाएगा। न अचल, न सचल। उसके हाथ में यह कलम है। वही लिखेगी अपनी दादी की कहानी।'

कथानक का मुख्य घटना-प्रसंग मनीषा के पिता कविमोहन के इर्द-गिर्द घूमता है, लेकिन उपन्यास का नायक कवि नहीं, बल्कि उसकी माँ विद्यावती हैं। उनके नाम का कोई स्मारक नहीं बनेगा। मनीषा का नाम भी इतिहास में दर्ज नहीं होगा। मामूली औरतों के मामूली जीवन में संघर्ष की जो गैरमामूली ऊर्जा छिपी है, उसे संवेदनशीलता के बिना नहीं पाया जा सकता। ममताजी आजादी के पहले विद्यावती और आजादी के बाद मनीषा के जीवन-संघर्ष में अन्तर्निहित सम्बन्ध पहचानती हैं।

लगता है, मनीषा में लेखिका का प्रतिरूप भी है क्योंकि उसी के हाथ में 'यह कलम' है। एक प्रसंग में रचनाकार और चरित्र का ऐसा समीकरण हो गया है कि स्कूल के लिए 'लेडीज वाली बनियान' खरीदते रामलाल के ठेले पर जाते समय 'कांता ने मुझे साथ लिया।' एक पात्र से तादात्म्य के बावजूद ममताजी एक रचनाकार की तटस्थता बनाये रख पायी हैं, दूसरे पात्रों से, खासकर प्रतिस्पर्धी हो सकने वाले पात्रों से, जैसे अपनी बड़ी बहन प्रतिभा से पक्षपात-रहित दृष्टिकोण अपनाए रही हैं, यह उनकी खूबी है। मनीषा में अगर लेखिका का प्रतिरूप है तो यह कथा सम्भवतः उसके विवाहपूर्व परिवार की पृष्ठभूमि से सम्बद्ध है। मनीषा के पिता कविमोहन अंशतः लेखिका के चाचा भारत भूषण अग्रवाल हो सकते हैं, जो कविताओं, पैरोडियों और डायरियों से जाहिर होता है।

फिर भी, यह उपन्यास एक परिवार का वृत्तान्त न होकर समाज में सम्बन्धों और स्थितियों के बदलाव की कथा कहता है। उसका आरम्भ तब होता है जब घरों में स्टोव और बाथरूम भी नहीं होता था, उसका अन्त तब होता है जब रेडियो और

टेलीविजन में श्रेष्ठता की जंग छिड़ी है। यह भौतिक परिवर्तन है। सरकारों में भी आमूल बदलाव हुआ है। गाँधीजी के प्रभाव से विद्यावती घर के बाहर निकल कर चरखा समिति में जाने लगती है, उनकी बड़ी पोती अनिंद्य सुन्दरी प्रतिभा तबलावादक निसार खाँ की प्रेरणा से घर छोड़ कर विज्ञापन में मॉडलिंग करने बम्बई चली जाती है। इस तरह, परिवार की कथा भारतीय समाज में आये व्यापक परिवर्तनों की कथा बन जाती है। उपन्यास की समस्या परिवार नहीं, पारिवारिकता है जो पहले सामन्ती दमन के कारण समस्याग्रस्त थी, अब बाजारवादी अराजकता के कारण है। एक प्रसंग में कविमोहन सोचता है कि 'घर-परिवार में अगर इतनी जकड़बन्दी रही तो वह दिन दूर नहीं जब घर-परिवार समाप्त हो जाएँगे।' इस दृष्टि से ममता कालिया को कृष्णा सोबती और मन्नू भंडारी की पाँत में देखा जा सकता है, जिनके लिए स्त्री-प्रश्न मानवीय समता और मुक्ति का प्रश्न है, मात्र देह का विमर्श नहीं।

पारिवारिकता की स्थिति व्यक्तिगत सम्बन्धों और सामाजिक संरचनाओं के बीच दोहरी क्रियाशीलता में होती है। समाज के बाहरी सम्बन्धों और व्यक्ति के भीतरी मनोभावों में जो कुछ घटित होता है, उसे हम परिवार के धरातल पर देख सकते हैं। सारे परिवर्तनों के पीछे जो मूल संघर्ष है उसे लेखिका ने बड़े सटीक रूप में पेश कर दिया है, 'बीसवीं सदी के प्रथमार्ध में हर मनुष्य के अन्दर जड़ता और जागरूकता का घमासान मचा रहता था।' यह बीसवीं सदी का प्रथमार्ध ही उपन्यास का मुख्य कथा-भाग है और जड़ता और जागरूकता का घमासान उसका मुख्य संघर्ष है। इसलिए उपन्यास का पहला भाग लेखिका ने पूरे मनोयोग से लिखा है। उसमें परिवार, मनोविज्ञान, आपसी सम्बन्ध, राष्ट्रीय आन्दोलन और नये-पुराने बाजार के बीच घात-प्रतिघात के अनेक जटिल संस्तर उद्‌घाटित होते हैं। लैकिन उपन्यास का दूसरा भाग एक तरह की हड़बड़ी में समेटा हुआ लगता है जहाँ सर्राटे से कथा पूरी करने की कोशिश में बहुस्तरीय जीवन का संश्लिष्ट रूप छूट गया है।

बहरहाल, जड़ता और जागरूकता का यह घमासान राजनीतिक जीवन से लेकर व्यक्ति के अन्तर्मन तक व्याप्त था, इसका एक उदाहरण देखना उचित होगा। नत्थीमल उस जड़ता के एक प्रतीक-पात्र हैं। कंजूस, आत्मकेन्द्रित और तानाशाह। बेटे से खुराकी माँग लेने या दहेज बचाने के लिए वृद्ध तिहाजू पति से उपजी तरुणी कन्या ब्याह देने में संकोच न करने वाले। उन्हें विद्यावती से भी ममता नहीं है। सारे सम्बन्ध दास-स्वामी के स्वार्थ सम्बन्ध हैं। विद्यावती उन्हें जवाब दें या घर से बाहर निकलें, यह उन्हें पसन्द नहीं है। अपने नाना रूपों में पितृसत्ता स्त्री को सामन्ती दायरे में बाँधे रखना चाहती है। लेकिन गाँधीजी के असर से विद्यावती और दूसरी स्त्रियाँ इन बन्धनों को ठुकरा कर रचनात्मक कार्य में ही नहीं, राष्ट्रीय आन्दोलन में

भी उतर पड़ीं। नत्थीमल आश्चर्य से सोचते हैं कि 'बैयर हमारी और काबू उस जेल में बैठे गाधीबाबा का।' पराधीनता और जड़ता से ग्रस्त समाज में गाँधीजी ने बल प्रयोग की जगह आत्मप्रेरणा का जो रास्ता चुना यह उसका क्रान्तिकारी पक्ष था, जो राजनीति के ग्रन्थों से शायद उतना स्पष्ट नहीं होता, जितना पारिवारिक चित्रण से स्पष्ट होता है। इसे ममताजी का रचनात्मक कौशल कहना चाहिए।

आजादी के बाद यही गाँधी 'एक लाचार ट्रैजिक हीरो' की तरह दिखाई देते हैं। उनकी सारी कोशिशों के बावजूद न उस समय देश का बँटवारा रुका, न आगे चल कर सादगी भरा सामाजिक जीवन बना। उनके लिए खादी 'वस्त्र नहीं, विचार' था। भरतिया जी ने इसकी सही व्याख्या की कि अर्थव्यवस्था के क्षेत्र में 'खादी वस्त्र नहीं, अस्त्र है।' लेकिन हुआ उलटा। 'सादा जीवन उच्च विचार' के बदले पूँजीवादी विकास ने 'तड़क-भड़क' से सजे बाजार पैदा किए जिसका खर्च 'ग्राहक की जेब से ही' वसूला जाता था। सांस्कृतिक जीवन पर इसका यह असर पड़ा कि विद्यावती की बड़ी पोती 'बाहरी तड़क-भड़क' से आकर्षित होकर मॉडल बनने के लिए घर से भाग जाती है। व्यक्तिगत रुचि, संस्कार और निर्णय किस गहराई से सामाजिक जीवन का प्रभाव ग्रहण करते हैं, ममताजी ने इस जटिल तथ्य को सहज रूप से प्रस्तुत करके अपना सामर्थ्य प्रकट किया है।

राजनीति ममताजी का क्षेत्र नहीं है, हालाँकि जीवन का अनिवार्य हिस्सा है। लेकिन चरित्रों और स्थितियों को सचाई से पकड़ने के नाते उनका राजनीतिक दृष्टिकोण काफी सुसंगत रहता है। बँटवारे की बातचीत में वे कहती हैं, 'दिल्ली, बम्बई या लन्दन में बैठे नेताओं को जनता की राय की दरकार नहीं थी।' जनता की यह राय ममताजी के लिए साहित्य की कसौटी भी है। जनता का सबसे मूल्यवान गुण है 'संघर्षधर्मिता और जिजीविषा'। अंग्रेज सत्ताधारियों से सत्तालोलुप नेताओं के समझौते से विभाजित भारत को जो आजादी मिली, उसके बाद शरणार्थियों की भीड़ लग गयी। अपना सब खोकर केवल जान बचा कर आये हुए पंजाबी भीख, खैरात और मुफ्तखोरी से जीना नहीं चाहते। उन्होंने सड़कों पर पटरियों के किनारे दुकानें लगाईं और एक सस्ते, ग्राहकोन्मुख बाजार का सूत्रपात किया। उनकी व्यावसायिकता खानदानी किस्म के 'थुलथुल सेठों' से बहुत अलग थी। उन्होंने प्रतिस्पर्धा और सहयोग का मंत्र अपनाकर अपने दुख को फिर से सुख में बदला। इस तरह, यातना और संघर्ष, पराजय और जिजीविषा से भरा यह पूरा जीवन ही 'कभी दुक्खम, कभी सुक्खम' है।

दिलचस्प बात यह है कि लेखिका ने यह शीर्षक बच्चों के खेल में गायी जाने वाली पंक्ति से लिया है और उसे सुशील मुनि के प्रवचन में सुखमा-दुखमा सम्बन्धी कालचक्र की अवधारणा से अर्थवत्ता प्रदान की है। कौतुक और विचारमयता का

यह सामंजस्य अगर सजग रूप में विकसित किया जाता तो 'दुक्खम-सुक्खम' का पूरा रचना-विधान एक नयी आभा से दीप्त हो सकता था। फिर भी, इससे लेखिका को यह गुण मिला है कि चरित्रों और स्थितियों को वह एक ही साथ आत्मीयता और तटस्थता से देख सके।

कवि मोहन इस उपन्यास का सबसे प्रमुख पात्र है और उसका चित्रण सर्वाधिक सहानुभूति से किया गया है। फिर भी, न तो वह नायक है न आदर्श। ममताजी ने उसकी योग्यता और संवेदनशीलता को ही नहीं, व्यक्तिवाद और पलायनवाद को भी बड़ी सचाई से देखा है। चाहे मथुरा के परिवार में हो या दिल्ली के कॉलेज में कुहेली के साथ मित्रता में। इसी प्रकार, विद्यावती का 'दुलार और दुत्कार', इन्दु की चेतना और जड़ता, मनीषा का दब्बूपन और संकल्प, सभी जगह जीते-जागते मनुष्यों का वास्तविक संसार दिखाई देता है। इसलिए 'दुक्खम-सुक्खम' को पढ़ना एक सुखद अनुभव रहा।

'दुक्खम-सुक्खम' : स्त्री विमर्श की गम्भीर पड़ताल

–रोहिणी अग्रवाल

'विद्यावती को लगा, क्या घर-परिवार में फँसी स्त्री की दशा भी सी क्लास कैदी जैसी नहीं है? आजादी के मतवालों का तो नाम-गाम जेल के इतिहास में लिखा मिल जाएगा। औरतों का तो नाम-निशान न मिलै।' (पृ. 97)

'चलो, समाज को तराजू मान लो और आदमी-औरत को बटखरा। ऐसा कैसे हो रहा है कि आदमी तो तीन छटाँक का होकर भी सवा सेर और औरत सवाय होकर भी पौनी।' (पृ. 167)

'तुमने बस इत्ता ही जाना। अरे, औरत रोटी और पाटी के ऊपर भी कछू चाहै कि नायँ। मर्द की गुलामी से अच्छी तो मौत होवै।' (पृ. 175)

'दुक्खम-सुक्खम' यानी अमृतलाल नागर के उपन्यासों सरीखी अद्भुत किस्सागोई! चुपचाप करवट लेते वक्त को बेहद मुखर वाचालता के साथ प्रस्तुत करते पात्रों की गैलेक्सी! स्थानिक रंगत को बोली-बानी, लय-ताल, गन्ध-स्वाद में गूँधती भाषा! 'दुक्खम-सुक्खम' एक चिर-प्रतीक्षित आह्लाद की तरह रोमांचित कर जाता है।

धुल-पुँछ जाता है स्त्री-लेखन के लिए गढ़ा यह द्वेषभरा उलाहना कि सीमित घेरों में कैद स्त्रियाँ समाज के बृहत्तर सत्य को क्या जानें। स्त्रियाँ प्रतिवाद नहीं करतीं, बस, मुस्करा कर रह जाती हैं कि जब सैकड़ों योजन दूरियाँ तय कर मंजिल तक पहुँचने का लक्ष्य लेकर पाँव आगे बढ़ रहे हों, तब पेड़ की छाँव तले या चौपाल की सरदारी में अपने गाल बजाने या दूसरों की खाल नोचने में वक्त जाया क्यों करें वे? यूँ चाहे तो बढ़ते कदमों को रोक कर बहस में मुब्तिला हो सकती हैं कि जो अपनी जड़ों को जान कर सींचने का विवेक अर्जित न कर सका हो, वह किस दम्भ से दूसरों के घेरों और घरों को 'प्रामाणिक' जानने का दावा कर सकता है? ममता कालिया भी बेवजह उलझती नहीं। हाँ, बेखौफ अपनी बात जरूर कहती चलती हैं—अपने औरत होने के सच और 'औरताना' सरोकारों के सच को डंके की चोट पर कहते-सुनाते कि 'जनै का वजह है, घर-दुआर और संसार से जितनी प्रीत औरतों को होय, उतनी आदमी को नहीं होय।' (पृ. 143)

ममता कालिया की खासियत है कि वे तीन पीढ़ियों को आमने-सामने रख

कूदते-फलाँगते वक्त की कथा भी कहती हैं और तेज गति के बीच जड़ता के ठस्सपन के साथ अडोल खड़े वक्त की बारीकियाँ भी चुन लेती हैं। मनीषा उपन्यास की नैरेटर है। आजादी मिलने से छह-सात बरस पहले पैदा हुई यह लड़की लेखिका की अपनी स्मृति-मंजूषा से उत्पन्न पात्र है लेकिन उपन्यास की केन्द्रीय पात्र होने का गौरव उसकी दादी विद्यावती को मिला है। हर घर-परिवार में उपेक्षित-अलक्षित जीवन जीती इस दादी-नानी ने साँसों की लय में बँधा निरर्थक जीवन नहीं जीया, हालाँकि अपरिचय के कारण बढ़ी दूरियों पर इठलाती नयी पीढ़ी दादी-नानी को मिट्टी के माधो की मूरत में गढ़ कर अपने आप को ज्ञानी और रिवॉल्यूशनरी जाने क्या-क्या समझना-समझाना चाहती है। मनीषा में दादी को समझने की संवेदना, जिज्ञासा और रुचि है। बचपन में घटी घटनाओं के आलोक में वह दादी की प्रकृति, स्थिति और नियति को जानने के क्रम में उस पूरे परिवेश को खँगाल डालती है जो राष्ट्रीय स्वाधीनता आन्दोलन के नाम से इतिहास की पुस्तकों में दर्ज है। इस युग के महानायक महात्मा गाँधी ने राजनीतिक स्वतन्त्रता और आर्थिक आत्मनिर्भरता अर्जित करने के साथ-साथ हाशिए पर गुड़ीमुड़ी पड़ी अस्मिताओं की रक्षा के लिए भी अभियान चलाया था। बेशक यह करिश्माई व्यक्तित्व दलितों और स्त्रियों की स्थिति में सम्मानजनक परिवर्तन लाने में कोई करिश्मा नहीं कर सका, लेकिन अपने 'होने' और मनुष्य तथा नागरिक की हैसियत से समाज तथा राष्ट्र कल्याण के कार्यक्रमों में भाग लेने का दायित्व और उत्साह उनमें जरूर भर सका था। विद्यावती उर्फ दादी एक सक्रिय कार्यकर्त्री की हैसियत से गाँधी जी के आन्दोलन से जुड़ी थीं, इसलिए अपनी जड़प्राय स्थितियों का अतिक्रमण कर सोच के दायरे को विस्तीर्ण करती चली गयीं। इन्दु उर्फ माँ इन समूची राजनीतिक-सामाजिक गतिविधियों से बेखबर बच्चों को पालने और 'परदेसी पिया' की बाट जोहने में व्यस्त रही, इसलिए डाह और चाहत की रागद्वेषी संकीर्णताओं में अपने को तिल-तिल घुलाती रही। हालाँकि मनीषा पूरे उपन्यास में माँ और दादी को तुलनात्मक दृष्टि से देखने का 'जोखिम' नहीं उठाती, लेकिन दोनों की दो भिन्न परिणतियाँ उनके सरोकारों के दायरे की सीमाओं का आरेखन तो कर ही देती हैं।

स्त्रीवादी दृष्टि से देखा जाए तो महात्मा गाँधी स्त्री को श्रद्धा और देवी के तमगों से अलंकृत कर यथास्थितिवाद का पोषण करते घोर मर्दवादी ही नज़र आते हैं। लेकिन उपन्यास में उनके आन्दोलन के प्रभावों का जिस प्रकार चित्रण हुआ है, वह किसी भी निष्कर्ष को आँख मूँद कर स्वीकारने की अन्धभक्ति का विरोध करता है। दरअसल उपन्यास की ताकत ही वही स्थल हैं जहाँ दादी विद्यावती गाँधीवादी आन्दोलन से जुड़ कर अपने को मनुष्य रूप में पहचानने का विवेक अर्जित करती हैं। चरखा कातना, स्वयंसेवकों के लिए अनाज इकट्ठा करना, अखबार पढ़ना, सभा-समितियों, जलसों-प्रदर्शनों में जाना लँगड़ी (?) विद्यावती को वैचारिक-मानसिक

दृष्टि से गतिशील बनाता है ('मैं तो या घर की चूल्हे की लकड़ियों में ही होम हो जाती। वह तो कहो गाँधी बाबा की सीख कानों में पड़ गयी।' पृ. 71) तो दायित्व को भीतरी ताकत और संकल्पशक्ति के सहारे सम्पन्न करने की संघर्षशीलता भी देता है। यही कारण है कि घर में ही दीवार की तरह अड़े गाँधीविरोधी पति से भयाक्रान्त होने की बजाय वह अपनी सत्ता और निर्णय को निर्भीकतापूर्वक उद्घाटित कर सकी हैं–'कमाई और दुकान से अलग भी कछू होय सकत है। हम जाय रही हैं चरखा समिति। भाईजी ने सबको बुलवाया है। क्या पता बापू का कोई नया संदेसा आया हो?' (पृ. 76) यथास्थितिवादी इस टंकार में भले ही पति-परिवार की धज्जियाँ उड़ाने वाली मुक्तिकामी स्त्री की नकारात्मकताओं की थाह लेते फिरें, असलियत यह है कि विद्यावती जैसी सचेत, जागरूक, विवेकसम्पन्न और निर्भीक स्त्रियाँ ही नये वक्त की सकारात्मक सुगबुगाहटों को आतुरतापूर्वक घर की देहरी के भीतर तक लेकर आयीं। दसवीं की परीक्षा प्रथम श्रेणी में उत्तीर्ण करने के बाद भगवती बड़ी बहन लीला और भाभी इन्दु की तरह घर-गृहस्थी के भँवर में तिनके सी डूब जाती यदि विद्यावती ने लाला नत्थीमल से बेटी के हक की लड़ाई न लड़ी होती। प्रकृति से दकियानूस लाला नत्थीमल के पास ग्राहक, मुनाफा और कारोबार के अतिरिक्त किसी अन्य शै को समझने का विवेक और अवकाश नहीं। रट्टू तोते की तरह संस्कारों की बोली बोल कर वे लकीर पीटने में जीवन की सार्थकता समझते हैं। इसलिए दसवीं की परीक्षा में स्कूल के कीर्तिमान तोड़ने के बाद जब भगवती को कस्तूरबा विद्यालय में अध्यापिका की नौकरी मिलती है तो वे हकबका जाते हैं–'लड़की की कमाई! लोग क्या कहेंगे! बनिया बिरादरी में तो नाक ही कट जाएगी।' प्रगतिशील विद्यावती माथा न पीटे तो क्या करे–'छोरी ने पढ़ाई कर सर ऊँचा किया है तुम्हारा। लड़की है तो क्या हुआ।' लाला नत्थीमल के पास आपत्तियों के ढेरों बाण। विद्यावती के पास हर बाण की अचूक काट। जो हथियार डाल दे, वह पुरुष नहीं। पत्नी की नीयत पर ही शक–'तुम इतनी हिमायत क्यों कर रही हो? छोरी की कमाई खाओगी?' विद्यावती के पास संयम और तर्क का ठसका–'मैंने देख लिया न। पढ़ाई के बिना औरत की जिन्दगी नरक है। येई लीली को बीच में स्कूल से उठा लिया। कुंती भी छठी के आगे नायैं पढ़ी। कवि (बेटा) देखो पढ़ गया तो कित्ता आगे बढ़ गया।' (पृ. 163) बेशक विद्यावती के इस संकल्प में औपचारिक ढंग से शिक्षा ग्रहण न कर पाने का मलाल तो छिपा ही है जिसे उसने बेटियों की किताबें पढ़ कर और दीवारों पर सुलेख लिख कर पूरा किया है। विद्यावती अपने पंखों के सहारे अनन्त व्योम को नापते स्त्री-स्वप्न का प्रतीक बन कर उपन्यास में उभरती है। इसलिए उसे पति द्वारा लायी गयी स्त्री सुबोधिनी मार्का पुस्तकें या नीति पुस्तकें पसन्द नहीं। पसन्द हैं पोतियों की किताबें जहाँ के हरफ-हरफ में ऊँचाइयाँ और दिशाएँ गुँथी हैं। हालाँकि अन्तर्निहित दुर्बलताओं और अन्तर्विरोधों से वह भी 'अछूती' नहीं। मसलन, बहू इन्दु

के पति अघोषित शत्रु भाव और दूसरी पोती के जन्म पर दुखभरी कसैली अनुभूति उन्हें एक रूढ़ स्त्री छवि में बाँधते हैं। इस मनोविज्ञान के पीछे सक्रिय कारणों को लेखिका ने चीन्हने की कोशिश नहीं की है, लेकिन 'जाई गाँव रहना, हाँजी हाँजी कहना' जैसा व्यावहारिक ज्ञान पाकर 'सारंगी की तरह पति की संगत करने वाली' (पृ. 31) विद्यावती उर्फ औसत स्त्री पर पितृसत्तात्मक व्यवस्था में अपने को बनाये/बचाये रखने के दबावों और रणनीतियों को लक्षित तो किया ही जा सकता है।

दादी विद्यावती के बरअक्स लाला नत्थीमल के व्यक्तित्व को पढ़ना बेहद आत्मकेन्द्रित, संकीर्ण एवं स्वार्थी मर्दवादी मानसिकता की शिनाख्त करना है जिसके लिए बेटियाँ पराये कन्धों पर लाद दी जाने वाली गठरियाँ हैं। वणिक बुद्धि यदि इस 'कारोबार' में 'अपने' नफा-नुकसान का आकलन कर 46 वर्षीय तिहाजू के साथ सोलह वर्षीया बेटी का ब्याह रचाने का मशवरा दे तो उनका पितृ हृदय जरा भी नहीं काँपता। दरअसल अपने से इतर किसी दूसरे की सत्ता न जाने के आग्रह के कारण उन्हें अपने भीतर के पिता-हृदय का भान ही नहीं। इसलिए बेटे कविमोहन की कविताओं की कॉपी के पन्ने फाड़-फाड़ कर ग्राहकों को सौदे की पुड़िया देने और आर्थिक समृद्धि के बावजूद फीस जैसे अनावश्यक खर्चे को समेटने के वणिक चातुर्य के कारण बेटी को सातवीं के बाद स्कूल से हटा देने में उन्हें कुछ भी गलत नहीं लगता। गलत लगता है बेटे का फैसला कि वह दुकान पर नहीं बैठेगा; कि आगे ऊँची पढ़ाई करेगा; कि पढ़-लिख कर उसी शहर के छोटे से कॉलेज में मेहरबानी पर टिकी नौकरी नहीं करेगा, अपनी प्रतिभा को साबित कर बाहर ऊँची उड़ानें भरेगा। इसे वे और आम लोग नयी पीढ़ी की स्वार्थी मनोवृत्ति कहते हैं—नयी पीढ़ी का मूल्य विघटन जिसके पास माँ-बाप और घर-परिवार के लिए समय और दायित्व बोध दोनों ही नहीं। ममता कालिया की विशिष्टता यह है कि निजी स्मृतियों का आख्यान होते हुए भी वे उपन्यास में किसी भी पात्र के साथ इन्वॉल्व नहीं होतीं, बल्कि लेखकीय तटस्थता बरतते हुए उजली-स्याह लकीरों को जस का तस प्रस्तुत कर देती हैं। इसलिए नयी पीढ़ी के पतन को लेकर किए जा रहे सामूहिक क्रन्दन के बरअक्स वे चुपचाप पुरानी पीढ़ी उर्फ लाला नत्थीमल की एक फरमाइश रख देती हैं कि बहन को खरीदारी करा कर बाजार से लौटते हुए बेटा उनके लिए छप्परवाले हलवाई से चवन्नी का दही ले आये। चवन्नी उन्होंने बेटे को थमा दी है कि 'हिसाब तो हिसाब है। फिर अभी मेरे हाथ-पैर चलते हैं।' बहू इन्दुमती की भी एक फरमाइश है—चटक मसालेदार मटर का पत्ता। लेकिन लौटते हुए ताँगा उलटने से न मटर का दोना आया, न दही का कुल्हड़। पिता की प्रकृति से परिचित कवि माँ और बहन को घर छोड़ दुबारा बाजार जाता है। अब उसके हाथ में दही का कुल्हड़ है, मटर का दोना नहीं। लेकिन खाने-पीने के शौकीन लाला जी छप्परवाले हलवाई की दही का स्वाद जानते हैं—'जे दई से तो हम कुल्लौ भी नायं करैं। मार सपरेटा है।' दुर्घटना

की बात सुन कर भी सिर्फ अपने स्वाद और 'छले' जाने का मलाल—'मेरे पैसे लुट गये, मैं बोलूँ भी न, डोलूँ भी न। तुझे सोने की पड़ी है तो तू सो। मैंने कपूत पैदा किया, मैं कैसे सोऊँगा।'(पृ. 44)

व्यक्तियों और पीढ़ियों में संवाद के लिए भरपूर स्पेस की जरूरत अहम होती है। लाला नत्थीमल जिस पीढ़ी और मानसिकता का प्रतिनिधित्व करते हैं, वहाँ स्पेस की अवधारणा ही नहीं। यह पीढ़ी शासन और दमन करने के लिए बनी है। इसलिए अपनी हैसियत भर आतंक अपने अधीनस्थों पर कायम रखना चाहती है। परिवार में शासित हैं पत्नी और बच्चे। लाला नत्थीमल के लिए महात्मा गाँधी का जागृति आन्दोलन खलनायक से कम नहीं, जो उनके परिवार की स्त्रियों को बरगला रहा है। इसलिए मर्द, अन्नदाता, स्वामी होने के दम्भ में गूँजता आदेश—'आज गयी सो गयी, अब मैं कभी तुम दोनों को गाँधी बाबा के नाम पर नंग नाच करते ना देखूँ। नहीं वहीं खोद कर गाड़ दूँगा।' (पृ. 79) यह वह पुरुष है जो जवान बेटे में अपने अक्स का प्रत्यारोपण कर अपनी ताकत दूनी कर लेना चाहता है ('घर में दो मर्द हों तो औरतें कायदे से रहें।' पृ. 173) तो ताकत का प्रदर्शन कर आतंक और दमन में अपनी सफलता देखता है ('जब वे घर में पत्नी या बच्चों को कड़क कर डाँटते, मन ही मन अपने को अंग्रेज से कम नहीं गिनते थे।' पृ. 54) सम्बन्धों में स्नेह और संवेदना की जगह पैसे-पैसे का हिसाब-किताब और संवाद की जगह आतंक—दरअसल आगे बढ़ने के नाम पर परम्परा का यह निरर्थक दुहराव ही पीढ़ियों में टकराव का कारण है। वक्त के हर दौर में नयी पीढ़ी सदा क्रान्तिकारी रहती है, लेकिन दुर्भाग्यवश तेजी से फलाँगता वक्त उसे क्रान्ति के परचम के साथ जश्न मनाने वहीं छोड़ आगे बढ़ जाता है और जब तक जश्न की मानसिकता से मुक्त हो वह अपने आपे में आता है तब तक एक और नयी पीढ़ी उससे कई कदम आगे का सफर तय कर चुकी होती है। बाल-विधवा विद्यावती से विवाह रचाने वाले आर्यसमाजी लाला नत्थीमल बदलते वक्त की रफ्तार से पीछे छूट कर पुराने और कट्टरपन्थी बन गये हैं तो प्रगतिशील कहलाए जाने वाला कविमोहन भी अपनी बेटी प्रतिभा की नज़र में खासा पिछड़ा और अनुदार है।

उपन्यास सहज और संगीतात्मक लय के साथ पृष्ठ दर पृष्ठ बढ़ता चलता है, लेकिन इसमें गुँथे पात्र एक खास उद्देश्य के साथ अपने होने को जीते हैं। विद्यावती और लाला नत्थीमल के बाद उनका पुत्र कविमोहन नयी पीढ़ी का प्रवक्ता बन कर नहीं उभरता बल्कि पुरानी पीढ़ी की पुरातनपन्थी सोच के दुष्परिणामों का भोक्ता बन कर एक द्वन्द्वग्रस्त परेशानहाल व्यक्ति की ग्रंथियों को भी दर्शाता है जिसकी राहें अनावश्यक पारिवारिक हस्तक्षेपों द्वारा कील दी गयी हैं। पोते के अरमान तथा बेटी को जल्द से जल्द ब्याह कर गंगा नहाने के लोभ में छुटपन में ही बेटे को ब्याहने का संस्कार पिछले कुछ दशकों की दूरी पर खड़े भारतीय समाज का भयानक सत्य रहा है। इसमें पूरक की तरह यह स्वार्थ भी जुड़ा है कि बहू रूपी बेड़ी पाँव में

डाल दो तो बेटा गाहे-ब-गाहे खुद घर दौड़ा चला आएगा और बहू का क्या है, दो रोटी खाकर घर के किसी कोने में पड़ी रहेगी। इस कारण गाँव से कस्बे/महानगर में पलायन (?) कर बड़े ओहदे पर पहुँचे किसी भी पुरुष के परिवार का भीतरी सच यदि गाँव में विधवा का जीवन जीती पहली परित्यक्ता पत्नी है तो शहर में रह रही मॉडर्न शिक्षित कमाऊ दूसरी पत्नी है। यह घिनौना सच परिवार संस्था की चूलें हिलाने से लेकर स्त्री की मानवीय गरिमा के हनन, दूसरे ब्याह से उत्पन्न सन्तान के भविष्य और बहुविवाह-विरोधी कानून की धज्जियाँ उड़ाने तक कई समस्याओं को सामने लाता है। लेकिन अभियुक्त की शिनाख्त हमेशा दूसरी पत्नी के रूप में होती है—मॉडर्न शिक्षित कमाऊ स्त्री। या फिर स्त्रीवादियों की दृष्टि से देखें तो लम्पट पुरुष के रूप में। लेकिन इस तथाकथित लम्पट पुरुष पर यदि कविमोहन का चेहरा चस्पां कर दें तो वह अभियुक्त नहीं, बल्कि न्याय की गुहार लगाता विक्टिम नज़र आता है। बालविवाह का ताकत भर विरोध कर उसने अपनी ऊर्जा को पढ़ने और बुद्धि को विकसित करने में लगाया है। पढ़ने-लिखने के बाद एक वैचारिक ऊँचाई पर पहुँचकर यदि वह पत्नी से 'सोलमेट' होने की अपेक्षा करे तो गलत कहाँ? लेकिन बच्चों और गृहस्थी में घिर कर अपने को शून्य करती बनी पत्नी शिक्षा और आत्मोन्नयन के अवसरों के अभाव में कैसे रातोंरात विदुषी बन कर पति-प्रसादन करे? कविमोहन यदि कुहेली भट्टाचार्य के आकर्षण से स्वयं को मुक्त कर पूरी तरह परिवार में डूब सका है तो इसलिए कि दार्शनिक स्तर पर पहुँच कर उसने शिक्षा के अर्थ को आत्मविस्तार का पर्याय माना है, आत्मरतिग्रस्तता का नहीं।

कवि यदि एक स्तर पर 'मैंटल इनकाम्पीटेबिलिटी' के कारण विघटित होते विवाह सम्बन्ध को बनाये रखने में अपनी उमंगों और हसरतों को होम करते चले जाने वाले कर्त्तव्यनिष्ठ परिपक्व पुरुष का प्रतिनिधित्व करता है तो दूसरे स्तर पर वह किताबों में निहित ज्ञान को बचाने के लिए उसे संवेदना, स्मृति और व्यवहार के साथ जोड़ का अन्तर्ज्ञान बनाने की जरूरत पर भी बल देता है। इक्कीसवीं सदी की नयी पीढ़ी जिस प्रकार ज्ञानी और तकनीकवान होने का दम्भ भर रही है, वह उसे समग्रता और मनुष्यता से दूर ले जाकर भरमा रही है। 'रचना करना और कीर्तन करना एक बात नहीं है। यह नित्य कर्म नहीं, विशिष्ट कर्म है।' कवि की इस झुंझलाहट भरी सीख में पीड़ा भी छिपी है कि संयम, जिज्ञासा, एकाग्रता और चिन्तन के अभाव में आगे बढ़ने की बदहवास हौंस में प्रतिद्वन्द्वी को काटता-निगलता आज का बुद्धिजीवी/रचनाकार क्या वास्तव में आगत को गढ़ने का स्वप्न देख पाएगा? सर्जनात्मकता में यदि स्वप्नाकुलता और संघर्षशीलता नहीं तो क्या वह निर्जीव अनुकृति नहीं बन जाएगी? "आने वाले वर्षों के लिए हम मूर्खों की पीढ़ी तैयार कर रहे हैं। बस, बीस किताबें पढ़ कर डिग्री पाने वाले ये मूर्ख देश को कहीं का नहीं छोड़ेंगे"—कवि की चिन्ता में लेखिका की चेतावनी भी शामिल है।

तीसरी पीढ़ी—कवि-इन्दु की बेटी प्रतिभा—के सन्दर्भ में ममता कालिया ग्लैमर वर्ल्ड के प्रति युवा पीढ़ी के बढ़ते आकर्षण का आकलन करती हैं। जाहिर है यह आकर्षण कविमोहन की उपर्युक्त टीस भरी टिप्पणी का ही आंशिक विस्तार है कि 'आने वाले वर्षों के लिए हम मूर्खों की पीढ़ी तैयार कर रहे हैं।' अन्धानुकरण मूर्खता का ही उत्पाद है जहाँ तर्क नहीं, आवेश और आक्रोश ही महत्त्वाकांक्षा को निर्णय और जिद में बदलते हैं। नृत्य और संगीत में प्रवीण प्रतिभा के पास हुनर भी है और सौन्दर्य भी। भारत के थके-ठिठके रूढ़िबद्ध मध्यवर्गीय समाज में टीवी, फिल्म और विज्ञापन की घुसपैठ ने मॉडलिंग जैसे कैरियर की सम्भावनाओं को भरपूर खोला है। पैसा, शोहरत, सुख—मानो मॉडलिंग न हुई, 'मीडास टच' हो गयी कि जिसे भी छुओ, वही सोना बन जाए। प्रतिभा बहती गंगा में हाथ धोना चाहती है, लेकिन माता-पिता इसे 'शक्ल का धन्धा' और 'छिछला कैरियर' कह कर दुरदुरा रहे हैं। प्रतिभा का घर से भाग कर तबला मास्टर के साथ मुम्बई के मॉडलिंग जगत में प्रवेश करना एक बार फिर पीढ़ियों के टकराव को सामने लाता है। प्रश्न-प्रतिप्रश्न वही सनातन कि क्या प्रतिभा का निर्णय गलत नहीं? कि मनवांछित राहों की तलाश में भूत और वर्तमान की उँगली छोड़ कर अकेले चलना क्यों गलत है? कि पीढ़ी-दर-पीढ़ी इस तरह के पलायन क्या परिवार और विवाह जैसी संस्थाओं को क्रमशः क्षरित नहीं करते चलेंगे? कि क्षरण की क्रमिक प्रक्रिया में टूटन तो बहुतेरी दीख रही है, लेकिन चिन्तन-मन्थन करने वाले कविमोहन और मनीषा जैसे संवेदनशील बुद्धिजीवी किन रचनात्मक अध्यायों को सामाजिक व्यवस्था में जोड़ रहे हैं? कहना न होगा कि प्रतिभा देह बन कर आजादी खरीदती आधुनिका की पतनशील अन्तःकथा बन कर रह जाती है जिसके समानान्तर एक बार फिर दादी विद्यावती की वैचारिक आधुनिकता पूरे रचनात्मक विधान के साथ आ खड़ी होती है। उपन्यास मानो बार-बार इसी तथ्य को रेखांकित करना चाहता है कि आधुनिकता एक प्रगतिशील ऊर्ध्व दृष्टि है जिसे विवेक, संवेदना और उदारता के साथ अपने भीतर से अर्जित करना पड़ता है। बाहर से लाद कर वह व्यक्ति को हास्यास्पद और बौना ही बनाती है। लेखिका मनीषा के जरिए ओजस्वी दादी की याद में कथा के ताने-बाने से बुना स्मारक बनाना चाहती है, दादी के संघर्ष को आगे ले जाकर 'दुक्खम-सुक्खम' के रूप में स्मारक बना भी डालती है, लेकिन यह उनकी संघर्ष-यात्रा का अन्त नहीं, प्रस्थान बिन्दु है क्योंकि लाला नत्थीमल के वजूद और विद्यावती के अन्तर्विरोधों के रूप में स्त्री का दमन करने का सामन्ती संस्कार आज भी व्यक्ति-मानस में किसी न किसी रूप में विद्यमान है। स्त्री की ओर से स्त्री के मानस को पढ़ कर उसकी मानवीय गरिमा की गुहार लगाना ही स्त्री विमर्श है। 'दुक्खम-सुक्खम' इस मायने में स्त्रीविमर्शकारी आन्दोलन में एक सशक्त हस्तक्षेप है।

ममता कालिया का उपन्यास 'प्रेम कहानी'

–विश्वम्भर 'मानव'

ममता कालिया प्रारम्भ से ही अपने कथा-साहित्य में नारी-जीवन की समस्याओं और उलझनों पर प्रकाश डालती चली आ रही हैं। ये समस्याएँ मुख्यतः युवा पीढ़ी की हैं और उनके गहरे मनोवैज्ञानिक कारण हैं। 'प्रेम कहानी' उनका तीसरा उपन्यास है। इसके पूर्व के दो उपन्यास 'बेघर' और 'नरक-दर-नरक' भी प्रेम कहानियाँ ही हैं। तीनों का एकमात्र विषय प्रेम और विवाह है। यह प्रेम कहीं सफल होता है, कहीं असफल। सफल होने पर भी नारी के मन में एक प्रकार का असन्तोष बना रहता है।

'प्रेम कहानी' दिल्ली के इन्द्रप्रस्थ कॉलेज में पढ़ने वाली दो छात्राओं–जया और यशा के रोमांस के वर्णन से प्रारम्भ होती है। दोनों ही हॉस्टल में रहती हैं; अतः स्वच्छन्दता के लिए पूरा अवकाश है। यशस्विनी एक मुसलमान लड़के को प्रेम करती है, जो उसे लम्बे भावपूर्ण पत्र लिखता है। उसके माता-पिता उसकी इच्छा के विरुद्ध उसका विवाह अपनी ही जाति में लोहे के एक व्यापारी के साथ कर देते हैं। इस प्रकार यह प्रेम समाप्त हो जाता है। जया कॉलेज में 'सागर-पार-छात्र-समिति' की सेक्रेट्री है। उसकी भेंट मेडिकल कॉलेज में मारीशस निवासी एक छात्र गिनेस से होती है। शीघ्र ही दोनों पारस्परिक आकर्षण का अनुभव करते हैं। जया कुछ अधिक चतुर और साहसी है। वह अपने माता-पिता की इच्छा का तिरस्कार कर इस युवक से विवाह कर लेती है।

आगे मेडिकल कॉलेज के डॉ. गुप्ता का वर्णन है। उनके माध्यम से सरकारी अस्पतालों में व्याप्त अव्यवस्था और भ्रष्टाचार तथा डाक्टरों की लापरवाही और हृदयहीनता का विस्तृत विवरण प्रस्तुत किया गया है। परिणाम यह होता है कि एक ऐसा व्यक्ति, जिसके घायल बच्चे का इलाज करने से डॉ. गुप्ता ने स्पष्ट मना कर दिया था, शिमला स्कूल में पढ़ने वाले उनके दो बच्चों की हत्या कर देता है। गिनेस, जो डॉ. गुप्ता का सहायक है, एक आदर्श व्यक्ति सिद्ध होता है। वह कर्त्तव्य-परायण और पर-दुःखकातर है। उपन्यास जया के इस असन्तोष में समाप्त होता है कि उनका पति उनकी तुलना में अपने काम की ओर अधिक ध्यान देता है।

प्रेम कहानी की संरचना को देखते हुए यह कहा जा सकता है कि इस उपन्यास

में एक नहीं, दो कहानियाँ हैं—एक जया की, दूसरी डॉ. गुप्ता की और दोनों ही अपने में स्वतन्त्र हैं। जो सम्बन्ध स्थापित किया गया है, वह एक जोड़-सा प्रतीत होता है। जया से सम्बन्धित घटनाएँ आकर्षक हैं, डॉ. गुप्ता से सम्बन्धित शुष्क और ऊब उत्पन्न करने वाली। दोनों में से किसी को भी किसी की उप-कथा नहीं कहा जा सकता। आशय यह है कि इन घटनाओं में अन्विति की कमी है। जया वाली कहानी रचनात्मक है, डॉ. गुप्ता वाली मात्र सूचनात्मक। वह पत्रकारिता के अधिक निकट है। उपन्यास का अन्त आकस्मिक है। लेखिका सोच नहीं पाती कि कहानी का अन्त कैसे करें। जया अपने पति से इस बात पर रूठ जाती है कि वह उसके साथ पिक्चर देखने न जाकर, एक मरते बच्चे के प्राण बचाने क्यों चला जाता है। हम नहीं समझते कि कोई शिक्षित महिला इतनी नासमझ हो सकती है।

ममता कालिया का यह तीसरा उपन्यास है; अतः हम उनका ध्यान एक तथ्य की ओर आकर्षित करना चाहते हैं। वह यह कि उन्होंने अभी से अपने को दुहराना प्रारम्भ कर दिया है। उनका 'नरक-दर-नरक' भी एक रोमांटिक उपन्यास है। उसमें भी अन्तर्जातीय विवाह कराया गया है, उसकी नायिका को भी इस बात का गर्व है कि उसके जैसा सुन्दर पति किसी को नहीं मिला। उसे भी इस बात की शिकायत है कि वह अपने काम में इतना तल्लीन रहता है कि उसकी ओर ध्यान नहीं दे पाता। इस दृष्टि से 'प्रेम कहानी' के जया और गिनेस, 'नरक-दर-नरक' के दूसरे उषा और जगन हैं। लेखिका को सबसे पहले इस आत्म-रति और मनोग्रंथि से मुक्त होना चाहिए।

अनुभूति-परक होने के कारण ममता कालिया की भाषा वैसे ही आकर्षक है। लेकिन वे यह समझती हैं कि अभिव्यक्ति की सुन्दरता सेक्सपरक भावनाओं को व्यक्त करने में निहित है। इस उपन्यास में भी 'मेन्सिज', 'अबार्शन', 'देर में गर्म या ठंडी होने', 'बिजली से इलाज कराने' आदि की चर्चा आयी है। एक स्थान पर यशा कहती है, "मुझे लगता है यह लड़का आँखों-ही-आँखों में मुझे प्रेगनेंट कर देगा।" हम माने लेते हैं कि दिल्ली की लड़कियाँ इस प्रकार सोचती होंगी; बल्कि और भी बुरी बातें सोचती और सुनती होंगी, फिर भी हमारा अनुरोध है कि अब उन्हें ऐसी गुदगुदानेवाली उक्तियों को छोड़कर जीवन की अधिक गम्भीर स्थितियों की ओर ध्यान देना चाहिए। उनके उपन्यासों में सामाजिक तत्त्व की अभी बहुत कमी है। हमारी दृष्टि से उनकी कृतियों में 'बेघर' ही ऐसा है, जो उन्हें प्रतिष्ठा प्रदान करेगा। अपने पिछले दो उपन्यासों में वे उससे एक इंच भी आगे नहीं बढ़ी हैं।

ममता कालिया प्रारम्भिक लेखन से काफी आगे निकल आयी हैं और अपनी आलोचना बर्दाश्त कर सकती हैं; अतः उनके विचार के लिए हमने इतना लिख दिया है।

बाजार में खड़े रिश्ते

–धीरेन्द्र अस्थाना

ममता कालिया हमारे समय की उन समर्थ रचनाकारों में से हैं जो अपनी बेधक भाषा, बिन्दास ट्रीटमेंट और चुस्त मुहावरेबाजी के कारण बहुत चाव और उत्सुकता से पढ़ी जाती रही हैं। भाषा के भीतर जो एक मस्त खिलंदड़ापन आज के अनेक लेखकों में खोजा और रेखांकित किया जा रहा है, वह ममता कालिया के लेखन में आज से 25-30 बरस पहले ही मौजूद था। सत्तर से अस्सी के बीच छपे उनके कहानी संग्रहों और उपन्यासों ने इसी विशेषता के कारण न सिर्फ ममता कालिया को प्रतिष्ठा दी थी, वरन बाद में आने वाली कई लेखिकाओं को प्रेरित भी किया था।

'दौड़' ममता कालिया का छठा उपन्यास है। स्वयं लेखिका के शब्दों में 'दौड़' की केन्द्रीय थीम इस प्रकार है: 'आर्थिक उदारीकरण ने भारतीय बाजार को शक्तिशाली बनाया। इसने व्यापार प्रबन्धन की शिक्षा के द्वार खोले और छात्र वर्ग को व्यापार प्रबन्धन में विशेषता हासिल करने के अवसर दिये। बहुराष्ट्रीय कम्पनियों ने रोजगार के नये अवसर प्रदान किए। युवा वर्ग ने पूरी लगन के साथ इस सिमसिम द्वार को खोला और इसमें प्रविष्ट हो गया। वर्तमान सदी में समस्त अन्य वाद के साथ एक नया वाद प्रारम्भ हो गया, बाजारवाद और उपभोक्तावाद। उसके अन्तर्गत बीसवीं सदी का सीधा-सादा खरीदार एक चतुर उपभोक्ता बन गया। जिन युवा प्रतिभाओं ने यह कमान सँभाली उन्होंने कार्यक्षेत्र में तो खूब कामयाबी पायी पर मानवीय सम्बन्धों के समीकरण उनसे कहीं ज्यादा खिंच गये, तो कहीं ढीले पड़ गये। 'दौड़' इन प्रभावों और तनावों की पहचान कराता है।'

'दौड़' से गुज़रना अवाक् रह जाना है। 'जहाँ हर महीने वेतन मिले, वही जगह अपनी होती है।' इस वाक्य को मंत्र की तरह जीती एक युवा पीढ़ी जो भरे-पूरे बाजार में खड़ी है। इस बाजार में महत्त्वाकांक्षाएँ हैं, भारी-भरकम वेतन प्राप्त करने की लालसाएँ हैं, खुद को साबित करने का जुनून है और क्षण में जीने की जिद। प्रतिस्पर्धा से प्रतिस्पर्धा की तरफ जाती इस अन्धी दौड़ में रिश्ते-नाते-मानवीयता-संवेदना-शहर-सपना-लगाव-परम्परा सब-का-सब अर्थहीन, दकियानूस और बीता हुआ उच्छ्वास भर है। यहाँ रिश्ते बहुत व्यावहारिक, रस्मी और सतही हैं। यहाँ शहर का अर्थ केवल

रोजगार में खुलता है। यहाँ स्मृतियाँ एकदम व्यर्थ हैं और सपने सिर्फ तरक्की से जुड़े हैं। इस बाजार ने वह सब कुछ लील लिया है जो मनुष्य को मनुष्य बने रहने की ताकत देता है।

एक छोटे से उपन्यास में उपभोक्तावाद, भूमंडलीकरण और उत्तर आधुनिक समय का दर्दनाक आख्यान ममता कालिया ने इतने बड़े फलक पर रच दिया है कि लघु उपन्यास या लम्बी कहानी के प्रचलित फ्रेम अनायास टूट-फूट गये हैं। पवन और सघन—नयी उम्र के ये दो लड़के केवल उस उपन्यास के ही नहीं बल्कि समकालीन समय के अधुनातन चरित्र हैं। ये वह प्रतीक चरित्र हैं जो थोड़ी-बहुत कतर ब्योंत के साथ महानगरों में दौड़-भाग का आधुनिक जीवन जीते मध्यवर्गीय और उच्च मध्यवर्गीय परिवारों में अनवरत साँस ले रहे हैं। इन चरित्रों ने अपना जीवन खुद गढ़ा है, इनका अपना एक गणित है और अपना ही सौन्दर्यशास्त्र। यह साहित्य और संस्कृति के बीच पल बढ़ कर जवान हुई पीढ़ी नहीं, इंटरनेट, ई-मेल और 'सर्फिंग' के समय की सरगम है। और इस सरगम में रिश्ते-नातों का कोई संवेदनात्मक स्वर नहीं है। इन रिश्तों में सारी समस्याएँ तभी पैदा होती हैं, जब हर बार की तरह इस बार भी नयी और पुरानी पीढ़ी के विचार आपस में टकराते हैं। पाठक इस सरगम को सुनकर यदि हतप्रभ रह जाएँ तो 'दौड़' सफल है।

दरकते रिश्तों की दास्तान

–श्रीभगवान सिंह

विगत दो-तीन दशकों से हिन्दी कथा-लेखन में या तो दलित-विमर्श की चर्चा है या फिर स्त्री-विमर्श की। पूरे सामाजिक ताने-बाने की चर्चा हमारे कथा-साहित्य से खदेड़ दी गयी है। स्त्री-लेखन के क्षेत्र में जिन लेखिकाओं के नाम काफी उछाले गये हैं उनमें अधिकांश की कथा-वस्तु का सम्बन्ध मुख्यतः स्त्री-जीवन से रहा है, किन्तु उसमें भी स्त्री-जीवन की नाना समस्याओं के बजाय फोकस स्त्री-देह की मुक्ति के सवाल पर किया गया है और इस प्रकार स्त्री-मुक्ति जैसे उच्चतर मानवीय प्रश्न को यौन-मुक्ति तक निःशेष करके रख दिया गया है। ऐसे स्त्रीवादी लेखन के नाम पर वाहवाही बटोरने की लालसा से ये लेखिकाएँ पारिवारिक रिश्तों, विवाह-संस्था आदि को स्त्री-दासता का लक्षण मानते हुए इन सबके निषेध में ही स्त्री की सच्ची स्वाधीनता का शास्त्र रचने लगी हैं। इन स्त्रीवादियों के विमर्श में, आख्यान में माता, पत्नी जैसे सम्बन्ध-शब्द बदनाम हो चुके हैं और ऐसी कहानियाँ, उपन्यास लिखे जाने लगे हैं जिनमें विवाहेतर यौन सम्बन्धों की गौरव-गाथा रच कर स्वच्छन्द भोग में स्त्री की मुक्ति की तलाश करते हुए समस्त पारम्परिक सम्बन्धों को गाली दी जाने लगी है। हिन्दी कथा-लेखन में स्त्री-मुक्ति का विमर्श पूरी तरह से यौन-मुक्ति का विमर्श बन चुका है, यह कहने में अत्युक्ति नहीं। मानना पड़ेगा कि यह विमर्श न सिर्फ स्त्री-मुक्ति-विमर्श को, बल्कि पूरे सामाजिक विमर्श को गलत दिशा में ले जाने वाली विसंगतियों, विकृतियों का शिकार हो चुका है। ऐसे में हिन्दी की सुप्रसिद्ध महिला कथाकार ममता कालिया द्वारा 'दुक्खम-सुक्खम' जैसा उपन्यास लिखा जाना जहाँ एक तरफ विलुप्त होती जा रही कथा-परम्परा का पुनराविष्कार करता है, तो दूसरी तरफ स्त्री-विमर्श के नाम पर फैली एकांगिकता, विसंगतियों का परिमार्जन करते हुए पूरे सामाजिक ताने-बाने की संरचना में व्याप्त अच्छाइयों एवं बुराइयों से पाठक को रू-ब-रू कराता है।

कहानी, बतकही आदि से समन्वित कथा-रस के शिल्प का निर्वाह करता यह उपन्यास समकालीन उपन्यास लेखन के परिदृश्य के समक्ष कई विशिष्टताएँ लेकर सामने आता है। सबसे पहले तो इसका शीर्षक और कथावस्तु ही समकालीन लीक

से हट कर है। समकालीन लेखन का मुख्य सरोकार हो गया है देह का सुख, भोग का सुख, जिसके तहत वैसी हर चीज का निषेध या विरोध है जो इस सुख को बाधित करने वाली है। सुख-दुख के अपरिहार्य दो तटबन्धों के बीच जीवन-प्रवाह की अवस्थिति देखना भारतीय जीवन-दर्शन की विशेषता रही है—'गीता' तो मुख्यतः इसी का दर्शन है। भले ही हमारे यहाँ पश्चिम की तर्ज पर ट्रैजिक नाटक लिखने की परम्परा नहीं रही, किन्तु महाभारत, रामायण या अन्य पौराणिक ग्रन्थों में, कथासरित सागर, पंचतन्त्र, जातक जैसी कथा-परम्पराओं में जीवन-सत्य के रूप में सुख-दुख दोनों को समान रूप से समायोजित करने की समृद्ध परम्पराएँ रही हैं। ममता कालिया ने आज के इन्द्रिय-सुख-व्याकुल माहौल में इस पुरातन समग्र सत्य को नये ढंग से 'दुक्खम-सुक्खम' की कथावस्तु के माध्यम से प्रस्तुत करने का प्रयास, जोखिम लेने की हद तक, किया है। परिवार संयुक्त हो चाहे एकल—हर जगह जीवन का मधुर राग है, स्नेह-वात्सल्य का अमृत है, अपनों के साथ होने का सुख है, तो तनाव, कलह, ईर्ष्या, स्वार्थ का कटु हलाहल भी है—राग-विराग दोनों जगहों पर है। जिन्होंने संयुक्त परिवार को सिर्फ अशान्ति, कलह, तनाव का संग्राम क्षेत्र मान कर एकल परिवार को सुकून, शान्ति की गारंटी समझ रखा है, वह भी वैयक्तिक सुख को बाधित करनेवाले जहरीले कीटाणुओं से मुक्त नहीं है—यह नत्थीमल (दादा) और विद्यावती (दादी) से लेकर उनके पुत्र कविमोहन, उसकी पत्नी इन्दु तक के एकल परिवार के कथा-वितान में दृष्टिगोचर होता है।

उपन्यास में तीन पीढ़ियों के मनोभाव, संस्कार, जीवन-शैली विन्यस्त होती है जो पराधीन भारत से लेकर आजाद हुए भारत को अपने दायरे में समेटे हुए है। कथा का आरम्भ मथुरा में रहनेवाले वणिक परिवार की अन्तःकथा से होता है। इस परिवार के मुखिया हैं लाला नत्थीमल और घर के भीतर हैं उनकी पत्नी विद्यावती उर्फ जीजी उर्फ दादी। नत्थीमल पैसे को सब कुछ समझनेवाले और उसके अर्जन के लिए खून का एक-एक कतरा खपाने में तत्पर और मितव्ययिता में माहिर हैं। पैसे की कमी न होने के बावजूद वे अपनी एक सोलह वर्षीया बेटी की शादी तिहाजू व्यक्ति से करने में संकोच नहीं करते, कारण कि इसमें उन्हें ज्यादा खर्च नहीं करना पड़ता। उनकी पत्नी विद्यावती औरत होते हुए भी पितृसत्तात्मक परिवार की उस मानसिकता से ग्रस्त है जिसके तहत बेटे के पैदा होने पर खुशी मनाई जाती है, तो बेटी के पैदा होने पर गम। दूसरी पोती के पैदा होने पर उनके मन में बहू इन्दु के प्रति कितनी कटुता आ जाती है, यह देखते ही बनता है। आजकल स्त्रीवाद के नाम पर जिस तरह केवल पुरुष वर्ग को स्त्री विरोधी सिद्ध करने का चलन हो गया है, उसके विपरीत ममता कालिया इस कटु सत्य से भी आगाह करती चलती हैं कि औरत भी औरत को सताने में पीछे नहीं रही है—सास बनाम बहू, ननद बनाम भाभी—जैसे कलह में यह प्रवृत्ति देखी जाती रही है।

लाला नत्थीमल और उनकी पत्नी अपनी तीन बेटियों व एक बेटा को लेकर मथुरा में अपना कारोबार चलाते हुए भौतिक दृष्टि से सुखी हैं, किन्तु आपसी मनोभावों में तालमेल न होने के कारण आपस में किच-किच मची रहती है। ऐसे परिवेश में पलते हुए उनका पुत्र कविमोहन के अन्दर पैतृक व्यवसाय से लेकर पैतृक आवास तक से वितृष्णा पैदा होती जाती है। उसकी इच्छा के विरुद्ध छात्र जीवन में ही उसका विवाह कर दिया जाता है, लेकिन नयी अंग्रेजी शिक्षा पाने वाले कविमोहन के अन्दर इस कस्बाई शहर और संयुक्त परिवार के सड़ियल माहौल से अलग होकर एक अच्छी नौकरी करते हुए ऐसा जीवन जीने का सपना आकार लेने लगता है जिसमें उसकी सिर्फ पत्नी और बच्चे हों। और उसके सपने सच भी होते हैं। एम.ए. करने के बाद पहले उसे मथुरा के ही एक कॉलेज में लेक्चरर की नौकरी मिल जाती है, किन्तु इससे वह सन्तुष्ट नहीं। फिर दिल्ली जैसे महानगर के कॉलेज में लेक्चरर बनकर चला जाता है। माँ-बाप को बेटे का बिछोह सालता है, किन्तु कविमोहन को खुशी है कि वह राजधानी के प्रतिष्ठित कॉलेज में अध्यापक बन गया है किन्तु उसकी महत्त्वाकांक्षा यहीं नहीं रुकती, और अन्ततः आकाशवाणी की सरकारी नौकरी पाकर तुष्ट होता है। वह पत्नी और बेटियों को लेकर पूना चला जाता है। माँ-बाप, बहनों आदि से एक औपचारिक रिश्ता ही रह जाता है। पुराने ख़यालों के नत्थीमल और विद्यावती बेटे को साथ रहते देखना चाहते थे, किन्तु कविमोहन को प्यारा हो जाता है अपना कैरियर। पारिवारिक रिश्ते दोयम हो जाते हैं।

वास्तव में अंग्रेजी शिक्षा के चलन ने आधुनिकता के नाम पर पढ़े-लिखे युवकों को घर-परिवार, जन सामान्य से विलग कर आत्म-सुख का जो व्याकरण रचा है, कविमोहन उस व्याकरण का सफल साधक बनता है। घर-परिवार, अपने समाज से विलगाने वाली इस अंग्रेज़ी शिक्षा की आलोचना उन्नीसवीं सदी से ही होती रही जिसके प्रमाण बंकिमचन्द्र से लेकर महात्मा गाँधी, प्रेमचन्द आदि में मिल जायेंगे। पता नहीं लेखिका का ऐसा उद्देश्य रहा है कि नहीं, किन्तु कविमोहन का कायान्तरण अंग्रेज़ी शिक्षा के इस अभिशाप को उजागर करता है जिसके कारण पढ़े-लिखे लोगों के सोच का दायरा संकुचित होता गया है और आज भी वह जारी है—बल्कि उसमें इजाफा हो चुका है जो प्रमाणित होता है—तीसरी पीढ़ी के आचरण में—यानी कविमोहन की बड़ी बेटी प्रतिभा के विद्रोह में।

कविमोहन आजादी के पहले का पढ़ा-लिखा युवक है, तो उसकी बेटी आजादी के बाद के बदले और खुले माहौल में पली है। बदलता समय किस तरह माँ-बाप और उनकी सन्तानों के बीच बदलाव लाते जा रहे हैं, यह कविमोहन से लेकर उसकी बेटी के आचरण तक में देखा जा सकता है। हालाँकि उसकी छोटी बेटी मनीषा इस परिवर्तन-प्रवाह से कम प्रभावित है और माँ-बाप से लेकर अपनी दादी तक अनुरक्त बनी रहती है, तभी तो वह दादी के मरने के बाद संकल्पबद्ध होती है—"दादी की

याद में कहीं कोई स्मारक खड़ा नहीं किया जायेगा। न अचल न सचल। उसके हाथ में यह कलम है। वही लिखेगी अपनी दादी की कहानी।" दूसरी तरफ नयी पीढ़ी के आजाद ख़यालों का विस्फोट करती प्रतिभा है जो माँ-बाप के सारे अरमानों पर पानी फेरते हुए कैरियर के रूप में 'मॉडलिंग' का चयन करती है और घर छोड़कर चली जाती है। आधुनिकता की आँधी में संयुक्त परिवार से लेकर एकल परिवार के दरकते जाने की इस मार्मिक दास्तान को लेखिका ने जिस अन्दाज़ में प्रस्तुत किया है, उसमें न कोई एडवोकेसी, न कोई 'जजमेंट', उसमें घटनाओं को शृंखलाबद्ध रूप में खलनायक सिद्ध करनेवाले स्त्रीवादियों के मुँह पर तो करारा तमाचा है ही, उन गाँधीवादी कहे जानेवाले लेखकों का भी प्रतिवाद है जो पत्नी और प्रेमिका की दो कोटियों में विश्वास करते हैं। इस लिहाज से देखा जाए तो इस उपन्यास में ममता कालिया, जैनेन्द्र कुमार जैसे घोषित गाँधीवादी कथाकार की तुलना में ज्यादा गाँधीवादी लेखिका के रूप में पहचान बनाती हैं और आज स्त्री-पुरुष के सम्बन्धों में आ रही मूल्यविहीनता के विरुद्ध एक आवश्यक हस्तक्षेप करती हैं।

सचमुच कुछेक वर्षों से प्रेम के नाम पर केवल युवा-युवती के एकान्तिक प्रेम या फिर रीतिकालीन परकीया प्रेम की तर्ज पर विवाहेतर प्रेम-प्रसंगों से लेकर यौन-सम्बन्धों या एकल परिवार पति-पत्नी और औलाद तक जिस तरह हिन्दी कथा-लेखन की मुख्यधारा सिमट कर रह गयी है, संयुक्त परिवार हों या महँगाई, भ्रष्टाचार, बेरोजगारी, विस्थापन आदि से पीड़ित किसान, मजदूर, जनसमुदाय उससे बाहर हो गये हैं। पिछले दिनों शिवमूर्ति ने 'आखिरी छलाँग' जैसा लघु उपन्यास लिख कर उपेक्षित हो गये कृषक-जीवन की फिर से कथा-साहित्य में वापसी की थी। एक मध्यवर्गीय परिवार से सम्बद्ध होने के बावजूद ममता कालिया एकान्तिक या विवाहेतर प्रेम-प्रसंगों से इस उपन्यास की कथा नहीं रचतीं, बल्कि विलुप्त होते जा रहे संयुक्त परिवार से लेकर एकल परिवार तक का कथा-वितान रचती हैं। आजादी मिलने के बाद देश के राजनीतिक माहौल में आये तनाव, साम्प्रदायिक द्वेष, मारकाट, विस्थापन जैसी घटनाओं को भी लेखिका को ऐतिहासिक अनिवार्यता के दबाव में स्थान देना पड़ा है, किन्तु वे विवरण इतिहास सम्मत हैं, ऐतिहासिक तथ्यों को विकृत करने में लेखिका ने साहित्यिक कल्पना का तनिक भी दुरुपयोग नहीं किया है।

इसके बावजूद यह उपन्यास परिवार एवं पारिवारिक सम्बन्धों के क्रमशः छीजते जाने की दारुण दास्तान के रूप में अपनी छाप छोड़ते हुए अपने कथा-शिल्प की सार्थकता अर्जित कर पाने में सफल होता है। हालाँकि इस उपन्यास की कथावस्तु में लेखिका के निजी पारिवारिक वृत्तान्तों की छाया भी देखने की कोशिश समीक्षकों द्वारा की जा सकती है और ऐसी कोशिश का आधार भी लेखिका एक जगह 'मनीषा' के रूप में स्पष्टतः दे देती हैं, फिर भी जिस तटस्थता के साथ विगत सदी में पारिवारिक- सामाजिक रिश्तों में आये बदलाव को इस उपन्यास में रूपायित किया

गया है, उसे प्रेमचन्द की कथा-परम्परा का नवीनीकरण माना जा सकता है और यही चीज हिन्दी की अपनी जातीय परम्परा को बचाये रख सकती है। इस दृष्टि से 'दुक्खम-सुक्खम' की कथाकार कृष्णा सोबती या मन्नू भंडारी के बजाय प्रेमचन्द की परम्परा का विकास करनेवाली लेखिका के रूप में पहचान बनाती हैं। प्रेमचन्द की परम्परा से जोड़नेवाली एक और चीज है और वह है बहुत सारे विलुप्त हो गये शब्दों का ममता कालिया द्वारा प्रयोग। मौका मिलते ही लेखिका मर्तबान, पकवान, डोलची, कच्ची रसोई, बटखरा, अन्नकूट जैसे कितने ही आज के लेखन से गायब हो गये शब्दों से परिचय कराती चलती हैं। यथास्थान देसी मुहावरों, किंवदन्तियों की छौंक देकर कथा-रस के आस्वाद में वृद्धि कर देती हैं। सधे शब्दों के शिल्प से रची यह औपन्यासिक कृति पुराने शब्दों की जीवन्तता, रसात्मकता का आस्वाद देती है, साथ ही शब्दों की बाजीगरी को ही साहित्य-लेखन समझनेवालों को एक सीख भी देती है।

यों तो पीढ़ी दर पीढ़ी का सिलसिला सदियों से चला आ रहा है, किन्तु पूर्वापर पीढ़ियों में अपनेपन की अन्तःसलिला कभी सूखी नहीं। विगत सदी से पीढ़ी पर पीढ़ी के आपसी रिश्तों का दरकते जाना आधुनिक सभ्यता की देन है—हर नयी पीढ़ी पूर्ववर्ती पीढ़ी को अपने लिए बासी, पराई समझ उससे संवाद-स्नेह का रिश्ता समाप्त करने में ही अपना हित समझने लगी है। यह उपन्यास परिवर्तन, प्रगति के नाम पर रिश्तों में आती जा रही दरारों से उपजी पीड़ा का गहरा एहसास कराता है। निस्सन्देह पारिवारिक-सामाजिक मूल्यों के इस विघटनकारी दौर में 'दुक्खम-सुक्खम' न तो अतीत-राग है, न वर्तमान का मर्सिया, न भविष्य की दीप-शिखा, यह है वस्तु-सत्य को जानने और जानकर उसे बचाने या नष्ट करते जाने के विकल्प-चयन का दृष्टि-उन्मूलन करनेवाला एक सशक्त कथा-शिल्प।

स्वतन्त्रता के लिए संघर्ष

–रामशंकर द्विवेदी

ममता कालिया के इस उपन्यास की केन्द्रीय गाथा आजादी की लड़ाई के समय से जुड़ी हुई है। गाथा सिर्फ एक परिवार की है। प्रसंगवश आजादी के लिए होने वाले आन्दोलन और गाँधी जी के प्रभाव से समाज विशेष रूप से स्त्रियों के जीवन में आती गयी जागृति भी इसमें जुड़ती जाती है।

मथुरा के एक अग्रवाल परिवार के मुखिया नत्थीमल हैं जो अपना कारोबार चलाते हैं। उनमें पर्याप्त हिसाबी बुद्धि है और उनकी पत्नी विद्यावती गृहस्थी के भीतर अपनी सत्ता का विस्तार किए हुए हैं। उनके एकमात्र पुत्र का नाम कविमोहन और उसकी पत्नी का नाम इन्दु है। विद्यावती के तीन बेटियाँ और एक पुत्र था। उनकी बहू इन्दु ने जब दूसरी बार कन्या रत्न को जन्म दिया तो विद्यावती का पारा चढ़ गया। फिर तो बहू इन्दु को जो यातना झेलनी पड़ी इस उपन्यास की मुख्य कथावस्तु उसी की कहानी है।

बेटी के जन्म से अग्रवाल परिवार में उत्सव मनाने के बजाय उसकी मनहूसियत बढ़ाने वाला सिद्ध हुआ। विद्यावती ने चूल्हा तक नहीं जलाया। सिर पर हाथ रखे वे देर तक तख्त पर बैठी रहीं। उन्हें अपनी तीनों बेटियों का ध्यान आया जिनके कारण वे कभी चैन से नहीं बैठ सकीं। उठते-बैठते ससुराल से लेकर पीहर तक सभी ने उन्हें ताने मारे थे। लड़का था सिर्फ एक और उसके भी हो गयीं दो बेटियाँ।

एक जीवन्त चित्र देखिए : सतघड़े के उस मकान में अँधेरा तो वैसे ही बहुत रहता था, आज कुछ ज्यादा घना हो गया। लालटेन की रोशनी में भग्गो की लम्बी परछाईं देखकर दादा जी ने डपटा, “कहाँ ऊँट-सी घूम रही है, बैठ चुपचाप एक कोने में।”

दादी किचकिचाई, “बहू का गुस्सा बेटी पर निकाल रहे हो, कौन मेल के बाप हो तुम।” लाला नत्थीमल का क्रोध पत्नी की तरफ घूम गया, “तुमने क्या कम लाइन लगाई थी, छोरियों की।”

“हाँ, मैं तो दहेज में लाई थी ये छोरियाँ, तुम्हारी कछू नायँ लगैं।”

नत्थीमल ने आँखें निकालकर पत्नी को घूरा और फिर खाँसते हुए आढ़त की तरफ चले गये। (पृ. 9)

इन्दु की दिनचर्या कैसी थी? जेल में रहनेवाले कैदी की तरह। कैदी को सिर्फ मशक्कत करनी पड़ती, खुशामद नहीं। इन्दु को दोनों करनी पड़तीं। बात-बात में लड़ने पर आमादा सास और बददिमाग ससुर। उसकी आन काँपती। उनकी नवजात बच्ची का बाप आगरे में पढ़ रहा था। सिर्फ छुट्टियों में घर आता था। दो बच्चों के बावजूद इन्दु को अभी तक अपने पति के स्वभाव और उसके जीवन-संघर्ष की कोई जानकारी नहीं थी।

इन्दु का पति कविमोहन जीवन की समस्याओं से घबराकर किताबों की शरण में चला जाता। प्रायः यह पलायन उसके लिए अमूल्य सिद्ध होता। जब उसका विवाह हुआ तब वह विवाह करने की मानसिकता में नहीं था। दरअसल वह अपनी पढ़ाई-लिखाई पूरी कर ऐसी जीवन-संगिनी चाहता था जो उसके साथ कदम से कदम मिलाकर चल सके। किन्तु, माता-पिता के आगे उसकी एक न चली। उसकी शादी हो गयी और गृहस्थी की खींचतान में उसकी पढ़ाई चलती रही। इधर इन्दु अकेली गृहस्थी में घिसती रही।

विद्यावती धीरे-धीरे गाँधी जी के प्रभाव से बदलती गईं किन्तु उसके पति वैसे ही व्यवसायी और स्वार्थपरायण व्यक्ति बने रहे। इधर कविमोहन का विकास एक लेखक के रूप में हो जाता है और उसकी पत्नी इन्दु वेशभूषा और रहन-सहन में एक आधुनिका बन गयी।

बीच-बीच में दर्शन का पुट देने के कारण उपन्यास के कथानक में गतिहीनता आ जाती है या घटनाओं के स्थान राजनीति, समाजविज्ञान, शिक्षा, साहित्य, कला, संस्कृति विषयक विचार घटित होने लगते हैं। हालाँकि ये विचार पात्रों के जीवन से जुड़े होते हैं और उनके वैचारिक संघर्ष को व्यक्त करते हैं और उपन्यास को एक गम्भीरता प्रदान करते हैं। विद्यावती अकसर गा उठती हैं, 'कटी जिन्दगी कभी दुक्खम कभी सुक्खम, कभी दुक्खम कभी सुक्खम?' यहीं पर लेखिका ने जैन दर्शन के अनुसार जीवन की छह अवस्थाओं का संकेत किया है जिनमें सुख-सुख, दुख-दुख के छह द्वैतों के सहारे जीवन की उत्कर्षिणी और अपकर्षिणी छह गतियों को दर्शाया गया है।

उपन्यास के पहले खण्ड में इन्दु और कविमोहन, विद्यावती और नत्थीमल के जीवन की दुख-सुख भरी कहानी है। दूसरे खण्ड में इन्दु-कविमोहन की दो पुत्रियों—प्रतिभा और मनीषा की कहानी है। बीच के खण्ड में स्वतन्त्रता प्राप्ति के बाद भारत में आये परिवर्तन के भी चित्र हैं।

आजादी के हासिल होते ही गाँधी जी का व्यक्तित्व एक लाचार हीरो के रूप में सामने आता है। कहाँ तो उन्होंने कहा था, "अगर कांग्रेस बँटवारे को स्वीकार करती है तो उसे मेरी लाश पर से गुज़रना होगा। जब तक मैं जिन्दा हूँ कभी हिन्दुस्तान का बँटवारा स्वीकार नहीं करूँगा।" कहाँ उनके साथी और समर्थक कब अलग राह चल पड़े, उन्हें पता ही नहीं चला। आजादी के बाद पंजाब, सिन्ध

से आये विस्थापितों ने व्यापार की नयी रीति चलाई जिससे दिल्ली जैसे शहरों का चेहरा बदल गया।

उपन्यास के दूसरे खण्ड का घटना चक्र एकदम बदला हुआ है। पहले की अपेक्षा इसमें द्वन्द्व, उत्सुकता, गति और संघर्ष सभी कुछ है।

जमुना में कितना पानी बह गया। न जाने कौन-कौन-सी नदियों का पानी पी-पीकर, घर से निकला कविमोहन अग्रवाल अब भूला-भूला नदियों के किनारे ताड़ीवाला रोड पर पुणे में अपना घर बसाए हुए है। उसका परम्परागत, पूर्वजों वाला बृहत्तर घर उससे दूर हो गया है लेकिन, उसकी एक इकाई वह अपने साथ ले आया है, मय चकला-बेलन और बाल-बच्चों के।

इन दस वर्षों में उसकी दोनों पुत्रियाँ क्रमशः षोडशी और किशोरी हो चुकी थीं। प्रतिभा एकदम बहिर्मुखी और मनीषा एकदम अन्तर्मुखी। दोनों नृत्य सीखने लगीं और नाजिर हुसैन से शास्त्रीय संगीत भी। प्रतिभा तो आसानी से संगीत, नाटक आदि में रम गयी, पर मनीषा संगीत न सीख सकी। इन्दु ऊपर से आधुनिका किन्तु उसमें आन्तरिक आधुनिकता की चेतना नहीं थी।

मनीषा पढ़ने में बहुत अच्छी थी, हमेशा अच्छे अंकों से पास होती। प्रतिभा थी लगन की पक्की। प्रेक्टिस के समय उसे नृत्य के सिवा और कुछ नहीं दीखता।

दरअसल इस पूरे उपन्यास का स्वर नकारात्मक है। इसके किसी भी पात्र के जीवन में कोई ऐसी उपलब्धि नहीं होती जिसे सकारात्मक और आशाजनक कहा जा सके—न विद्यावती के जीवन में, न नत्थीमल के, न इन्दु के, न उसके पति कविमोहन के, न उसकी लड़कियों—मनीषा और प्रतिभा के जीवन में। विद्यावती की मृत्यु के बाद वे मनीषा की चेतना में एक विचारधारा बनकर तैरती रहती हैं। मनीषा कभी कोई गलत दिशा नहीं पकड़ती जबकि प्रतिभा मॉडल बनने की जिद पर अड़ी रहकर परिवार की इच्छा के विरुद्ध महत्त्वाकांक्षा के वात्याचक्र में पड़कर बम्बई चली जाती है। एक दिशाहीन सफर पर।

कविमोहन का अन्तर्द्वद्व इन शब्दों में उसकी पुत्री का सारा चित्र खींच देता है, पिता के रूप में कवि की समस्त उपलब्धियों को ध्वस्त करता, प्रतिभा का आक्षेप उसकी असहमति, असन्तोष और अस्वीकार का घोषणा-पत्र बन गया। दुख यही था कि इतनी आजादी और अग्रगामिता के बावजूद वह न लेखक बनना चाहती थी, न कलाकार, न वह अफसर बनना चाहती थी, न लेक्चरर, वह मॉडल बनना चाहती थी।

लेखिका की यह टिप्पणी कितनी मौजूँ है : पौ फटने की वेला में कलियों का चटखकर खिलना किसने देखा है, होशियार से होशियार माली ने भी नहीं।

प्रतिभा के बम्बई चले जाने के आघात से इन्दु बीमार पड़ गयी। इतनी कि बेहोशी के दौरे पड़ने लगे। उधर कविमोहन की माँ की मृत्यु हो गयी। इन्दु तो ठीक हो गयी मनीषा की सेवा-टहल से। विद्यावती के न रहने पर मनीषा सोचती है :

ताज्जुब कि दादी उसके जेहन में न बीमार थीं न लाचार। उसकी दादी अपनी तरह की अलबेली स्वाधीनता सेनानी थीं; कभी देश की आजादी के लिए लड़ीं, कभी अपनी।

इस उपन्यास को एक तरह से अपनी आजादी के लिए लड़ती चार महिलाओं के जीवन का दस्तावेज़ कहा जा सकता है। इस उपन्यास की भाषा में ठेठ ब्रजी की महक है। इसे अपने समय के समाज का सही खाका भी कहा जा सकता है। इस उपन्यास से तत्कालीन समाज के अध्ययन के लिए सामग्री भी मिल सकती है। इसमें समाज जीवन के सजीव चित्र अंकित किए गये हैं।

इक्कीसवीं सदी का पहला उपन्यास

–तरसेम गुजराल

रामचन्द्र गुहा मानते हैं कि उपभोक्तावाद में भी अपसंस्कृति का राज़ छिपा है। चमकती चीजों का लालच, ब्रांड का वैविध्य, महँगी चीजों का खरीदने-दिखाने का लालच एक अर्थ में अपसंस्कृति है।... अपसंस्कृति हमारा आपका निजत्व खत्म कर देती है। रात-दिन का भेद खत्म है। सब तेज चाल चलना चाहते हैं। सब उड़ रहे हैं। अब तो लक्जरी ट्रेवेल पूँजी की महिमा बखान कर रहा है।

(परमानन्द श्रीवास्तव/पहल-90)

जीवन की व्याख्या ही नहीं करनी पड़ती बल्कि जीवित रहने की प्रक्रिया भी खोजनी पड़ती है, 'हिस्ट्री इज नाट सो मच व्हाट हैपैंड एज व्हाट पीपुल सेड एबाउट इट व्हाइल इट वाज हैपनिंग' (इतिहास वही नहीं जो लोगों ने उसके बारे में तब कहा जब वह घट रहा था) लेखक के पास एक ऐसा दृष्टिकोण अवश्य होना चाहिए जो उसे स्टिमुलेट करे (ताकत दे) चाहे वह एक निश्चित दर्शन के रूप में हो या किसी वेग फार्म (अस्पष्ट रूप) में हो। (देवीशंकर अवस्थी की डायरी : 7 जनवरी, 1995)

इस समय जरूरत यह नहीं कि एक मरती हुई संस्कृति के अन्तिम छोर को आगे रखा जाये बल्कि आवश्यकता यह है कि इस संस्कृति के बाद भी बचे रहा जाय।

(वाल्टर बेंजामिन)

ममता कालिया के लघुकाय उपन्यास 'दौड़' को इक्कीसवीं सदी का पहला उपन्यास मानने और कहने पर सम्भव है कि काफी कुछ सुनना पड़े। परन्तु यहीं स्पष्ट कर दूँ कि इन पंक्तियों के लेखक का उद्देश्य न तो किसी उपन्यासकार को कम कर आँकने का है न ही बढ़-चढ़ कर कोई फतवा जारी करने का है। एक मामूली कलमकार को, जो न तो किसी बड़े रुतबे पर हो, न ही विश्वविद्यालय की किसी ऊँची कुर्सी का पालक धारक हो, ऐसा कुछ कहने की हिम्मत भी नहीं दिखानी चाहिए। लोगों के पास ऐसी एक सूची हो सकती है कि फलाँ उपन्यासकार का फलाँ उपन्यास अमुक दिन महीने साल को इतने बज कर इतने मिनट इतने सेकिंड पर लिख लिया गया था। छपने के लिए भेज दिया था या छप कर आ गया था इसलिए इक्कीसवीं सदी का पहला उपन्यास 'दौड़' तो कहीं ठहरता ही

नहीं। इस उपन्यास को दिनांक क्रमानुसार पहला उपन्यास नहीं, समय की नब्ज पर उँगलियाँ रखने और भूमण्डलीकरण अथवा उदारीकरण या फिर उत्तर उपनिवेशवादी दौर में आये शिक्षा-रोजगार और अन्य सामाजिक परिवर्तनों को सूक्ष्मता से देख पाने और सृजनात्मक पथ पर खूबसूरती से एक दीप जला पाने के कारण कहा है। इस काल को संक्रमण काल कहा जा सकता है। हमारे मित्र ईश्वर दोस्त ने लिखा है—यह दिलचस्प समय है। पूँजीवादी और समाजवादी, दोनों खेमे एक ही समय में इक्कीसवीं सदी के अपने-अपने मॉडल को तलाश रहे हैं। ऐसे उपायों की तलाश की जा रही है, जो इस सदी की बदलती जरूरतों के हिसाब से प्रासंगिक हो सकें, जो पुरानी गलतियों को न दोहराएँ, पूँजीवाद पर इतना बड़ा संकट आया है मगर वामपन्थ उसे चुनौती देने की हालत में नहीं है। जितना बड़ा संकट यह पाँच सौ साल पुराने पूँजीवाद का है, उससे बड़ा संकट विकल्प के विचार का है। आज से सौ साल पहले विकल्प साफ दिखाई दे रहे थे। लेकिन आज आत्मविश्वास डोला हुआ है। (अकार—25)

'दौड़' उपन्यास में ममता कालिया ने चन्द सतरें दर्ज की हैं—भूमण्डलीकरण और उत्तर औद्योगिक समाज ने इक्कीसवीं सदी में युवा वर्ग के सामने एकदम नये ढंग से रोजगार और नौकरी के रास्ते खोल दिये हैं। एक समय था जब हर विद्यार्थी का एक ही सपना था—पढ़-लिखकर प्रशासनिक सेवा में चुना जाना। कुछ सहपाठियों की पारम्परिक महत्त्वाकांक्षाएँ थीं। इनके अन्तर्गत डाक्टर की बेटी डाक्टर और इंजीनियर का बेटा इंजीनियर बनना चाहता था। तब बाजार इतना आकर्षक, विशाल और व्यापक नहीं हुआ था कि युवा वर्ग इसे अपने सपनों में शामिल करे। तब बाजार का मतलब था एक ऐसी जगह जहाँ हम अपनी जरूरतें पूरी करते हैं और थककर घर लौट आते थे। उस वक्त का बाजार इतना चमकदार और चटकीला नहीं था कि आप वहाँ अपनी पूरी जेब खाली कर आते। (दौड़, पृ. 5)

इस बीच तकनीक में क्रान्तिकारी बदलाव आये हैं। सवाल उठ रहा है कि तकनीक मनुष्य का हथियार है या मनुष्य तकनीक के हाथों में खेलने लगा है। जगदीश्वर चतुर्वेदी ने इस दौर को नेटवर्क की संस्कृति का दौर कहा है। उनके अनुसार एक जमाना था, किताबें बड़ी थीं, आज डाटा महान है। इसने मानव सभ्यता की गति के अब तक के सभी मानदण्ड तोड़ दिये हैं। "संस्कृति वही नहीं है जो परम्परागत अभिव्यक्ति के रूपों में उपलब्ध है, धरती पर है, बल्कि संस्कृति वह भी है जो ऑनलाइन है। आकाश गंगा में है, डिजिटल में कैद है।... डिजिटल संस्कृति ने व्यक्तिवादी और सामूहिक भूमिकाओं के नये आयाम खोले हैं। बाजार को नयी गति प्रदान की है, उत्पादन और पुनरुत्पादन के नये मानक बताये हैं।"

(कल के लिए : उपभोक्तावाद और भारतीय समाज अंक)

उपन्यासकार ममता कालिया उपभोक्तावाद को बखूबी समझ रही हैं। जहाँ वह

उच्चवर्ग के लिए प्रदर्शन और आत्मतोष का कारण बनता है, वहीं सामान्य जन के लिए जीना कठिन बनाता है। उनके अनुसार–"महज नागरिक बनकर रहना भी एक चुनौती बनता जा रहा है। समाज में इतनी हिंसा और भौतिक हित-साधन की कामना इससे पूर्व मैंने कभी नहीं देखी। अपनी संवेदनाओं को स्थगित करते हुए मनुष्य एक ऐसी दुनिया में बसने को आतुर है, जहाँ संस्कृति की जगह उपभोक्ता-संस्कृति है और एथिक्स की जगह प्रोफेशनल एथिक्स।" पूँजीवादी व्यवस्था में सांस्कृतिक चीजों का महत्त्व बाजार में उनकी कीमत से ही क्या तय नहीं होता? इस व्यवस्था में गरीब और गरीब तथा अमीर और अमीर होता है। महमूद दरवेश ने कविता की तरतीब में कहा–

आखिरी सरहद के बाद कहाँ जायेंगे हम आखिर
आखिरी आसमान के बाद
उड़कर कहाँ जायेगी चिड़िया आखिर।

प्राइवेट कम्पनियाँ कम वेतन देकर हमारा काम चाहती हैं। उपन्यास के शुरू में ही जब चित्रेश दो जम्प्स (वेतन वृद्धि) माँगता है, कम्पनी उसे जम्प आउट करना ही बेहतर समझती है। 'कहीं भी काम बेहतर हो दाम' के मुताबिक पवन घर से अठारह सौ किलोमीटर दूर नौकरी कर रहा है। एम.बी.ए. के बाद घर नहीं बैठ सकता। माता-पिता चाहते हैं कि वह उनके पास रहकर ही नौकरी करे परन्तु उसका जवाब है–"यहाँ मेरे लायक सर्विस कहाँ? यह तो बेरोजगारों का शहर है।"

कम्पनी की नौकरी कर रहे लड़कों पर हर समय ज्यादा बिक्री के लिए दबाव दिया जाता है। वे जब आपस में मिलते हैं तो मौसम, किसी पुस्तक, लोकप्रिय सिनेमा अथवा संस्कृति की बातें कम करते हैं। दिये गये टारगेट और बिक्री का ग्राफ ऊपर ले जाने की बातें ज्यादा करते हैं। शरद और पवन के बीच बातचीत चल रही है–

"अभी हैड ऑफिस से फैक्स आया है कि माल की अगली खेप भिजवा रहे हैं। अभी पिछला माल बिका नहीं है, दुकानदार कहते हैं वे और ज्यादा माल स्टोर नहीं करेंगे, उनके यहाँ जगह की किल्लत है। ऐसे में मेरी सनशाइन शू पालिश क्या करे?"

"डीलर को कोई गिफ्ट ऑफर दो, तो वह माल निकाले।"

"सबको सनशाइन रखने के लिए बॉल रैक दिये हैं, डीलर्स कमीशन बढ़वाया है पर मैंने खुद खड़े होकर देखा है, काउंटर सेल नहीं के बराबर है।"

पवन ने सुझाव दिया, "कोई रणनीति सोचो। कोई इनामी योजना, हालिडे प्रोग्राम?" (दौड़, पृ. 15)

विनोदशाही ने अपने हाथों (श्रम-सृजन) को गिरवी रखते हुए पेट (उपभोक्तावादी मानसिकता) के रूप में इस स्थिति को देखा है जिसका सिर (मुनाफावादी सरप्लस) पर सीमित अधिकार वाला प्राणी बन जाता है। इस रूप में उसकी गुलामी उल्टे और गहरा जाती है, क्योंकि सिर की प्राकृतिक संरचना में हाथ के केन्द्र सर्वोपरि व

सब तरफ व्याप्त हैं यह भी कहा कि यह एक महत्त्वपूर्ण सूत्र है कि प्रकृति के साथ मनुष्य का सीधा रिश्ता उसके हाथों की मार्फत बनता है।

एक कसे हुए शिल्प और रोचक गद्य की महारत के साथ ममता कालिया 'दौड़' में इन नवयुवकों की दशा का चित्रांकन करती हैं जो घर छोड़ कर नौकरी करने निकले हैं—अटैची में कपड़े, आँखों में सपने और अन्तर में आकुलता लिए न जाने कहाँ-कहाँ से नौजवान लड़के नौकरी की खातिर इस शहर में आ पहुँचे हैं। बड़ी-बड़ी सर्विस इंडस्ट्री में कार्यरत ये नवयुवक सबेरे नौ से रात नौ तक अथक परिश्रम करते हैं। सफलता के संघर्ष में घर और बाहर का अन्तर बताते हुए कहा—"कहाँ घर में ये लड़के शहजादों की तरह रहते थे, कहाँ सारी सुख-सुविधाओं से वंचित, घर से इतनी दूर ये सब सफलता के संघर्ष में लगे हैं। न इन्हें भोजन की चिन्ता है न आराम की। एक आँख कम्प्यूटर पर गड़ाए ये भोजन की रस्म अदा कर लेते हैं और फिर लग जाते हैं कम्पनी के व्यापार लक्ष्य सिद्धि में।" सिद्धि के बारे में सुनिए—"व्यापार या लाभ लक्ष्य इतने ऊँचे होते हैं कि सिद्धि का सुख हर एक को हासिल नहीं, सिद्धि इस दुनिया में, एक चार पहिया दौड़ है जिसमें स्टियरिंग आपके हाथ में है पर बाकी सारे कंट्रोल्स कम्पनी के हाथ में, वही तय करती है आपको किस रफ्तार से दौड़ना है और कब तक?" (दौड़, पृ. 20)

सुदीप बनर्जी ने एक भाषण में कहा—"भूमण्डलीय वित्तीय पूँजी की यह मायावी, आवारा और बेलगाम दुनिया, सुरसा की तरह हमारे प्रतिभाशाली विद्यार्थियों के झुंड के झुंड को निगलती जा रही है। हमारे विद्यार्थी अपनी जड़ों से, यहाँ तक कि अपनी मानवीयता से भी दूर होते जा रहे हैं। उन्हें देश के बहुआयामी सरोकारों से विरक्त किया जा रहा है, जाहिर है इस माया के जाल से बचना बहुत कठिन है। माया में निहित श्लेष जानबूझ कर इस्तेमाल किया जा रहा है। आप जानते ही हैं आम बोलचाल की भाषा में धन को माया भी कहा जाता है।" (मनोज गौड़ का अनुवाद)

अपने समय में वाल्टर बेंजामिन उपभोक्ता के भीड़ में बदलने की प्रक्रिया की शिनाख्त कर रहे हैं—डिपार्टमेंटल स्टोरों के बनने के बाद पहली बार इतिहास में उपभोक्ताओं ने स्वयं को भीड़ समझना शुरू कर दिया। इससे पहले सिर्फ जब वस्तुओं का टोटा होता था तब वे स्वयं को ऐसा समझते थे। इसलिए वाणिज्य में इस सर्कस की तरह के नाटकीय तत्त्व को इतने असाधारण ढंग से उभारा जाता है (अनुराधा महेन्द्र का अनुवाद)

तब स्पर्धा गलाकाट नहीं थी, ना ही विज्ञापन इस अवस्था तक पहुँचे थे कि गीत के अस्फुट बोल गुनगुनाते हुए विज्ञापन के बोल मुँह से निकलते हों। 'दौड़' की रचनाकार बाजार की त्रासद भंगिमा को समझ रही हैं।

दरअसल बाजार में दिन पर दिन स्पर्धा कड़ी होती जा रही थी। उत्पादन, विपणन और विक्रय के बीच तालमेल बैठाना दुष्कर कार्य था। एक-एक उत्पाद की

टक्कर में बीस-बीस वैकल्पिक उत्पाद थे। इन सबको श्रेष्ठ बताते विज्ञापन अभियान थे जिनके प्रचार-प्रसार से मार्केटिंग का काम आसान होने की बजाय मुश्किल होता जाता, उपभोक्ता के पास एक-एक चीज के कई चमकदार विकल्प थे। (दौड़, पृ. 22)

कम्पनी किस तरह सत्व निचोड़ लेती है इस उपन्यास में स्पष्ट है। पवन के माता-पिता साहित्यानुरागी हैं। घर में किताबों की भरपूर मौजूदगी रहनी ही थी। पापा और माँ के उकसाने से वह साहित्य की पुस्तकें पढ़ता रहा है। 'कफ़न' और 'पूस की रात' जैसी कहानियाँ पढ़कर संवेदनशील मन प्रभावित हुआ था। परन्तु अब चाह कर भी पढ़ नहीं सकता था। समय ही नहीं था। 'कम्पनी की कार्यभूमि ने उसे इस युग का अभिमन्यु बना दिया था।' घर की बहुत याद आने पर फोन करता है तो एक आँख मीटर स्क्रीन पर रहती है। छोटा भाई कोई चुटकुला सुना देता है तो कहना पड़ता है—'छोटू, अब काम की बात कर, चालीस रुपये का हँस लिए हम लोग।' कॉल की पल्स रेट दिल की धड़कन जैसी सरपट चलती है। 3/6/9/12 पाँच मिनट बात कर अभी मन भी नहीं भरा होता कि मेरे सारे रुपये निकल जाते । (दौड़, पृ. 26)

पति-पत्नी सम्बन्ध भी इस उपभोक्तावादी समाज में बदल रहे हैं। राजुल महसूस करती है कि हिन्दुस्तानी मर्द को शादी के सारे सुख चाहिए बस जिम्मेदारी नहीं चाहिए। उसे शादी करने पर अच्छी-भली नौकरी छोड़नी पड़ी। जबकि सहेलियाँ कह रही थीं कि आजादी चौपट हो जायेगी शादी करके। 'आजकल तो डिंक्स का जमाना है डबल इनकम नो किड्स' (दोहरी आमदनी बच्चे नहीं)।

राजेश्वर सक्सेना इस सवाल से जूझते हैं कि अपनी सामाजिक जवाबदारी और वैधता के प्रति बेखबर होते जाना क्या है? समय को जानने की कोशिश में प्रश्न उठाते हैं—तो यह है भूमंडलीय उन्मुक्त बाजार के नये व्यवस्थापन और नये प्रबन्धन (मार्केट, मीडिया और मैनेजमेंट) का समय, तो यह है बहुलतावादी मानसिकताओं (नस्लीय, जातीय, धर्मान्ध आदि) में हारकर रह जाने का समय, तो यह है एक सर्वसत्ताक (सावरन) उपभोक्ता के भेड़ियावादी जीवन सम्बन्धों (हाब्स) में नीत्शेटयन शून्य के उतर जाने का समय—यह समय उस संकेत विज्ञान का है जिसका गठन और पुनर्गठन आज के बाजार की आवश्यकता ने किया है।

उपन्यास में अभिषेक की कम्पनी क्रिसेन्ट कारपोरेशन को नब्बे लाख का प्रचार अभियान मिला है। विज्ञापन इस बाजार का नुकीला हथियार है। यह वह महाजाल है जिसमें मध्यम वर्ग का व्यक्ति फँसता है और छूट नहीं पाता है। यह जरूरत के बिना जरूरत बनाता है। यह कर्ज लेकर भी गाड़ी खरीदने पर आमादा हो जाता है। यह अपनी पीड़ा और छटपटाहट को खुद आमंत्रित करता है। हर घर का बड़ा आदमी बच्चों की उपभोक्तावादी माँग पर खुद को पराजित पाता है।

विज्ञापन के लिए मॉडल जरूरी है। विजुअलाइजर आइडिया देगा। स्क्रिप्ट लिखी

जायेगी। प्रचार की एक दिक्कत है। किसी भी उत्पाद के प्रचार के लिए एक ही मॉडल का चेहरा दिन में इतनी बार मीडिया संजाल पर दिखाया जाता है कि वह उसी उत्पाद के विज्ञापन से चिपक कर रह जाता है। सौन्दर्य उपचार की आड़ में ग़लत धन्धे होते हैं इसका भी उपन्यास में संकेत है। 'विज्ञापन कम्पनी की दुनिया परिवर्तन और आकर्षण से भरपूर थी।' (दौड़, पृ. 36) सवाल सच्चाई नहीं प्रॉडक्ट बेचने का है।

क्या बाजार के इस मोड़ पर नैतिकता का सवाल उठाया जा सकता है? राजुल के ऐसा सवाल उठाने पर अभिषेक भड़क उठता है—सीधा-सादा एक प्रॉडक्ट बेचना है, इसमें तुम नैतिकता और सच्चाई जैसे सवाल मेरे सिर पर दे मार रही हो। मैंने आई.आई.एम. में दो साल भाड़ नहीं झोंका, वहाँ से मार्केटिंग सीखकर निकला हूँ। आई कैन सैल ए डैड रैट (मैं मरा चूहा भी बेच सकता हूँ)। यह सच्चाई, नैतिकता सब मैं दर्जा चार तक मॉरल साइंस में पढ़कर भूल चुका हूँ। (दौड़, पृ. 38)

बाजार के अर्थशास्त्र में नैतिकता जैसा शब्द लाना कन्फ्यूजन है—"मैंने अब तक पाँच सौ किताबें तो मैनेजमेंट और मार्केटिंग पर पढ़ी होंगी। उनमें नैतिकता पर कोई चैप्टर नहीं है।"

राजेश्वर सक्सेना को पुनः याद करता है जब वह कहते हैं कि जिन्दगी की पकड़ का हर वह विचार जिससे जिन्दगी के रूपान्तरण और परिष्करण का सक्रिय सम्बन्ध होता है, वह टूट रहा है और वह काफी हद तक टूट भी चुका है। लगता है कि जैसे मनुष्य जाति फूको के विमर्शों का विषय हुए जा रही है। (सापेक्ष-48) क्या इस बाजारवाद, पागलपन की हद तक का उपभोक्तावाद, आवारा पूँजी का फैलाव, कातिल प्रतिस्पर्धा और खंजर जैसे चमकते विज्ञापन हमें वहाँ नहीं धकेल रहे जहाँ मनुष्य की मनुष्यता छिन रही है?

बच्चे पढ़-लिख कर या तो अच्छे पैकेज के लिए विदेश भाग रहे हैं या फिर घर से हजारों मील दूर। इस विशुद्ध कैरियरिज्म (आजीविकावाद) से पारिवारिक और विकट सामाजिक स्थितियाँ पैदा हो रही हैं। परिवार कुछ नैतिकता और ज्यादा मोह के खूँटे से बँधे हैं। बच्चों के लिए प्राथमिकता कैरियर और पैकेज-प्रदत्त जिम्मेदारियाँ ऐसी डोरियाँ जो किसी हद तक उन्हें निर्मोही बनाती हैं और यह धारणा मजबूत होती है कि पैसे से सभी कुछ खरीदा जा सकता है। रिश्ते भी। पवन की माँ जब छोटे बेटे सघन के भी घर से दूर जाने की ललक देखती है तो कहती है—"इसको भी ले जाओगे तो हम दोनों अकेले रह जायेंगे। वैसे ही यह सीनियर सिटिजन कालोनी बनती जा रही है। सबके बच्चे पढ़-लिखकर बाहर चले जा रहे हैं। हर घर में, समझो एक बूढ़ा-एक बूढ़ी, एक कुत्ता और एक कार बस यह रह गया है।"

माता-पिता की हसरतों के सामने आजीविकावादी पुत्र का तर्क है—"मेरे लिए शहर महत्त्वपूर्ण नहीं है, कैरियर है। अब कलकत्ते को ही लीजिए। कहने को महानगर

है पर मार्केटिंग की दृष्टि से एकदम लद्धड़। कलकत्ते में प्रोड्यूसर्स का मार्केट है, कंज्यूमर्स का नहीं।" निम्न पंक्तियाँ खास तौर पर रेखांकित की जानी चाहिए—"मैं ऐसे शहर में रहना चाहता हूँ जहाँ कल्चर हो न हो, कंज़्यूमर कल्चर जरूर हो। मुझे संस्कृति नहीं उपभोक्ता संस्कृति चाहिए, तभी मैं कामयाब रहूँगा।'

पिता राकेश, पवन के बहाने एक पूरी की पूरी युवा पीढ़ी को पहचानना चाहते हैं और इस प्रश्न से टकराते हैं कि ये अपनी जड़ों से कटकर जीने वाले लड़के समाज की कैसी तस्वीर तैयार करेंगे?

माता-पिता सदा बच्चों के सुख की कामना करते हैं परन्तु आज की पीढ़ी इस अथाह प्रेम को ग्रीटिंग कार्ड के इंचीटेप से नाप रही है। पवन को शिकायत है कि माँ ने जन्मदिन पर फोन तो किया परन्तु ग्रीटिंग कार्ड नहीं भेजा। उसके सब कलीग्स हँसी उड़ा रहे थे।

यह पीढ़ी अपने जीवन के महत्त्वपूर्ण कामों को भी कैरियर की भेंट चढ़ा चुकी है। अपने विवाह को लेकर पवन कहता है—"हमारे एजेंडा पर बहुत सारे काम हैं। शादी के लिए हम ज्यादा-से-ज्यादा चार दिन खाली रख सकते हैं।" यहाँ यह बताना जरूरी है कि शादी के लिए लड़की पवन ने खुद ढूँढ़ी है। विवाह से पहले दोनों मिल-जुल रहे हैं। शादी को एक डील समझते हैं। विवाह के मुहूर्त को लेकर चिन्तित नहीं हैं। और लड़की को पवन धोखा नहीं देना चाहता। विवाह सामूहिक विवाह में बदल रहा है यानी तामझाम कम हो रहे हैं। स्टैला (पवन की पत्नी) कैलोरी गिन-गिन कर खाती है, स्वाद त्यागा जा रहा है। लड़कियाँ काम (जाब) के बारे में पहले सोच रही हैं रसोई के बारे में बाद में। अब उन्हें पिछली पीढ़ी (पवन की माँ रेखा) की तरह बावर्ची, धोबिन, जमादारिन बने रहने की जरूरत नहीं। परन्तु जो छूट रहा है वह है स्वाभाविक जीवन और मानवीय सम्बन्ध। वे मंजिलों के लिए संघर्ष कर रहे हैं। पवन के पिता राकेश स्तब्ध हैं—"तुम अपनी तरक्की के लिए पत्नी और कम्पनी दोनों छोड़ दोगे?"

जवाब है—"छोड़ कहाँ रहा हूँ पापा, यह कम्पनी अब मेरे लायक नहीं रही। मेरी प्रतिभा का इस्तेमाल अब मौल करेगी। रही स्टैला, तो यह इतनी व्यस्त रहती है कि इंटरनेट और फोन पर मुझसे बात करने की फुर्सत निकाल ले यही बहुत है।"

उनका दाम्पत्य जैसा कि राकेश कहते हैं सेटेलाइट और इंटरनेट से ही चलने वाला है। नैतिकता की आवाज इस ग्लास सीलिंग (शीशे की दीवार) के पार सुनाई नहीं देती।

पिता कहते हैं—"एक अच्छी-भली लड़की को अपना जीवन-साथी बनाकर कुछ जिम्मेदारी से जीना सीखो और बेचारी जी.जी.सी.एल. ने तुम्हें इतने वर्षों में काम सिखा कर काबिल बनाया है। (पवन की कम्पनी जिसमें वह कार्यरत रहा) कल तक तुम इसके गुण गाते नहीं थकते थे। तुम्हारी एथिक्स को क्या होता जा रहा है?"

आजीविकावाद के प्रतिनिधि चरित्र के रूप में उपस्थित पवन का उत्तर है–"आप यह क्या एथिक्स, मौरेलिटी जैसे भारी-भरकम पत्थर मारते रहते हो, मैं जिस दुनिया में हूँ वहाँ एथिक्स की जरूरत नहीं, प्रोफेशनल एथिक्स की जरूरत है। चीजों को नयी नज़र से देखना सीखिए नहीं तो आप पुराने अखबार की तरह रद्दी की टोकरी में फेंक दिये जाएँगे।" (दौड़, पृ. 66)

क्योंकि एम.बी.ए. पिता ने करवाया है इसलिए पवन कहता है–"आपने मुझे ऐसे समुद्र में फेंक दिया है जहाँ मुझे तैरना ही तैरना है।"

क्या यह पीढ़ी संघर्ष नहीं कर रही? पवन को अवसर मिलते गये, प्रगति के रास्ते खुल जा सिमसिम की तरह खुलते गये परन्तु सघन के लिए डगर इतनी आसान नहीं। उसके हॉस्टल में फोन नहीं। वह बाहर से महीने में दो बार फोन करता है, पैसों की तंगी हमेशा बनी रहती है। कम्प्यूटर की महँगी पत्रिकाएँ खरीदने के लिए कभी नाश्ते में कटौती और कभी खाने में कंजूसी करता है। बस के लिए घंटों धूप में खड़ा रहता है। सेमेस्टर पूरा कर घर आने पर माँ-बाप पहचान भी नहीं पाते। 'चेहरे पर हड्डियों के कोज निकल आये थे। शक्ल पर पहले वाला छलकता बचपना गायब हो गया था।' यह अस्तित्व के लिए संघर्ष है, जिसे व्यापक असमानता के चलते कहीं सुलभ और कहीं दुर्लभ रूप में आँका जा सकता है।

'कितने पाकिस्तान' उपन्यास में कमलेश्वर ने दर्ज किया–'जिस दौर के आँसू सूख जाते हैं, उस दौर का अदीब मर जाता है।' ममता कालिया ने इस इक्कीसवीं सदी की नयी बयार में आँसुओं को सूखने नहीं दिया। दौड़ में सघन को ताइवान में नौकरी मिलने पर लिखा–

"अनिवासी और प्रवासी केवल पर्यटक और पंछी नहीं होते, बच्चे भी होते हैं। वे दौड़-दौड़ कर दर्जी के यहाँ से अपने नये सिले कपड़े लाते हैं, सूटकेस में अपना सामान और कागजात जमाते हैं, मनी बेल्ट में अपना पासपोर्ट, वीजा और चन्द डॉलर रख, रवाना हो जाते हैं अनजान देश-प्रदेश के सफर पर, माता-पिता को सिर्फ स्टेशन पर हाथ हिलाते छोड़कर।"

बच्चे बाहर हैं। माता-पिता के पास अकेलापन बचा रहता है, बीमार पड़े तो देख-भाल के लिए कोई नहीं, किसी का देहान्त हो तो पहुँच पाने की सीमाएँ।

सोनी साहब के देहान्त पर सिद्धार्थ कहता है–"आप (बाडी) मुरदाघर में रखवा दीजिए! यहाँ तो महीनों बॉडी मार्च्यूरी में पड़ी रहती है। जब बच्चों को फुर्सत होती है फ्यूनरल कर देते हैं।" जब उसे पता चलता है कि भारत में शव ज्यादा दिनों तक रखना सम्भव नहीं तब उसका फोन पर सुझाव आता है–"आप ऐसा कीजिए, इस काम के लिए किसी को बेटा बना कर दाह-संस्कार करवाइये।" भारत में अभी संवेदना सूख नहीं गयी, लोगों में कुछ नैतिकता की रंगत बची है और कुछ संस्कारों की महक। कालोनी के लोग पूरा इन्तजाम कर देते हैं। क्योंकि फर्ज पहचानते हैं।

ये शब्द हवा में अटके रह जाते हैं—"बाजार में सब चीज़ मोल मिल जाती है पर बच्चे नहीं मिलते।"

छोटू भारत इस शर्त पर लौट कर आना चाहता है यदि उसके काम शुरू करने के लिए तीस-चालीस लाख की रकम हो। माता-पिता के पास एक-डेढ़ लाख से ज्यादा नहीं। उसका सवाल है कि उनके पास ज्यादा पैसे क्यों नहीं हैं? जिसका कोई जवाब नहीं।

ममता कालिया कहीं भी ग़लत नहीं जब कहती हैं—जरूरत और हवस में अन्तर करना वह (इक्कीसवीं सदी का आदमी) भूलता जा रहा है। अज्ञेय ने कहा है कि साहित्य किसी एक काल में किसी एक जाति अथवा समाज की सम्पूर्ण संस्कृति की उपज होता है। इसके वर्तमान में संस्कृति का इतिहास निहित होता है। 'दौड़' उपन्यास में ममता कालिया अपने समय के कँटीले प्रश्नों से जूझती हैं। उपन्यास बेहद रोचक है। छोड़ने को मन ही नहीं होता। इसे खोलने की जरूरत है कि बेटे के व्यक्तित्व में भौतिकवाद, अध्यात्म और यथार्थवाद की कैसी त्रिपथगा बह रही है।

उत्तर आधुनिक संस्कृति और 'दौड़'

—जयमोहन एम.एस.

हिन्दी की मूर्धन्य लेखिका ममता कालिया का उपन्यास 'दौड़' इक्कीसवीं शती का प्रतिनिधि उपन्यास है, समय का साक्षी है। नयी सदी की देहली पर खड़ी लेखिका ने 'दौड़' में वर्तमान के वातायान से भविष्य को झाँका है और अपने विचारों को आँका है। बीसवीं से इक्कीसवीं की ओर काल-प्रवाह में सामाजिक, आर्थिक, राजनीतिक एवं धार्मिक क्षेत्र में नये-नये सिद्धान्त आये, नयी-नयी पद्धतियाँ आयीं और उनसे निःसृत असंख्य जटिल समस्याएँ। गत शती के अन्त में जन्मे भूमंडलीकरण, उदारीकरण, बाजारवाद, उपभोक्तावाद आदि नयी सदी के नियन्ता बने। वैज्ञानिक क्रान्ति ने छोटी अवधि में प्रौद्योगिकी के, कम्प्यूटर, इंटरनेट और वेबसाइट के अनेक अनदेखे वातायन खोल दिये। परिवेश बदल गया है। वह 'आधुनिकता' की पुरातनता से 'उत्तर आधुनिकता' के सम्मोहन में फँस गया है। जो लेखक समय का सत्यांकन करना चाहता है वह इन परिस्थितियों से मुँह नहीं मोड़ सकता। भूमंडलीकरण और उदारीकरण को राजनीतिज्ञों एवं बुद्धिजीवियों द्वारा कचारा निचोड़ा जा रहा है। इन गम्भीर गहन विषयों को लेकर 'राजनीतिक गेंदबाजी' और तर्क-वितर्क तो सरल है लेकिन उत्तराधुनिक संस्कृति की इन विकट समस्याओं से रस निचोड़कर एक लघु उपन्यास का ताना-बाना गूँथना कठिन है। ममताजी ने इस कठिन कार्य को सुगम एवं सुसाध्य बना दिया है। 'दौड़' उपन्यास इसका ज़िन्दा प्रमाण है।

उपन्यास का संक्षेप इस प्रकार है—पत्रकार राकेश पांडेय और अध्यापिका रेखा दम्पति के दो बेटे थे—पवन और सघन। माँ-बाप ने सन्तानों को समय के अनुकूल शिक्षा प्रदान की। बड़ा लड़का पवन परिवार के साथ रागात्मक सम्बन्ध रखनेवाला भला युवक था। जब उसने एम.बी.ए. की उपाधि प्राप्त की तो नितान्त आजीविकावादी बना। उसने समझा कि जीवन की सार्थकता कैरियर की उन्नति में है। कैरियर बढ़ाने वह अपना शहर इलाहाबाद छोड़कर औद्योगिक नगर अहमदाबाद चला गया। वहाँ की एक कम्पनी में प्रशिक्षु सहायक मैनेजर बना। उपभोक्ता संस्कृति का उपासक पवन 'कैरियर' की होड़ में अपने परिवार से कट गया। उसे जन्म-देश और घरेलू वातावरण रास नहीं आता। माँ-बाप के प्यार, वात्सल्य आदर्श और मूल्य

सब उसे बेकार लगने लगे। तात्कालिक मन-शान्ति के लिए वह सहज योग मिशन के 'मेडिटेशन' में भाग लेने लगा। इस बीच कम्प्यूटर विजर्ड स्टैला नामक धनिक युवती से उसका मिलन हुआ। पवन समझता है कि स्टैला के साथ विवाह-सम्बन्ध उसका कैरियर बढ़ा देगा। माँ-बाप से पूछे बिना उसने स्टैला के साथ शादी का प्रबन्ध किया। दिल्ली के सरल मार्ग मिशन के शिविर में स्वामी जी की देख-रेख में उसका विवाह सम्पन्न हुआ। माँ-बाप केवल दर्शक बने। विवाह के बाद पवन पत्नी समेत अपने घर पहुँच गया। बेटे और बहू की उपभोक्तावादी संस्कृति से माँ-बाप के दिल बैठ गये। सघन, जो कम्प्यूटर का पागल बन गया था, स्टैला ने उसे कम्प्यूटर की नयी दुनिया से परिचय करा दिया। अधिक वेतन और सुविधा पाने के लिए पवन ने अपनी कम्पनी छोड़ एक बहुराष्ट्रीय कम्पनी में नियुक्ति पायी और पत्नी और परिवार को छोड़ कैरियर बढ़ाने कोसों दूर जाने का निश्चय किया। सेटेलाइट और इंटरनेट से दाम्पत्य चलाने के लिए पवन और स्टैला तैयार थे दोनों अपने-अपने कैरियर के पीछे चले गये। सघन अपनी महत्त्वाकांक्षा की पूर्ति के लिए माँ-बाप की इच्छा के विरुद्ध ताइवान चला गया। माँ-बाप अकेले रह गये। दिन बीतते चले जा रहे थे राकेश और रेखा सन्तानों से फोन पर बातें किया करते थे। इस बीच उनके पड़ोसी सोनी साहब की अचानक मृत्यु हुई। उसका इकलौता बेटा, जो विदेश में था, पिता के क्रिया-कर्म के लिए नहीं आता। पड़ोसियों की सेवा से दाह-संस्कार सम्पन्न हुआ। इस घटना ने राकेश और रेखा को बहुत सताया। फिर भी रेखा यह सोचकर आश्वस्त थी कि उसके बच्चे ऐसे नहीं। लेकिन जब उसने फोन पर बच्चों से बातें कीं तब उनके उपेक्षा भरे संवादों से उसके दिल पर गहरी चोट लगी। दोनों बेटे देश-विदेश में आजीविका की दौड़ में आगे निकल रहे थे, माँ-बाप, अकेलापन और असुरक्षा बोध से टूटते चले जा रहे थे।

यह सच है कि 'दौड़' भूमंडलीकरण, उदारीकरण आदि से उत्पन्न उत्तर-आधुनिक परिस्थितियों से परिचालित उपन्यास है। लेकिन लेखिका ने इन्हीं कठिन समस्याओं के सैद्धान्तिक और राजनीतिक व्याख्या-विश्लेषण को उपन्यास का मुख्य विषय नहीं बना दिया है बल्कि भूमंडलीकरण और उपभोक्ता संस्कृति के माया-जाल में फँसे मनुष्यों की अनुभूतियों में आये बदलाव को, आजीविका की दौड़ में गोता खाने वाले मानवीय सम्बन्धों को मुख्य कथ्य बनाया है। नायक पवन के बनते-बिगड़ते पारिवारिक सम्बन्धों को केन्द्र में रखकर वर्तमान परिवेश से उद्भूत सम्बन्धों की अकुलाहट की सतरें खींची हैं। भूमंडलीकरण ने सम्पूर्ण विश्व को बाज़ार बनाकर नौकरी के लिए तड़पनेवाले शिक्षित-सम्पन्न युवकों के सामने रोजगार के अनेक सुखद अवसर प्रदान किए। 'बाजार' में बहुराष्ट्रीय कम्पनियों की होड़ शुरू हुई, आधुनिक वैज्ञानिक बाजार-तंत्र की तर्ज पर उत्तराधुनिक प्रौद्योगिक बाजार-तंत्र आया। इस तंत्र और 'एम.बी.ए.' का शिक्षित युवकों पर चुम्बकीय प्रभाव पड़ा। फलस्वरूप बाजारवाद और

उपभोक्तावाद ने जोर पकड़ा। इस व्यावसायिक संस्कृति ने आजीविकावाद (कैरियरिज्म) को युवकों के जीवन का मूलमंत्र बना दिया। इससे उन्हें आर्थिक सुरक्षा तो मिली, लेकिन वे अपने परिवार, परिवेश और स्वदेश से उखड़ने लगे। आजीविकावाद के दबाव से सम्बन्धों, आदर्शों और मूल्यों से उखड़े पवन की मानसिकता उपभोक्ता संस्कृति में पलने वाली वर्तमान युवा पीढ़ी की मानसिकता है। पवन आजीविकावादी बदलती जीवन-दृष्टि की घोषणा यों करता है–'मेरे लिए शहर महत्त्वपूर्ण नहीं है, कैरियर है।...मैं ऐसे शहर में रहना चाहता हूँ जहाँ कल्चर हो न हो, कंज्यूमर कल्चर जरूर हो। मुझे संस्कृति नहीं, उपभोक्ता संस्कृति चाहिए।' उसकी देश चिन्ता इस प्रकार बदलती है–'सच तो यह है पापा, जहाँ हर महीने वेतन मिले, वही जगह अपनी होती है और कोई नहीं।' उपभोक्ता संस्कृति ने उसे केवल अर्थशास्त्र से जीवन काटने का महामंत्र सिखाया है। प्यारे बेटे और बहू को जितनी आत्मीयता से माँ ने भोजन परोसा है उतनी व्यावसायिकता से उपभोक्तावादी बेटा कहता है–'माँ हमारे आने से आपका बहुत खर्च हुआ है यह मैं आपको पहली किस्त दे रहा हूँ। वेतन मिलने पर और दूँगा।' बीसवीं शताब्दी की आधुनिक, धनिक माँ ने अपने वात्सल्य को किस्तों में नहीं बाँटा था, इक्कीसवीं शताब्दी का उत्तराधुनिक सुशिक्षित, धनिक बेटा माँ के प्यार का ऋण किस्तों में चुकाना चाहता है। इस संस्कृति ने युवकों को यह सीख दी है कि समय ही धन है। इसलिए उनके पास विवाह के लिए भी चार दिन से अधिक खाली समय नहीं है। विवाह तो इनके लिए पारिवारिक-सुख का साधन नहीं एक 'डील' मात्र है, आजीविका का उपकरण है, उपभोक्ता संस्कृति ने सेटेलाइट और इंटरनेट से दाम्पत्य चलाने का, प्रौद्योगिकी-दाम्पत्य का नया तरीका इन्हें सिखाया है ताकि कैरियर के लिए पति-पत्नी कहीं भी अलग-अलग रह सकते हैं। यह संस्कृति विवाह के पहले ही 'लाइफ पार्टनर' को 'रूम पार्टनर' बना देती है, माँ-बाप को सन्तानों के विवाह में मात्र दर्शक बना देती है। इस संस्कृति में पले युवकों को अपना देश और परिवेश रास नहीं आता। पवन तो 'देश में विदेशी' हो गया।

प्रस्तुत उपन्यास में आद्यन्त आजीविकावादी उपभोक्ता संस्कृति से तिरस्कृत माँ-बाप के अकेलेपन की पीड़ा का हृदयहारी स्पन्दन है। आजीविका की होड़ में पढ़े-लिखे युवक घर-परिवार छोड़कर कहीं दूर चले जा रहे हैं। फलस्वरूप हर घर में एक बूढ़ा, एक बूढ़ी, एक कुत्ता और एक कार शेष रह गया। ये माता-पिता दकियानूसी नहीं थे, बिल्कुल आधुनिक थे। पत्रकार राकेश और अध्यापिका रेखा ने रीति-रिवाज़ों को तोड़कर प्रेम-विवाह किया था और सन्तानों को आधुनिक दृष्टिकोण से पाला पोसा। लेकिन ये आधुनिक माँ-बाप आजीविकावादी उत्तराधुनिक सन्तानों के लिए पुराने पड़ गये। इसलिए उन्होंने माँ-बाप को उठाकर ताक पर रख दिया। आजीविका की दौड़ में पवन स्वदेश में कहीं दूर और सघन विदेश में। रेखा विलाप करती है–'हमें तो पुन्नू ने उठाकर ताक पर रख दिया है, पिछले साल के गणेश-लक्ष्मी

की तरह।' ममताजी ने इस मनोवृत्ति का जो भीषण चित्र उपन्यास के अन्त में खींचा है, वह दिल छीलने वाला है। रेखा-राकेश के पड़ोसी सोनी साहब की अचानक मृत्यु हुई तो विदेश में रहनेवाले बेटे सिद्धार्थ को फोन पर सूचना दी गयी। लेकिन अपने कैरियर में व्यस्त बेटे को पिता के क्रिया-कर्म में भाग लेने की फुर्सत नहीं मिलती है और कहता है—'आप मुरदाघर में रखा दीजिए। यहाँ तो महीनों बॉडी मार्च्युरी में रखी रहती है। जब बच्चों को फुर्सत होती है फ्यूनरल कर देते हैं।' जब बेटा समझता है कि उसके मुलुक में बॉडी रखने लायक एयरकंडीशण्ड मुरदाघर नहीं है तो और एक सरल सुझाव देता है माँ को—'आप ऐसा कीजिए, इस काम के लिए किसी को बेटा बनाकर दाह संस्कार करवाइए। मेरे लिए तेरह दिन रुकना मुश्किल होगा।' हाँ! इस प्रौद्योगिक-उपभोक्ता संस्कृति ने मानवीय सम्बन्धों को 'वातानुकूलित मुरदाघर' में रख दिया है। लेकिन क्या यह बाजारवादी संस्कृति मिसेज सोनी के इस प्रश्न का उत्तर दे सकती है—'और रेडीमेड बेटे मिल जायें यह कहाँ मुमकिन है? बाजार में सब चीज़ मोल मिल जाती है पर बच्चे नहीं मिलते।' उत्तराधुनिक उपभोक्ता संस्कृति को इसका समाधान जरूर ढूँढ़ निकालना है। रेखा तो स्वयं समाधान ढूँढ़ने का प्रयत्न करती है कि 'मेरे बच्चे ऐसे नहीं हैं।' लेकिन फोन पर बच्चों से बातें करने पर वह समझती है, उसे भी या तो एक 'वातानुकूलित मुरदाघर' का प्रबन्ध करना है, नहीं तो 'रेडीमेड बेटे' का। उपन्यास भर लेखिका ने ताक पर रखे गये मानवीय सम्बन्धों के अनेक मार्मिक सन्दर्भ उकेरे हैं।

'दौड़' उपन्यास में एक ओर भूमंडलीकरण से उत्पन्न बाजारवाद के दुष्परिणामों का अंकन है तो दूसरी ओर बाजारवाद से उत्पन्न विज्ञापनबाजी के खोखलेपन का। बहुराष्ट्रीय कम्पनियों की प्रतियोगिता ने विज्ञापनबाजी को सशक्त बना दिया। एक ही चीज़ दो कम्पनियों द्वारा बेची जाती है तो 'विज्ञापन' मार्केटिंग के लिए अनिवार्य बन जाता है। फिर विज्ञापन की होड़ शुरू होती है और मार्केटिंग के लिए विज्ञापन झूठ पर झूठ बोलता है और जनता को बेवकूफ बना देता है। इस बाजारतंत्र पर सच्चाई और नैतिकता को ढूँढ़ना मूर्खता है। उपभोक्ता संस्कृति में कुशल कर्मचारियों को प्रलोभनों में फँसाकर अपनी ओर घसीटने की प्रतियोगिता है। इसलिए शिक्षित युवक भौतिक उन्नति के लिए एक कम्पनी छोड़ दूसरी कम्पनी की ओर पैंतरे बदलते हैं। इस कृतघ्न पैंतरेबाजी में उन्हें जरा भी खेद नहीं। क्योंकि उपभोक्ता संस्कृति ने उन्हें नितान्त कृतघ्न बना दिया है। जिस कम्पनी ने पवन को काम सिखाकर कामयाब बनाया उस कम्पनी को मरे चूहे सा तजकर वह दूसरी कम्पनी में चला जाता है। इस कृतघ्नता पर पिता प्रहार करते हैं तो पवन कहता है—'मैं जिस दुनिया में हूँ वहाँ एथिक्स नहीं प्रोफेशनल एथिक्स की जरूरत है।' इस प्रकार प्रस्तुत उपन्यास में नैतिक पतन एवं सांस्कृतिक संकट के अनेक प्रसंग उभर आये हैं। आज की उपभोक्तावादी प्रौद्योगिक संस्कृति में भक्ति भी प्रौद्योगिक एवं 'इन्स्टेन्ट' हैं। आजीविका के व्यस्त

जीवन से चैन चुराने को युवा लोग तात्कालिक शान्ति के उपाय खोजते हैं। जिस प्रकार थकान दूर करने किसी रेस्तराँ में बैठकर चाय का मजा लूटते हैं उसी प्रकार आज के 'इन्स्टेन्ट' भक्त किसी मिशन के शिविर में बैठकर तात्कालिक शान्ति का आनन्द लूटना चाहते हैं। स्वामी कृष्ण स्वामी जी का सरल मार्ग मिशन भी एक ऐसा मिशन है जहाँ डाक्टर, इंजीनियर, कम्पनियों के उच्च अधिकारी जैसे V.I.P. भक्त 'मेडिटेशन' का रस लूटते हैं। उनकी जेब से मोबाइल फोन झाँकता है और घुटनों के बीच मिनरलवाटर की बोतल। (गंगाजल इनके लिए कब का वर्जित है।) दरअसल ये भक्त 'आध्यात्मिक हॉलिडे' मनाने में व्यस्त हैं। आज भक्ति का भी उदारीकरण हुआ है। राकेश की राय में–'भक्ति की कैपस्यूल बना कर बेचते हैं आजकल के धर्मगुरु। सुबह टी.वी. के सभी चैनलों पर एक न एक गुरु प्रवचन देता रहता है।' लेखिका ने 'सरल मार्ग मिशन' और पवन के जरिए उपभोक्ता संस्कृति से विकसित प्रौद्योगिक भक्ति के नये-नये रूप दर्शाए हैं।

इस प्रकार 'दौड़' सामाजिक एवं पारिवारिक जीवन पर भूमंडलीकरण, बाजारवाद, उपभोक्तावाद और आजीविकावाद के घात-प्रतिघात का, बदलती कठोर परिस्थितियों के चंगुल में फँसे, तंग आये, जंग खाये मानवीय सम्बन्धों का, आधुनिकता के ध्वंस पर विजय-पताका फहरानेवाली उत्तराधुनिक मनोवृत्ति का उपन्यास है। उपन्यास में कथ्य एवं शिल्प का सार्थक एवं संगत गठबन्धन है। यह एक लघुतम उपन्यास है लेकिन उपन्यास आकार से जितना छोटा है विचारों से उतना बड़ा है। लेखिका ने इस लघु कलेवर में नयी सदी की नवीन समस्याओं को, मानवीय सम्बन्धों के निर्मम बदलाव को, उत्तराधुनिक संस्कृति के एक परिच्छेद को सफलतापूर्वक समेट लिया है, साथ ही साथ भविष्य के लिए खतरे की घंटी भी बजाई है। उपन्यास में जिन सिद्धान्तों एवं वादों को आधार बनाया है वे सब बौद्धिक हैं। लेकिन लेखिका ने उन्हें मानवीय संवेदनाओं से मिलाकर अनुभूतिप्रवण बना दिया है। अपने छोटे आकार में इतनी बड़ी समस्याओं और विचारों का वाहक उपन्यास हिन्दी में अपूर्व है। सचमुच लेखिका ने उपन्यास जगत में 'गागर में सागर' भरने का कार्य किया है। पवन के चरित्रांकन में लेखिका अत्यन्त सतर्क रही है। आजीविकावादी पवन, उपभोक्ता-संस्कृति में पलनेवाले, परिवार, परिवेश, मूल्य और आदर्शों से उखड़े आज के युवकों का प्रतीक बनकर आया है। सन्तानों से किनारे कर दिये गये राकेश-रेखा दम्पति भी प्रतिनिधि चरित्र बनकर आये हैं। असुरक्षा बोध से उत्पन्न व्यथा और दशहत इक्कीसवीं शताब्दी की है। यह सच है कि उपन्यास के कथ्य और चरित्र सम्पन्न वर्ग के हैं। लेकिन उपन्यास में अभिव्यक्त धन-स्थिति और मनःस्थिति में अन्तर है। पवन की धनःस्थिति सम्पन्न वर्ग की जरूर है लेकिन मनःस्थिति प्रौद्योगिक एवं उपभोक्ता संस्कृति में पनपनेवाली सम्पूर्ण युवा-पीढ़ी की है। यह उपन्यास को नित-प्रासंगिक बना देता है। उपन्यास की भाव एवं भाषा भंगिमा में आकर्षक

तालमेल है। जहाँ-जहाँ गहन विचारों की अभिव्यक्ति है वहाँ भी भाषा-शैली सरल एवं भाव-प्रवण है। जहाँ विचार भावमय है वहाँ भाषा अनुभूतियों से आर्द्र है। सन्तानों की उदासी से आहत रेखा की संवेदना का यह चित्र देखिए—'पर रेखा ने तो रच-रच कर पाले हैं अपने बेटे। इनके गू-मूत में गीली हुई है, इनके आँसू अपनी चुम्मियों से सुखाये हैं, इनकी हँसी अपने अंतस में उतारी है।' यहाँ हरेक ध्वनि से माँ-बेटा सम्बन्धों की जो वैचारिकता निसृत है वह पाठकों के दिल पर चुभती है। निसन्देह अनुभूति एवं अभिव्यक्ति की दृष्टि से यह एक आदर्श लघु उपन्यास है। एक प्रतिबद्ध सफल लेखिका होने के नाते ममताजी ने समय की नब्ज़ पकड़कर काल-खण्ड के लिए अपने ऐतिहासिक दायित्व को निभाया है।

पीढ़ियों के दुख-सुख

—सन्तोष दीक्षित

ममता कालिया के उपन्यास 'दुक्खम-सुक्खम' के शुरुआती पृष्ठों से गुजरते हुए मथुरा के ठेठ पोंगापन्थी और केवल रुपयों की भाषा समझने-बोलने वाले लाला नत्थीमल के परिवार का जो चरित्र सामने आता है, वह तनिक भी एहसास नहीं करा पाता कि भविष्य में इन्हीं की एक पोती मॉडलिंग जैसे अति आधुनिक पेशे में भी उतर सकती है!...और दूसरी पोती—जिसके जन्म पर उस घर में न बधावा बजा, ना ही लड्डू बँटे, यहाँ तक कि दादी ने चूल्हा भी नहीं जलाया—अपनी दादी की कहानी लिखने को हाथ में कलम थामने का संकल्प ले उठेगी!! उसी दादी की कहानी, जिसने अपनी गृहस्थी में बामशक्कत कैद, डंडा-बेड़ी और तनहाई जैसी तमाम सज़ाएँ भुगतते हुए नारी स्वाधीनता के अर्थ को समझा और गाँधी बाबा के आह्वान पर गृहस्थी और पति द्वारा लगाई तमाम पाबन्दियों को धता बताती हुई अन्ततः घर की चौखट को लाँघ कर ही दम लिया।

आखिरकार इसी को जिन्दगी कहते हैं और जिन्दगी की यही वैविध्यपूर्ण कथा तीन पीढ़ियों के बीच समाहित होकर कुछ इस तरह से आगे बढ़ती है, जैसे कोई पहाड़ी नदी अपने रास्ते में आये तृणमूलों समेत मजबूत पत्थरों तक को बहा ले जाती है, रोजमर्रा के जीवन के छोटे-छोटे अति सामान्य विवरणों से शुरू से आखिर तक ठसाठस भरा यह उपन्यास वास्तव में इस कारण उल्लेखनीय बन जाता है, क्योंकि इसके तमाम चरित्रों में जीवन संघर्ष कूट-कूटकर भरा है और रिश्तों के राग और विराग अपनी पूरी संवेदनशीलता और क्रूरता के साथ प्रकट होते हैं। संवेदना इस उपन्यास के मूल में है और तमाम चरित्र इसी के साथ गुँथ कर एक ऐसे जीवनचक्र का निर्माण करते हैं, जहाँ हर चरित्र किसी से भागने के साथ-साथ उसके पीछे आता भी प्रतीत होता है। चरित्रों पर ऐसी पकड़ बनाये रखना कोई हँसी-ठट्ठा नहीं। यहाँ रिश्तों की ऐसी कशमकश है, जहाँ कभी व्यक्ति स्वतन्त्रता एक नया अर्थ परिभाषित करती नज़र आती है तो कहीं पारिवारिक सामूहिकता का केन्द्रीय भाव विपरीत परिस्थितियों में भी इस जीवनचक्र को टूटने से बचाये रखता है। लेखिका के विराट् जीवनानुभव की धूप-छाँह और सुख-दुख की यह कथा ऐसे छोटे-छोटे टुकड़ों में प्रकट होती है, जिन्हें शेक्सपियर ने 'ह्यूमन मोमेंट्स' की संज्ञा दी है। ये 'मोमेंट्स' पूरे

उपन्यास में यत्र-तत्र रचे गये हैं और वह भी ऐसी जीवन्त भाषा के सहारे, जो न सिर्फ सहज बल्कि ब्रजभाषा की मिठास और मुहावरे के प्रयोग के कारण जीवन के काफी करीब होने का एहसास तो कराती ही है, चरित्र को भी पूर्णतः ग्राह्य बना देती है।

सरसरी निगाह से देखा जाए तो इस उपन्यास का नायक कविमोहन नामक एक स्वाभिमानी विद्यार्थी है, जो बनियागीरी के अपने पारिवारिक पेशे से बाहर निकल कर नये जीवन मूल्यों के साथ जीना चाहता है। उसके जीवन का यह अन्यतम संघर्ष उसे मथुरा और आगरा की जड़ों से अलग कर दिल्ली पहुँचा देता है। और फिर दिल्ली से मुम्बई तक का एक अलग किस्म का सफर वह अपनी ही बनाई हुई हद को तोड़ते हुए करता है। कविमोहन का यह जीवन चरित्र जितना संघर्षमय और उपलब्धिपूर्ण है उतना ही दयनीय और मार्मिक भी। लेकिन गौर किया जाए तो इस उपन्यास का अभीष्ट नायक-कथा लिखना नहीं, बल्कि नायक के बहाने उसके आस-पास की स्त्रियों की अन्तःकथा को सामने लाना है। कवि आलोक धन्वा की एक आत्मीय पंक्ति है—याद आती है मुझे वे स्त्रियाँ, जिन्होंने बचपन में था मुझे चूमा। यहाँ भी कविमोहन के स्नेहसूत्र में बँधी स्त्रियों के आन्तरिक संसार का आवेगमय चित्रण है। चाहे वह उसकी माँ विद्यावती हो या बहनें लीला, भगवती; पत्नी इन्दु हो या कुछ प्रेमिका-सी कुहेली भट्टाचार्य; या फिर प्रतिभा और मनीषा सरीखी बेटियाँ ही क्यों न हों। इन्हीं के दुक्खम-सुक्खम और जीवन संघर्ष के साथ कविमोहन के खुद के जीवन का सुख-दुख भी जुड़ा हुआ है। लेकिन इस जुड़ाव के साथ-साथ स्त्रियों और पुरुषों की अलग-अलग लेकिन समानान्तर दुनिया का वैविध्यपूर्ण चित्रण इस उपन्यास की खास उपलब्धि है। तीन पीढ़ियों के अन्तर्द्वन्द्व और रागात्मकता की बहुत ही गहन अभिव्यक्ति इस उपन्यास में देखी जा सकती है।

राजनीतिक दृष्टि से भी यह उपन्यास अछूता नहीं है। पूरे उपन्यास के घटनाक्रम, प्रवाह और बदलाव के बीच गाँधीवाद प्रच्छन्न रूप में उपस्थित नज़र आता है। चरखा, खादी, स्वदेशी आन्दोलन, नमक सत्याग्रह से लेकर देश के विभाजन की त्रासदी और गाँधी की हत्या की झलक यदि उपन्यास के पूर्वार्द्ध में हैं, तो उत्तरार्द्ध में कवि मोहन के चरित्र में आये बदलाव, ढेर सारे नैतिक मूल्यों और अनुशासन का दृढ़ता के साथ पालन करना तथा अपनी पत्नी और बेटियों को इसी अनुरूप बनाने की हेठीरूपी कोशिश के पीछे भी गाँधीवादी आदर्श का ही विस्तार नज़र आता है।

हमेशा की तरह इस उपन्यास में भी ममता कालिया का गद्य अत्यन्त ही आत्मीय है और पढ़ने का सुख प्रदान करता है। साधारण लोगों का जीवन भी कितना विराट् हो सकता है और इसके कितने आयाम हो सकते हैं, यह सच ममता कालिया के यहाँ आईने की तरह झलकता है। 'दुक्खम-सुक्खम' में एक पूरा ऐसा समाज है, जो अपनी सम्पूर्ण जातीय और भाषिक विशिष्टता के साथ हमारे सामने आता है। इसमें ढेरों उपकथाएँ हैं। लेकिन सभी मूल कथा के अंतरंग हिस्से की तरह इतनी तरल संवेदना, सूक्ष्म विवरण एवं सघन बुनावट के साथ उपस्थित हैं कि इनसे गुज़रते हुए उपन्यास के साथ-साथ आत्मकथा पढ़ने जैसा सुख भी शामिल है।

ढहते परिवार की गाथा

–प्रियदर्शन मालवीय

बीसवीं सदी के मध्य तक चन्द उन्नत पूँजीवादी देशों ने पूरी दुनिया को अपना उपनिवेश बना रखा था। अब तमाम उपनिवेश आजाद हो चुके हैं। इसलिए आमतौर पर माना जाता है कि साम्राज्यवादी शोषण खत्म हो चुका है, साम्राज्यवाद अब नहीं रहा। लेकिन साम्राज्यवादी शोषण आज भी एक हकीकत है। तब के उपनिवेशों अर्थात् एशिया, अफ्रीका और लातीनी अमरीका के देशों का साम्राज्यवादी शोषण आज भी जारी है। यह साम्राज्यवादी शोषण भूखण्डीकरण, उदारीकरण अथवा आर्थिक व्यवस्था के नाम पर हो रहा है। नयी अर्थव्यवस्था का सही नामकरण–'शोषण की नयी आर्थिक व्यवस्था' होना चाहिए। भूमण्डलीकरण के एक दशक ने एक ऐसी व्यवस्था को जन्म दिया जिसने विकसित देशों के आर्थिक साम्राज्य को बढ़ाया। चूँकि यह साम्राज्य राजनीतिक नहीं आर्थिक है, इसलिए ज्यादा पुख्ता है। इसे उदारीकरण कहा गया किन्तु यह उदारीकरण विकासशील देशों के हित में नहीं बल्कि विकसित देशों के हित में है। यह नया उपनिवेश था जिसने बिना तलवार का सहारा लिये ही पूरी दुनिया में अपना साम्राज्य फैला लिया। यह प्रसार युद्ध के रास्ते नहीं बल्कि संस्कृति के रास्ते हुआ। यह एक भद्दी संस्कृति थी अतः इसे अपसंस्कृति कह सकते हैं। उदारीकरण ने तीसरी दुनिया की अर्थव्यवस्था पर ही चोट न की बल्कि उसकी आत्मा को छीला, कुचला और रौंदा।

उदारीकरण अथवा भूमण्डलीकरण के इन दुष्प्रभावों को बड़ी बारीकी के साथ ममता कालिया के अद्यतन उपन्यास 'दौड़' में दर्शाया गया। यह उपन्यास आकार में छोटा है, अतः इसे लघु उपन्यास अथवा लम्बी कहानी कहना ज्यादा उपयुक्त होगा। दौड़–यानि धन-दौलत और सत्ता की अन्धी-दौड़। यह एक ऐसी दौड़ है जिसमें दौड़ने वाले को अपने लक्ष्य का पता नहीं है। भूमण्डलीकरण पर हिन्दी में बहुत लिखा गया किन्तु इतना विधिवत् और मुकम्मल नहीं लिखा गया। ममता कालिया ने इस व्यवस्था तंत्र के रेशे-रेशे उधेड़े हैं। इस तंत्र की अमानवीयता और अनैतिकता को उघाड़ा है। यहाँ एथिक्स नहीं प्रोफेशनल एथिक्स काम करती है जो एथिक्स की जगह प्रोफेशनल एथिक्स को नहीं स्वीकार करेगा वह पुराने अखबार की तरह रद्दी

की टोकरी में डाल दिया जायेगा। उपन्यास का मुख्य पात्र अपने मध्यवर्गीय पिता से कहता है—'मेरे हर काम में आप यह क्या एथिक्स, मोरैलिटी जैसे भारी-भरकम पत्थर मारते हैं। मैं जिस दुनिया में हूँ, वहाँ एथिक्स नहीं, प्रोफेशनल एथिक्स की जरूरत है। चीजों को नयी नज़र से देखना सीखिए नहीं तो आप पुराने अखबार की तरह रद्दी की टोकरी में फेंक दिए जाएँगे।' और यही पवन इस प्रोफेशनल एथिक्स को भी नकार देता है जब अपनी महिला मित्र के प्रश्न 'ऐसे में कापीराइटर की नैतिकता क्या कहती है', के जवाब में वह कहता है, "मैंने आईआईएम में दो साल भाड़ नहीं झोंका, वहाँ से मार्केटिंग सीखकर निकला हूँ। आई कैन सेल ए डेड रैट (मैं मरा चूहा भी बेच सकता हूँ)। यह सच्चाई, नैतिकता सब मैं दर्जा चार तक मॉरल साइंस में पढ़कर भूल चुका हूँ।"

नयी अर्थव्यवस्था ने विकसित तथा विकासशील देशों के परम्परागत आर्थिक ढाँचे को तहस-नहस कर दिया तथा नयी अर्थ-व्यवस्था एवं नये मूल्यों ने इन देशों के परम्परागत सामाजिक ढाँचे को भी तोड़ा जिसने 'समाज में तनाव पैदा किया, बेगानापन पैदा किया, सामाजिक असुरक्षा पैदा की। इसने समाज में व्यावसायिकता पैदा की। व्यावसायिकता से आजीविकावाद (कैरियरिज्म) पैदा होता है। वह आजीविकावाद पारिवारिक सम्बन्धों की भावात्मकता, आत्मीयता आदि नष्टप्राय कर देता है।' यह कैरियरिज्म एक माँ से उसके जवान बच्चों को छीन लेता है। इतना ही नहीं एक जवान पति अपनी जवान पत्नी के साथ रहने के सुख को भी त्यागने को तैयार है। पवन कहता है, 'मैं अपना कैरियर अपनी आजादी नहीं छोड़ूँगा। स्टैला चाहे तो अपना बिजनेस चेन्नई ले चले।'

दरअसल यह कामयाब लोगों का हृदयहीन संसार है, जिसमें एक ओर बहुराष्ट्रीय कम्पनियाँ तथा उसके मालिकान हैं और दूसरी ओर इन कम्पनियों के मैनेजर हैं तथा सेल्स रिप्रेजेण्टेटिव हैं। जो नौकरी को नौकरी की तरह करते हैं, उसमें उसूल सिद्धान्त ठोकने की जरूरत नहीं समझते'। यहाँ कामयाबी ही एकमात्र लक्ष्य है, वह भले किसी भी रास्ते से मिले। इनके लिए फ़िराक़ साहब का एक शेर है :

जो कामयाब हैं दुनिया में उनकी कहिये क्या?
है भले आदमी की इससे बढ़कर तौहीन क्यों?

लेखिका की अचूक दृष्टि इस तथ्य को बड़ी बारीकी से पकड़ती है। इन कामयाब लोगों के माता-पिता के जीवन में अकेलापन है, बेगानापन है, असुरक्षा है। यह कामयाब सन्तानों के माता-पिता के जीवन की विडम्बना है। 'ये सब कामयाब सन्तानों के माँ-बाप थे। हर एक के चेहरे पर भय और आशंका के साये थे। बच्चों की सफलता इनके जीवन में सन्नाटा बुन रही थी।'

उपन्यास की शुरुआत एक सफल और तेज-तर्रार मैनेजर की दिनचर्या से होती है। इसकी दिनचर्या में सिर्फ काम ही काम है, कहीं भी किसी भी प्रकार के मनोरंजन

के लिए कोई स्थान नहीं है, सिर्फ इसके कि बहुराष्ट्रीय कम्पनियों द्वारा आयोजित किसी कार्यक्रम में भाग ले लें अथवा सरल मार्ग के शिविर में ध्यान लगायें। कथा एक सफल मध्यवर्गीय परिवार के इर्द-गिर्द घूमती है। राकेश और रेखा इस परिवार के नायक-नायिका हैं, राकेश एक हिन्दी अखबार का सम्पादक है और रेखा स्कूल में अध्यापिका है। इनके दो पुत्र हैं—पवन और सघन। पवन एम.बी.ए. पास करके एक प्रतिष्ठित बहुराष्ट्रीय कम्पनी में मैनेजर हो गया है तथा सघन आई.टी. (इन्फारमेशन टैक्नोलॉजी) के क्षेत्र में जाने की तैयारी कर रहा है। पवन अपने शहर इलाहाबाद छुट्टी बिताने के लिए आता है। वह यह सोचता है कि पन्द्रह दिन इत्मिनान से अपने घर में रहेगा। किन्तु वह ऐसा नहीं कर पाता क्योंकि अब उसकी लाइफ स्टाइल बदल गयी है, इस बदली हुई लाइफ स्टाइल के कारण वह अपने घर में एडजस्ट नहीं कर पाता। अपने माता-पिता से भी इसकी झड़प हो जाती है, अतः वह बीच में अपनी छुट्टी खत्म करके वापस लौट जाता है। उधर सघन को भी ताइवान की एक साफ्टवेयर कम्पनी में नौकरी मिल जाती है, वह भी बाहर चला जाता है। और इस प्रकार माँ-बाप तन्हा रह जाते हैं।

आज मध्यम वर्ग के पास न जीवन के वृहत् उद्देश्य हैं और न ही कोई मूल्य उसको प्रभावित करता है। वह अन्दर से बिल्कुल खोखला है। अतः वह उन्हीं चीजों की तरफ आकर्षित होता है जिसमें बेपनाह, धन-दौलत और सुविधा हो। धन-दौलत और सुख के प्रति उसमें एक क्रेज है, इसीलिए, एम.बी.ए. इन तीन अक्षरों के प्रति भी इसमें एक क्रेज है। एम.बी.ए. करने का मतलब मोटी तनख्वाह और सुख-सुविधाओं वाली नौकरी पक्की। किन्तु ममता कालिया की पैनी दृष्टि इन नौकरियों के यथार्थ को बखूबी पकड़ती है। बहुराष्ट्रीय कम्पनियाँ किसी आदर्श के तहत व्यवसाय नहीं करतीं, इनका एकमात्र लक्ष्य फायदा और सिर्फ फायदा होता है। वे अगर अपने किसी कर्मचारी को एक पैसा देती हैं तो उससे दस पैसे के बराबर काम लेती हैं। यदि इनका कर्मचारी किसी भी सूरत में इनके मनोनुकूल उपयोगी नहीं रह जाता तो उसे निकालने में इन्हें तनिक भी हिचक नहीं होती है। अतः एक प्रकार की अनिश्चितता की तलवार उसके कर्मचारियों पर लटकती रहती है। ममता कालिया इस तथ्य को सटीक पकड़ती हैं जब वह अपने उपन्यास के शुरुआत में ही लिखती हैं : चित्रेश ने दो जम्प (वेतन वृद्धि) माँगी थी, कम्पनी ने उसे जम्प आउट करना ही बेहतर समझा।

मध्यम वर्ग में विदेश जाने का भी बहुत क्रेज है। स्वदेशी और राष्ट्रवाद के नाम पर मध्यम वर्ग का वोट पाकर चुनाव तो जीता जा सकता है किन्तु उन्हें विदेश जाने से नहीं रोका जा सकता। 'वायरल फीवर की तरह विदेश वायरस भी बहुत फैला हुआ है आजकल'—इस मध्यम वर्ग को अपना मुल्क, अपना शहर तथा अपना घर जेल लगता है। अनिवासी और प्रवासी केवल पर्यटक और पंछी नहीं होते, बच्चे भी

होते हैं। N.R.Is.— (Non-Resident Indians)–अप्रवासी भारतीयों के बरअक्स इस देश में R.N.Is. —(Resident Non-Indians)–प्रवासी भारतीय की संख्या कम नहीं है। आर.एन.आई. वे हैं कि जो एक मजबूरी के तहत इस देश में रहते हैं और कोई चारा ही नहीं है। वर्ना तो सोचते हमेशा ये विदेशों के बारे में ही हैं और मौका मिलते ही वे देश छोड़कर भाग खड़े होते हैं। और ऐसे ही वायरस का दुःखद परिणाम है सोनी साहब की दुखद मौत। दरअसल सोनी साहब की मौत इस उपन्यास का सबसे कारुणिक पक्ष है, यह चेतना को अन्दर तक झकझोर देता है। सोनी साहब की अचानक दिल का दौरा पड़ने से मृत्यु हो जाती है। इस समय सिर्फ मिसेज सोनी घर पर रहती हैं। मृत्यु की खबर सुनकर मुहल्ले के लोग इकट्ठा होते है। दोनों बच्चे बाहर रहते हैं। लड़की देहरादून में, लड़का विदेश में। लड़के को फोन पर सूचना दी जाती है। लड़का अपनी माँ से फोन पर कहता है, 'आप ऐसा कीजिए, इस काम के लिए किसी को बेटा बनाकर दाह-संस्कार करवाइए। मेरे लिए तेरह दिन रुकना मुश्किल होगा। आप सब काम पूरा करवा लीजिए।' और ऐसा ही किया जाता है। भूषण नाम का एक व्यक्ति सोनी साहब को मुखाग्नि देता है। जितनी कारुणिक सोनी साहब की मौत है, इससे कहीं ज्यादा कारुणिक है उनके लड़के का उत्तर। किसने हमारे बच्चों को अपने माता-पिता के प्रति निस्संग बनाया। कामयाबी तथा धन दौलत की इस अन्धी दौड़ ने और यही ममता कालिया के उपन्यास की दौड़ है।

और अन्तिम बात यह उपन्यास एक माँ की दृष्टि से लिखा गया उपन्यास है, अतः परिवार के टूटने अथवा बिखरने का आर्त्तनाद पूरे उपन्यास में सुनायी पड़ता है। पूरे उपन्यास में माँ का यह अपराध-बोध कि उसने अपने लड़के को क्यों कामयाबी के रास्ते में ढकेला, लेखिका का पीछा नहीं छोड़ता। पाठक भी इससे बच नहीं पाता। माँ का आर्त्तनाद उसका बहुत दूर तक पीछा करता है। मेरा ऐसा मानना है कि कोई पुरुष इस थीम पर उपन्यास लिखता तो इतना सशक्त उपन्यास नहीं बनता क्योंकि परिवार का टूटना ही पूरे उपन्यास का केन्द्र बिन्दु है। दरअसल यह उपन्यास भूमण्डलीकरण के दौर में परिवारों के बिखराव का आईना है। यह एक सुगठित और सुपठनीय उपन्यास है।

घर, प्रेम और मुक्ति का त्रिकोण

—कृष्णमोहन

घर नाम की संस्था हमारे समाज की उलझी हुई गुत्थी है। परम्परा के अग्रगामी और जीवन्त तत्त्वों से हमारी जान-पहचान अक्सर इसी के माध्यम से होती है, जो सच्ची आधुनिकता की अनिवार्य पूर्व शर्त है। लेकिन जैसे ही इससे उत्पन्न चेतना आगे बढ़ती है और अपनी स्वाभाविक दिशा में छलाँग लगाने को होती है, यह संस्था परिवार, समाज, जाति, क्षेत्र, वर्ण और ऐसे ही हजारों मूल्यों की लम्बी शृंखला के साथ किसी अजगर की तरह उसका दम घोंट देने और उसे निगल जाने को उद्यत हो जाती है। परम्परा और आधुनिकता के बीच हमारा समाज जिस त्रिशंकु अवस्था में फँसा हुआ है, उसके लिए इसकी सर्वग्रासी जकड़ भी बहुत हद तक जिम्मेदार है। इस संस्था का केन्द्रीय मूल्य स्त्री के देह-मन पर पुरुष का अबाध अधिकार है जिसे उसकी 'पवित्रता' की रक्षा के अधिकार के रूप में परिभाषित किया गया है। इस मूल्य-प्रणाली का बदतरीन शिकार हमारा निम्न-मध्यवर्ग है।

आधुनिकता का पौधा परम्परा की जमीन पर ही उग सकता है। मध्यकालीन परम्परा से आधुनिकता का संघर्ष एक अपरिहार्य और स्वस्थ प्रक्रिया है जिससे गुज़रकर कोई समाज लोकतांत्रिक स्वरूप ग्रहण करता है। लेकिन हमारे इतिहास की यह विडम्बना है कि लगभग दो शताब्दी के औपनिवेशिक शासन ने हमें हमारी अपनी परम्परा से काटकर तत्कालीन ब्रिटिश समाज में हावी विक्टोरियायुगीन नैतिकतावादी मूल्यों के अनुरूप उसे व्याख्यायित किया और फिर उसमें हमें रोप दिया। इसके परिणामस्वरूप स्त्री की पवित्रता या अपवित्रता तथा योनि-शुचिता को भारतीय संस्कृति का केन्द्रीय मूल्य और भारतीयता का पर्याय मान लिया गया। यह सिलसिला आज तक जारी है और पितृसत्ता समेत सभी वर्चस्वी शक्तियों के खूब काम आ रहा है, जबकि पूर्व-ब्रिटिश भारतीय परम्परा में यह विमर्श कभी उपस्थित ही नहीं हुआ। अपनी परम्परा से कट जाने का ही नतीजा था कि हमारी आधुनिकता का स्वरूप भी औपनिवेशिक और विकलांग बन गया। लोकतंत्र, धर्मनिरपेक्षता और कानून के शासन जैसे आधुनिकता के सर्वमान्य सामाजिक मूल्यों के प्रति हमारा लचर दृष्टिकोण इसी सत्य को अभिव्यक्त करता है।

इस प्रकार हमारी स्वीकृत परम्परा और आधुनिकता की जड़ें औपनिवेशिक दौर से आगे नहीं जातीं। हमारे समाज की मुख्य धारा में चल रहा परम्परा और आधुनिकता का संघर्ष अब ऐसे छाया-युद्ध का रूप ले चुका है जिसमें कोई भी छाया अपनी सुविधानुसार किसी भी पक्ष को चुन सकती है क्योंकि अलग-अलग दिशाओं के बावजूद दोनों बुनियादी तौर पर एक ही हैं—छायाएँ। 'धर्मनिरपेक्ष' खेमे का नेता 'साम्प्रदायिक' खेमे का सारथी बनते हुए पलकें भी नहीं झपकाता और सामाजिक न्याय की जिम्मेदारी घूम-फिरकर ब्राह्मणवादी-सामन्ती शक्तियों के कन्धों पर ही आ टिकती है।

नव उपनिवेशवाद के मौजूदा दौर में आकर बहुत से 'आजाद' भ्रम भी दम तोड़ रहे हैं। एकता, स्वतन्त्रता और सम्प्रभुता जैसे मूल्य प्रत्यक्ष रूप में कायम रहते हुए भी वास्तव में किस हद तक मौजूद हैं, यह विचार का विषय है। ऐसे में हमें इस औपनिवेशिक मसले को साफ करके अपनी वास्तविक परम्परा का पुनराविष्कार करना चाहिए, जिसकी जमीन पर खड़े होकर हम अपने समाज के अनुरूप आधुनिकता के अपने मॉडल की खोज कर सकें।

बहरहाल, साहित्य की विशिष्टता ही यह है कि वह शताब्दियों से चले आ रहे सर्वमान्य सिद्धान्तों को संवेदना के धरातल से चुनौती देता है और उनके पाखण्ड को उजागर करता है। हमारे कथा-साहित्य ने भी होश सँभालते ही स्त्री-पुरुष सम्बन्धों की छानबीन के माध्यम से 'भारतीयता' के इस केन्द्रीय मिथक, पवित्रता और शुचिता के सिद्धान्त को प्रश्नांकित करना शुरू कर दिया था। इसकी आरम्भिक सूचना प्रेमचन्द के यहाँ 'गोदान' के मालती नामक चरित्र में दिखाई पड़ती है, लेकिन स्वाधीनता आन्दोलन के दबाव के कारण प्रेमचन्द इस मुद्दे पर अधिक ध्यान नहीं दे पाते। आगे चलकर जैनेन्द्र तथा अज्ञेय के 'सुनीता' और 'नदी के द्वीप' जैसे उपन्यासों में ये प्रसंग सरोकारों के केन्द्र में आते हैं, लेकिन व्यापक सामाजिक सर्वसम्मति के दबाव में आन्तरिक संशय से पैदा हुई वैचारिक धुंध में खो जाते हैं। यशपाल, भगवतीचरण वर्मा और कृष्णा सोबती ने खासतौर पर 'दिव्या', 'चित्रलेखा' तथा 'मित्रो मरजानी' में नारी की पवित्रता और योनि-शुचिता के मूल्य को निर्णायक चुनौती दी और प्रेम तथा शारीरिकता की स्थापना एक मूल्य के बतौर की। इसके बावजूद इन उपन्यासों में 'घर' के वास्तविक चरित्र की अनदेखी करके उसके प्रति कुछ न कुछ मोह बना रहा। नैतिकतावादी मूल्यों के आश्रय के प्रति कोई भी मोह उन मूल्यों को पुनर्जीवित कर सकता है। इसी परिप्रेक्ष्य में ममता कालिया के उपन्यासों की अर्थवत्ता को पहचानने की कोशिश हम कर सकते हैं।

गुलाम बनाने वाले घर और उससे छुटकारा दिलाने वाले बेघर का द्वन्द्व ममता कालिया के समूचे रचना-संसार, विशेषकर उनके उपन्यासों की केन्द्रीय अन्तर्वस्तु है। दिलचस्प बात यह है कि यहाँ बेघर की स्थिति घर के अभाव में नहीं, उसकी वजह से आती है। बड़े अरमानों के साथ घर का निर्माण होता है, लेकिन अस्तित्व

में आते ही वह पाँव की बेड़ी साबित होने लगता है। एक तरफ तो उससे पैदा हुआ बेगानापन मनुष्य को बेघर करता है; दूसरे, सपनों का घर भी कल्पना में जीवित रहता है और उसकी अनुपस्थिति की कचोट चैन नहीं लेने देती। लेखिका के पहले उपन्यास 'बेघर' से इस यात्रा की शुरुआत होती है, जो 'दौड़' तक आकर अपने मुकाम को पहुँचती है, जहाँ घर के पुराने ढाँचे के साथ पति-पत्नी की परस्पर निर्भरता का भी अन्त हो जाता है।

'बेघर' का मुख्य पात्र परमजीत टिपिकल निम्न मध्यवर्गीय परिवेश से आता है। बचपन में वह अपने बाप की लस्सी की दुकान पर बरफ धो-धोकर उसे पकड़ाया करता था। ग्राहकों ने उसे स्वीकार नहीं किया इसलिए उसके बाप ने उसे स्कूल में दाखिल करा दिया। अपने से बड़े बच्चों की उतरन पहनते और मुर्गा बनते उसने स्कूल पास किया। गली की लड़कियों की शक्ल से शुरू करके उनकी कमीज ताकने तक उसने जवानी की दहलीज पार की और अपने बाप के एक ग्राहक के सेठ की कम्पनी में बिना तनखा लिए काम करने बम्बई आ गया। इस खबर से उसके तमाम दोस्त उत्तेजित हो गये, क्योंकि उनके ख़याल में बम्बई का अर्थ था समुद्र, फिल्म और लड़कियाँ।

बम्बई जाने के लिए 'घर से हटते ही परमजीत अपने को ज्यादा मुक्त और सचेत' पाता है। लेकिन बम्बई जैसे महानगर में आते ही उसे धक्का लगता है। 'शहर का मिजाज इतना रूखा होगा, परमजीत ने नहीं सोचा था।' उसका काम धीरे-धीरे चल निकलता है और लोकल ट्रेन में आते-जाते उसकी पहचान संजीवनी भरूचा से होती है जो उसी की तरह एक निम्न-मध्यवर्गीय परिवार से आती है, कुँआरी है और एक बैंक में काम करती है। दोनों एक-दूसरे के निकट आते हैं और आखिरकार परमजीत के ऑफिस में एक रविवार को हमबिस्तर होते हैं। वास्तविक कहानी इसके बाद शुरू होती है।

'परमजीत को तकलीफ हुई, बेतरह तकलीफ, यह जानने की कि वह पहला नहीं था। बदहवासी मिटते ही यह बात उसे पत्थर की तरह लगी। लड़कियों के कुँवारेपन की पहचान उसने चीख-पुकार और खून से सम्बद्ध की थी। आरम्भिक विरोध के बाद संजीवनी उसे प्रस्तुत मिली और बाधाहीन।'

उपन्यास की भूमिका के रूप में प्रस्तुत अरविन्द जैन के लेख 'बेघर के पच्चीस वर्ष अर्थात् कौमार्य की अग्निपरीक्षा' में परमजीत को 'परम्परागत मिथकों से परिचालित निर्णयों को जीने और भोगने वाला स्वस्थ, सहज और रुचिसम्पन्न चरित्र मानने वाले आलोचक विजयमोहन सिंह की राय का विरोध करते हुए लेखक ने उसे बीमार, विकृत, संकीर्ण, कुंठित, कुत्सित और अश्लील करार दिया। वजह है संजीवनी को लेकर उसके मन में जाग्रत होने वाली यौन आकांक्षाएँ जिनमें वह कभी उससे 'किसी कोने में सट कर बैठने' की बात करता है तो कभी 'घर तो रोज ही जाती

हो, न जाओ एक दिन' कहकर मन ही मन सुख टटोलता है। कभी वह उसे कल्पना में अपने कम्बल के अन्दर पाता है तो कभी संजीवनी से कहता है कि 'हमें इतना पास बैठना चाहिए कि मैं तुम्हें गोद में डाल तुम्हारे ऊपर हाथ फेर सकूँ कहीं भी।' अन्तिम मुलाकात से पहले उससे कहता है कि 'अकेले में, तुम्हारे तलवे सहलाकर, तुम्हारे बाल खोलकर, तुम्हारा ब्लाउज मसलकर तुम्हें एक ही पल में लड़की से औरत बना दूँगा, संजी।' श्री जैन की इस पर टिप्पणी है कि 'लड़की ऐसी' 'उघड़ी बात' सुनकर 'सिर से पैर तक काँप' जाती है। काँपेगी ही क्योंकि 'परमजीत ने अपनी बातें उसके कपड़ों के अन्दर तक पहुँचा दी थीं।'

इस टिप्पणी से ऐसा लगता है मानो संजीवनी मारे डर के काँप गयी हो। सन्दर्भ से कटे हुए उद्धरण कुछ भी साबित कर सकते हैं, लेकिन अगर इस प्रसंग को ठीक से उद्धृत करें तो तस्वीर साफ हो जाती है—'संजीवनी सिर से पैर तक काँप गयी। सिहरते हुए उसने खिड़की से बाहर देखा। बाहर बारिश थी और अँधेरा, जो उतने ही रहस्यमय और आकर्षक थे जितना परमजीत। उसे लगता था उसे परमजीत को मना करना चाहिए कि वह उससे इतनी उघड़ी बातें न करे पर वह उसके आगे परास्त हो गयी थी। वह इन बातों से इतनी सम्मोहित थी कि उसका मन हुआ वह परमजीत का हाथ पकड़ इस भीगे अँधेरे को चीर भागती चली जाए। परमजीत ने अपनी बातें उसके कपड़ों के अन्दर तक पहुँचा दी थीं।'

जाहिर है कि ये कामनाएँ संजीवनी की भी हैं। इनसे वह रोमांचित और उत्तेजित होती है। इसीलिए वह कभी इन पर वास्तविक एतराज नहीं करती। अब सवाल यह है कि उन पर आलोचक को एतराज क्यों हो? परस्पर प्रेम करने वाले दो युवा एक- दूसरे के बारे में यौन-कल्पनाएँ नहीं करेंगे तो क्या भक्ति-कल्पनाएँ करेंगे? और अगर ये कल्पनाएँ जायज हैं तो निजी तौर पर उनकी अभिव्यक्ति क्यों नाजायज है? क्या यह माँग भी उसी 'भारतीय' नैतिकतावाद के पाखण्ड से प्रेरित नहीं है, जिसकी चर्चा प्रस्तुत लेख के आरम्भ में की गयी है?

लेकिन ठहरिये, आलोचक के पास इस घटनाक्रम की एक बिल्कुल अलग व्याख्या है। उससे गुज़रे बिना इन मुद्दों को हल नहीं किया जा सकता—'यह स्त्री देह के आखेट पर निकले, किसी शिकारी की शतरंज ही हो सकती है और वस्तुतः है भी। ...स्त्री देह पर विजय और सुख की कामना में परमजीत प्रेमजाल फैलाता है, चक्रव्यूह रचता है और छुट्टी के दिन संजीवनी को घेर अपने दफ्तर तक ले आता है। यहाँ से भागने या बच निकलने का शायद कोई रास्ता नहीं।... अच्छा हुआ (या बुरा) 'पहला न होने की निराशा' का बहाना मिल गया वरना घर, परिवार, प्रतिष्ठा, समाज और व्यक्तिगत विवशताओं के चोर दरवाजे से भागना पड़ता। ...निस्सन्देह वह तो एक अनछुई कुँआरी कन्या के 'भ्रम' में यहाँ तक आ गया था—'विजय' हासिल करने। उसे क्या पता था कि कोई पहले ही उसे 'खोज' चुका है।'

कानून के क्षेत्र में पुरुष-सत्ता की विभिन्न अभिव्यक्तियों के खिलाफ अरविन्द जैन ने निश्चय ही अनुकरणीय संघर्ष किया है, लेकिन साहित्य की दुनिया के कायदे की वे अनदेखी कर गये हैं। साहित्य एक ऐसा वैकल्पिक संसार रचता है, जिसके अपने तथ्यों की अवहेलना करके सत्य की खोज नहीं हो सकती। उपन्यास में कहीं भी परमजीत न तो किसी कामोन्मादी शिकारी जैसा दिखता है, न ही संजीवनी भयभीत हिरणी जैसी। पुरुष और स्त्री की इन स्टीरियोटाइप छवियों का निषेध इस उपन्यास की एक विशेषता है। वैसे तो उपन्यास के सभी पात्र नैतिकतावादी मूल्यों से कमोबेश ग्रस्त हैं लेकिन परमजीत उनका बदतरीन शिकार है। यह कथा परमजीत की ऐतिहासिक त्रासदी की है। पुरुष, जो समझता है कि इन नैतिकतावादी मूल्यों से उसके हितों की रक्षा होती है, वास्तव में एक दूसरे स्तर पर खुद कैसे इनका शिकार होता है 'बेघर' इसी की दास्तान है। जहाँ तक उस दोपहर बने सम्बन्ध का सवाल है, संजीवनी की तो वास्तविक तकलीफ ही यह है कि बराबरी के स्तर पर उस सुखद अनुभूति से गुजरने के बावजूद परमजीत उस अनुभव के प्रति ईमानदार नहीं रह सका–

'एक और अन्याय जो संजीवनी को खा रहा था वह यह कि उसने एक समय महसूस किया था कि परमजीत को भी उतना ही अच्छा लगा जितना उसे, पर अलग होते ही परमजीत ने उस स्मृति को बिल्कुल ही मिटा दिया था। वह यों पीड़ित होकर बैठ गया था जैसे वह ट्रक के नीचे कुचल गया हो। वह परमजीत से एक लम्बी बहस करना चाह रही थी।'

इन पंक्तियों के साथ ही उपन्यास में उस दिन का समापन होता है। परमजीत की अनपेक्षित प्रतिक्रिया के बाद संजीवनी के रक्षात्मक स्थिति में पड़ जाने और बार-बार अपने 'निरपराध' होने के एहसास पर, जो उसकी सामाजिक अवस्थिति की उपज है, तो 'बेघर' के आलोचकों ने गौर किया है, लेकिन प्रेम के पक्ष से सामाजिक विधि-निषेधों के खिलाफ बहस करने की, उसमें अंकुरित होने वाली कामना की अवहेलना कर दी गयी है। उपन्यास में भी इसका कोई मौका उसे नहीं मिल सका है। इसी से पता चलता है कि यह बहस कितनी अनिवार्य है और कितनी लम्बी चलने वाली है।

उपन्यास में पराजय की भावना लिये परमजीत के इस प्रश्न–'तुमने मुझे पहले क्यों नहीं बताया।' से पहले इस बात का कोई संकेत नहीं है कि योनि-शुचिता का प्रश्न इतना महत्त्वपूर्ण हो सकता है! निम्न-मध्यवर्ग के सामान्य आचार-व्यवहार और जीवन-मूल्यों का वर्णन तो पर्याप्त हुआ है, लेकिन उनकी धुरी की हैसियत रखने वाला यह मुद्दा कहीं सामने नहीं आता। इसके बावजूद परमजीत के अस्पष्ट से प्रश्न को सुनकर संजीवनी जब 'चोर आँखों' से उसकी तरफ देखकर बेमालूम आवाज में पूछती है–'क्या!' तो यह जाहिर हो जाता है कि यह सवाल आदि से अन्त तक उपस्थित था। जिस प्रकार समुद्र में रहने वाला कोई जीव पानी को अलग से नहीं

पहचानता उसी तरह हमारे पोर-पोर को इन मूल्यों ने किन्हीं अदृश्य जीवाणुओं की तरह कुछ यूँ जकड़ रखा है कि सामान्य तौर पर हम उनका अनुभव नहीं करते और जब कभी वे प्रकट होते हैं तो अपनी स्वाभाविकता, सर्वव्यापकता और अनिवार्यता के चलते हममें कोई विस्मय तक नहीं जगाते।

बहरहाल, प्रेम जो सामाजिक मान्यताओं के अतिक्रमण के लिए व्यक्तिगत स्तर पर सबसे शक्तिशाली उत्प्रेरक की भूमिका निभाता है, परमजीत की मानसिक गुत्थी के लिए नाकाफी साबित होता है। पहले ही धक्के में परमजीत के होश ठिकाने आ जाते हैं। कोई और एडवेंचर करने के बजाय घर की कामना में वह अपने माँ-बाप की पसन्द की हुई एक लड़की से शादी कर लेता है और उसे लेकर बम्बई आ जाता है। जल्दी ही वह दो बच्चों का बाप बन जाता है, मोटा बीमा करा लेता है और खासा बैंक-बैलेंस बना लेता है। कम्पनी की तरफ से घर में फ्रिज और कार के आ जाने के बाद उसकी पत्नी रमा और बच्चे पूरी तरह मगन हो जाते हैं, लेकिन परमजीत तक खुशी का यह एहसास नहीं पहुँच पाता।

रमा के साथ परमजीत का पहली रात का अनुभव 'सन्तोषजनक' रहा और घर की व्यवस्था भी उसने उत्साहपूर्वक सँभाल ली है। घरेलू जीवन ने परमजीत की बेचैनी समाप्त कर दी है। वह अपने काम पर अधिक ध्यान दे पाता है, जिसका परिणाम भी सामने है। फिर समस्या कहाँ है? दरअसल, इस नये जीवन में प्रेम नाम की चिड़िया सिरे से लापता है। जीवन के प्रति रमा का दृष्टिकोण फायदे और नुकसान से तय होता है। किसी सद्गृहिणी की तरह वह बचत का महत्त्व समझती है, और कदम-कदम पर संघर्ष करके पाई-पाई जोड़ती है। किसी मानवीय भावना को अपने इस अभियान के आड़े आने की इजाजत वह नहीं देती। परमजीत जब उससे अपने दिल की कोई बात कहने को होता, तभी उसे बाथरूम या किचेन में कोई काम निकल आता। गोलगप्पे वाला हो या होटल का बेयरा, सभी उसे लुटेरे मालूम पड़ते। जिस दिन सब्जी सस्ती मिलती, उसका मूड अच्छा रहता और वह देर तक इस कामयाबी की चर्चा करती। बिस्तर पर किसी प्रकार ठण्डे मन से परमजीत को बर्दाश्त करती और फिर अपनी ही धुन में खो जाती। धीरे-धीरे परमजीत शारीरिक स्तर पर उससे विरक्त होता गया, और जब उसने दुबारा गर्भ धारण किया तो परमजीत को झुँझलाहट हुई कि 'इतने अजनबीपन के बीच यह औरत कैसे गर्भधारण कर सकती है और कैसे इस बात पर खुश हो सकती है।' दूसरी तरफ "रमा खुश थी, बहुत खुश। उसने कहा—'एक लड़का हो तो धुकपुकी मची रहती है, दो तो होने ही चाहिए।' ...दूसरा बच्चा भी लड़का था, यह बात रमा के लिए तो वरदान थी। बहुत देर तक उसे विश्वास ही नहीं हुआ कि वह इतनी खुशकिस्मत हो सकती है।"

रमा कोई असामान्य पात्र नहीं है। वह एक सामान्य भारतीय मध्यवर्गीय गृहिणी का प्रतिनिधि रूप है। इसका आशय यह नहीं कि सभी मध्यवर्गीय महिलाएँ

ऐसी ही असंवेदनशील होती हैं। रमा के चरित्र का आशय सिर्फ इस बात को रेखांकित करना है कि हमारे सामाजिक जीवन-मूल्य मानवीय भावनाओं की कीमत चुकाकर ही क्षुद्र स्वार्थों की रक्षा करते हैं। इस सामाजिक संरचना की बुनियादी इकाई घर है, इसलिए वहाँ यह प्रक्रिया सबसे स्वाभाविक रूप में चलती रहती है। रमा के चरित्र की एकांगिकता यथार्थ के इसी पक्ष पर जोर देने के लिए है। एकायामी दिखते हुए भी यह चरित्र सही मायने में द्वन्द्वात्मक है, क्योंकि यह यथार्थ के मूल स्वरूप और उसके विकास की दिशा को धारण करता है।

बड़े होते बच्चों की जिद पर डेढ़ कमरे का फ्लैट छोड़कर वे एक नये मकान में आते हैं। वर्षों बाद उन्हें अलग कमरे में सोने का मौका मिलता है। परमजीत रमा को अँधेरे में अपनी ओर खींचता है और 'गृहप्रवेश मनाने' के लिए आलिंगन के बीच उसे कपड़े उतारने को कहता है। वह तीखी आवाज में जवाब देती है, 'दुनिया के सारे मर्द यों ही कर लेते हैं, तुम्हीं क्या अनोखे हो?' परमजीत का उत्साह मर जाता है। वह इस स्थिति पर लगातार मानसिक तर्क-वितर्क करता रहता है। फिर उसे अपने 'सोचते रहने से' डर लगने लगता है और वह खुद को कम्पनी के काम में डुबो देता है। इस प्रक्रिया में वह दिल का मरीज हो जाता है और डाक्टर उसे सावधानी बरतने और आराम करने की हिदायत देता है।

इसी बिन्दु पर उपन्यास चरम परिणति को प्राप्त होता है। अरविन्द जैन के शब्दों में, "आखिर परमजीत को कुँआरी लड़की मिल ही गयी, इसके बाद परमजीत, घर, नौकरी, बच्चे, टी.वी., फ्रिज, एयरकंडीशनर, सिगरेट, शराब और फिर एक दिन 'हार्ट-अटैक' के साथ रामनाम सत्। मरने तक उसे 'संजीवनी को खो देने का अफसोस नहीं था'।"

कुछ उद्धरणों के सहारे रचना को किसी बाह्य वैचारिक ढाँचे में कसने की कोशिश तमाम सदिच्छाओं के बावजूद कैसी भ्रामक हो सकती है, उपर्युक्त निष्कर्ष इसका एक उदाहरण है। आलोचना में ऐसी प्रवृत्तियाँ आजकल खूब सक्रिय हैं, इसलिए भी इस नुक्ते पर गौर कर लेना चाहिए। इसके लिए परमजीत के जीवन के आखिरी दिन की थोड़ी बारीकी से जाँच करनी पड़ेगी।

कुछ दिन आराम करने के बाद परमजीत डाक्टर की सलाह पर ऑफिस जाता है। शाम को लौटते समय वह अच्छे स्वास्थ्य और मूड में बच्चों के लिए पैटीज और पेस्ट्री खरीदता है, रमा से वक्त-बेवक्त की नोक-झोंक बन्द करके उसकी ख्वाहिशें समझने का निश्चय करता है और घर जाने के लिए ट्रेन पकड़ने स्टेशन आता है, क्योंकि डाक्टर ने कार चलाने के लिए मना किया है। अचानक स्टेशन पर संजीवनी को देखकर वह सिर से पाँव तक थरथरा जाता है। परमजीत की तरफ उसकी पीठ है। वह अनजाने में उसकी तरफ बढ़ जाता है। जैसे ही उसे लगता है कि वह उसे पुकार उठेगा, ट्रेन आ जाती है और संजीवनी उसमें चढ़ कर चली जाती है। बदहवासी

में उसे अफसोस होता है कि संजीवनी उसे नहीं देख सकी। उसे लगता है कि अगर वह उसे देख लेती तो गाड़ी न पकड़ती। थोड़ा स्थिर होने पर उसे अपने 'विचलन' पर शर्म आती है और वह 'जो हुआ, अच्छा हुआ' की मनोदशा में आ जाता है।

ये दोनों मनःस्थितियाँ दो अलग भावभूमियों की उपज हैं। बाद वाली स्थिति परमजीत द्वारा अपने जन्म से लेकर अब तक सचेत रूप से ग्रहण की गयी एकमात्र वैचारिक स्थिति की अभिव्यक्ति है। जबकि मोहभंग के बाद पहली बार संजीवनी को देखकर उठी हुई भावनाएँ इन विचारों की मजबूत जकड़ के खिलाफ परमजीत के संवेदन जगत की प्रतिक्रिया से पैदा हुई हैं। वैवाहिक और घरेलू जीवन के अनुभवों ने इन्हें बेकाबू बना दिया है। उसका व्यक्तित्व दो हिस्सों में बँट चुका है और दोनों में तुमुल संघर्ष छिड़ गया है। व्यापक समाज अभी इसके लिए प्रस्तुत नहीं है, इसलिए व्यक्ति का मन और शरीर ही इस लड़ाई का मैदान बन गये हैं। एक बार दब जाने के बाद परमजीत के अन्दर संजीवनी के लिए दूसरी उत्ताल तरंग उठती है :

"उसे महसूस हुआ जैसे अभी-अभी उसके हाथों से काँच का बर्तन छूटकर टूट गया है। सिर्फ एक बार उसे देख लेने की लालसा इतनी तड़प से उसे पहले कभी नहीं हुई, सम्मोहन के दिनों में भी नहीं।...वह प्यार से उस दिन के बारे में सोचता रहा जब उसने संजीवनी को पकड़कर टैक्सी में चूम लिया था। उसे अपने होठों पर उसकी नर्म त्वचा का स्वाद महसूस हुआ और गालों पर उसके रेशमी हाथों का स्पर्श। उसे लगा वह टैक्सी को भगाता ले जाये पार्ले तक और संजीवनी को बाँहों में दबोच दौड़ जाये वहाँ, जहाँ न लोग हों, न शोर, न घर हों, न दरवाजे..."

इस परिस्थिति में संजीवनी की सम्भावित प्रतिक्रिया की मनमानी कल्पना करके परमजीत को 'कामोन्मादी पुरुष' मान लेने के बजाय यह समझना चाहिए कि ये लगभग अवचेतन से उठे हुए संवेदनात्मक आवेग हैं और सामाजिक नैतिकतावादी नियमों के विरुद्ध परमजीत की आत्मा में हो चुके विस्फोट की सूचना देते हैं। समाज की इस संघर्ष में भागीदारी के अभाव में वैयक्तिक स्तर पर ऐसे टकराव आत्मघाती ही हो सकते हैं। समाज की नयी दिशा का संकेत करने वाले व्यक्ति-चरित्रों को ऐसी परिणति का सामना करना पड़ता है। परमजीत की अपरिहार्य मृत्यु बस कुछ और आघातों की प्रतीक्षा में है। ये छोटे-छोटे आघात उसे चाय देने और उसके पास बैठने में रमा की अरुचि के प्रदर्शन में होता है। वह गोश्त का मसाला ठीक से भूनने के लिए चली जाती है। परमजीत घर के प्रति जिम्मेदार होने की कोशिश करता है, कपड़े बदलकर अखबार पढ़ता है और खाना खाता है। खाने के बाद उठते समय उसके दिल में जोरों से दर्द उठता है और वह धराशायी हो जाता है। उसके दिमाग की और सेवा करने में असमर्थ उसका दिल काम करना बन्द कर देता है।

इस घटनाक्रम पर उपन्यास की टिप्पणी है, "उस शाम वह हुआ जिसकी कोई सम्भावना नहीं थी।" प्रत्यक्ष व्यावहारिक स्तर पर इस वाक्य का अर्थ स्पष्ट है, लेकिन

अगर गहराई में जाएँ तो हम इसकी व्यंजना यह पाते हैं कि उन परिस्थितियों में यही सर्वाधिक सम्भाव्य परिणति थी। सातवाँ दशक, जो इस उपन्यास का रचनाकाल है, साहित्य, समाज और राजनीति, हर क्षेत्र में औपनिवेशिक परम्परा और वर्चस्वशाली मूल्यों के विरुद्ध फूट पड़ने वाले विद्रोहों के लिए उल्लेखनीय है। इसमें भी योनि-शुचिता को केन्द्र में रखने वाला पाखण्डी नैतिकतावाद, 'लम्बी बहस' की माँग करने वाला एक ऐसा मुद्दा है जो आज भी भारतीयता के स्वयंभू फासिस्ट ठेकेदारों की गुलाम मानसिकता में भारतीय संस्कृति का पर्याय है। हमारा समाज आज भी इन मूल्यों के शिकंजे में है, लेकिन अब इस मूल्य-व्यवस्था पर स्वयं समाज की तरफ से प्रश्नचिह्न लगने लगा है। यद्यपि प्रेम के अपराध के लिए सजा-ए-मौत अब भी आम है, लेकिन ये कुर्बानियाँ अब व्यापक सामाजिक प्रतिक्रिया को जन्म देती हैं, जो निश्चय ही आने वाले समय में बढ़ती जाएँगी। 'बेघर' ने इस बहस को साहित्य में छेड़ा और परमजीत ने पहली बार इसे अपने मन-प्राणों पर झेला, इसलिए ये दोनों इस बहस के अनिवार्य सन्दर्भ-बिन्दु बने रहेंगे। लेखिका ने जिस आत्मविश्वास और कुशलता के साथ पितृसत्तात्मक मूल्यों के त्रासद शिकार के रूप में एक पुरुष का चित्रण किया है, वह विभिन्न अस्मितावादी धारणाओं को अपनी सीमा का अतिक्रमण करने को प्रेरित कर सकने वाली कला की आकांक्षा भी है और उसकी अभिव्यक्ति भी।

'बेघर' का अन्त तो परमजीत के साथ हो गया, पर कुछ सवाल अनुत्तरित छूट गये। इनमें सबसे बड़ा सवाल तो संजीवनी का था। 'उसका क्या हुआ' जैसी जिज्ञासाओं की बात छोड़ दें, लेकिन उसका क्या होता अगर यह सम्बन्ध टिकाऊ होता! पितृसत्तात्मक नैतिकतावादी मूल्यों का सबसे प्रबल और दूरगामी हमला तो महिलाओं को ही झेलना पड़ता है। इसलिए महिलाओं के दृष्टिकोण से देखे बिना इस मसले का समाधान असम्भव है। 'घर' नामक संस्था में दाखिल होने के बाद प्रेम का क्या रंग होता है, इसकी खोजबीन भी जरूरी थी, क्योंकि इसके बगैर इस मुद्दे को कहीं पहुँचाया नहीं जा सकता। 'बेघर' के बाद लेखिका के तीन उपन्यासों 'नरक-दर-नरक', 'प्रेम कहानी' और 'एक पत्नी के नोट्स' में घर और प्रेम के द्वन्द्व की इसी अवस्था का चित्रण है। अनेक कोणों से कथा को उठाने के बाद भी लेखिका को कोई समाधान नहीं मिलता। दूसरी विशेषता इन उपन्यासों की यह है कि इनमें पति-पत्नी परमजीत और रमा की तरह अतिवादी छोरों को छूने वाले नहीं हैं, खासे सन्तुलित और प्रगतिशील हैं।

'नरक-दर-नरक' में उषा और जगन की प्रेम कहानी लिफ्ट में चुम्बन के साथ शुरू होती है। जगन के दुस्साहस पर उषा स्तम्भित भी है और स्पंदित भी। कुछ संवादों के आदान-प्रदान के बाद जगन उससे कहता है–'ऐसे मौकों पर लड़कियाँ अपनी पवित्रता के बारे में एक विज्ञप्ति सुनाती हैं। आप अपने बारे में कुछ कहें।'

उषा जवाब देती है—'प्रेम और पवित्रता दो अलग-अलग चीजें हैं, एक-दूसरे की विरोधी। फिर यह तो शायद अभी प्रेम भी नहीं...।'

यह वार्तालाप लेखिका की रचना-यात्रा में पवित्रतावाद के निषेध के साथ आगे बढ़े हुए कदम की सूचना देता है। लेकिन आगे चलकर उसका सामना समाज में व्याप्त, पितृसत्ता के अधिक सूक्ष्म और सर्वग्राही मूल्यों से होता है, हमारी औपनिवेशिक आधुनिकता से जिनका तालमेल अधिक सहज है, बनिस्बत टकराव के।

'खाना बनाना, इन्तजार करना, फिर खाना बनाना, फिर इन्तजार...शादी होते ही यह दैनिकता किस रास्ते घुस आयी थी घर में। जिधर देखो बेडौल कामों का एक भोंडा ढेर उसके इन्तजार में! उसका मन हुआ अपनी चप्पलें पहन वह भाग जाय इस घर से दूर। लेकिन वह वहीं खड़ी रही अपनी बालिश्त भर सुरंगनुमा अँधेरी रसोई में।'

समाज की मूलभूत और अतिरेकी अवस्थितियों से आगे बढ़ने के बाद ममता कालिया के पात्र स्त्री-पुरुष सम्बन्ध की विकसित अवस्था में पहुँचकर जिन समस्याओं का सामना करते हैं उनमें सबसे प्रमुख है स्त्री के स्वतन्त्र व्यक्तित्व की स्थापना का प्रश्न। उपर्युक्त तीनों उपन्यासों में पति लेक्चरर, डाक्टर या आई.ए.एस. हैं जबकि पत्नी हाउसवाइफ। एक के हिस्से में बाहर की दुनिया आती है और एक के हिस्से में घर की। 'नरक-दर-नरक' की सीता और 'एक पत्नी के नोट्स' की कविता स्वयं भी नौकरी करती हैं, लेकिन इससे उनकी घरेलू जिम्मेदारियों में कोई कमी नहीं आती। पुरुष पहल करने वाले, सक्रिय, गतिशील और प्रखर हैं, जबकि स्त्रियाँ सहयोगी, प्रेमिका और पत्नी की मिली-जुली भूमिका में हैं। बाहरी दुनिया के अपने संघर्ष में पुरुष स्त्री की भागीदारी तो चाहता है, लेकिन स्त्री के घरेलू कार्यों को कोई अहमियत नहीं देता। इस तरह वह स्त्री के व्यक्तित्व को अपने हिस्से के रूप में ही देख पाता है और उसे एक स्वतन्त्र, विचारशील और कर्मण्य व्यक्तित्व के रूप में नकार देता है। बदले में स्त्री असन्तोष का पुलिन्दा बनी अन्दर ही अन्दर सुलगती रहती है। दैनिक जीवन के अनवरत और वेधक संघर्ष के बीच वह आत्मीयता और ऊष्मा के क्षणों को चुराने का प्रयास भी करती है, पर उसके हाथ राख ही आती है। उसे यह तो लगता है कि यह जीवन अपनाकर उसने बड़ी भूल कर दी, लेकिन भूल-सुधार की कोई राह नहीं सूझती। स्त्री और पुरुष के बीच व्याप्त इस अन्तराल को आर्थिक निर्भरता का परिणाम मान लेना पूरी तरह सत्य नहीं होगा, क्योंकि इन उपन्यासों की स्त्रियाँ खासी पढ़ी-लिखी और प्रतिभा-सम्पन्न हैं, और आर्थिक रूप से आत्मनिर्भर होने के तमाम अवसर उन्हें मिल सकते हैं। उनकी समस्या कुछ और जान पड़ती है।

सम्भवतः, आर्थिक सुरक्षा और बाह्य दुनिया में भागीदारी की बदौलत प्राप्त आत्मविश्वास के चलते सीता और कविता जैसी स्त्रियाँ एक बिन्दु पर पहुँचकर इस यातना से मुक्त होने के लिए घर छोड़ देने का निर्णय करती हैं, लेकिन मान-मनुहार, कसमें-वादे और प्रेम-प्रदर्शन की जितनी नाटकीय उतनी ही अवसरवादी शैलियों के

सहारे पुरुष उन्हें अपना निर्णय बदलने पर बाध्य कर देता है। सीता का पति विनय गुप्ता उस पर लगाये गये अपने आरोपों को जान-बूझकर बोला गया झूठ करार देता है ताकि उसे पता लग सके कि 'प्रतिक्रियावादी लोग जब जनता पर बेबुनियाद तोहमत लगाते हैं, तब जनता को कैसा लगता है।' जबकि कविता का पति सन्दीप उसके पीछे- पीछे ट्रेन तक चला आता है, उसे मनाने में विफल रहने पर धीमी गति से चलती ट्रेन से कूदकर आत्महत्या का नाटक करता है और कविता को अपने पीछे कूद पड़ने को बाध्य कर देता है।

कमोबेश यही स्थिति उषा की भी है। विषम से विषम स्थिति में जगन की कोई चुहल, कोई उक्ति या अपने हाथों चाय बनाकर ला देना 'क्षण-भर पहले की उस तल्खी, लड़ैत तेवर और रूठन' को परास्त करने के लिए काफी साबित होता है। 'उषा का पारा 120 से सीधा शून्यांक पर पहुँच उसे पानी-पानी कर देता है।' उपन्यास के अन्त में एक संकटपूर्ण स्थिति से सकुशल बच निकलने के बाद जगन उस हार्दिकता को मन ही मन महसूस करता है जो हादसे की वजह से उनके बीच पैदा हो गयी है। जाहिर है कि हादसों पर टिकी यह हार्दिकता टिकने वाली नहीं है। 'प्रेम कहानी' के गिनेस और जया के बीच तनाव की शुरुआत होने के साथ ही उपन्यास का अन्त हो जाता है, इसलिए इन स्थितियों का इतना व्यापक चित्रण उसमें नहीं हुआ है। लेकिन जिस प्रकार जया सुलह करने को बेताब है और अन्ततः एक बच्चे की बात पर हँसते-हँसते रो पड़ती है, उसकी परिणति भी इससे कुछ अलग नहीं जान पड़ती। गौरतलब है कि तनाव के क्षणों में इन उपन्यासों के पुरुष पात्र पर्याप्त आत्मनियन्त्रण का परिचय देते हैं और हस्बमामूल अपना काम करते रहते हैं, जबकि स्त्रियाँ बुरी तरह अपसेट हो जाती हैं और टूटने-बिखरने की मनोदशा में पहुँच जाती हैं।

दरअसल, ये स्त्रियाँ भावनात्मक रूप से कमजोर और परनिर्भर हैं। अपने व्यक्तित्व की स्वतन्त्रता को महसूस न कर पाने के कारण ये उसे 'एसर्ट' भी नहीं कर पातीं। उषा और जया दोनों अपने मानसिक विकास के लिए बहुत हद तक अपने पिता पर निर्भर रहती हैं। प्रेम में पड़ने के बाद वे उनसे अलग फैसला तो करती हैं, लेकिन अपना अलग वजूद बनाने के बजाय पति की सहधर्मिणी बनकर रह जाती हैं। इसकी अभिव्यक्ति प्रेम को जल्दी से जल्दी विवाह में बदलकर घर नामक सुरक्षित संस्था में फिर से प्रवेश कर जाने की उनकी तत्परता में दिखाई पड़ती है। विवाहपूर्व प्रेम की स्थिति एक संक्रमणकालीन दौर बनकर रह जाती है, जिससे पहला मौका मिलते ही छुटकारा पा लिया जाता है। जया और गिनेस के बीच इस लिहाज से एक दिलचस्प संवाद होता है। अपने साथ मारीशस चलकर कुछ हफ्ते बिताने और एक-दूसरे को भली-भाँति समझ लेने के गिनेस के प्रस्ताव पर जया कहती है–

"तुम क्या सोचते हो, मैं इत्ती-सी पहचान पर इतना बड़ा रिस्क उठा लूँगी।"

"बिना रिस्क उठाए तो इंसान कुछ भी नहीं कर सकता, साँस भी नहीं ले सकता। कुछ रिश्ते लगातार रिस्क होते हैं।"

"और कुछ लगातार सुरक्षा,' मैंने कहा।

"हाँ, एकदम मृत सुरक्षा—वे जड़ रिश्ते होते हैं, ताउम्र अठानवे डिग्री तापमान पर चलने वाले।"

जया यह रिस्क नहीं उठाती और जाने से पहले बाकायदा हठपूर्वक शादी करती है। शुरुआती रोमांच के बीत जाने के बाद जब गिनेस अपने चिकित्सकीय पेशे की जरूरतों के मुताबिक मसरूफ हो जाता है तो वह इस स्थिति पर कोई तार्किक प्रतिक्रिया नहीं व्यक्त कर पाती और भावनात्मक रूप से कुण्ठित होने लगती है। यही नहीं दूसरे, गैर-जिम्मेदार और बेईमान डाक्टरों से उसकी तुलना करके उसे 'आदर्श' की जगह 'यथार्थ' को स्वीकार करने की सीख देने लगती है।

इसी तरह 'नरक-दर-नरक' में, सुरक्षित एकान्त के अभाव के चलते वे शादी कर लेने का फैसला करते हैं, लेकिन इसके प्रति दोनों के दृष्टिकोणों का अन्तर उल्लेखनीय है—'वैसे विवाह को जगन एक पतनोन्मुख संस्था मानता था। लेकिन उषा के मन में विवाह-घर-सुख वगैरह की एक घिसी-पिटी यानी शाश्वत तस्वीर थी। यों इन सैद्धान्तिक मतभेदों को लेकर वे कभी परेशान नहीं हुए।'

वैचारिक मुद्दों को किसी गिनती में न लेना इनकी एक और विशेषता है। उषा और जगन के बीच एक साहित्यिक मुद्दे को लेकर क्लास में हुई तकरार से संवाद बना था, लेकिन 'जरूरत दर जरूरत वे एक-दूसरे के आगे खुलते गये। दोनों को ही लगा फिलहाल वे और कुछ नहीं चाहते। समस्त विश्वसाहित्य एक ओर खिसका वे इस देह-लय को समर्पित हो गये।' नतीजा यह होता है कि दस दिन बाद जब उषा इस शैक्षिक टूर से वापस लौटने को होती है तो वे एक-दूसरे के बारे में 'शरीर और डाक पते' के अलावा और कुछ नहीं जान पाते।

दरअसल, यह किशोरोचित यौन आकर्षण है जिसे वे प्रेम समझते हैं। शारीरिक जरूरतों में साझा करने के बावजूद या सम्भवतः उसकी वजह से ही, पुरुष इन सम्बन्धों में अगुवाई करता है और स्त्रियों की भूमिका अनुगामिनी की ही हो पाती है। पुरुष के प्रस्ताव की कामना से ही उनके 'शरीर के तार झनझना उठते हैं।' जया की यह कल्पना देखने योग्य है—

'मैंने हमेशा कल्पना की थी कि जिस दिन मुझसे कोई विवाह का इशारा भी करेगा, दसों दिशाओं से फूल बरसने लगेंगे, उनचास पवन सुगन्धियाँ लुटा देंगे, सूरज- चाँद हाथ में हाथ डाले मुझे आशीर्वाद देने आएँगे और मैं छुईमुई-सी लाज के मारे लरज-लरज जाऊँगी।'

जीवन की व्यापकता में प्रवेश किए बिना शरीर के स्तर पर ही ठिठक जाने वाला यह किशोर प्रेम अगर वैवाहिक जीवन की चुनौतियों का सामना नहीं कर पाता, तो

इसमें आश्चर्य कैसा? घर की देहरी में कैद हो जाने के बाद यह प्रेम मौके-बेमौके अपने आश्रित हृदयों को छलता है। इसीलिए उषा, जया और कविता का मन कभी इसके प्रलोभन से मुक्त नहीं हो पाता और हमेशा अपने पति के प्रेमी रूप पर विश्वास कर लेने को आतुर रहता है। इसी कमजोरी के चलते इन उपन्यासों में घर और प्रेम के बीच जारी द्वन्द्व का यथास्थिति में अवसान तो हो जाता है, लेकिन कोई तार्किक समाधान नहीं हो पाता, और लेखिका की रचना यात्रा में उसकी तलाश भी पूरी नहीं होती। यहाँ यह ध्यान दिला देना शायद जरूरी है कि यह कमजोरी महज इन पात्रों की नहीं, उस युग की भी है जिसमें इनका निर्माण हुआ है। सशक्तीकरण की मौजूदा मुहिम से पहले नारी-चेतना तमाम उतार-चढ़ाव भरी पगडंडियों से होकर गुज़री है।

इस द्वन्द्व का समाधान आगे चलकर 'दौड़' में होता है। पवन और स्टैला का सम्बन्ध नये युग का कोई आदर्श सम्बन्ध भले ही न हो, लेकिन पुराने वैवाहिक सम्बन्धों में आयी घरेलू कठिनाइयों से निश्चित रूप से मुक्त है। महत्त्वपूर्ण बात यह है कि न सिर्फ व्यावहारिक बल्कि वैचारिक स्तर पर भी वे अपनी मान्यताओं के मामले में बिल्कुल स्पष्ट और बेलाग हैं। पवन के अपने माता-पिता के साथ होने वाले तर्क- वितर्क से यह बात साफ हो जाती है।

पवन के माता-पिता हमारी 'परम्परागत' उदारता और आधुनिकता के प्रतिनिधि हैं जिनकी मूल अवस्थिति औपनिवेशिक, ब्राह्मणवादी और पितृसत्तात्मक मूल्यों के पाले में है। भूमण्डलीकृत अर्थव्यवस्था के दौर में बहुराष्ट्रीय कम्पनियों के साथ आयी पूँजीवाद की नयी लहर से जुड़े पवन और स्टैला जैसे चरित्र अनायास ही इन पिछड़े हुए मूल्यों की निरर्थकता को पहचान जाते हैं। यह बात सही है कि जिन उपभोक्तावादी मूल्यों को वे अपनी जीवनशैली के रूप में अपना रहे हैं उनसे भविष्य में नयी जटिलताएँ पैदा होंगी, लेकिन यह 'दौड़' का विषय नहीं है। यह एक नया और विकसित द्वन्द्व होगा जो भविष्य में लेखिका की रचनात्मक बेचैनी का सबब बन सकता है। इस उपन्यास में तो पूर्व-आधुनिक मूल्यों की सुरक्षा के प्रतीक 'घर' की विदाई ही लेखिका का लक्ष्य है। इस विदाई पर तमाम विद्वान आलोचकों ने आँसू बहाए हैं, जिसकी कोई जायज वजह नहीं दिखाई पड़ती।

शादी के बाद पवन नयी कम्पनी ज्वाइन करने चेन्नै जा रहा है जबकि स्टैला को राजकोट में ही अपना कम्प्यूटर का व्यवसाय सँभालना है। पवन के माँ-बाप इस स्थिति से खुश नहीं हैं। इस मौके पर उन चारों के बीच हुआ संवाद उनकी विशेषताओं को उजागर करता है।

"बहू अकेली अनजान शहर में रहेगी? आजकल समय अच्छा नहीं है।"

"समय कभी अच्छा नहीं था पापा, मैं तो पच्चीस साल से देख रहा हूँ फिर वह शहर स्टैला के लिए अनजान नहीं है।...फिर आपकी बहू कराटे, ताइक्वांडो में माहिर है।"

"पर फिर भी शादी के बाद तुम्हारा फर्ज है साथ रहो।"

"पापा, आप भारी-भरकम शब्दों से हमारा रिश्ता बोझिल बना रहे हैं। मैं अपना कैरियर, अपनी आजादी कभी नहीं छोड़ूँगा। स्टैला चाहे तो अपना बिजनेस चेन्नै ले चले।"

"तुम तो तरक्कीराम हो। मैं चेन्नै पहुँचूँ और तुम सिंगापुर चले जाओ तब!" स्टैला हँसी। पता चला पवन के सिंगापुर या ताईवान जाने की बात भी चल रही है।

रेखा ने कहा, "यह बार-बार अपने को डिस्टर्ब क्यों करते हो? अच्छी-भली कट रही है सौराष्ट्र में। अब फिर एक नयी जगह जाकर संघर्ष करोगे?"

"वही तो माँ। मंजिलों के लिए संघर्ष तो करना ही पड़ेगा। मेरी लाइन में चलते रहना ही तरक्की है। अगर यहीं पड़ा रह गया तो लोग कहेंगे, देखा कैसा लद्धड़ है, कम्पनी डूब रही है और यह कैसा बियांका की तरह उसमें फँसा हुआ है।"

पिता से पवन की बहस लम्बी खिंच जाती है। वे शादी के बाद बेटे-बहू के परस्पर साथ की चिन्ता करना अपना कर्तव्य मानते हैं। बेटे-बहू के पास अपनी जो योजना है उसकी परवाह करना वे जरूरी नहीं समझते। भौतिक स्तर पर उनका साथ-साथ रहना 'घर' की मर्यादा की रक्षा के लिए लगभग निरपेक्ष मूल्य की हैसियत रखता है, जबकि उनकी निजता के लिए पिता के मन में कोई सम्मान नहीं है, बल्कि उसमें दखलन्दाजी करना ही वे अपना फर्ज मानते हैं। यही चिन्तन प्रक्रिया आगे चलकर बेटे- बहू को अपना अनुगामी बनाना जरूरी समझती है। इसी तरह कम्पनी बदलने के मसले पर वे कहते हैं—'और बेचारी जी.जी.सी.एल. ने तुम्हें इतने वर्षों में काम सिखा कर काबिल बनाया है। कल तक तुम इसके गुण गाते नहीं थकते थे। तुम्हारी एथिक्स को क्या होता जा रहा है?'

किसी सेवायोजक कम्पनी के प्रति सिंसियरिटी को नमकहलाली के स्तर तक ले जाने वाली इस 'एथिक्स' का तनिक भी विश्लेषण करें तो यह सामन्ती नैतिकता ही ठहरेगी। इसके जवाब में पवन 'प्रोफेशनल एथिक्स' का हवाला देता है और बिना धैर्य खोए, विस्तार से दोनों दृष्टिकोणों के अन्तर को रेखांकित करता है। पति को निरुत्तर होता देख उसकी माँ रेखा मोर्चा सँभालती हैं—

रेखा ने कहा, 'बाप को इतना लम्बा लेक्चर पिला दिया। यह नहीं देखा कि तेरे सुख की ही सोच रहे हैं वे।'

'जब मैं यहाँ सुख से रहता था तब भी तो आप लोग दुखी थे। आपने कहा था माँ कि आपके बड़े बाबू के लड़के तक ने एम.बी.ए. प्रवेश परीक्षा पास कर ली। उस समय मुझे कैसा लगा था?'

'हमें तुम्हारी डिग्री पर गर्व है बेटा पर शादी के साथ कुछ तालमेल भी बैठाने पड़ते हैं।'

'तालमेल बड़ा गड़बड़ शब्द है। इसके लिए न मैं स्टैला की बाधा बनूँगा न वह मेरी। हमने पहले ही यह बात साफ कर ली थी।'

ये वही जीवनमूल्य हैं जिनके वाहकगण आध्यात्मिकता का ढोंग रचाते हैं और भौतिक कामयाबी के लिए तीन साल के बच्चे की पीठ पर अपने पाँच किलो सपनों का बोझ लादकर उसके जीवन में जहर घोल देते हैं। ये तालमेल और समन्वय को बहुत बड़ा आदर्श और उद्यम घोषित करते हैं जबकि इसका एक ही अर्थ होता है, शक्तिशाली के पक्ष में यथास्थिति का बने रहना। आजकल बड़े-बड़े द्वन्द्ववादी भी 'कड़वा-कड़वा थू और मीठा-मीठा गप्प' को द्वन्द्ववाद का पर्याय बताने में लगे हैं। विरुद्धों का सामंजस्य हो रहा है। यह पाखण्ड पवन की फिलासफी में नहीं है। वह उपभोक्तावादी संस्कृति के पक्ष में इसलिए है कि उसका अस्तित्व उसी से है। अपने शहर के निकट आने के पिता के प्रस्ताव पर उसका जवाब कुछ यूँ है—

'पापा, मेरे लिए शहर महत्त्वपूर्ण नहीं है, कैरियर है। अब कलकत्ते को ही लीजिए। कहने को महानगर है पर मार्केटिंग की दृष्टि से एकदम लद्धड़। कलकत्ते में प्रोड्यूसर्स का मार्केट है, कन्ज्यूमर्स का नहीं। मैं ऐसे शहर में रहना चाहता हूँ जहाँ कल्चर हो न हो, कन्ज्यूमर कल्चर जरूर हो। मुझे संस्कृति नहीं उपभोक्ता संस्कृति चाहिए, तभी मैं कामयाब रहूँगा।'

इन पंक्तियों में एक सहज-स्वाभाविक सचाई का बयान भर है, लेकिन ऐसा लगता है कि पिता की जिन्दगी सचाइयों से मुँह चुराते ही गुज़री है। रात में वे पत्नी से शिकायत करते हैं—'आज पवन की बातें सुनकर मुझे बड़ा धक्का लगा। इसने तो घर के संस्कारों को एकदम ही त्याग दिया।'

पत्नी का जवाब काबिले-गौर है—'पहले तुम्हें भय था कि बच्चे कहीं तुम जैसे आदर्शवादी न बन जाएँ। इसीलिए उसे एम.बी.ए. कराया। अब वह यथार्थवादी बन गया है तो तुम्हें तकलीफ हो रही है।'

पिता आसानी से हथियार नहीं डालते क्योंकि उन्हें अपने समाज की पाखण्डी परम्परा पर गहरा विश्वास है—'तुम समझ नहीं रही हो। पवन के बहाने एक पूरी की पूरी युवा पीढ़ी को पहचानो। ये अपनी जड़ों से कट कर जीने वाले लड़के समाज की कैसी तस्वीर तैयार करेंगे?'

'और जो जड़ों से जुड़े रहे हैं उन्होंने इन सौ वर्षों में कौन-सा परिवर्तन किया? तुम्हें इतना कष्ट है तो क्यों करवाया था पवन को एम.बी.ए.?'

इसका अर्थ यह नहीं कि पिता अविवेकी हैं और माँ विवेकशील। दरअसल, वे दोनों एक ऐसी विपरीत स्थिति का सामना कर रहे हैं जिसकी उन्होंने कभी कल्पना भी नहीं की थी। वह स्थिति है सन्तान का आजाद और व्यक्तित्व-सम्पन्न हो जाना और परम्परागत रूढ़ियों को मानने से सख्ती से इनकार कर देना। इस स्थिति में कभी एक आहत होता है तो कभी दूसरा। यहाँ आहत करने वाले को पूरी तरह से खारिज कर देने की बात नहीं सोची जा सकती, इसलिए उससे तालमेल बिठाना भी मजबूरी है। आहत व्यक्ति की शिकायतों के जवाब में उसके विरोधी तर्क देकर

उसका पार्टनर उसे सान्त्वना ही देता है, और इसी दौरान दोनों के रैशनलाइजेशन की प्रक्रिया भी चलती रहती है।

इससे पहले पवन जब स्टैला से शादी के निर्णय की सूचना फोन पर अपने माता-पिता को देता है तो वे हक्के-बक्के रह जाते हैं। रेखा उसे बिना बताए उसके घर आ धमकती है और पाती है कि वहाँ स्टैला भी उसके साथ ही रह रही है। उसके आने के बाद स्टैला कहीं और सोने चली जाती है। जब वह इस पर एतराज करती हैं तो पवन उसे बताता है कि 'यहाँ गुजरात-सौराष्ट्र में शादी तय होने के बाद लड़की महीने भर ससुराल में रहती है। लड़का-लड़की एक-दूसरे के तौर-तरीके समझने के बाद ही शादी करते हैं।'

रेखा ने स्वयं राकेश से उसके घरवालों की मर्जी के खिलाफ शादी की थी लेकिन यहाँ वह अपनी पसन्द-नापसन्द का सवाल उठाती है। पवन जवाब देता है कि 'आप में जीवन-दर्शन की कमी है। स्टैला के माँ-बाप को देखो। अपनी लड़की पर विश्वास करते हैं। उन्हें पता है वह जो भी करेगी सोच-समझकर करेगी।' जब वह स्टैला में सती-सावित्री के गुण न दिखाई पड़ने की बात कहती है तो पवन का जवाब होता है, 'तुम, जो अपने-आपको थोड़ा-बहुत लेखक भी समझती हो, इतनी दकियानूस कब से हो गयीं कि मेरे लिए चिराग लेकर सती-सावित्री ढूँढ़ने निकल पड़ीं।'

पवन से ढेरों तकरार करने के बाद 'आहत मन और सुन्न मस्तिष्क' लिए वह घर लौट आती है। पवन पिता से फोन पर कहता है, 'पापा, आप अपनी शादी याद करो और माँ को समझाने का प्रयत्न करो। मैं लड़की को डिच (धोखा) नहीं कर सकता।' व्यथित होने के बावजूद राकेश रेखा के सामने पवन का पक्ष प्रस्तुत करते हैं, लेकिन रेखा उद्विग्न बनी रहती है। उसे लगता है कि 'उसने प्रेम-विवाह में पारम्परिक विवाह के सारे दायित्व निभाये। स्टैला के अन्दर ऐसी कोई तैयारी उसे नहीं दिखी।' शादी के बाद उसकी 'आशंका' सच साबित होती है क्योंकि खाना बनाने जैसे, उसके मुताबिक 'स्त्रियोचित गुणों' में स्टैला कोई रुचि नहीं लेती। 'उसकी ज्यादा दिलचस्पी समस्याओं के ठोस निदान में थी।' वह पवन के भाई सघन का लम्बे समय से अधूरा पड़ा कम्प्यूटर जोड़कर पूरा करा देती है। राकेश को उसे ऑपरेट करना सिखाने का प्रस्ताव करती है, और रेखा की तमाम कहानियाँ एक फ्लॉपी में उतारकर उसे चमत्कृत कर देती है! जाते समय जब पवन रेखा को बीस हजार रुपये का चेक देने लगता है तो वह फिर आहत हो जाती है और मकान तथा सम्पत्ति में पवन तथा सघन के बराबर हिस्से की बात करने लगती है। इस पर पवन कहता है, 'अब बताओ, हिसाब की बात तुम कर रही हो या मैं? इतने साल की नौकरी में मैंने कभी एक पैसा आप दोनों पर खर्च नहीं किया।'

किस्सा कोताह यह कि पवन और स्टैला का चरित्र न केवल अपने माता-पिता बल्कि परमजीत, जगन, संदीप और उषा, जया तथा कविता जैसे पात्रों से निर्णायक

रूप से अलग है। स्वतन्त्र और अखण्डित व्यक्तित्व का स्वामी होने के कारण 'दौड़' के ये पात्र पुराने समाज के आग्रहों और मानदण्डों के सामने कहीं दबाव में नहीं आते। इसीलिए वे उन समस्याओं में भी नहीं उलझते जिनमें जकड़कर लेखिका के पुराने उपन्यासों के पात्र चलती-फिरती त्रासदी बन जाया करते थे। निश्चय ही इनका यह नया जीवन इनके सामने नयी चुनौतियाँ पेश करेगा जिनका हल ढूँढ़ने के लिए इन्हें अपने हिस्से की तकलीफ और बेचैनी भी झेलनी होगी। लेकिन वह एक विकसित अवस्था का संघर्ष होगा जो पिछड़ेपन की शान्ति और सुख से हजार गुना बेहतर होगा।

बहुराष्ट्रीय कम्पनियों से जुड़ा होने और उपभोक्ता संस्कृति की उपज होने के कारण जिन आलोचकों ने इन्हें मूल्यहीनता का प्रतीक मान लिया है उन्होंने अनजाने ही, पिछड़े हुए मूल्यों के प्रति अपनी पक्षधरता और सामाजिक गतिविज्ञान की अपनी समझ की सीमा को भी उजागर कर दिया है। यहाँ विस्तार में जाने का अवकाश नहीं है, लेकिन इतना साफ हो जाना चाहिए कि ये पात्र बहुराष्ट्रीय कम्पनियों के संचालक या कर्ता-धर्ता नहीं हैं। ये भी अपना श्रम और हुनर बाजार में बेचते हैं। ठोस विकल्पों की बात किये बिना इन पर उँगली उठाना हवाई नैतिकता के प्रदर्शन के अलावा और कुछ नहीं है। जहाँ तक उपभोक्तावाद का सवाल है तो सामन्ती मूल्यों के वर्चस्व वाले, हमारे समाज में इसका कोई बाइप्रोडक्ट थोड़ी-बहुत सकारात्मक भूमिका भी निभा सकता है, इससे इनकार करना सामाजिक परिघटनाओं में निहित द्वन्द्वात्मकता से मुँह फेरकर आध्यात्मिक हो जाना है।

अन्त में, हम यह कह सकते हैं कि अपने अब तक के अन्तिम और बहुचर्चित उपन्यास 'दौड़' तक आकर ममता कालिया की रचनायात्रा का 'बेघर' से शुरू हुआ दौर पूरा हो चुका है। घर और प्रेम के द्वन्द्व का समाधान प्रेम और स्वतन्त्रता के हक में सम्भव हुआ है। लेकिन इस प्रक्रिया में विश्व-बाजार का आगमन भी हो चुका है। इससे पैदा हुई स्थिति का सामना वे अपने आगामी उपन्यासों में कैसे करती हैं, यह देखने वाली बात होगी।

आत्मीय छवियाँ और यथार्थ की खोज

—पल्लव

'परिवारों का आगामी इतिहास मोह-विहीन इतिहास होगा। यह दोनों ओर से होना होगा, उसी में कल्याण है। एक तरफ से डोरी टूट गयी और दूसरी तरफ आप डोरी पकड़े खड़े हैं प्रतीक्षा में, तो केवल त्रासदी जन्म लेगी।'

(ममता कालिया : लिखते समय कौन घूँघट निकालता है—
सन्दर्भ : दोआबा, जून 2007)

'दुक्खम-सुक्खम' ममता कालिया का नया उपन्यास है। ममता कालिया उन उपन्यासकारों-कथाकारों में हैं जो विमर्शवादी लेखन में विश्वास नहीं करते। अपने पहले उपन्यास 'बेघर' (1971) के बाद उन्होंने कथा रचना में विपुल सृजन किया है और 'नरक-दर-नरक' (1975) और 'दौड़' (2003) जैसे उनके उपन्यास हिन्दी उपन्यासों में महत्त्वपूर्ण माने गये हैं। इस सातवें उपन्यास में उन्होंने अपने लिए जो कथानक चुना है वह परिवार की कथा है और इसलिए चौंकाने वाली है। क्या यह गतकालिक यथार्थ है? इस बीच चुके के पुनर्स्मरण का औचित्य भावुकता में ही है? दरअसल भूमण्डलीकरण और अस्मितावादी विमर्शों के नये दौर में कोई भी पारम्परिक कथा रचना चौंकाने वाली ही लगेगी। 'दुक्खम-सुक्खम' पारम्परिक (किंवा—पारिवारिक?) कथा रचना ही है—सादगी की गरिमा से दीप्त। यह सादगी अपने भीतर जिन सन्देशों को समेटती है वह चालू मुहावरों में सामान्यतः दिखाई नहीं देने वाले सन्देश हैं। इन्हें ठीक से समझने के लिए जरूरी है कि उपन्यास का एक पाठ किया जाए।

उपन्यास की पहली पंक्ति है—'उसके जन्म में ऐसी कोई असाधारण बात नहीं थी कि उसका जिक्र इतिहास अथवा समाजविज्ञान की पुस्तकों में पाया जाता। जिस दिन वह पैदा हुई, घर में कोई उत्सव नहीं मना, लड्डू नहीं बँटे, बधावा नहीं बजा। उलटे घर की मनहूसियत ही बढ़ी'। यह मथुरा के लाला नत्थीमल के घर का दृश्य है जिनके सुपुत्र कविमोहन की पत्नी ने दूसरी बार भी पुत्री को जन्म दिया है। पुत्री जन्म के प्रसंग से प्रारम्भ हुआ उपन्यास तीन पीढ़ियों की कथा कहता आगे बढ़ता

है। प्रारम्भिक पन्नों पर लाला नत्थीमल की पत्नी विद्यावती और बहू इन्दु के बीच की नोंक-झोंक से उपजे तनाव आते हैं लेकिन सच यह है कि 'सास के दुलार और दुत्कार, दोनों का हिसाब न था।' दूसरी तरफ कविमोहन है जो अपने पिता के समक्ष संघर्ष कर रहा है, पिता चाहते हैं कि वह पैतृक व्यवसाय सँभाले और उसकी आकांक्षा है पढ़ाई पूरी कर ढंग की नौकरी पाना। सिद्धान्तवादी अध्यापक और बाद में रेडियो प्रशासक के रूप में कविमोहन अपना व्यक्तित्व गढ़ने में सफल है। बहू इन्दु का पति के साथ शहर चले जाना सास-ससुर को बहुत भाने वाला नहीं है तथापि वह जाकर जिस तरह अपना विकास करती है वह अत्यन्त स्वाभाविक जान पड़ता है। उपन्यास का अन्त मनीषा के कथन से हुआ है। मनीषा ही इन्दु की वह दूसरी पुत्री है जिसके जन्म से उपन्यास प्रारम्भ हुआ था। मनीषा अन्त में कहती है—'उसकी दादी अपनी तरह की अलबेली स्वाधीनता सेनानी थीं, कभी देश की आजादी के लिए लड़ीं, कभी अपनी। अपनी शिक्षा आप ग्रहण की। सारे बन्धनों के बीच रास्ता निकाला। जैसी जिन्दगी मिली, उससे बेहतर जिन्दगी का सपना उन्होंने देखा। मनीषा जानती है कि दादी की याद में कहीं कोई स्मारक खड़ा नहीं किया जायगा। न अचल न सचल। उसके हाथ में यह कलम है। वही लिखेगी अपनी दादी की कहानी।'

सचमुच इसी मनीषा ने दादी की कहानी लिखी है और इसे लेखिका ममता कालिया का आत्मकथात्मक लेखन मानें तो भी कोई हर्ज नहीं। सवाल यह कि 'दादी की कहानी' से अभिप्राय क्या है? पूरा उपन्यास ध्यान से दुबारा पढ़ा जाए तो पौने तीन सौ पृष्ठों में जिस चरित्र ने अपने व्यक्तित्व का विकास किया है और जो वाकई समय के साथ हमकदम है वह और कोई नहीं दादी विद्यावती ही है। खूबी यह कि पाठक जिसे पारिवारिक उपन्यास समझ कर पढ़ता गया है उसका यह पाठ भी सम्भव हो जाता है।

दरअसल विद्यावती बेहद काम्प्लैक्स केरेक्टर है। दादी के रूप में उपन्यास ने खाँटी भारतीय स्त्री का यादगार चरित्र दिया है जो हमारा बहुत जाना-पहचाना होकर भी विशिष्ट है। विद्यावती अपनी बहू के पहली बार बेटी होने पर गाना-बजाना करती है, गाँधी बाबा की भगत है और चरखा-खादी में उसकी श्रद्धा असीम है। लेकिन जब दूसरी बार भी पोती ही होती है तो वह खिन्न हो जाती है और तब रोजमर्रा की 'सताई' में वह किसी ललिता पँवार से कम नहीं। फिर भी यही विद्यावती है जो दूसरी बार पोती होने पर बड़बड़ा रहे अपने पति को डपट सकती है—'हाँ, मैं तो दहेज में लायी थी ये छोरियाँ, तुम्हारी कछू नायँ लगैं।' दरअसल पति ने कह दिया था—'तुमने का कम लाइन लगाई थी छोरियों की।' विद्यावती चरखा बहन है जो पति के ऐतराज करने पर भी चरखा-समिति जाने का साहस रखती है और एक स्त्री के रूप में उसकी चेतना का स्तर वरेण्य है। आजादी के आन्दोलन के सिपाहियों के बारे में विचार करते-करते उसे लगता है—'क्या घर-परिवार में फँसी स्त्री की दशा

भी सी-क्लास कैदी जैसी नहीं है? आजादी के मतवालों का तो नाम-गाम जेल के इतिहास में लिखा मिल जाएगा। औरतों का तो नाम-निशान न मिले। ज्यादा से ज्यादा कुछ दिन यही चर्चा रहेगी कि फलाने की औरत चूल्हे की आग से झुलसकर मर गयी, ढिकाने की माँ का पैर जमुनाजी में रपट गयौ, तुमुक को कंठमाला हो गयी रही और अमुक को बीच बाजार साँड़ ने सींग मार दिया। सोचते-सोचते मन भरभरा गया। इसी गृहस्थी में बामशक्कत कैद, डंडा, बेड़ी, तनहाई जाने कौन-कौन सजा काट ली। अब हिम्मत बाकी नहीं।'

चेतना का यही स्तर इन्दु और विद्यावती में भेद कर देता है और प्रारम्भ में सताई जा रही 'उत्पीड़ित' इंन्दु से अन्ततः पाठक को वह सहानुभूति नहीं मिल पाती। इन्दु शहर आ गयी है और पति के साथ नये जमाने का चाल-चलन अपनाती है लेकिन ऊपरी चमक-दमक के अलावा आधुनिकता का अंश भी ग्रहण करने में वह असमर्थ है। यही कारण है कि जब उसकी बड़ी बेटी घर छोड़कर चली जाती है तो वह इस घनघोर विडम्बना में भी बेटी का पक्ष खोज रही है। भारतीय गृहस्थी के देखे-जाने ऐसे चित्र ममता जी उपन्यास में बार-बार लाती हैं तो इसका कारण है। संयुक्त परिवार का औचित्य आजाद हो रहे भारत के साथ-साथ कैसे खत्म हो रहा था इसका प्रामाणिक चित्र लाला नत्थीमल के परिवार से मिलता है। नौकरी पर जा रहे बेटे की पत्नी और बच्चों को रोकना किसी भी तरह सम्भव नहीं था। संयुक्त परिवार की जटिलता और आपसी राग-द्वेष कैसे होते हैं यह भी उपन्यास बताता है। कविमोहन को तो मैथिलीशरण गुप्त की पंक्तियाँ याद आ जाती हैं—'निन्दित कदाचित है प्रथा अब सम्मिलित परिवार की।'

इसी संयुक्त परिवार का एक और दृश्य है लाला नत्थीमल की बड़ी बेटी लीला की गृहस्थी। लीला की शादी सोलहवें साल में छियालीस वर्षीय तिहाजू मन्नालाल से हुई थी। मन्नालाल का मन गृहस्थी की बजाय साधुओं-संन्यासियों में ही रमता था। क्रोध आने पर वे पत्नी को कहते थे—'ज्यादा गुस्सा तो मोय दिला मति, सुन लई न। जो मोय गुस्सा आ गयौ तो उठा अपनी गुटका रामायण, भागवत कहीं जाकै बाबाजी हो जाऊँगा।' और आखिर एक दिन वे बाबाजी होने चले ही जाते हैं। यह दृश्य पुराना है लेकिन यहाँ ममता जी का इसे याद करना यथार्थ का अनदेखा पहलू उजागर करना है। अक्सर उपहास में कहे जाने वाले ये प्रसंग विरासत में कैसा सूनापन और तिक्तता छोड़ जाते हैं यह उपन्यास बताता है। दूसरी बात गैर-जिम्मेदारी की भी है, भला उनका क्या दोष जो पीछे रह गये? चेखव की बन्दूक की तरह अन्त में मन्नालाल लौट नहीं आते और उनका न लौटना उपन्यास की विश्वसनीयता बढ़ाता ही है।

उपन्यास की विशेषता इसके ब्योरों में है जो अपने समय और समाज का भाव-प्रवण चित्र खींच पाये हैं। चित्र ऐसा कि कोई पौने तीन सौ पृष्ठों का उपन्यास

लगभग एक साँस में पढ़ जाए। पाँचवें दशक की किच-किच गृहस्थी, अड़ियल श्वसुर, पुराने ढंग का ऐसा मकान जिसमें गुसलखाना जैसी चीज की जरूरत नहीं समझी जाती, आस-पड़ौस की औरतें और परदेस गया पति—ये सब मिलकर उपन्यास की आत्मीय छवि गढ़ते हैं। गुसलखाने वाला प्रसंग शुरुआत में आया है और बेहद रोचक बन पड़ा है। इन्दु शादी होते ही ससुराल आयी है और प्राकृतिक जरूरत के चलते ननद से पूछती है—बाथरूम कहाँ है? जवाब सास देती है—"उसको कहो हमारे सिर पर मूत ले। हम कहाँ बताएँ कहाँ जाए। और जब अस्थायी बाथरूम से ही सास को सन्तोष हो जाता है तब वह कहती है—'जब से मैं पैदा भई, बस आज कायदे से नहाई हूँ। अरे कपड़े पहने-पहने नहाने का क्या मतलब है। कुछ नहीं। मैं कहूँ पूजाघर और चौके से भी जरूरी चीज है नहानघर। कम से कम आदमी एड़ी से चोटी तक सुच्च तो हो जाए।' तब आखिरकार घर में ईंटों वाला पक्का बाथरूम भी बन जाता है। पार्टीशन पर आम जन में होने वाले बहस-मुबाहिसे के आंशिक किन्तु सार्थक दृश्य उपन्यास में हैं और इनका असल महत्त्व यह है कि ये इतिहास की युगान्तरकारी घटना के प्रभाव को पहचान रहे हैं। बच्चों की बातचीत में इतिहास की विडम्बना कैसे आयी है—'अब लाल किला और ताजमहल यहाँ नहीं रहेगा। इसकी एक-एक ईंट उखाड़कर ये लोग पाकिस्तान ले जाएँगे।' सुनने वाले बच्चे कहते, 'वहाँ जाकर कैसे जोड़ेंगे?' पहले वाले बच्चे कहते, 'अरे अपने साथ तस्वीर ले जाएँगे। तस्वीर देख-देखकर जोड़ेंगे।'

वस्तुतः कहना होगा कि यह उपन्यास पारिवारिकता का एक सघन चित्र उकेरता है। ममता कालिया विमर्शवादी रचनाकार नहीं हैं और तभी वे मुद्दों को व्यापकता में देखने का आग्रह करती हैं। उनके लिए स्त्री के सवाल देह-मुक्ति के नहीं अपितु व्यापक मनुष्यता के सवाल हैं। गुसलखाने वाला प्रसंग इस सन्दर्भ में एकाएक महत्त्वपूर्ण हो उठता है कि बुनियादी जरूरतों के लिए भी स्त्री को घर में प्रयास करना पड़ रहा है। वहीं इन्दु की बड़ी बेटी के घर छोड़ जाने वाला प्रसंग स्त्री मुक्ति की उन्मुक्त उड़ान में परिवर्तित हो सकता था लेकिन ममता जी उसे एक आग्रहपूर्ण घटना के रूप में ही चित्रित करती हैं। वे पाठकों पर छोड़ती हैं कि इसे दुर्घटना मानें या न मानें। इसी तरह कविमोहन को वे पूरे मनोयोग से रचती हैं। उसके व्यक्तित्व के अन्तर्द्वन्द्वों को बहुधा प्रकट किया गया है। कुहू के साथ सम्बन्ध और फिर परिवार-दफ्तर की जिम्मेदारी ओढ़े कविमोहन को भरपूर दुलार' से रचने पर भी यदि यह चरित्र विकसित नहीं हो पाया है तो इसका कारण उसके भीतर का पलायनवाद है। वह प्रतिरोध का साहस नहीं रखता। उपन्यास का दूसरा भाग कविमोहन के व्यक्तित्व पर केन्द्रित होने पर भी वैसा प्रभाव इसी वजह से नहीं छोड़ पाया है, जैसा पहला भाग। कदाचित इसका एक कारण पहले भाग में वर्णन की रम्यता भी हो।

ममता जी उपन्यास के लिए बेहद प्रचलित शैली का सहारा लेती हैं और इस

पर भी वे सफल रही हैं तो इसका कारण उपन्यास की भाषा और प्रस्तुतीकरण की विश्वसनीयता में निहित है। भाषा के स्तर पर उपन्यास अत्यन्त पठनीय है। आम बोल-चाल की सहज सरल भाषा, छोटे-छोटे वाक्य और देसी शब्द। वे मथुरा (ब्रज) के घरों में बोली जाने वाली पारम्परिक बोली का उपयोग कर वातावरण को जीवन्त बनाती हैं। कविमोहन नौकरी के लिए घर छोड़कर जा रहा है तब माँ का बिसूरना देखिए—'पहले मेरा किरियाकरम कर जा लाला बाके बाद जहाँ जाना है जा। छोरियाँ तो सुखी नहीं, छोरा दिल्ली में ठोकरें खायगौ, बंसीबारे हमें उठाइलो।' वहीं पात्रों का अपना-अपना निजी व्यक्तित्व भी उपन्यास को गाढ़ा करता है। लाला नत्थीमल का खुशी-हँसी के मौके पर कलाकंद मँगवाना ऐसी ही एक घटना है जो याद रह जाने वाली है।

वस्तुतः यह उपन्यास अपने होने की सिद्धि में बड़े दावे नहीं करता और इसकी सार्थकता इस बात में है कि यह ठेठ भारतीय पारिवारिकता का सघन चित्र पाठक के समक्ष उपस्थित करता है। देश की स्वतन्त्रता के साथ विकसित हुए मध्यवर्गीय भारतीय परिवार का यह चित्रण विश्वसनीय है और इसमें मध्यवर्गीय अवसरवाद-काँइयाँपन के वे बीज खोजे जा सकते हैं जो बाद में अपने विराट स्वरूप में उभरे। इस चित्र में अपने समय की दूसरी छवियाँ या यथार्थ भी डोलता हुआ दिखाई पड़ता है जिसे उपन्यास की अतिरिक्त सफलता मानना चाहिए। पारिवारिकता का यह चित्र ऐसा है जो उदास करता है तो कभी आह्लादित! कभी खिन्न करने वाला है तो कहीं आशा का मद्धम उजास भी छोड़ जाता है।

आजादी की दूसरी लड़ाई

–मनोज कुमार पाण्डेय

घर और घर के भीतर बनते-बिगड़ते स्त्री-पुरुष सम्बन्ध ममता कालिया के कई उपन्यासों की केन्द्रीय विषयवस्तु रही है पर ममता कालिया का नया उपन्यास 'दुक्खम-सुक्खम' इस मामले में उनके पिछले उपन्यासों से अलग है कि पिछले उपन्यासों में यह सम्बन्ध घर के घेरे के बाहर अपना आकार ग्रहण करता था और विवाह के बाद घर में आकर एक द्वन्द्वात्मक सम्बन्ध में बदल जाता था। 'दुक्खम-सुक्खम' घर से ही शुरू होता है और घर पर ही आकर खत्म हो जाता है।

भारतीय समाज में घर का अपना एक अलग सत्तातन्त्र है और इस तन्त्र के बीच एक अजीब किस्म का सत्ता संघर्ष चलता रहता है। इसी सत्ता संघर्ष के पितृसत्तात्मक फरेब में कई बार स्त्रियाँ भी शामिल हो जाती हैं और वह शोषित होने के साथ-साथ शोषक में भी बदलने लगती हैं। जाहिर है कि पितृसत्तात्मक समाज के बीच उसी ढाँचे में ढली स्त्रियाँ कई बार उसी बेलगाम ताकत के आकर्षण की शिकार हो जाती हैं जिससे वे घृणा करती हैं। इसके बाद वे वही सब कुछ करती हैं जिससे कि वे ताउम्र आक्रान्त रहती हैं। ऐसा करते हुए उनके पास शोषित होने का जो लम्बा अनुभव होता है वह उन्हें उत्प्रेरित करने का काम करता है। उनकी घर में सदा बने रहने की मजबूरी यहाँ घर में रहते हुए ही एक उल्टा रूप धर लेती है जबकि पुरुष बाहर की दुनिया में मगन रहता है। दुक्खम-सुक्खम में विद्यावती ऐसा करती है पर वह एक गतिशील चरित्र है जो धीरे-धीरे समझ जाती है कि ऐसा करते हुए वह पितृसत्ता की बिसात पर एक मोहरा भर ही साबित होती है।

ममता कालिया का यह उपन्यास हमारी परिवार व्यवस्था की इसी संरचनात्मक जड़ता को अपने केन्द्र में रखता है। खासतौर पर इस बात को कि कैसे इस जड़ता की वजह से स्त्री-पुरुष की दुनिया और सरोकारों में एक बड़ा विभाजन पैदा हो जाता है और स्त्री-पुरुष एक-दूसरे के सपनों और संघर्षों से अनजान अलग-अलग दुनिया में रहने लगते हैं। यह बहुत धीमी प्रक्रिया है पर जब खत्म होती है तो सब कुछ खत्म हो चुका होता है। इसके बाद सम्बन्धों में ढोने का एक मजबूर भाव-भर बचता है। उपन्यास में लाला नत्थीमल और विद्यावती का सम्बन्ध ऊपर की बातों के उदाहरण

के रूप में पेश किया जा सकता है। उपन्यास में ऐसा एक भी स्थल नहीं है जहाँ दोनों के बीच किसी तरह के लगाव का पता चलता हो। दोनों ही सहज मानवीय व्यवहार से वंचित हो रहे हैं पर पुरुष होने और कर्ता-धर्ता होने के दम्भ और बाहरी दुनिया में अपनी गतिशीलता की वजह से नत्थीमल को कभी इस बात का हल्के से भी एहसास नहीं होता कि वह क्या खो रहा है, जबकि अपनी बन्द जिन्दगी में विद्यावती लगातार खोने की घुटन में ही जीती रहती है पर वह क्या खो रही है इस बात का सही सही पता उसे भी नहीं है। उपन्यास में इस जड़ ढाँचे को आजादी की लड़ाई एक दूरगामी धक्का मारती है। महात्मा गाँधी के नेतृत्व में लड़ी जा रही आजादी की लड़ाई के प्रभावस्वरूप घर की जड़ता के भीतर दबी-पिसी विद्यावती घर से बाहर निकलना शुरू करती है और पहली बार परिवार के दायरे के बाहर निकल कर देश और समाज के साथ-साथ अपने लिए भी कुछ सोचना शुरू करती है।

'दुक्खम-सुक्खम' विद्यावती की जीवनगाथा है, जाहिर है कि उनके सुख और दुःख की दास्तान भी। विद्यावती जैसी केन्द्रीयता उपन्यास में किसी दूसरे चरित्र को हासिल नहीं है। वह क्रमशः विवाहित और विधवा उस उम्र में हुई जिस उम्र में वह न विवाहित होने का मतलब समझती थी न विधवा होने का। लाला नत्थीमल ने बाल-विधवा विद्यावती से शादी सिर्फ इसलिए की कि उनसे दस साल छोटी विद्यावती बिना किसी नानुकुर के न सिर्फ घर के सारे काम करती रहे बल्कि इस बात के लिए आजीवन लाला नत्थीमल को धन्य भी मानती रहे। जाहिर है कि इस विवाह के पीछे नत्थीमल की तार्किकता या उदारता नहीं काम कर रही थी बल्कि इसके पीछे उनकी गहरी व्यवसाय बुद्धि काम कर रही थी और एक जड़ परम्परागत सूझ भी जो उनके चरित्र का केन्द्रीय हिस्सा है। न सिर्फ विद्यावती से अपने विवाह के सिलसिले में बल्कि अपनी बेटियों और बेटे के विवाह के समय भी नत्थीमल इसी सूझ का परिचय देते हैं। अपनी इसी सोच का परिचय वह बेटे कविमोहन के विवाह के अवसर पर भी देते हैं। पहले तो कवि को बताये बिना उसका विवाह तय कर देते हैं। बाद में उसके मना करने पर कहते हैं: "ससुरे लड़की वाले अब तक तेरे नाम पर कितनी लागत लगा चुके हैं पता भी है तुझे, बस मुँह उठा कर नाहीं कर दी।"(पृ. 31) विवाह और स्त्री जीवन के बारे में ये सोच परम्परागत भारतीय समाज का हिस्सा रही है। ऐसा भी नहीं है कि स्त्रियों के बारे में ऐसा सोचने वाले चरित्र अनोखे या अकेले हैं या खलनायकी क्रूरता से भरे हुए हैं और जानबूझ कर ऐसा करते हैं। क्रूरता तो है उनके भीतर पर त्रासद यह है कि अपने भीतर बसी इस विकृति के बारे में खुद उन्हें भी पता नहीं है। उन्हें यह सब कुछ स्वाभाविक और लोकव्यवहार का हिस्सा लगता है। नत्थीमल उपन्यास में शुरू से आखिर तक इसी सोच के शिकार हैं पर विद्यावती की सोच बदलती है। विद्यावती अपने आसपास के माहौल को अपने जीवनानुभव से समझने की सतत कोशिश करती दिखायी

पड़ती है। उसका चरित्र द्वन्द्वात्मक और सतत विकासमान है। वह अपने आपको नयी चेतना से आसानी से जोड़ लेती है। इसका एक मार्मिक परिचय उपन्यास के स्नानागार प्रसंग में भी मिलता है। पहले तो वह अपनी बहू इन्दु की स्नानागार की माँग को खारिज करती है और उसके खिलाफ खड़ी होती है। बहू की जिद पर एक कामचलाऊ स्नानागार बन जाने के बाद जब विद्यावती उसमें नहाती है तो उसकी प्रतिक्रिया काबिलेगौर है: "जबसे मैं पैदा भई, बस आज कायदे से नहाई हूँ। अरे कपड़े पहने पहने नहाने का क्या मतलब है! कुछ नहीं। मैं कहूँ पूजाघर और चौके से भी जरूरी चीज है नहानघर। कम से कम आदमी एड़ी से चोटी तक सुच्च तो हो जाये।" (पृ. 39) जहाँ विद्यावती स्नानागार को लेकर उपर्युक्त प्रतिक्रिया देती है वहीं इन्दु का पति कविमोहन इन्दु पर ताना कसता है कि तुमने बखेड़ा खड़ा कर दिया ना। कह सकते हैं कि विद्यावती एक ऐसा चरित्र है जो जीवन के आरम्भिक दिनों से ही नियति के भरोसे जीना सीख चुकी है। ये उसकी जरूरत भी है क्योंकि इसके बिना उसकी जिन्दगी मुश्किल होती चली जायेगी। एक हद के बाद किसी बात का सीधा प्रतिकार करने की न उसमें चेतना है न क्षमता। ऐसे में झुक जाना या स्थितियों के सामने समर्पण कर देना ही उसे बचाव का सबसे सुरक्षित विकल्प लगता है। यही नहीं, उसे यह भी लगता है कि घर में होने वाली कोई भी कलह या तनाव उसकी स्थिति खराब कर सकता है, इसलिए ऐसे मौकों पर वह अपने जीवन और शान्ति की दुहाई देती हुई दूसरों से भी झुक जाने का अनुरोध करती है और कई बार ऐसे काम करने के लिए भी कहती है जो खुद विद्यावती के दुःख का कारण रहे हैं। अपने बेटे कविमोहन को विवाह के लिए तैयार करने का प्रसंग ऐसा ही है।

लेकिन विद्यावती क़दम-क़दम पर अपने अनुभवों और चेतना के बीच एक टकराव महसूस करती है और इसके फलस्वरूप अपनी चेतना को माँजती चलती है। ममता जी ने अद्भुत संयम और लगाव के साथ विद्यावती का चरित्र रचा है। अपनी बहू इन्दु के प्रति विद्यावती कई बार कितनी भी निर्मम क्यों न दिखे पर वह पति के साथ से दूर अपनी युवा बहू की शारीरिक जरूरतों को भी समझती है। इस मसले पर वह न केवल बहू से ममता रखती है बल्कि गजब की संवेदनशील नज़र आती है। पर किसी विकल्प के अभाव में वह बहू की शारीरिक जरूरतों पर नियन्त्रण रखने की इच्छा के साथ उसके प्रति कठोर हो जाती है। ये कठोरता इन्दु की गतिशीलता पर प्रतिबन्धों या समय-समय पर इन्दु के प्रति कटु व्यवहार में प्रकट होती है। ममता कालिया के ही कविता संग्रह 'खाँटी घरेलू औरत' से शब्द उधार लेकर कहें तो वह खाँटी घरेलू औरतों के अनुभवों से तो सम्पन्न है पर उन्हीं की तरह उसके पास मुक्ति के किसी वैकल्पिक रास्ते का अभाव भी है। बहुतेरी स्त्रियों की तरह विकल्प की तलाश विद्यावती को भी है। उसकी यह तलाश तात्कालिक तौर पर महात्मा गाँधी के नेतृत्व में चल रहे स्वाधीनता आन्दोलन में पूरी होती हैं।

वह न सिर्फ खुद इस आन्दोलन से जुड़ती है बल्कि अपने साथ अपनी बेटी भग्गो को भी ले जाती है, पति नत्थीमल के विरोध के बावजूद जोकि इस बारे में सिर्फ इतना सोच पाता है कि 'बैयर हमारी और काबू उस जेल में बैठे गाँधी बाबा का?'

आखिरकार देश आजाद हो जाता है पर देश की आजादी को अपनी आजादी से जोड़ कर देखने वाली विद्यावती का इस आजादी से मोहभंग हो जाता है। देखें: "विद्यावती का जैसे स्वप्न ही टूट गया। उसने सोचा था कि आजादी आयेगी तो रामराज्य आ जायेगा बल्कि सीताराज्य आ जायेगा। औरत को आदमी की धौंस नहीं सुननी पड़ेगी। वह अपनी मर्जी की मालकिन होगी। कोई उसके हाथों किये खर्च पर नाक-भौं नहीं सिकोड़ेगा, कोई उसे बात-बात पर झिड़की नहीं लगायेगा, घर-बाहर हर जगह उसके साथ बराबरी का बर्ताव होगा। यह क्या कि आजादी के छः महीने बीत गये और औरत की जिन्दगी, वही ढाक के तीन पात। गाँधी बाबा को कम से कम औरतों का तो ध्यान रखना चाहिए था, मर्द तो पहले ही कौन कम आजाद थे।" (पृ. 166-67) इसके बावजूद विद्यावती अपने इस सपने को मन से नहीं निकाल पाती। उसके व्यक्तित्व में एक बड़ी तब्दीली आती है। घर से बाहर निकलने और आजादी का सपना मन में पालने से वह अपने आपको बदली हुई पाती है। न सिर्फ बहू के प्रति उसका व्यवहार बदलता है बल्कि हर बात पर नत्थीमल से दब जाने वाली विद्यावती, नत्थीमल की मर्जी के खिलाफ अपनी बेटी भगवती को पढ़ाती भी है और नौकरी भी कराती है। छोटी नातिन मुन्नी (मनीषा) के प्रति भी उसका व्यवहार बदल जाता है। जाहिर है कि ये बदलाव कहीं बाहर से नहीं आया है। ये चीजें विद्यावती के भीतर पहले से थीं पर वह इन्हें कोई दिशा नहीं दे पा रही थी। ये ताकत उसे बाहर की दुनिया से अपने सुख-दुःख जोड़ देने से मिली है।

यहाँ पर उपन्यास का ये पेंच समझना जरूरी हो जाता है कि क्यों मनीषा अपनी दादी विद्यावती के नजदीक है जबकि उसकी बड़ी बहन प्रतिभा अपनी माँ के। इसका एक जवाब तो यही हो सकता है कि प्रतिभा अपनी माँ इन्दु के सपनों की सन्तान है तो मनीषा अपनी दादी विद्यावती के सार्वजनिक सपनों की। मनीषा में विद्यावती के जीवन की विडम्बना की गहरी समझ है इसीलिए वह विद्यावती के साथ एक गहरे जुड़ाव का अनुभव करती है। उसमें दादी के बाद के दिनों की चेतना का सहज विस्तार है और पिता के सकारात्मक गुणों का भी। जबकि मनीषा की बड़ी बहन प्रतिभा की चेतना में एक व्यक्तिवादी महत्त्वाकांक्षा है। दरअसल ये दोनों ही चीजें स्त्रियों के लिहाज से आजादी की असफलता से जन्मी हैं। विद्यावती की बहू इन्दु की जड़ता को भी इसी असफलता से जोड़कर देखा जा सकता है। उपन्यास के दो युवा चरित्रों—प्रतिभा और मनीषा को दो अलग-अलग रूपक मानकर तुलना करें तो हम पाते हैं कि जहाँ मनीषा में अपनी परम्परा की सकारात्मकता का सुखद विस्तार है वहीं बड़ी बहन प्रतिभा में कोई परम्पराबोध नहीं है। वह अपनी माँ की

मध्यवर्गीय महत्त्वाकांक्षाओं की सन्तान है जोकि अपने नितान्त निजी अनुभवों को सार्वजनिक अनुभवों से न जोड़ पाने के कारण परम्परा के सकारात्मक तत्त्वों को पहचानने में अक्षम हो चुकी है। यही चेतना जब मनीषा में परम्परा की सकारात्मकता को पलते-बढ़ते या विकास पाते देखती है तो उसे एक चिन्ता भरी चिढ़ सी होती है। वह मनीषा में इसके पलने-बढ़ने का कोई मौका नहीं देना चाहती क्योंकि इसकी पहचान वह एक तरह की नकारात्मकता में कर चुकी है मनीषा के प्रति इन्दु के दोयम दर्जे के व्यवहार को इसी बिन्दु पर समझा जा सकता है।

यहीं पर उपन्यास के दो केन्द्रीय चरित्रों—कविमोहन और इन्दु—पर भी बात की जा सकती है। कविमोहन सुसंस्कृत, यानी साहित्य और कला में गहरी रुचि रखने वाला है और खुद भी कविताएँ लिखता है। वह उनमें से है जिसकी ईमानदारी पर शक नहीं किया जा सकता पर उसकी क्षमता सिर्फ सैद्धांतिक स्तर पर जूझने की है। व्यावहारिक स्तर पर वह तमाम जटिलताओं से जूझने में अक्षम है इसलिए अक्सर पलायन का रास्ता अपनाता है। उसके पारिवारिक जीवन की बात करें, तो खयालों में वह अपनी पत्नी इन्दु को कितना भी क्यों न याद करे या उसकी परेशानियों को समझता दिखायी दे पर वह व्यवहार में इन्दु के साथ एक बार भी खड़ा नहीं दिखाई देता। साहित्य कवि की गहन रुचि का क्षेत्र तो है पर साथ में जीवन संघर्ष से पलायन भी है। उपन्यास में तमाम प्रसंग ऐसे हैं जहाँ वह साफ तौर पर पलायन करता दिखायी देता है। यह जानते हुए भी कि वह जाति के आधार पर नौकरी में रखा गया है, एक क्षणिक और सतही द्वन्द्व के अलावा इसका और कोई प्रभाव उसके जीवन में नहीं दिखायी देता। ऐसा ही वह तब भी करता है जब उसे अन्दाजा होता है कि उसकी सहकर्मी कुहू उसकी तरफ आकर्षित हो रही है, तब भी वह उससे सीधे बात करने की बजाय चिट्ठी लिखने जैसा कदम उठाता है।

इन्दु एक ऐसा प्रतिनिधि चरित्र बन कर सामने आती है जो जड़ परम्परागत पारिवारिक व्यवस्था में अपनी सारी जीवन्तता और हौसले के बावजूद नितान्त अकेली पड़ती जाती है। कई बार वह अपने हौसले के दम पर इन स्थितियों से पार पा लेती है पर कई बार उसकी गतिशीलता जड़ता में बदल जाती है जैसा कि इन्दु के साथ होता है। उपन्यास में इन्दु एक ऐसी औरत के रूप में सामने आती है जो जीवन्तता से भरी है। वह ससुराल में पहुँचते ही अपने जायज मनचाहे के लिए लड़ती या जिद करती है पर घर की जकड़बंदियाँ धीरे-धीरे उस पर घेरा कसती चली जाती हैं, ऊपर से पति का पलायनवादी व्यवहार। देखें—"कवि का जी घबराने लगा। उसे लगा वह फिर एक चक्रव्यूह में समाता जा रहा है। अन्दर से आवाजें आने लगीं। यहाँ से भाग निकलो, यही वक्त है।" (पृ. 120) ऐसे में वह घर में पति सहित सबकी खुशी को बनाये रखने के चक्कर में अपनी खुशी भूलती चली जाती है और इसी के साथ उसका व्यक्तित्व क्षरित होता चला जाता है। कवि जब उसे अपने साथ शहर ले

जाता है और वह संयुक्त परिवार से एकल परिवार में पहुँचती है तब तक वह इस काबिल नहीं बची होती है कि इस परिवर्तन का कोई लाभ ले सके। बदले में वह शहर आकर अपने पति की अफसरी का बखान करने वाली एक घामड़ महिला में बदल जाती है और अपना खालीपन इसी तरह की बातों से भरने लगती है। ऐसे में इन्दु की संवेदना क्षरित होती है और सबको खुश करने की कोशिश करने वाली इन्दु अपने पति के सुख-दुःख या जरूरतों के प्रति तटस्थ हो जाती है। यह संवेदना या साथीपन का क्षरण कोई एक दिन में होने वाली घटना नहीं है बल्कि धीरे-धीरे हुई है और इसमें अपने लिए कॉमरेड पत्नी चाहने वाला कविमोहन भी उसी तरह से शामिल है जिस तरह से परिवार के दूसरे लोग या स्थितियाँ। एक जीवन्त स्त्री का इस तरह से एक घामड़ स्त्री में बदल जाना ही बताता है कि हमारी संयुक्त परिवार व्यवस्था किस कदर सड़े-गले मूल्यों का शिकार हो रही थी और वह अपने भीतर रहने वालों को स्वाभाविक विकास से वंचित कर कुंद कर रही थी। पर एकल परिवारों के बढ़ते चलन के बाद भी इस स्थिति में कोई बड़ा फर्क नहीं आया है क्योंकि 'कविमोहन' अभी भी वैसे ही सोचते हैं। स्थिति बदलाव की तरफ वहीं पर बढ़ी है जहाँ स्त्रियाँ आत्मनिर्भरता की तरफ गतिशील हुई हैं और विद्यावती की तरह अपने व्यक्तिगत अनुभवों से अपनी चेतना को माँज रही हैं। यह स्थितियों की विडम्बना ही है कि विद्यावती गुलाम भारत में रहने के बावजूद सामूहिकता और आजादी की लड़ाई में अपनी मुक्ति खोजती है वहीं उसकी अगली पीढ़ी की आजाद भारत की इन्दु एक मध्यवर्गीय व्यक्तिवादी तड़क-भड़क में डूब जाती है। इन्दु को संयुक्त परिवार से और देश को गुलामी से मुक्ति मिलती है पर देश एक अलग ही रास्ते पर बढ़ निकलता है, देश में रहने वाली विद्यावती मोहभंग की स्थिति में पहुँचती है और नये सिरे से औरतों की आजादी के मसले पर सोचती है जबकि इन्दु जड़ता में डूब जाती है। ये स्थितियाँ बताती हैं कि हमारी आजादी में कहीं न कहीं खोट थी। देश जिस तरह से आजाद हुआ और उसके बाद जो व्यवस्था आयी वो आम आदमी की पहुँच से दूर ही रही, जिसकी प्रतिनिधि उपन्यास में स्त्रियाँ हैं। औरतों की आजादी और बराबरी का मसला हमारी आजाद सत्ता के एजेण्डे में कहीं दूर-दूर तक नहीं दिखायी पड़ता। यहीं से मनीषा के इस ऐजेण्डे को समझा जा सकता है कि क्यों वह अपनी दादी की कहानी लिखने का निश्चय करती है।

सुखद है कि दुक्खम-सुक्खम यथार्थ के आगे आत्मसमर्पण करने की बजाय उससे टकराता है और उसमें तोड़फोड़ भी करता है और ऐसा करते हुए वह कतई गम्भीर या बौद्धिक दिखने की कोशिश नहीं करता। ये इसलिए भी जरूरी है कि 'घर' से टकराये बिना जिसका कि मूर्त रूप परिवार है किसी समय में समय की मुश्किलों से जूझने का कोई रास्ता मिलता नहीं दिखायी देता। इस उपन्यास में मनीषा यही करने का निश्चय करती है और पढ़ते हुए पाठकों को भी अपने भीतर इस टकराव

की अनुगूँजें सुनायी देंगी। इसके अतिरिक्त गुलामी से लेकर आजादी तक फैले हुए इस उपन्यास में एक लम्बे समय की अनगिनत आवाजें सुनी जा सकती हैं। दुक्खम-सुक्खम एक परिवार की तीन पीढ़ियों के बहाने एक बदलते हुए द्वन्द्वरत भारत की तस्वीर पेश करता है। इस बीच दुनिया तेजी से बदली है और साथ में भारत भी। ये बदलाव नयी पीढ़ी के दोनों चरित्रों—प्रतिभा और मनीषा में साफ देखा जा सकता है। दोनों के रास्ते अलग हैं, आजादी की परिभाषा अलग है, हम लिखते हुए प्रतिभा के रास्ते पर टीका-टिप्पणी कर सकते हैं या उसे बाजारवादी, व्यक्तिवादी भी कह सकते हैं, जोकि वह है भी, फिर भी बिना किसी शक के कहा जा सकता है कि वह अपनी माँ इन्दु से बेहतर जीवन जियेगी। उसकी लड़ाई इन्दु की लड़ाई से आगे की लड़ाई है। ये गुणात्मक अन्तर बदलते हुए समय के चलते ही मुमकिन हुआ है। इसी समय में देश के विभाजन की अनुगूँजें, साम्प्रदायिकता, जातिवाद, अंग्रेजी का बढ़ता वर्चस्व, बढ़ता उपभोक्तावाद, सरोकारविहीन मध्यवर्गीयता, नयी पीढ़ी के बीच बदलते स्त्री-पुरुष सम्बन्ध, लड़कियों में बढ़ता आत्मविश्वास सभी की स्पष्ट पदचापें हैं। जाहिर है कि उपन्यास में आया ये समय अपनी पूरी अर्थवत्ता और आयामों के साथ इसमें प्रकट हुआ है। इसके बावजूद मूलरूप से यह परिवार और उसके बीच उससे टकराती जूझती, नये-नये रूपों को गढ़ती विद्यावतियों, इन्दुओं, प्रतिभाओं और मनीषाओं के ही दुख-सुख की दास्तान है। यह उपन्यास अपने इन्हीं गतिशील चरित्रों में बसता है। यह जड़ता की पीड़ा को गहराई से समझता है पर गतिशील चरित्रों की तरफ बढ़ जाता है क्योंकि बदलाव की उम्मीदें यहीं पर बसती हैं।

अपनी भाषा और सहजता के शिल्प के लिए भी यह उपन्यास खासतौर पर पढ़ा जाना चाहिए। ममता कालिया के गद्य में एक जीवन्त सहजता सदा से बसती आयी है। वह अपने पूरे वैभव के साथ यहाँ भी मौजूद है। इसे पढ़ना पाठकों के लिए एक ताजगी भरा अनुभव होगा, न सिर्फ पाठ के स्तर पर बल्कि एक लम्बे समय तक चेतना के भीतर चलने वाली उथल-पुथल के स्तर पर भी। क्योंकि यह उपन्यास हमारे आसपास फैले जीवन की तरह ही जटिल और सरल है। उतनी ही आसानी से अपनाने वाला, पहचान में आने वाला पर अपने संश्लिष्ट रूप में जटिल, इसे गहराई में उतर कर परखना होगा।

दौड़ में बाधाएँ क्यों

–मनीषा

वरिष्ठ साहित्यकार ममता कालिया का सद्यः प्रकाशित लघु उपन्यास है 'दौड़'। हालाँकि हिन्दी साहित्य में लघु उपन्यास व लम्बी कहानी के बीच जारी जंग में दोनों को पुनःपरिभाषित किये जाने की जरूरत महसूस हो रही है। उदय प्रकाश ने 'पीली छतरी वाली लड़की' के नाम से लम्बी कहानी क्या पता किस पेंच के चलते लिख डाली, अब यह दौड़, जो लम्बी कहानी सरीखी है, लघु उपन्यास के नाम से प्रकाशित हो गयी है। खैर, यह जंग तो प्रकाशकीय ज्यादा हो सकती है, लेखकीय कम। यदि प्रकाशक इस पर तुल जाए कि हम तो आपकी लम्बी कहानी लघु उपन्यास के नाम से छापेंगे तो शायद लेखक को मन मसोसकर इसके लिए राजी होना पड़ता है। दूधनाथ सिंह ने भी शायद इसी चतुराई कों भुनाया है, उन्हें सीधे लघु उपन्यास का प्रकाशक नहीं मिला तो एक पत्रिका में लम्बी कहानी के खाँचे में अपनी एक कहानी को किसी तरह ठुँसवा लिया। लम्बी कहानी या लघु उपन्यास की बहस से बाहर आ हम 'दौड़' पर एक नज़र डालें तो यह आज के समय की सटीक टिप्पणी है। आधुनिकता के नाम पर समाज में आ रहे जबर्दस्त बदलावों का असर पड़ा है मानवीय सम्बन्धों पर। पैसे, ग्लैमर, भव्यता और चकाचौंध की दीवानी यह पीढ़ी किसी के भी कन्धे पर पाँव रख कर सफलता का चरम चूमना चाहती है। उसके लिए सामाजिक बन्धन, परिवार, अपनापन, ममत्व सब छलावा है। वह केवल 'अपना' जीवन जीना चाहती है, जहाँ न दूसरों की उखाड़-पछाड़ हो, न दबाव और न ही इस्तेमाल की जरा भी आशंका।

रेखा-राकेश-पवन-सघन के इर्द-गिर्द बुनी यह साधारण सी कहानी आज हर तीसरे परिवार में दोहराई जा रही है। बच्चों के बेहतर भविष्य के लिए माँ-बाप जहाँ मिलकर सुख-सुविधाएँ समेटते हैं, उन्हें महँगी और ऊँची शिक्षा देकर स्वप्निल दुनिया का दरवाजा दिखाते हैं, वहीं बच्चे इस बदले परिवेश में सरसराते हुए इतने आगे निकल जाते हैं कि उन्हें माँ-बाप के उन बेशकीमती क्षणों को याद करने का वक्त ही नहीं मिलता। टेक्निकल जीवन के आदी हो चुके इन बच्चों को अपने सपनों, अपने भविष्य, अपने वैभव के आगे सम्बन्धों की गरमाहट, उसकी कसक बेमतलब

लगने लगती है। वे हड़बड़ाहट और जल्दबाजी में इनसे छुटकारा पाने के लिए बेचैन रहते हैं या उन्हें झटक ही देते हैं।

पवन को एमबीए कराने वाले राकेश और रेखा का सपना था, उसे उज्ज्वल भविष्य देना। पर मल्टीनेशनल कम्पनी से जुड़ते ही पवन एक ऐसी दुनिया में चला जाता है जहाँ रेखा और राकेश के लिए कोई जगह नहीं है। बाजारवादी दौर का शिकार पवन छुट्टी पर घर आकर उलाहना देता है–'...गंगा जी में न जाने कितना मल-मूत्र विसर्जित हो चुका है। मैं तो कहूँगा यह पानी आपके लिए भी घातक है। एक्वागार्ड क्यों नहीं लगवाते।' इसी बीच पवन के जीवन में स्टैला आती है, प्रबुद्ध-कमाऊ-कैरियरिस्ट युवती और दोनों लाइफ पार्टनर बनने का निर्णय करते हैं। रेखा को झटका लगता है पर राजकोट जाकर बेटे को अपनी विशाल हृदयता दिखाने की ठान लेती है वह। वहाँ एक और वज्रपात होता है, स्टैला भी पवन के फ्लैट में रह रही है। दुख-क्षोभ और घृणा के बीच माँ की ममता डूबती जान पड़ती है। उसके मुँह से निकलता है–'पुन्नू, यह सिलबिल सी लड़की तुझे कहाँ मिल गयी।...मैंने तो कोई लड़की नहीं देखी जो शादी से पहले ही पति के घर में रहने लगे।'. राकेश का टका सा जवाब–'तुमने देखा ही क्या है माँ? इलाहाबाद से निकलोगी तो देखोगी न...'। कुछ और दिन बीतते ही सघन भी अपने कम्प्यूटरी कैरियर में मस्त दोनों को अकेला छोड़ चला जाता है। बुढ़ापे के दो-दो सहारे पर बुजुर्ग दम्पती अकेले-मायूस साँय-साँय करते घर में फोन, कम्प्यूटर और ई-मेलों के बीच उलझे।

यही है आज के जीवन की वास्तविकता, जिसे स्वीकारने में, परम्पराओं में जकड़ी पीढ़ी को काफी समय लगेगा। जिस पीढ़ी के लिए बेटा सहारा होता है, वह पीढ़ी बुढ़ापा अकेले नहीं काट सकती। जो बहू को पारम्परिक रूप में देखने के लिए आदी हैं वे उसके कैरियर को उदरस्थ नहीं कर सकते। समय जिस तेजी से बदला है, हमारे विचार उस तेजी से आगे नहीं बढ़ पा रहे। पैसा और ग्लैमर अब केवल सुख-सुविधाओं का खेल नहीं रह गये हैं। प्रतिस्पर्धा मगज और तरक्कीशुदा सपनों के साथ भागने वाले नये खून का स्वागत किया जाना भी जरूरी है। कब तक हम परम्पराओं-रूढ़ियों और नैतिकता को ढोएँगे? कब तक बच्चों के कन्धों पर लद कर मरघट तक जाने के लिए आत्मसुख के लिए हम उनके सपनों को बिछावन बनाये रहेंगे। सामाजिक दिखावों, दकियानूसी विचारों और रूढ़ियों से लदे-फँदे अपने विचारों से मुक्ति पाने के लिए अब हमें 'दौड़ना' होगा, हम नयी पीढ़ी की 'दौड़' के आगे स्पीड ब्रेकर बन कर क्यों उनकी गति धीमी करने की चेष्टा करें। हम उनके सहभागी बनने का साहस शायद न जुटा पायें लेकिन उनके निर्णयों को अपनी सोच से प्रभावित करने का भाव तो छोड़ ही सकते हैं।

स्त्री-विमर्श का भारतीय परिप्रेक्ष्य

–शशिकला त्रिपाठी

'एक पत्नी के नोट्स' स्त्री-विमर्श की उपन्यासिका है किन्तु एक लेखिका द्वारा लिखे जाने पर भी इसका मूल्यांकन नारीवादी मानदंड से नहीं किया जा सकता। इसलिए कि उपन्यासिका की प्रमुख पात्रा कविता नारी-चेतना से सम्पन्न होकर भी 'नारी-मुक्ति' के झण्डे तले नहीं खड़ी होती। यद्यपि मर्दवादी सोच के खिलाफ ही यहाँ स्त्रीवादी विमर्श है। अतः कई पाठक नारीवादी विचारधारा के कुछ सूत्र इसमें तलाश लें तो आश्चर्य भी नहीं। उपन्यासिका में नारीवाद का भारतीय परिप्रेक्ष्य है, जहाँ नारीवाद का स्वरूप सरल, इकहरा नहीं, जटिल संरचना में है।

समाज की आधारभूत इकाई 'परिवार' है जो स्त्री-पुरुष के युग्म से बनता है। किन्तु, अन्तर्विरोध यह कि स्त्री को पुरुष का वर्चस्व भोगना पड़ता है। शायद, इसलिए कि पुरुष अर्थार्जन करता रहा है। अतः वह 'स्वामी' हो गया और स्त्री 'दासी'। आज तमाम परिवारों में आर्थिक समीकरण बदले हैं। स्त्रियाँ भी आत्मनिर्भर होने लगी हैं। उनके आर्थिक स्वातन्त्र्य के बावजूद पति की पदवी आज भी ऊँची बनी हुई है। पुरुष 'उच्चताबोध' से मुक्त नहीं हो पाता। शायद, होना नहीं चाहता। और स्त्रियाँ भी संस्कारवश उनके वर्चस्व को गाहे-बगाहे स्वीकार करती रही हैं। मगर, अब शिक्षा और आत्मनिर्भरता के कारण उसकी दृष्टि और समझ ऐसी विकसित हुई है कि वह रिश्तों का बेबाक विश्लेषण करने लगी हैं। विवाह संस्था की आड़ में अपने को भस्म न कर 'नये रास्ते' तलाशने लगी हैं। ऐसे ही बदलते जीवन-मूल्यों को लेखिका ने उपन्यास में रेखांकित किया है।

कविता बौद्धिक स्त्री है। लिखती-पढ़ती है। व्याख्याता है। फिर भी पति संदीप, जो आई.ए.एस. अफसर है, उसे अपमानित करता रहता है। नतीजतन, विवाह संस्था का पारम्परिक समीकरण गड़बड़ाता है। कविता अपने को न तो पति की 'सम्पत्ति' मानती है और न ही 'भोग्या वस्तु', वह बौद्धिक मुठभेड़ करती हुई अपनी मानवीय उपस्थिति दर्ज कराती है। पुरुष सत्तात्मक समाज द्वारा स्थापित मान्यताओं को चुनौती तो नहीं देती, स्थितियों की पहचान अवश्य करती है। मगर ऐसा भी नहीं कि परम्परा

की अवस्थिति उसमें हो ही नहीं। हाँ, सामंजस्य जब एकदम दुष्कर लगता है, तभी घर छोड़ने का निर्णय लेती है।

उपन्यासिका में प्रेम भी व्याख्यायित हुआ है कई सवालों के घेरे में। मसलन, विवाह-पूर्व के प्रेम क्या वैवाहिक बन्धन में सामरस्य और सन्तुलन बनाने में सहायक होते हैं? लेखिका का उत्तर नकार में है। वे लिखती हैं, 'जिन लोगों के जीवन में प्रेम और विवाह अकस्मात्, अनायास आते हैं, उन्हें उसके निर्वाह में उतनी ही सायास मेहनत करनी पड़ती है जितनी उन लोगों को उनके विवाह अखबारों के इश्तहार तय करते हैं अथवा रिश्तेदार।' सच तो यह है कि पुरुष के लिए स्त्री के प्रति प्रेम (आकर्षण) तभी तक है जब तक वह पा न ले। पाने के बाद प्रेम ज्वर की तरह उतर जाता है। सच यह भी है कि प्रेम का मार्ग टेढ़ा-मेढ़ा होता है। 'उसने कहा था' कहानी के लहनासिंह का प्रेम 'त्याग' में परिलक्षित होता है तो समीक्ष्य पुस्तक के नायक संदीप का प्रेम 'उत्पीड़न' में।

वस्तुतः उपन्यासिका में विकृत प्रेम है। प्रेम जब पजेसिव हो जाता है तो उसमें सहअस्तित्व की भावना शेष नहीं रह जाती। इसी कारण संदीप अपना वर्चस्व कायम रखते हुए कविता की इच्छाओं का अनादर करता है और खुद को भी ताव खाकर यन्त्रणा देता है। इस आक्रोश में कि कविता उसकी प्रतीक्षा करती घर में क्यों नहीं है? और कविता जब ऊबकर, दुखी होकर घर छोड़ने का निर्णय ले ट्रेन में बैठती है तो उसे रोकने के उद्देश्य से संदीप चलती ट्रेन से छलाँग लगा देता है। उपन्यासिका इसी नाटकीय मोड़ पर प्रेमपरक हो जाती है। इस अन्त पर 'अग्निसाक्षी', 'डर' आदि फिल्मों का बरबस ध्यान हो आता है, जिनमें नायिकाएँ नायक के प्रेमपाश से मुक्त होने के लिए तड़प उठती हैं, चाहे नायक की हत्या ही क्यों न करनी पड़े। हालाँकि, उपन्यास में प्रेम का ऐसा वीभत्स रूप नहीं है। सही मायने में दोनों के हृदय में एक-दूसरे के प्रति प्रेम है। संदीप के ट्रेन से कूदने पर कविता भी कूद जाती है जान की परवाह न करते हुए। पर, पति की अहंमन्यता उसे कष्ट देती है। सब कुछ पाकर भी वह रीतती जाती है। उसकी जिन्दगी इस सत्य को प्रमाणित करती है कि आई. ए. एस. के पद किसी कन्या को सुखी रखने के लिए पर्याप्त नहीं होते।

आज के बदलते परिप्रेक्ष्य में दुनिया की आधी जनसंख्या जहाँ सक्रिय, सतर्क और व्यक्तिसम्पन्न हो रही है, वहीं पुरुष समाज अपने को कितना बदल पाया है? उसके अन्तर्विरोध क्या हैं? और उसके बदले बगैर क्या नारी-समाज को सही स्थान मिल पायेगा? इन सबका विवेचन उत्तेजक ढंग से नहीं, मनोवैज्ञानिक ढंग से इस कृति में हुआ है। एक तरफ संदीप अपनी प्रबुद्ध लेखिका, लेक्चरर पत्नी पर गर्व करता है तो दूसरी तरफ उसके रूढ़िहीन विचारों या कार्यों से रुष्ट भी होता है। मसलन, उसके लिए कविता हरितालिका व्रत क्यों नहीं रखती? कविता मातृत्व की भयंकर अभिलाषा रखती है। इस सोच के तहत भी कि सन्तान संदीप के सहज प्रेम

का सेतु हो सकती है। किन्तु, संदीप सन्तान नहीं चाहता, जनसंख्या वृद्धि को रोकने की नीयत से। तब उसमें परम्परा-बोध नहीं होता।

संदीप के बहाने ममता कालिया की चिन्ता इस प्रश्न के रूप में उजागर होती है कि साहित्यिक संवेदना से लैस व्यक्ति या रचनाकार अपने निजी जीवन में क्रूर या संवेदनहीन क्यों हो जाता है? उनकी पत्नियाँ अलग या नाखुश रहने की नियति क्यों भुगतती हैं? जाहिर है ऐसे लोग भी पारम्परिक/सामन्ती संस्कारों में जीते हैं। अतः उनमें अन्तर्विरोध भी अधिक होते हैं। विचार और कर्म में तारतम्य नहीं रह जाता। संवेदना की वकालत करते-करते खुद ही संवेदनशून्य हो जाते हैं जिस पर शब्दों के जाल का खूबसूरत पर्दा होता है।

उपन्यास का कथा-विन्यास साहित्यिक रेशों से हुआ है। भाषा, अभिव्यक्ति में स्वतःस्फूर्ति है। लेखिका की व्यंग्यप्रियता से निस्सन्देह कथ्य और भाषा में धार आती है।

अन्त में उपन्यासिका में नारीवाद फैशन के सतहीपन में नहीं, परम्परा और आधुनिकता की द्वन्द्वात्मकता में है। 'व्यक्ति' की गरिमा को सहेजनेवाली औरत समाज में भले ही मान पा ले किन्तु घर में पुरुष सत्तात्मक समाज का प्रतिनिधित्व करता पति प्रायः वही कार्य करता है जो उसकी इच्छा के विपरीत हो। उसके अहं को तुष्टि तभी मिलती है जब वह पत्नी को अपने से नीचा जताए। नतीजतन, आर्थिक रूप से स्वतन्त्र आज की औरत पुरुष के दुराग्रहपूर्ण आचरण को बर्दाश्त करने की मानसिकता में नहीं है। अतः पति-पत्नी के समीकरण में असन्तुलन आ जाता है।

कैसी है यह दौड़

–अभिषेक कश्यप

ममता कालिया का यह लघु उपन्यास बाजार में खड़े आज के मानव की नियति, उसके संकट, संशय और उसकी असहायता को जिस बारीकी के साथ परत-दर-परत उधेड़ता है वह यकीनन काबिलेगौर है। 'कथ्य' और 'शिल्प' दोनों दृष्टि से यह एक महत्त्वपूर्ण कृति है।

उपन्यास की पृष्ठभूमि में इलाहाबाद जैसा अर्द्धविकसित शहर है। कभी पूरब का ऑक्सफोर्ड कहे जाने वाले इस शहर में लेखन-कर्म से जुड़े राकेश और रेखा रहते हैं जिन्होंने परम्पराओं और रूढ़ियों को तोड़ते हुए प्रेम-विवाह जैसा साहसिक कदम उठाया है और जो विचारों से आधुनिक हैं। उपन्यास की अग्रभूमि है व्यापार-प्रौद्योगिकी-सम्पन्न शक्तिशाली प्रदेश गुजरात। रेखा-राकेश दम्पती की सन्तति पवन की महत्त्वाकांक्षाओं के लिए इलाहाबाद छोटा शहर है इसलिए उसने एम.बी.ए. किया और गुजरात में नित-नयी सफलता की सीढ़ियाँ लाँघ रहा है।

इस तरह यह 'आधुनिकता' के साथ 'उत्तर आधुनिकता' के टकराव का विमर्श भी है। यहाँ औसत भारतीय जन की दुविधा और असुरक्षा भाव भी उपस्थित है, जो कि असमान सामाजिक व्यवस्था से उभरा है। 100 करोड़ की आबादी वाले इस महादेश में ग्लोबलाइजेशन ने ऐसी तस्वीर पेश की है, जहाँ एक तरफ करोड़ों बेरोजगार युवा खड़े हैं तो दूसरी तरफ ऐसे युवा खड़े हैं, जो करोड़ों की टर्नओवर वाली कम्पनियाँ चला रहे हैं और ऊँचा वेतन ले रहे हैं।

राकेश जब पवन के बहाने युवा पीढ़ी के जड़ों से कट जाने की शिकायत करता है तो रेखा कहती है, "तुम्हें इतना ही कष्ट है तो क्यों करवाया था पवन को एम.बी.ए., घर के बरामदे में दुकान खुलवा देते, माचिस और साबुन बेचता रहता।" जब पवन अपने भाई सघन को राजकोट के कम्प्यूटर वर्ल्ड में दाखिला दिलाने की बात करता है; तो वही रेखा कहती है, "इसको भी ले जाओगे तो हम दोनों बिल्कुल अकेले रह जाएँगे। वैसे ही यह सीनियर सिटीजन कॉलोनी बनती जा रही है। सबके बच्चे पढ़-लिखकर बाहर चले जा रहे हैं।"

यह अर्द्धविकसित भारतीय मानस की चरम दुविधा का समय है। उत्तर

आधुनिकता के आगे आधुनिकता की करुण दुहाई है यह। और यह आधुनिकता भी कैसी? प्रेम-विवाह का चुनाव करने वाली नारीवादी लेखिका रेखा सारी उम्र परिवार की बावर्ची, धोबिन, जमादारिन बनी रहने की दुहाई देते हुए बेटे पवन की विदेशी पत्नी से खाना पकाने और 'घर-गिरस्ती' चलाने के स्त्रियोचित गुणों की अपेक्षा करती है।

जाहिर है, बाजारवाद के इस उत्तर आधुनिक दौर में पुराने मूल्य-मान्यताएँ टिकने वाली नहीं। यहाँ आला मैनेजमेंट इंस्टीट्यूटों से व्यापार-प्रबन्धन के दाँवपेंच में दक्ष होकर आये पवन, अभिषेक, शिल्पा, रोजविंदर, शरद और अनुपम जैसे युवा हैं, जो अपने बौद्धिक कौशल और आक्रामक विज्ञापनबाजी की कला से मरा चूहा भी बेच लेने के आत्मविश्वास से भरे हैं (आई कैन सेल अ डैड रैट)। वे सच्चाई और नैतिकता के पाठ दर्जा चार तक मौरल साइंस में पढ़कर भूल चुके हैं।

यहाँ कैरिअर यानी बाजार प्राथमिक है और बाकी सब कुछ—रिश्ते, भावनाएँ, धर्म, अध्यात्म—उसे मजबूत बनाने और जस्टीफाइ करने के उपादान हैं। पवन को जीवन-संगिनी के रूप में सम्पन्न, अभिजात कम्प्यूटर विजर्ड स्टेला चाहिए और मन की शान्ति के लिए सहजयोग।

इस दौड़ में सबसे ज्यादा चकित, विस्मित और असुरक्षाबोध से पीड़ित है पुरानी पीढ़ी, जो नयी पीढ़ी को अपने रंगरूट में ढाल नहीं पा रही और उसके रंग-ढंग को स्वीकार भी नहीं कर पा रही। कल तक उनकी उँगली थाम कर चलने वाले अपने नौनिहालों की ताबड़तोड़ सफलता और आगे बढ़ने की अनन्त दौड़ में सब कुछ दाँव पर लगाने के उनके जुनून से घबराए हुए हैं। अपने ही बच्चों की सफलता इस पीढ़ी के जीवन में सन्नाटा सुन रही है।

बाजार और टेक्नोलॉजी कैसे मनुष्य के अन्तर्जगत और मानवीय चरित्र को बदल रही है—'दौड़' इसकी 'व्यापक' और 'विश्वसनीय' पहचान कराता है।

उच्च शिक्षा के अँधेरे गलियारे

—ज्योति चावला

'बेघर', 'दौड़' और 'एक पत्नी के नोट्स' जैसे उपन्यासों की लेखिका ममता कालिया का एक नया उपन्यास 'अँधेरे का ताला' पाठकों के सामने है। ममता कालिया के लेखन के अनवरत क्रम में उनका एक नवीनतम उपन्यास भी छप कर आ चुका है—'दुक्खम-सुक्खम'। सत्तर की उम्र और यह जीवट और सर्जनात्मकता वास्तव में बेजोड़ है।

स्त्री लेखन की एक महत्त्वपूर्ण कड़ी ममता लम्बे समय से लिखती आ रही हैं और उनकी रचनाएँ साहित्य जगत में अपनी उपस्थिति भी पूरी ठसक के साथ दर्ज करवाती हैं। ममता कालिया लम्बे समय तक अध्यापिका रही हैं। मुम्बई, दिल्ली और इलाहाबाद में वे अपने लेखन के साथ-साथ अध्यापन भी करती रही हैं। उन्हीं के जीवन के अनुभवों का सम्भवतः किस्सा है—अँधेरे का ताला। इलाहाबाद के एक डिग्री कॉलेज की लम्बे समय तक प्राचार्या रह चुकी ममता के इस उपन्यास की प्रमुख पात्र नन्दिता भी इलाहाबाद डिग्री कॉलेज की प्राचार्या है तो लगता है कि यह ममता के अध्यापन जगत के अनुभवों का ही सृजनात्मक रूप है। अपने अनुभवों को एक उपन्यास का आकार देने में ममता सफल भी रही हैं।

शिक्षण जगत की अव्यवस्था और अराजकता को देखते हुए ममता कालिया ने उपन्यास का शीर्षक ठीक ही दिया है। अपने स्वरूप में यह शीर्षक खासा व्यंग्यपरक है। निराला की कविता 'जल्द-जल्द पैर बढ़ाओ' की एक पंक्ति 'धोबी, पासी, चमार, तेली खोलेंगे अँधेरे का ताला' में कवि ने जिस समतावादी और लोकतांत्रिक समाज की परिकल्पना की है, यह उपन्यास निराला की उसी कविता और भावना पर सीधा प्रहार करता है। शिक्षा व्यवस्था को किसी भी विकासशील समाज की आधारशिला माना जाता है, वहाँ यदि शिक्षा व्यवस्था ऐसी हो, तो उस समाज के भविष्य की कल्पना की जा सकती है।

ममता कालिया ने कथा कहने के लिए इलाहाबाद और वहाँ की शिक्षा व्यवस्था को आधार बनाया है, लेकिन यह दृश्य अथवा स्थिति किसी एक प्रदेश की न होकर पूरे समाज की है। शिक्षा के नाम पर डी. डी. अग्रवाल जैसे संरक्षकों की व्यापार

नीति और कम पैसे में अधिक मुनाफे की इच्छा उसे शिक्षा संस्था कम, एक दुकान अधिक बना देती है। शहरों में कुकुरमुत्ते की तरह उगे कोचिंग सेंटर इस व्यवस्था की ढीली बुनावट की ओर भी इशारा कर देते हैं।

उपन्यास शुरू से अन्त तक कॉलेजों में चल रही अलग-अलग घटनाओं और क्रियाकलापों का एक कोलाज है, जिसे एक साथ रख देने पर पूरी तस्वीर खुल कर सामने आ जाती है। अनुसूचित जाति-जनजाति की छात्राओं-शिक्षिकाओं के साथ अनुचित व्यवहार, छोटे कस्बों और शहरों में चल रहे कॉलेजों में आने वाली छात्राओं की पर-निर्भरता और स्त्री होने का दंश, कॉलेज संरक्षकों की मनमानी और क्षेत्रीय गुंडागर्दी के कई ऐसे चित्र हैं जो किसी और व्याख्या की माँग नहीं करते।

नन्दिता के व्यक्तित्व की बात करें तो उसकी तस्वीर परस्पर विरोधी स्थितियों और एक जड़ व्यवस्था में परिवर्तन की माँग और उसके लिए जी-जान एक कर देने वाली स्त्री के रूप में उभरती है। नन्दिता के लिए कॉलेज की प्राचार्या होना एक नौकरी नहीं, अपितु एक जिम्मेदारी है। सिर पर गम्भीर चोट खा, कॉलेज के व्यवस्थापकों से निपटती अपनी जेब से पैसे खर्च करके भी परोपकार का भ्रम न पालने वाली नन्दिता अँधेरों से लड़ती दिखती है और उसके लिए प्रतिबद्ध भी है। किन्तु एकदम विपरीत परिस्थितियों में उसके निजी प्रयास भी कहीं दब जाते हैं।

ममता कालिया एक सजग रचनाकार हैं। जहाँ एक ओर वे 'पच्चीस साल की लड़की' के प्रति सामाजिक व्यवहार को समझती हैं, वहीं मेधावी छात्राओं के ऐन परीक्षा के समय पर हो रहे विवाह और उस परिस्थिति में उस छात्रा की प्रसन्नता को देखकर उसकी अबोधता पर भी नज़र रखती और विचलित होती हैं।

आज जिस समय पश्चिम की नकल पर हम भी स्वयं को उत्तर-आधुनिक कहलाने की होड़ में जुटे हुए हैं, वहाँ यह सोच कर चिन्ता होती है कि भारत की जनता का एक बड़ा भाग अभी पूरी तरह आधुनिक भी नहीं हो पाया है। और तो और, शिक्षा व्यवस्था जो अँधेरे के तालों को खोलने के लिए प्रतिबद्ध है, अभी अपनी ही जकड़नों में कसी हुई है, और आलम यह है कि यथास्थिति से अनजान भी है। ममता के इस उपन्यास की अधिकांश स्त्री पात्र ऊन और सिलाई के घटजोड़ में उलझी अपनी उम्र निकालती जा रही हैं और अध्यापन का अर्थ उनके लिए कक्षा में जाकर रटे-रटाए विषयों और अध्यायों को उड़ेल देना है। थोड़ी-बहुत क्रान्तिकारिता या परिवर्तन किसी में दिखता भी है तो वह कॉलेज की अनुसूचित जाति-जनजाति की अध्यापिकाओं में ही, जो वेद-पुराणों की सीमित चारदीवारी से निकलकर नये और आधुनिक विचारों की बात करती हैं।

एक शिक्षण संस्था में जाति के आधार पर बँटवारा एक भयावह स्थिति की ओर संकेत करता है। उपन्यास के अन्त में ये दलित अध्यापिकाएँ ही शान और प्रतिष्ठा को दरकिनार कर अपने हाथों पर विश्वास करती सब को बन्धन से मुक्त

करती हैं। अन्त में इन अध्यापिकाओं द्वारा दीवार का गिराया जाना प्रतीकात्मक है जो एक साथ सारी रुकावटों, बाधाओं और प्रतिरोधों की ओर संकेत है।

ममता के प्रस्तुत उपन्यास को पढ़ते हुए नागार्जुन की कविता 'दुखरन मास्टर' की पंक्तियाँ याद हो आती हैं—'लगा-लगा बेबस बच्चों को मिनट-मिनट पर पाँच तमाचे/इसी तरह से दुखरन मास्टर गढ़ता है आदम के साँचे।' आदम के साँचे गढ़ते इन दुखरन मास्टरों का अभी अपनी जकड़नों से बाहर आना बाकी है।

ममता अपने उपन्यास के अध्यापकों और विद्यार्थियों की तस्वीर खींचने का कोई प्रयास करती नहीं जान पड़तीं। ऐसा लगता है कि उपन्यास लिखते समय उनके मस्तिष्क में निरन्तर एक परिवेश चलता रहा है जिसे वे कागज पर उतारती चली जाती हैं। भाषा और व्यवहार का तालमेल बेहद सटीक है। ममता स्वयं अंग्रेजी की अध्यापिका रही हैं, लेकिन पात्रों की कल्पना करते हुए कहीं भी उनका निजत्व उन पर हावी नहीं हो पाता और वे इलाहाबाद के लिए कॉलेज के परिवेश को उसके अनुरूप भाषा दे पाती हैं। ममता कालिया से लेखन की उम्मीद निरन्तर जारी है।

स्त्री-संघर्ष की महागाथा

–बलवन्त कौर

ममता कालिया एक ऐसी लेखिका हैं जिनको अपने रचनात्मक सरोकारों को लेकर कोई दुविधा नहीं है। अपने लेखन द्वारा स्वीकृत और परम्परागत मूल्यों पर प्रश्नचिह्न लगाते हुए जटिल सामाजिक संरचना में मध्यवर्गीय स्त्री की स्थिति और उसकी भूमिका से जुड़े सवालों को वह अपने उपन्यास और कहानियों में लगातार उठाती रही हैं। कुछ इसी प्रकार की चिन्ताएँ और सवाल उनके नये उपन्यास 'दुक्खम-सुक्खम' में भी देखने को मिलते हैं। 'बेघर', 'नरक-दर-नरक', 'प्रेम कहानी', 'लड़कियाँ', 'एक पत्नी के नोट्स' के बाद 'दुक्खम-सुक्खम' ममता कालिया का सातवाँ उपन्यास है। ठेठ पारिवारिकता से उपजा दुक्खम-सुक्खम मथुरा के वैश्य लाला नत्थीमल के परिवार की तीन पीढ़ियों की कथा रचता हुआ बीसवीं सदी के भारतीय समाज में हो रहे परिवर्तनों व हलचलों को बहुत बारीकी से उपन्यास की आन्तरिकता में गूँथता है। उपन्यास उस समय से शुरू होता है जब घर में स्त्रियों के लिए स्टोव व गुसलखाना तक नहीं होता था और उपन्यास का अन्त वहाँ होता है, जहाँ ग्लैमर भरी फिल्मी दुनिया विद्यावती की तीसरी पीढ़ी के जीवन को संचालित करने लगती है। इतने विस्तृत फलक के बावजूद उपन्यास समाज, परिवार व राजनीति में स्त्री से जुड़े सवालों को बहुत मार्मिकता से उठाता है। इसके अतिरिक्त स्वतन्त्रता के लिए संघर्ष, गाँधी का प्रभाव, चरखा व गाँधी से उपजा विचार, देशविभाजन, शरणार्थियों के जत्थे, उनका संघर्ष, नये व पुराने बाजार की टकराहट उपन्यास के आन्तरिक कलेवर में समाहित हैं।

'दुक्खम-सुक्खम' तीन पीढ़ियों के यथार्थ और टकराहटों का उपन्यास है। पहली पीढ़ी विद्यावती और लाला नत्थीमल की है। दूसरी पीढ़ी लीला, भग्गो, कविमोहन और कविमोहन की पत्नी इन्दु की। तीसरी पीढ़ी का प्रतिनिधित्व कविमोहन की बेटियाँ, प्रतिभा व मनीषा करती हैं। तीन पीढ़ियों की कथा होते हुए भी उपन्यास मुख्यतः पहली पीढ़ी यानी विद्यावती के संघर्ष पर ही केन्द्रित है। ममता कालिया की विशेषता है कि वह उपन्यास में दादी विद्यावती की निजता को बरकरार रखते हुए भी उनके संघर्ष को सामाजिक संघर्ष का सार्थक दस्तावेज़ बना देती हैं ताकि आनेवाली पीढ़ियाँ उस यातना से मुक्त रहें।

उपन्यास का आरम्भ ही इस कथन से होता है, 'उसके जन्म में कोई साधारण बात नहीं थी कि उसका जिक्र इतिहास या समाज-विज्ञान की पुस्तकों में पाया जाता।' ये कथन लाला नत्थीमल व विद्यावती की दूसरी पोती मनीषा के जन्म का है। दिलचस्प बात है कि जिस मनीषा के जन्म पर लड्डू नहीं बँटे, और न ही बधावा बँधा, उसी मनीषा ने अपनी दादी की 'असाधारण' कथा रच डाली। मनीषा जानती है कि 'उसकी दादी अपनी तरह की अकेली स्वाधीनता सेनानी थीं, कभी देश की आजादी के लिए लड़ीं, कभी अपनी। अपनी शिक्षा आप ग्रहण की। सारे बन्धनों के बीच रास्ता निकाला। जैसी जिन्दगी मिली, उससे बेहतर जिन्दगी का सपना उन्होंने देखा। मनीषा जानती है कि दादी की याद में कहीं कोई स्मारक खड़ा नहीं किया जायेगा। न अचल न सचल। उसके हाथ में कलम है। वही लिखेगी अपनी दादी की कहानी।'

इस रूप में उपन्यास का पहला खण्ड एक मामूली स्त्री के आत्मसजग होने की कथा है। घर में आत्मसजगता यद्यपि कविमोहन के विवाह के बाद ही आनी शुरू हो गयी, जब लाला नत्थीमल ने बहू इन्दु के लिए घर में पहली बार गुसलखाना बनवाया था। पहली बार विद्यावती को गुसलखाने में नहाते हुए 'सारा ध्यान अपनी स्वच्छता पर केन्द्रित करना रोमांचकारी' लगा। आत्मसजगता का पहला आगाज विद्यावती के जीवन में दरअसल यहीं से होता है। स्नानघर में पहली बार उसे लगता है कि दुनिया में उसके लिए, उसके शरीर के लिए भी चीजें होती हैं। अब तक वह अपना अस्तित्व दूसरों के लिए मानती थी। पहली बार अपने होने का अहसास उसमें अस्मिता बोध की सुगबुगाहट पैदा कर जाता है। बाद में महात्मा गाँधी के आह्वान पर स्वाधीनता संघर्ष में शामिल हो यह आत्मसजगता चेतना में रूपान्तरित हो जाती है।

बीसवीं सदी के प्रथमार्द्ध में जब हर मनुष्य के अन्दर जड़ता और जागरूकता का घमासान मचा हुआ था, तो स्त्री के भीतर वह और भी ज्यादा था क्योंकि उसे शिक्षित करने वाली संस्थाएँ कम और बाधित करने वाली संस्थाएँ ज्यादा थीं। ऐसे में महात्मा गाँधी ने स्वाधीनता संघर्ष में स्त्रियों को शामिल कर उन्हें अनजाने ही अपने भीतर समाज व परिवार की जड़ता से लड़ने का मौका दिया। दादी ने भी महात्मा गाँधी के आह्वान पर बेटी भग्गो के साथ चर्खा समिति में जाना शुरू किया, अखबार पढ़ना शुरू किया। बाहर की ये अनुगूँजें धीरे-धीरे घर के भीतर भी सुनायी देनी शुरू हो गयी थीं, जिन्हें रोक पाना सम्भव नहीं था। लाला नत्थीमल जैसे ठेठ सामन्ती मानसिकता में रचे लोगों के लिए यह बहुत असुविधाजनक स्थिति थी। 'बैयर हमारी और काबू उस जेल में बैठे गाँधीबाबा का!'

दरअसल विद्यावती उसी पीढ़ी की स्त्री है जिसने दोहरा संघर्ष झेला। एक तरफ राजनीतिक दासता के विरुद्ध लड़ते हुए समाज के एक सजग सदस्य की हैसियत से स्वाधीनता संघर्ष से जुड़ी रहीं, तो दूसरी तरफ समाज व परिवार के भीतर अपनी

दशा को तोड़ने का प्रयत्न करती रहीं। ये वे लड़ाइयाँ हैं जिन्हें उस पीढ़ी की स्त्रियों ने बिना स्त्री-विमर्श का पाठ पढ़े घर के भीतर ही लड़ा। अपने 'हक' की पहली गुहार घर के भीतर ही लगायी। देश-दुनिया की जानकारी लेते-लेते दादी जैसी स्त्रियाँ न जाने कब अपने घर व परिवार में अपनी हैसियत पर सवाल उठाना सीख गयीं, पता ही नहीं चला। विद्यावती कहती हैं कि 'औरत रोटी और पाटी के ऊपर भी कछू चाहै की नायँ। मर्द की गुलामी से अच्छी तो मौत हौवै'। सजग रूप से तो वह आजादी के संघर्ष में अपना योगदान था, पर भीतर कहीं यह उम्मीद भी थी कि जब आजादी मिलेगी तो उनकी मुक्ति भी लेकर आयेगी, परिवार में उसकी स्थिति जरूर बदलेगी। 'उसने सोचा था आजादी आयेगी तो रामराज्य आयेगा बल्कि सीता राज्य आ जायेगा। औरत को आदमी की धौंस नहीं सहनी पड़ेगी। वह अपनी मर्जी की मालकिन होगी। कोई उसके हाथों किये खर्च पर नाक-भौं नहीं सिकोड़ेगा। कोई बात-बात पर झिड़की नहीं लगायेगा। घर-बाहर हर जगह उसके साथ बराबरी का बर्ताव होगा।' इसी आकांक्षा के साथ दादी जैसी स्त्रियाँ राजनीतिक दासता से मुक्ति के लिए लड़ीं। इस रूप में राष्ट्रीय अस्मिता के साथ अनजाने ही स्त्री की अस्मिता भी गढ़ती गयी। लेकिन दादी जैसी हजारों औरतों का स्वप्न उस समय भंग हो गया जब देश को आजादी तो मिली पर औरतों की आजादी का सवाल अधर में ही रह गया। एक बड़े उद्देश्य के साथ जुड़ कर उन्हें लगा कि उनका स्वप्न जैसे टूट गया। दरअसल आजादी के आन्दोलन की पृष्ठभूमि के तमाम आन्दोलन विभिन्न क्षेत्रों के मुक्ति-आन्दोलन थे। दलित-मुक्ति, किसानों की मुक्ति, आदिवासियों की मुक्ति, राजतंत्र से मुक्ति, धर्म के पाखण्ड से मुक्ति के साथ-साथ स्त्री की मुक्ति के सवाल भी शामिल थे। पर राष्ट्रीयता के जोर पकड़ने के साथ-साथ इन आन्दोलनों को स्वाधीनता के आन्दोलन के अधीन बना दिया गया और क्रमशः स्थगित कर दिया गया। राष्ट्रीय स्वाधीनता के समक्ष इन सभी मुक्ति-प्रयासों को कमतर बनाया गया, इस तर्क के आधार पर कि इन सभी प्रयासों के मार्ग की सबसे बड़ी बाधा विदेशी शासन है। इसकी स्वाभाविक परिणति यह होनी चाहिए थी कि आजादी के बाद इन प्रयासों को गति दी जाती, पर आजादी के बाद जो शक्ति-सन्तुलन इस देश में स्थापित हुआ उसने इन प्रयासों को गति देने का कोई प्रयत्न नहीं किया। इसलिए विद्यावती कहती हैं कि 'मोय न मिलौ गाँधीबाबा नहीं मैं बासैं पूछती ज्यों जी तुमने सिर्फ आदमियों को आजादी दिला दी, लुगाइयों को कब आजाद करोगे, वो तो आज भी गुलाम हैं।'

ममता कालिया कोई इतिहासकार नहीं हैं, लेकिन फिर भी उनकी राजनीतिक समझ उनके चरित्रों के माध्यम से साफ दिखायी देती है। स्त्री के नजरिये से स्वतन्त्रता आन्दोलन का क्रिटिसिज्म तो उपन्यास में दादी के माध्यम से प्रस्तुत हुआ ही है। साथ ही दूसरी पीढ़ी के कविमोहन और उनके संगी-साथियों की बातचीत में विभाजन की

राजनीति, उसकी पीड़ा, उससे उत्पन्न जन-असन्तोष को भी लेखिका ने उपन्यास में स्पष्ट दर्शाया है। लेकिन इन सब पर ममता कालिया कविमोहन और उसके साथियों से कोरी बौद्धिक बहसें ही नहीं करवातीं, बल्कि आम आदमी, जिसके जीवन में रोटी के सवाल ज्यादा अहम हैं, उनके बीच विभाजन को लेकर जो कशमकश या भ्रम फैले थे, उन्हें भी उपन्यास का हिस्सा बनाती हैं, क्योंकि 'आम जनता की राय' ममता कालिया के लेखन के लिए महत्त्वपूर्ण है। आम लोगों के लिए यह जितना परेशानी का सबब था कि अजमेर शरीफ़ पाकिस्तान कैसे जायेगा, उससे बड़ी चिन्ता थी कि अगर विभाजन हो गया और चुन्नी रँगनेवाले, चूड़ी बनाने वाले, ताले बनाने वाले ज्यादातर कारीगर जो मुसलमान हैं, वे पाकिस्तान चले गये तो दैनिक जीवन के सामाजिक-सांस्कृतिक और व्यापारिक सम्बन्ध समाप्त हो जायेंगे, जो भारतीय जीवन का अहम हिस्सा हैं और किसी भी राजनीति से ऊपर हैं।

उपन्यास में एक तरफ पुराने सामाजिक सम्बन्ध राजनीति का हिस्सा बन रहे हैं तो दूसरी तरफ विभाजन के बाद आये शरणार्थियों द्वारा नये प्रकार के सामाजिक-व्यापारिक सम्बन्ध निर्मित भी हो रहे हैं। पूरी तरह उजड़ कर आये इन शरणार्थियों ने अपनी 'संघर्षधर्मिता और जिजीविषा' से न केवल अपनी स्थिति को बदला, बल्कि ईमानदार प्रतिस्पर्धा और मीठी बोली द्वारा पारम्परिक व्यापारियों को चुनौती दे बाजार का मिजाज ही बदल डाला। इनके आने के बाद दिल्ली में 'कपड़े कुछ ज्यादा रंगीन हो गये और खाना कुछ ज्यादा चटखारेदार हो गया'। बाजार अब दुकानदार का नहीं, खरीदार का हो गया। लाला नत्थीमल जैसे आत्मकेन्द्रित और कंजूस लोग, जो अब तक बाजार को दुकानदार की मिल्कियत माने बैठे थे, वह भी बदलाव की इस आबोहवा में खरीदार के महत्त्व को समझने लगे।

देखा जाये तो उपन्यास छोटे-छोटे ब्योरों के जरिये बीसवीं शताब्दी के प्रथमार्द्ध का तटस्थ और आत्मीय चित्र प्रस्तुत करता है। कालचक्र के पहियों की भाँति जीवन के 'दुक्खम-सुक्खम' पक्ष को रेखांकित करता उपन्यास आगे बढ़ता है। पर दूसरे खण्ड तक आते-आते उपन्यास अपनी मूल गति से हट जाता है। आधुनिक होने की दौड़ में पारिवारिक सम्बन्धों की टूटन यहाँ उभर कर सामने आती है। पहले खण्ड में दादी की कथा रचती औसत रंगरूप वाली मनीषा दादी के संघर्ष और जीवन्तता को धारण करती आत्मबल पाती है। लेकिन इसके ठीक विपरीत बहन प्रतिभा तथा माँ इन्दु आधुनिक जीवन जीती हुई भी उस चेतना से शून्य हैं जो दादी ने अपने समय में प्राप्त की थी। यहाँ ममता कालिया की मूल चिन्ता यही है कि स्वाधीनता की जो समझ विद्यावती की पीढ़ी ने अपने संघर्ष से अर्जित की थी, उसे कैसे आज बरकरार रखा जाये। इस रूप में उपन्यास का दूसरा भाग पूरी तरह से कविमोहन के परिवार की कथा है। लेकिन इस दूसरे खण्ड के सभी पात्र दादी की छवि के समक्ष बौने नज़र आते हैं। सबसे ज्यादा कमजोर और सहानुभूति का पात्र कविमोहन है।

जीवन-भर 'घर की समस्याओं से किताबों में मुँह छिपाता' अन्त में भी निरीह रूप में ही सामने आता है।

आधुनिक काल में ममता कालिया से पहले स्त्री संघर्ष की महागाथा बंगला में आशापूर्णा देवी ने अपनी प्रसिद्ध उपन्यास-त्रयी 'प्रथम प्रतिश्रुति', 'सुवर्णलता' और 'बकुलकथा' में भी रची थी। उसमें भी नवजागरण से लेकर स्वातन्त्र्योत्तर आधुनिक भारत तक स्त्री की स्वाधीनता का इतिहास दर्ज किया गया है। इस उपन्यास-त्रयी में भी पहली पीढ़ी का संघर्ष और उसकी चेतना मुख्य रूप से सामने आती है। लेकिन तीसरी पीढ़ी तक आते-आते वह चेतना लगभग लुप्त हो जाती है। दृष्टि और गुणवत्ता में पर्याप्त अन्तर होते हुए भी दुक्खम-सुक्खम लगभग आशापूर्णा देवी की उपन्यास-त्रयी के ही पैटर्न पर लिखा गया उपन्यास है।

तालीम की तिजारत

–वीणा शर्मा

सुपरिचित रचनाकार ममता कालिया का नया उपन्यास है–अँधेरे का ताला। इसमें लेखिका ने शिक्षा-व्यवस्था की यांत्रिकी और कस्बाई महाविद्यालयों का रोजनामचा प्रस्तुत किया है। इसमें जिस महाविद्यालय को केन्द्र में रख कर शैक्षिक संस्थानों की लचर व्यवस्था को संकेतित किया गया है वह कमोबेश हर कस्बाई महाविद्यालय की हो सकती है। उसमें भी वित्तविहीन, अननुदानित महाविद्यालय समस्त संस्थाओं के बीच दलितों में भी दलित कोटि का होता है। यही व्यथा-कथा पूरे उपन्यास का ताना-बाना है।

कब्रिस्तान से सटा रानी लक्ष्मीबाई डिग्री कॉलेज बुनियादी सुविधाओं से विहीन है। बड़े-बड़े अँधेरे कमरों में फ्यूज्ड बल्ब–प्राचार्य, प्राध्यापिकाओं और कर्मचारियों के लिए रोजमर्रा की नोंक-झोंक का विषय है। प्राचार्य झल्लाती है, 'अभी उस दिन तो सब क्लासों में बल्ब लगवाए थे।' प्राध्यापिकाएँ कहती हैं, 'इससे तो अच्छा है कब्रिस्तान में जाकर क्लास लिया करें।' अटेन्डेंस से परेशान रंजनाएँ, वंदनाएँ कहती हैं, 'वहाँ अटेन्डेन्स फुल निकलेगी।' सेविकाएँ बड़बड़ाती हैं, 'ई तो पढ़ाय के चल दीं, हमार तो मरण है, बड़ी बहन जी देर से आती हैं फिर चार बजे तक नाच नचाती हैं। हम सवेरे से आयी हैं, मुँह नहीं जुठारा है।' बड़ी बहन जी भुनभुनाती हैं, 'ए देखों सब की सब चली गईं। इन्हें घर जाकर कसीदे करने हैं न।'

महाविद्यालय का वह दिन जब प्राचार्य अनुपस्थित होती है, सबके लिए स्वाधीनता के उत्सव जैसा होता है। बड़े बाबू अपनी प्रिय अध्यापिका के पास बैठ कर चाय पीते हैं। बहुधा प्राध्यापिकाएँ स्वेटर बुनती हैं। चाय का समय समाप्त होने को ही नहीं आता।

एक तो कस्बाई महाविद्यालय, दूसरे अननुदानित, तीसरे महिला महाविद्यालय के जितने जोखिम हो सकते हैं, लेखिका उन्हें उपन्यास में सिलसिलेवार रखती हैं। नन्दिता यानी बड़ी बहन जी के ऊपर पूरे महाविद्यालय का दारोमदार है। ग्रामीण लोगों के मन का एक ताला तो खुला है कि लड़कियों को कम से कम बी.ए. अवश्य कराना चाहिए। लेकिन उनके अड़ियल और गँवारूपन से कई बार प्राचार्य को लेने के देने

पड़ जाते हैं। यूनिवर्सिटी के नियमों में बँधी नन्दिता जब एक छात्रा को प्रवेश देने में असमर्थता जताती है तो छात्रा का भाई पेपरवेट से उसका सिर फोड़ कर चला जाता है। इस घटनाक्रम में पुलिस का रवैया और अन्य जहाँ कहीं भी कस्बाई पुलिस का वर्णन है लेखिका ने उसे किसी विदूषक की तरह प्रस्तुत किया है, जिसका भुक्तभोगी से ही बार-बार पूछताछ करने का कर्तव्य भर रह जाता है, अपराधी को पकड़ना कतई नहीं। इसी प्रकार परीक्षा के दिनों में तैनात सिपाहियों द्वारा लड़कियों से पैसे उगाही की घटनाओं से लेखिका ने पुलिस का जो चित्र खींचा है वह इसी लचर व्यवस्था का हिस्सा है। शिक्षा का वह नैतिक रूप सिरे से गायब है जो चरित्रवान नागरिक बनाता है। जब शिक्षा प्रबन्धन ही शुभ लाभ और मुनाफाखोरी की नींव पर स्थापित हो तो वहाँ कर्तव्य बोझ की तरह ढोए जाते हैं, निभाए नहीं जाते।

व्यवसायी प्रबन्ध समिति द्वारा चालित ऐसे महाविद्यालयों की एक अन्य समस्या प्राध्यापिकाओं की स्थायी नियुक्ति की होती है। नन्दिता जब सात प्राध्यापिकाओं की माँग रखती है तो प्रबन्धक डीडी अग्रवाल कहते हैं, 'इतनी टीचरों का क्या करोगी? अचार डालोगी? प्राइमरी में अस्सी रुपये में एक टीचर आठ घंटे पढ़ाती है। तुम्हारे यहाँ चार सौ में दो घंटे पढ़ाएगी। बाकी छह घंटे डंडे बजाएगी। पढ़ाना तुमको भी पड़ेगा। सात टीचर किसी भी हालत में नहीं रखे जाएँगे। हमने इत्ती बड़ी बिल्डिंग खड़ी कर दी, फर्नीचर डलवा दिया। अब यह तुम्हारा जिम्मा है, तुम अच्छे घरों की एम.ए. पास ऐसी लड़कियाँ ढूँढ़ कर लाओ जो निःशुल्क पढ़ाने को राजी हों। शादी के इन्तजार में घर बैठी रहती हैं लड़कियाँ। वे खुश होंगी कि बन-ठन कर बाहर निकलने को मिला।'

और प्रबन्धक सचमुच अपनी व्यावसायिक दृष्टि के बूते प्राइमरी की अध्यापिकाओं को ही एक साल तक कॉलेज में लाने का लालच देकर दोनों जगह फिट कर लेते हैं। ऐसे घाघ प्रबन्धक शिक्षा को भी नफा-नुकसान के तराजू में तौल कर अपना फायदा ढूँढ़ते हैं। तेरह विषयों में मान्यता प्राप्त होने पर भी महज सात विषय पढ़ाये जाते थे। दरअसल, महाविद्यालयों के ये तानाशाह प्रबन्धक अपनी मनमानी चलाते हैं। इनके लिए शिक्षा के मायने मुनाफा है, ज्ञान नहीं।

धीरे-धीरे स्थायी नियुक्तियाँ तो होती हैं, लेकिन कॉलेज की बुनियादी सहूलियत वही ढाक के तीन पात रहती है। प्रबन्ध समिति के लिए कॉलेज में टॉयलेट की सुविधाएँ फालतू के खर्चे होते हैं। टॉयलेट की अव्यवस्था का पूरा प्रसंग प्राध्यापिकाओं में हँसी-मजाक का विषय बन कर रह जाता है, कोई कहती है, पोर्टेबल यूरिनल मिलता हो तो वह भी वॉटर बॉटल की तरह लाना चाहिए। तालाब से कॉलेज की बिल्डिंग में तब्दील हुई यह जगह बारिश के दिनों में फिर तालाब बन जाती है।

प्रबन्धक महोदय नन्दिता से कहते हैं, 'नन्दिता, तुम मेरे शेरों वाले क्लब को चिट्ठी लिखो, पंखे तो उन्होंने दे दिये, अब पंखा लटकाई उनका बाप देवेगा। तबलों

के लिए जो खटराग तुम माँग रही हो, सब उनसे माँगो। सिलाई मशीन के लिए धागा, कैंची सबके लिए लिखो। आधा सामान देने का क्या मतलब है! ऐसी बेशुमार समस्याओं से जूझते ये महाविद्यालय अपने अस्तित्व के लिए लड़ते रहते हैं। कॉलेज अपनी छोटी से छोटी जरूरतों के लिए भी प्रबन्ध समिति पर निर्भर था। इसका न तो स्थानीकरण हुआ था और न ही वह अनुदान की सूची में था। प्रबन्ध समिति ही इसकी भाग्यविधाता थी।

लेखिका बेइन्तहा खुलने वाले कोचिंग केन्द्रों पर भी व्यंग्य करती हैं। ये कोचिंग केन्द्र बाकायदा तयशुदा नीतियों के तहत खोले जाते हैं। जिसमें यह सोच होती है कि कैरिअर वही अच्छा होता है जो उत्तरोत्तर शक्तिशाली होता जाए। एक आदर्श कोचिंग केन्द्र चलाने के लिए उस इलाके का थाना, पुलिस चौकी और नेता का अनुकूल होना पहली शर्त है। विद्यार्थी कोचिंग कक्षाओं में न बम चलाते हैं, न तोड़फोड़ करते हैं, चुपचाप पढ़ते हैं। इन कक्षाओं की फीस भी काफी ऊँची होती है। विश्वविद्यालय के नामी-गिरामी प्राध्यापक यहाँ पढ़ाने आते हैं। जितनी चाबुकदस्ती वे यहाँ दिखाते हैं उतनी ही शिथिलता नौकरी में, और इसे वे अतिरिक्त आय न मान कर खून-पसीने की कमाई कहते हैं। इन संस्थाओं में छात्रों की लियाकत के अनुसार मशक्कत करवाई जाती है। यह कोई नहीं देखता कि इनमें इंसानियत भी विकसित होती है या नहीं।

शिक्षा जगत में बढ़ रहे अपराधीकरण पर लेखिका गहरा क्षोभ जताती हैं। वे गहरा दुख जताती हैं कि कभी शिक्षा की मण्डी कहा जाने वाला शहर इलाहाबाद आज अपराध जगत का अड्डा बनता जा रहा है। शायद अधिक धन पाने की लालसा उन्हें अपराध की ओर धकेलती है। वे उन्हें खतरनाक राहों के अन्वेषी कहती हैं। एक बिगड़ा तंत्र आखिरकार पूरी व्यवस्था को ध्वस्त करने लगता है। नेतागण अपने समीकरण बिठाने में लगे रहते हैं, व्यापारी अपना पैसा बटोरने में, वहीं शिक्षक अपने आदर्शों के प्रति लापरवाही और उदासीनता ओढ़े रहते हैं। ऐसे में कौन-सी शिक्षा पद्धति लागू की जाए, जिससे विद्यार्थियों को डिग्री के साथ-साथ जीवन मूल्य भी मिल सकें। केवल पाठशालाएँ खुलने-भर से अँधेरा दूर नहीं किया जा सकता।

प्रस्तुत उपन्यास में कॉलेजों में घटित होने वाली कई तथ्यगत सच्चाइयों का ब्योरेवार चित्रण है। शिक्षा संस्थान जब जातीय और वर्गीय भेदभाव में बँटने लगते हैं तो नयी पीढ़ी मूलाधार शिक्षा कहाँ से प्राप्त करेगी यह विचारणीय है। जड़ मानसिकता के बदले बिना इन्हें खोला नहीं जा सकता।

शिक्षा जगत का अँधेरा

—पूजा खिल्लन

ममता कालिया का यह उपन्यास 'अँधेरे का ताला' उनके चिरपरिचित परिवेश 'शिक्षा जगत' का अँधेरा है। शिक्षा पर तंत्र के हावी होने और राजनीति के प्रवेश ने शिक्षा जगत को बहुत गहरे अर्थों में परिवर्तित किया है। शिक्षा अब व्यापार है और बाज़ार में बिकने के लिए तैयार है। आज एक शिक्षक का सरोकार शिक्षा से कम, उन अनेकानेक समस्याओं से अधिक है, जो इस तंत्र की देन हैं।

प्राध्यापक के दो मुख्य रणक्षेत्र हैं—प्रवेश और परीक्षा। शिक्षा नगण्य है। उपन्यास की नायिका नन्दिता चक्रवर्ती, बड़ी बहन जी के साथ भी कुछ ऐसा ही है। वह इलाहाबाद के रानी लक्ष्मीबाई कॉलेज की मुख्य प्राध्यापिका एवं प्रबन्धक, दोनों हैं किन्तु अपनी मर्जी से कर कुछ भी नहीं सकतीं। ऊपर का दबाव हमेशा रहता है। महिला जीवन की समस्याओं को भी यह उपन्यास रेखांकित करता है। मासिक धर्म जैसी साधारण एवं सहज प्राकृतिक समस्या से लेकर नारी जीवन की अन्य वृहद् समस्याओं तक लेखिका का ध्यान गया है। आज भी नारी ही नारी की सबसे बड़ी दुश्मन है। अपने कॉलेज में काम करने वाली ननकी दाई, जो सबको चाय पिलाने से लेकर अन्य छोटे-बड़े काम सँभालती है, के लिए कॉलेज की मुख्य प्राध्यापिका द्वारा शॉल खरीदने के वास्ते चन्दा इकट्ठा करने पर अन्य प्राध्यापिकाओं का मुँह बन जाता है। इतना ही नहीं, मजबूरी में चन्दा दे देने के उपरान्त वे ननकी पर तरह-तरह की फब्तियाँ कसती हैं। अन्त में ननकी लाचार होकर शॉल बड़ी बहन जी की मेज पर रख कर बोलती है, "आपके हाथ जोरत हैं। हम शॉल न लेब। सुबह से मार फब्ती सुन-सुन हमार छाती फट गयी।" यह नारी जीवन में 'मनुष्यता' के क्षरण को दर्शाता है। पहले के त्याग, सहानुभूति और दया के भाव की जगह अब दानवी प्रवृत्ति ने ले ली है जिसमें मनुष्य के दिल में मनुष्य के लिए जगह नहीं बची है।

ममता कालिया इसके अलावा भूमण्डलीकरण के इस दौर में कामकाजी या पढ़ने-लिखने वाली महिला की समस्या को भी रेखांकित करना नहीं भूलतीं। यह दौर अपने आपमें 'रक्षक या भक्षक', दोनों ही भूमिका में है जिसे बी.ए. प्रथम वर्ष की अनुसूचित जाति की छात्रा उमा सिंह के माध्यम से दर्शाया गया है। निचले तबके

या पिछड़े वर्ग में यह समस्या अधिक विकराल है। वहाँ पर महिला को परिवार और बाहर, दोनों ही जगह मार झेलनी पड़ती है। यद्यपि इन सबके बावजूद शिक्षा जगत में अनुसूचित जाति एवं जनजाति की महिलाओं की संख्या में बढ़ोतरी हो रही है, जो आश्वस्त करने वाली परिघटना है।

अपनी तकनीक अथवा शैली में यह उपन्यास एक कोलाज की तरह बनता है, जिसमें समाज का हर वर्ग अथवा जाति सम्मिलित है। शिक्षा जगत के बहाने समाज के प्रत्येक वर्ग की समस्याओं पर यह उपन्यास दृष्टि डालता है। आज चूँकि शिक्षा की पहुँच हर तबके तक है इसलिए उसका प्रभाव भी बड़ा है। किन्तु इन सबके बावजूद व्यंग्यात्मक स्थिति यह है कि शिक्षा इन्हें दूर-दूर तक प्रभावित नहीं करती बल्कि सभी अपने-अपने ढंग से शिक्षा प्रणाली को ही प्रभावित करते नज़र आते हैं। यह हमारे समय के अप्रत्यक्ष दबाव हैं, जिन्हें लेखिका ने व्यंग्यात्मक शैली में उकेरा है। उपन्यास की शुरुआत 'इस वक्त हाजिरी ली जा रही है', समय के दबाव एवं रिक्तता को सूचित करने वाली शैली में है। इस पूरे वृत्तान्त को पढ़ कर एक 'प्रभावशून्यता' की सूचना पाठक को पहले ही मिल जाती है किन्तु उत्तरोत्तर इसमें घटनाओं एवं प्रसंगों की दृष्टि से परिवर्तन होता रहता है। मसलन, ननकी वाले प्रसंग में ठेठ ग्रामीण परिवेश की भोजपुरी भाषा का प्रवेश अनायास हो जाता है जिससे प्रसंग रोचक एवं महत्त्वपूर्ण तो बनता ही है, पाठक के मस्तिष्क पर भी गहरा प्रभाव छोड़ जाता है। इलाहाबाद की छात्र राजनीति एवं कोचिंग वाली घटना में बाइंडिंग, रजिस्टर, कैफे जैसी चलताऊ और बेतकल्लुफी की भाषा का लुत्फ है। 'लड़कियों के रेले कक्षाओं से निकल पड़े' अथवा 'इतनी देर से नन्दिता ने अपने मनोबल की प्रत्यंचा तानी हुई थी तब दिवाकर को देख कर वह शिथिल पड़ गयी' जैसी साहित्यिक किन्तु प्रांजल भाषा का प्रयोग भी इस उपन्यास में हुआ है।

अन्ततः यह उपन्यास 'भूमण्डलीकरण' के आईने में हमारी बनती-बिगड़ती शिक्षा का दस्तावेज़ है, जिससे एक तो शिक्षा में पिछड़े वर्गों का हस्तक्षेप बढ़ा है, रोजगार की सम्भावनाएँ बनी हैं किन्तु वहीं दूसरी ओर शिक्षा अपना बुनियादी सरोकार ही खो बैठी है। नैतिक क्षरण अपने चरम पर है जिससे 'शिक्षा' जैसा पवित्र पेशा भी नहीं बचा है। इससे ऊपर बैठे प्रशासनिक अधिकारियों और प्रबन्धन की पोल भी खुलती है। तकनीक एवं प्रचार ने पूरी शिक्षा प्रणाली की भाषा को ही बदल दिया है जिसमें संस्कृत, हिन्दी एवं अंग्रेजी की गड्डमड्ड इबारत कुछ इस तरह बनी है : 'तू दयालु दीन हौं, विद्यायाश्च फलं ज्ञानं विनयस्य शेक्सपीरियन सॉनेट...' यही लेखिका की नज़र में आज की शिक्षा की हकीकत और प्रभाव, दोनों हैं।

कभी दुक्खम, कभी सुक्खम

–सीमा

सुप्रसिद्ध कथाकार ममता कालिया ने 'दुक्खम-सुक्खम' उपन्यास में ब्रज क्षेत्र के जनजीवन का बहुत ही प्रमाणिक चित्रण किया है। इस उपन्यास की कहानी बीसवीं सदी के पूर्वार्द्ध से शुरू होती है। यद्यपि कथा के केन्द्र में मथुरा है, कहीं-कहीं वृन्दावन भी, किन्तु यह कथा केवल ब्रज क्षेत्र की कथा न रहकर पूरे उत्तर भारत की कस्बाई-संस्कृति को पुनर्जीवित करती है।

विगत शती के प्रायः अर्द्ध-भाग के कालखण्ड से लेकर कथा वर्तमान तक संचरित होती हुई सामाजिक, आर्थिक परिवर्तनों के साक्ष्य तीन पीढ़ियों के माध्यम से कराती है। लाला नत्थीमल तथा उनकी पत्नी विद्यावती (जीजी) के वैश्य परिवार में उनके पुत्र कविमोहन एवं पुत्रवधू इन्दु हैं। तीसरी पीढ़ी में कविमोहन की दो पुत्रियाँ मनीषा (मुन्नी) और प्रतिभा (बेबी) हैं। उपन्यास का प्रारम्भ परिवार में पुत्री-जन्म की घटना पर परिवार की प्रतिक्रियाओं से होता है। प्रथम पुत्री प्रतिभा के जन्म पर तो स्थितियाँ सामान्य रहती हैं, लेकिन दूसरी बेटी मनीषा के जन्म के साथ ही इन्दु को अमानवीय व्यवहार, ताने और प्रताड़ना झेलनी पड़ती है, मानो उसने कोई जघन्य पाप, कठोर अपराध किया हो, 'जिस दिन वह पैदा हुई, घर में कोई उत्सव नहीं मना, लड्डू नहीं बँटे, बधावा नहीं बजा, उल्टे घर की मनहूसियत बढ़ी। दादी ने चूल्हा तक नहीं जलाया। लालटेन की रोशनी में सिर पर हाथ रखे वे देर तक तख्त पर बैठी रहीं। बेटे की बेटी के लिए उनके मन में अस्वीकार भाव था।'

कविमोहन को भी माँ (जीजी) के कष्टपूर्ण जीवन के प्रति सहानुभूति थी। कवि को जीजी की असहायता और अनभिज्ञता दोनों तकलीफ देती थीं पर उसे हर वक्त यह ख़याल भी रहता था कि वह अपने किसी कृत्य से उनके दुखों में वृद्धि न करे। लड़कपन में उसने बरसों माँ को चक्की चलाते, चरखा चलाते देखा था। बल्कि सबेरे उसकी आँख चक्की की चूँ-चूँ से ही उचटती। कवि को लगता, यह घर एक बहुत भारी पत्थर का पाट है जिसे माँ युगों-युगों से इसी तरह घुमा रही हैं। कवि को लगता, माँ चक्की नहीं पीस रहीं उल्टे चक्की माँ को पीस रही है, माँ पिस रही हैं, कभी-कभी वह साथ लगकर दो-चार हाथ चला देता तो माँ की आँखें चमक उठतीं,

'अरे कैसी हल्की हो गयी ये, अब मैं चला लूँगी। तेरे पढ़ने वाले हाथ हैं, दुःख जाएँगे।' जैसा सामान्य रूप से देखा जाता है कि लड़के विवाहपूर्व अपनी माँ को आदर्श स्त्री मानते हैं, कवि की मानसिकता भी ऐसी ही है। उसे लगता है, 'पिता अत्याचारी हैं, माँ निरीह। पिता जुल्म करते हैं माँ सहती हैं।' माँ का पक्ष लेने के कारण 'वह कई बार पिता से पिटता भी है।' कवि को सहानुभूति अपनी पत्नी इन्दु से भी थी लेकिन कठिन परिस्थितियों में वह घर से पलायन का रास्ता ही अपनाता है। उसे अपनी स्वतन्त्रता, अपनी प्रगति अपनी पत्नी और पारिवारिक जिम्मेदारियों से अधिक प्रिय थे। कवि की पत्नी इन्दु ने कदाचित इसे अपनी नियति मानकर जीवन की कठिनाइयों को स्वीकार कर लिया था। उसका भोलापन निरीहता की सीमा तक जाता था। उसने ससुराल के समस्त अनुशासन, मितव्ययिता और प्रतिदिनता को बिना किसी प्रतिवाद, कुछ इस तरह स्वीकार कर लिया कि कवि अपने अध्ययन-चिन्तन की दुनिया में जीने के लिए स्वतन्त्र हो गया। कुछ वर्षों बाद इतना अवश्य हो गया कि इन्दु ने घर की जटिलता से तो समझौता कर लिया, परन्तु उसे कुटिलता पर क्रोध आ जाता। गुस्से में वह कभी-कभी खाना छोड़ देती, कभी बोलना। कवि की पलायनवादी प्रवृत्ति के कारण इन्दु के मन में कभी-कभी बहुत क्रोध भी आता और वह सोचती, 'पति ने उसे गुलामी के गड्ढे में धँसाकर अपनी आजादी कमाई है। छठे-छमासे आकर डाँट-डपट करने के सिवा और कौन-सी जिम्मेदारी निभाते हैं ये।'

कविमोहन इस उपन्यास का मुख्य पात्र तो है, परन्तु वह नायक नहीं है क्योंकि वह स्वार्थी है, जब घर की परिस्थितियाँ उसे अपने अनुकूल नहीं लगतीं तो क्रोध के अतिरेक के कारण उसका मन वैरागी होने लगता है। उसे लगता है, वह यहाँ भागकर क्यों आता है जहाँ एक पल का चैन नहीं है। यह घर की उड़ान को अवरुद्ध करता है। उसके सामने प्रगति का अनन्त आकाश है। यहाँ घर के लोग उसे पीछे धकेलते हैं, उसे कुएँ का मेंढक बनाना चाहते हैं। बम्बई जाकर इन्दु का एक अलग ही स्वरूप सामने आता है। आधुनिकीकरण की प्रक्रिया में इन्दु ने अपने बाल कटवाना, ताश खेलना, मेकअप करना और पड़ोसियों से गप्प-गोष्ठी करना तो सहज ही अपना लिया पर अब उसे अपने जीवनसाथी का मनोविज्ञान समझना जरूरी नहीं लगता—'जब दफ्तर से आकर कवि उसे बताना चाहता है कि कैसे उसने समस्त मराठी कार्यक्रमों के बीच हिन्दी का एक घंटे का प्रसारण मंत्रालय से मंजूर करवाया, इन्दु को उसकी सफलता का कोई स्पन्दन ही नहीं होता। वर्षों पति से अलग रहकर उसका स्वतन्त्र मानसिक संस्कार बन चुका था। जितना आनन्द उसे पड़ोसियों में आता पति के सान्निध्य में न आता।' कुछ वर्षों कवि अपनी शिक्षा और नौकरी के कारण अपनी पत्नी और परिवार से अलग रहा। उसके लिए अपनी स्वतन्त्रता और अपना विकास अपने परिवार से अधिक महत्त्वपूर्ण थे। दिल्ली में रहकर कुछ समय के लिए कुहेली भट्टाचार्य के प्रति भी आकर्षित होता है लेकिन कवि के जीवन में

कुहू वहाँ तक थी, जहाँ इन्दु उसे अकेला छोड़ती थी। कुहू की अन्तःकथा कवि के जीवन में कुछ समय के लिए हलचल ला देती है। कुहू से अलग होने पर कवि ने लिखा, 'और हम अपनी बनाई जेलों से बाहर आ गये।'

स्त्री के गर्भ धारण करते ही जिस प्रकार पुत्र जन्म के स्वप्न बुने जाते हैं, वे समाज की विद्रूपतामयी स्थितियाँ हैं जिसके मूल में लेखिका जाती है और दूसरी पुत्री के होने पर परिवार में जो कुहराम मचता है, उस सबका चित्रण बड़े प्रामाणिक और सूक्ष्म रूप में उपन्यास में हुआ। इन्दु और विद्यावती के बीच अधिकतर तनावपूर्ण स्थिति बनी रहती है। विद्यावती गाँधी जी से बहुत प्रभावित थीं। उनके लिए आज़ादी से तात्पर्य स्त्रियों की स्वतन्त्रता से था। विद्यावती को लगता, आज़ादी के बाद रामराज्य नहीं बल्कि सीताराज्य आएगा। 'औरत को आदमी की धौंस नहीं सहनी पड़ेगी।' विद्यावती औरत की भेदभावपूर्ण स्थिति व्यक्त करती है; 'आदमी तीन छटाँक का भी सवा सेर और औरत सवाया होकर भी पौनी। बच्चों का पासंग बनाओ, तब भी तराजू सतर नहीं होती। औरत की तमाम उम्र ऐसे ही कट जाती है, कभी दुक्खम कभी सुक्खम।' अनुस्यूत रानी फूलमती की कथा भी भारतीय समाज की विद्रूपताओं को उघाड़ती है।

यह उपन्यास राष्ट्रीय स्वतन्त्रता संग्राम के समय के जनजीवन पर भी प्रकाश डालता है। गाँधी से प्रभावित स्त्रियों की भागीदारी एवं 'सुराजियों' की सभाओं में जाने वाली ग्रामीण स्त्रियाँ स्वदेश की भावना से किस प्रकार प्रभावित थीं, उसका चित्रण विद्यावती के माध्यम से हुआ है। पितृसत्तात्मक समाज में स्त्रियों पर बहुत से प्रतिबन्ध होते हैं, किन्तु गाँधी जी के स्वराज्य आन्दोलन से वे इतनी प्रभावित थीं कि विद्यावती व अन्य स्त्रियाँ चरखा कातना आदि रचनात्मक कार्यों में ही नहीं, राष्ट्रीय आन्दोलन में भी उतर पड़ीं। विद्यावती के व्यवहार परिवर्तन से लाला नत्थीमल भी चकित थे—'बैयर हमारी और काबू उस जेल में बैठे गाँधी बाबा का।' ममता कालिया जी ने विद्यावती के चरित्र का इस प्रकार सृजन किया है कि वह कम शिक्षित होने पर भी मूर्ख नहीं थीं। सीमित शिक्षा के बावजूद उनमें सहज व्यावहारिक ज्ञान था। ममता जी ने यहाँ घरेलू स्त्री के संघर्ष की तुलना स्वतन्त्रता सेनानियों से की है। यहाँ उन्होंने दोनों की स्थिति का अद्‌भुत साम्य दिखाया है कि स्त्री के लिए घर-परिवार एक तरह का आजीवन कारावास होता है विद्यावती ने यह सब समिति की सभाओं में सुना था कि आज़ादी के मतवालों को अंग्रेज पुलिस जेल में ठूँसकर कैसा बर्ताव करती है। सी-क्लास कैदियों को भी भरपेट खाना-लत्ता नसीब नहीं होता। ऊपर से उनसे हाड़तोड़ मशक्कत ली जाती है। कोल्हू के बैल की तरह जोत दिया जाता है, रातों में सोने नहीं दिया जाता, अगर वे जरा भी प्रतिवाद करें तो उन्हें लात-घूँसों से पीटकर अधमरा कर दिया जाता है। 'विद्यावती को लगा, क्या घर-परिवार में फँसी स्त्री की दशा भी सी-क्लास कैदी जैसी नहीं है। आजादी के मतवालों का तो

नाम-गाम जेल के इतिहास में लिखा मिल जाएगा। औरत का तो नाम-निशान न मिले। ज्यादा से ज्यादा कुछ दिन यही चर्चा रहेगी कि फलाने की औरत चूल्हे की आग में भुरसकर मर गयी, ढिकाने की माँ का पैर जमुना जी में रपट गयो, तुमुक को कंठमाला हो गयी रही और अमुक को बीच बाज़ार सांड ने सींग मार दिया।' सोचते-सोचते विद्यावती का मन भरभरा गया। इसी गृहस्थी में बामशक्कत कैद, डंडा, बेड़ी, तनहाई जाने कौन-कौन-सी सजा काट ली। विद्यावती स्त्रियों की दुर्दशा और उनकी पारिवारिक स्थिति से अच्छी तरह वाकिफ थीं। विद्यावती को अपने जीवन से शिकायत थी कि 'इत्ती जिन्दगी दुक्खम सुक्खम कट गयी, अपनी राजी से कुछ नायँ कियौ।' विरोध में नत्थीमल कहते हैं, 'क्या करना चाहती रही तू। कुनबे की चौधराहट तूने सँभारी, देशी घी के चुचैमा परामठे खाए, देखने की बारी न कोई सास न ननद—और का कसर रह गयी।' इस पर विद्यावती का कथन कि 'औरत रोटी और पाटी के ऊपर भी कछु चाहै कि नायँ। मर्द की गुलामी से अच्छी तो मौत होवै।' इस पर लाला नत्थीमल उठकर दुकान चले गये क्योंकि उन्हें पता था, 'यह पराधीन कौम का स्वाधीन कौम के प्रति आर्तनाद था।' स्त्री की दशा का इतना ज्ञान रखने वाली विद्यावती अपनी पुत्रवधू इन्दु के साथ कभी न्याय नहीं कर पाती। स्वतन्त्रता आन्दोलन के रचनात्मक कार्यक्रम के सम्पर्क में आने से विद्यावती के चरित्र में कुछ परिवर्तन दिखाई देता है। कभी-कभी अपनी बहू इन्दु के प्रति उदार भी दिखती है, लेकिन सब जानते-समझते हुए भी अन्त तक परम्परागत सास ही बनी रहती है।

कविमोहन और इन्दु की बेटी प्रतिभा बम्बई की चमक-धमक वाली दुनिया में प्रवेश कर विज्ञापन और मॉडलिंग की दुनिया में छा जाना चाहती है। इसके लिए वह अपने माता-पिता से विद्रोह कर घर छोड़कर चली जाती है। बड़ी बहन प्रतिभा के सामने औसत रंग-रूप की मनीषा अपने गुणों को विकसित कर आत्मसम्पन्न बनाती है। कविमोहन और इन्दु का सारा ध्यान अपनी बेटियों की अच्छी देखभाल पर ही टिका रहता है। प्रस्तुत उपन्यास के नारी पात्र लीला, भगवती, इन्दु, प्रतिभा, मनीषा और सर्वोपरि विद्यावती का जीवन संघर्ष विलक्षण है।

विद्यावती इस उपन्यास की सबसे गतिशील पात्र हैं। वह अपनी समस्त जड़ता, सीमा, पन्थानुगामिता के बीच अपने लिए रास्ता बनाती हैं। वह नत्थीमल के विरोध के बावजूद चरखा कातती हैं, गाँधी के आदर्शों का अनुगमन करती हैं, आजादी की लड़ाई में भाग लेती हैं, अपनी बेटी (भग्गो) की नौकरी के लिए लाला जी से संघर्ष करती हैं। भग्गो को प्रोत्साहित करती हैं। लाला नत्थीमल खबर से हक्का-बक्का रह गये क्योंकि उन्होंने कल्पना भी नहीं की थी कि ऐसा जमाना आएगा जब लड़कियाँ भी काम करने लगेंगी। आदत के मुताबिक पहले उन्होंने विरोध किया, 'भग्गो काम पर नहीं जाएगी। लोग क्या कहेंगे। बनिया बिरादरी में तो नाक कट जाएगी।' लेकिन विद्यावती विरोध में बोलती हैं, 'छोरी ने पढ़ाई कर सिर ऊँचा किया है। लड़की है

तो क्या हुआ।' ममता कालिया ने विद्यावती का चरित्र इस प्रकार गढ़ा है जो प्रारम्भ से अन्त तक प्रभावित करता रहता है। विद्यावती का चरित्र उनकी दादी का ही स्वरूप है। वे स्वयं कहती हैं, 'विद्यावती की जो भाषा है, वह हमारे यहाँ बोली जाने वाली ब्रजभाषा है। इस उपन्यास को लिखने में मैंने अठारह साल लगा दिये। जब मैंने लिखना शुरू किया तो सोचा कौन पढ़ेगा लेकिन मेरी दादी मेरे अन्दर मँडराती रहती और मैं रवि (रवीन्द्र कालिया—उनके पति) को बताती रहती थी, मेरी दादी ऐसे करती थीं, वो ऐसे कहती थीं, तो रवि ने मुझसे कहा—तुम मुझे सुनाती रहती हो, लिख डालो। इस चक्कर में यह उपन्यास लिखा गया। मेरे जीवन का काफी अंश इस उपन्यास में है। वैसे भी लेखक अपने जीवन का तीन-चौथाई तो अपने साहित्य में ही उड़ेल देता है।' (व्यक्तिगत साक्षात्कार से)।

इस उपन्यास के बारे में एक विशेष बात यह भी है कि उपन्यास के अधिकतर पात्रों के नाम ममता कालिया ने अपने परिवार से ही लिए हैं, यथा—विद्यावती, लाला नत्थीमल, लीला, कुन्ती, भग्गो, इन्दु, प्रतिभा आदि।

उपन्यास का आरम्भ मनीषा के जन्म से एवं अन्त विद्यावती की मृत्यु पर होता है। दादी की मृत्यु के बाद मनीषा सोचती है, 'उसकी दादी अपनी तरह की अलबेली स्वतन्त्रता सेनानी थीं। कभी देश की आजादी के लिए लड़ीं, कभी अपनी। अपनी शिक्षा आप ग्रहण की, सारे बन्धनों के बीच रास्ता निकाला। जैसी जिन्दगी मिली, उससे बेहतर जिन्दगी का सपना उन्होंने देखा।' मनीषा जानती है कि 'दादी की याद में कहीं कोई स्मारक खड़ा नहीं किया जाएगा। न अचल, न सचल। उसके हाथ में कलम है, वही लिखेगी अपनी दादी की कहानी।' यह भी सच है कि मनीषा में लेखिका का ही प्रतिरूप है और वह ही लिखती है अपनी दादी की कहानी।

ममता कालिया ने इस उपन्यास का शीर्षक बच्चों के खेल में गाई जाने वाली पंक्ति से लिया है और सुशील मुनि के प्रवचन में सुखमा-दुखमा सम्बन्धी काल चक्र की अवधारणा से अर्थवत्ता प्रदान की है। उन्होंने उस उपन्यास में स्त्री सम्बन्धी कई प्रश्न उठाए हैं जो कि देहमुक्ति के लिए नहीं हैं। इसलिए 'ममता कालिया को कृष्णा सोब्ती और मन्नू भंडारी की पाँत में देखा जा सकता है, जिनके लिए स्त्री-प्रश्न मानवीय समता और मुक्ति का प्रश्न है, मात्र देह का विमर्श नहीं।'

'दुक्खम-सुक्खम' उपन्यास का बहुत बड़ा आकर्षण ब्रजभाषा का सरल प्रयोग है। पुरातन परिवेश के सभी पात्र पूरी तरह ब्रज-संस्कृति में ढले अपनी भाषा की शब्दावली, मुहावरे, लोकोक्तियों का प्रयोग जिस रूप में करते हैं वह लोक-जीवन को और सुन्दर रूप में प्रस्तुत करता है। सुशील सिद्धार्थ इस उपन्यास के भाषा की तुलना 'खंजन नयन' की भाषा से करते हुए कहते हैं—'लेखिका का जीवनानुभव अपनी सर्वोत्तम रचनाशीलता के साथ 'दुक्खम-सुक्खम' में आकार पा सका है। अमृतलाल नागर के उपन्यास 'खंजन नयन' के बाद ब्रजभाषा की मिठास, टीस और

अभिव्यक्ति का सबसे सार्थक उपयोग इस उपन्यास में हुआ है। ('दुक्खम-सुक्खम' फ्लैप 2 से उद्धृत) वहीं नन्द किशोर नवल ने भी सुशील सिद्धार्थ के इस कथन की पुष्टि की है। उन्होंने लिखा है, 'ममता जी के पास बहुत ही सशक्त भाषा है, जो अपनी सटीकता और तीक्ष्णता में बेमिसाल है। उनमें वर्णन और संवाद रचना दोनों की विलक्षण क्षमता है। जब वे वर्णन करती हैं तो चित्र खड़ा हो जाता है और जब संवाद लिखती हैं तो चित्र बोलने लगता है। उनकी ब्रजभाषा मिश्रित संवाद रचना हमें प्रेमचन्द और अमृतलाल नागर के अपने संवादों की याद दिलाते हैं। वे लिखते हैं–ममता कालिया को पूरी गम्भीरता से प्रेमचन्द की परम्परा की लेखिका मानना चाहिए। इस बात की जोरदार पुष्टि उनके नवीनतम उपन्यास 'दुक्खम-सुक्खम' से होती है।' उन्होंने यह भी लिखा है कि 'दुक्खम-सुक्खम' का एक बहुत बड़ा गुण उसकी रोचकता है। रोचकता कुछ लेखकों के लिए अरुचिकर हो सकती है क्योंकि उसका सम्बन्ध साधारण पाठक वर्ग से है। लेकिन तमाम कलाबाजियों के बावजूद कथा में रोचकता तभी पैदा होती है, जबकि कथावस्तु से लेकर उद्देश्य तक जो उसके तत्त्व नियमित किए गये हैं, उनमें एक सन्तुलन हो। बिना इस सन्तुलन के कोई कथाकृति सफल नहीं हो सकती। मुझे यह देखकर आश्चर्यजनक प्रसन्नता हुई है कि इस समकालीन कृति में प्रेमचन्द जैसी रोचकता ही नहीं है। बिना किसी घटना या पात्र को उभारे हुए यह उपन्यास व्यक्ति के समूह की कथा बन जाता है और पाठकों को अन्त-अनन्त तक अपने साथ ले चलने में समर्थ है।

आज भी 'नरक-दर-नरक'

—साधना अग्रवाल

हिन्दी की प्रतिष्ठित लेखिका ममता कालिया का पहला उपन्यास 'बेघर' 1970 में छपा था। कथ्य के बोल्डनेस के कारण हिन्दी संसार में इसको नोटिस लिया गया था। उनका दूसरा उपन्यास 'नरक-दर-नरक' उसके चार-पाँच वर्षों बाद छपा। इस उपन्यास की भी चर्चा हुई। अब जब लगभग 30-32 वर्षों बाद इसका नया संस्करण आया है तो इस बात पर विचार करने की जरूरत है कि समय के इस लम्बे अन्तराल में क्या इस उपन्यास की विषय-वस्तु में कोई परिवर्तन नहीं हुआ, यह बीते जमाने की बात नहीं हो गयी? इस सवाल का जवाब उपन्यास भी देता है और उपन्यासकार भी। ममता कालिया ने पुस्तक के पूर्वकथन में इसे स्पष्ट करते हुए लिखा है—पिछले तीस वर्षों में आजाद हिन्दुस्तान में युवा वर्ग की जीवन-स्थितियाँ ज्यादा नहीं बदली हैं। हर एक के सामने है जीवित रह सकने का संघर्ष, कार्यजगत की यांत्रिक स्पर्धा, तालमेल के तनाव और स्वप्नों के टूटते तार। इन सबके बीच अपनी परस्परता बचाये रखना प्रेमियों के लिए वास्तव में चुनौती की तरह आता है।

चूँकि, प्रेम और जीवन-संघर्ष के सन्दर्भ प्रायः नहीं बदलते, इसलिए 'नरक-दर-नरक' लिखने की पृष्ठभूमि तथा प्रेरणा के पीछे यदि जीवन की हलचल में इसका स्रोत छिपा हुआ है और कल्पना तथा यथार्थ के इस दिलचस्प खेल में औरों का संशय शामिल नहीं होता तो वह उपन्यास सचमुच अपने होने का अर्थ खो देता है। ऐसा नहीं है इसलिए 1975 में लिखे जाने और उसी वर्ष के अन्त में छपने के बाद भी इसकी जीवन्तता और सार्थकता अभी बची हुई है।

इस उपन्यास के केन्द्र में एक नवविवाहित युवा दम्पति है, जो खेल-खेल में मिलते हैं और एक-दूसरे को प्यार करने लगते हैं, जिसकी परिणति बाद में शादी में होती है। शहर-दर-शहर भटकते और जीविकोपार्जन के लिए संघर्ष करते पहले दिल्ली फिर बम्बई और अन्त में नये सिरे से जीवन शुरू करने के लिए इलाहाबाद पहुँचते हैं। 'नरक-दर-नरक' में उषा और जगन की प्रेम कहानी लिफ्ट में चुम्बन के साथ शुरू होती है। जगन के दुस्साहस पर उषा स्तंभित भी है और स्पंदित भी। कुछ संवादों के आदान-प्रदान के बाद जगन उससे कहता है—'ऐसे मौकों पर लड़कियाँ अपनी

पवित्रता के बारे में एक विज्ञप्ति सुनाती हैं। आप अपने बारे में कुछ कहें।'... उषा जवाब देती है—'प्रेम और पवित्रता दो अलग-अलग चीजें हैं, एक-दूसरे की विरोधी। फिर यह तो शायद अभी प्रेम भी नहीं।' दरअसल उपन्यास के केन्द्र में यदि एक ओर यह सवाल है कि पितृसत्तात्मक समाज में उसके निषेध से उत्पन्न नैतिक और सभ्यग्रासी मूल्य है, तो दूसरी ओर दम्पति का संघर्ष है। अच्छी बात यह है कि ममता कालिया ने अपने इस छोटे उपन्यास को शब्दों के वाग्जाल से ढककर नहीं, बल्कि कथा प्रविधि की उक्तियों को सहज और अकृत्रिम 'नैरेशन' से प्रस्तुत किया है।

इस उपन्यास के पढ़ने के बाद यह साफ हो जाता है कि यह खुद लेखिका के विवाहित जीवन के आरम्भिक वर्षों के संघर्ष, परिवार और समाज से मिली चुनौती और अपने जीने के लिए एक स्वस्थ आजीविका का विकल्प चुनने की दिलचस्प कहानी है। ममता कालिया के पहले उपन्यास 'बेघर' की भावभूमि के केन्द्र में भी नारी संहिता के एक बड़े ही क्रूर विरोधाभास—यौन शुचिता, कौमार्य और केवल पति से यौन सम्बन्ध को उठाया गया था। यह विडम्बना ही है कि आज स्त्री-विमर्श करने वाली लेखिकाएँ भी इन प्रश्नों से कन्नी काट कर बच निकलती हैं।

यह उपन्यास की शक्ति का ही प्रमाण है कि यशपाल जैसे श्रेष्ठ लेखक ने इस उपन्यास पर अपनी प्रतिक्रिया देते हुए लिखा था—'उपन्यास की भाषा संक्रमण काल के उफनते-खलबलाते जीवन की संवेदनाओं की अभिव्यक्ति के अनुरूप सरल-ओजस्वी लगी। विशेषकर उषा या माँ की सामाजिकता और आवरणरहित स्वाभाविकता। कथानक और उसके अनुषंग मर्मस्पर्श के साथ नये जीवन-सन्तुलन की चेतना को भी कुरेदते हैं।'

अन्त में यह कहना मुझे जरूरी लगता है कि इस उत्तर-आधुनिक समय में भी जब हमारी जीवन स्थितियाँ और प्रेम के सरोकार तेजी से नहीं बदले हैं, तो इस उपन्यास में उठाए गये प्रश्नों से नयी पीढ़ी को साक्षात्कार करना ही होगा क्योंकि आज भी मौजूदा समाज-व्यवस्था में मध्यवर्गीय शिक्षित युवा-युवतियों को अपनी सारी प्रतिभा, ईमानदारी, मेहनत और प्रथम श्रेणी की डिग्रियों के बावजूद रोजगार के लिए दर-दर की ठोकरें खानी पड़ती हैं। इसलिए भी आज के समय में इस उपन्यास की सार्थकता और प्रासंगिकता बनी हुई है।

बाजार और संस्कार दोनों के खिलाफ

—नरेन्द्र प्रताप सिंह

उपभोक्तावाद और बाजारवाद के चलते हमारे संस्कारों और रिश्तों की बुनावट में अनचीन्हा परिवर्तन आता जा रहा है। जहाँ युवा वर्ग पूरी सामर्थ्य से इस दौड़ में समर्पित हो, सफलता पाने में जुटा है और उसी का हिस्सा बनता जा रहा है वहीं पुरानी पीढ़ी अपनी मान्यताओं, विश्वासों को तड़-तड़ टूटता देखती मूक विवश खड़ी है। उपभोक्तावाद की इस अन्धी दौड़ ने पारिवारिक ढाँचे, नाजुक रिश्तों को किस कदर प्रभावित व भयाक्रान्त किया है या करने की सम्भावना है—उसी का वर्णन है—'दौड़'। नये और पुराने के बीच जारी इस संघर्ष का लेखिका ने यथासम्भव वस्तुनिष्ठ चित्रण करने की कोशिश की है।

पूरा कथानक लेखिका माँ, पत्रकार पिता, बड़े बेटे पवन, उसकी बहू स्टैला और छोटे भाई सघन के चारों ओर घूमता है। सघन, पवन एवं स्टैला नयी पीढ़ी का प्रतिनिधित्व करते हैं और माँ (रेखा) तथा पिता परिवार के पुराने संस्कारों, नैतिक मूल्यों को सहेजकर चलने वाले पात्र हैं। यहाँ आधुनिक नारी की छवि में स्टैला है और पवन-सघन बाजारवादी संस्कृति के पोषक पात्र हैं।

उपन्यास शुरू होता है पवन के एम.बी.ए. करने के बाद घर से अठारह सौ कि.मी. दूर अहमदाबाद में एक एल.पी.जी. कम्पनी में प्रशिक्षु सहायक मैनेजर के रूप में पहुँचने से, जहाँ पुरानी स्थापित कम्पनी से उसे पग-पग पर होड़ लेनी पड़ती है।

अपने को स्थापित करने की पवन की मुश्किलें हैं और उनके बीच इलाहाबाद में पले-बढ़े पवन की यादें हैं, पर यादों का गुबार धीरे-धीरे काम की व्यस्तता और बाजार के मूल्यों में खोता जाता है। भले माँ-पिता की आँखों में वही पवन बसा हो, जो इलाहाबाद में इधर-उधर मौज में घूमता रहता था, पर यहाँ वह धीरे-धीरे एक चतुर व्यवसायी में तब्दील होता जा रहा है। उसकी निगाह में उपभोक्तावाद ही दुनिया की सबसे पहली और जरूरी शर्त है।

घर, छुट्टी पर आया पवन चाहता है माँ-पिता उसके साथ या पास ही रहें; पर पिता तैयार नहीं—"शहर छोड़ने की भी एक उम्र होती है बेटे। इससे अच्छा है तुम किसी कम्पनी में हो जाओ, जो आस-पास कहीं हो।"

"यहाँ मेरे लिए नौकरी कहाँ है! मेरे लिए शहर महत्त्वपूर्ण नहीं है—कैरियर है। मुझे संस्कृति नहीं, उपभोक्ता संस्कृति चाहिए।"

पिता पवन की बातों से बहुत दुखी हैं; पत्नी से कहते हैं—"मुझे तो बड़ा दुख हो रहा है। पवन की बातों को देख-सुनकर।" बेटा उस उम्मीद को भी खत्म किये दे रहा था जिसकी डोर से बँधे वे उसे टाइम्स ऑफ इंडिया की दिल्ली की रिक्तियों के कागज डाक से भेजा करते थे। पवन का मन छुट्टियों में भी इलाहाबाद में नहीं लगता; उसे चिन्ता है अहमदाबाद में अपने व्यवसाय की। उसे पिता की आदर्श भरी बातें, नैतिक मूल्यों पर विचार उबाऊ और गैरजरूरी लगते हैं—"हर पुरानी चीज आपको श्रेष्ठ लगती है। यह आपकी दृष्टि का दोष है पापा। आप अध्यात्म पर बोल रहे थे। आपने जीवन में मुझे बहुत कन्फ्यूज किया है। स्वामी जी की बातें यथार्थ व सीधी-सादी हैं।" पिता आहत हो; बेटे को देखते रह जाते हैं।

वापस अहमदाबाद लौटकर पवन की मुलाकात स्टैला से होती है जो कम्प्यूटर विशेषज्ञ होने के साथ एक बड़े बिजिनेस की मालकिन भी है। दोनों एक-दूसरे को पसन्द करते हैं और शादी करने का निर्णय करते हैं। पवन माँ को सूचित करता है—"माँ, लड़की देख ली है और हम अगले महीने यानी जुलाई ,में शादी कर लेंगे। स्वामी जी ने भी इस डील को ओ.के. कर दिया है।" पाण्डे परिवार हतबुद्धि रह गया। पुराने संस्कारी माँ-बाप अपने बेटे की बहू चुनने की लालसा पाले; दिल मसोसकर रह गये; इससे भी ज्यादा यह कि उनसे तो कोई राय-बात उसने की ही नहीं, स्वयं ही शादी की तारीख भी पक्की कर दी। स्वामी जी के कहने भर से ओ. के. हो गयी। उनको कुछ खबर नहीं। माँ सोचती है पवन ने उसे बुलाने के लिए मजाक किया है। इसीलिए माँ जाने का कार्यक्रम बनाती है।

वहाँ जाकर माँ को सब कुछ अपनी आँखों से दिखता है। स्टैला उसे एक साधारण सी लड़की लगी—उसके बेटे के लिए अनुपयुक्त। पर बेटे ने अपने हाव-भाव से उसे समझा दिया कि स्टैला को उसने जीवन-साथी चुन लिया है; वे एक-दूसरे को एक साथ रहकर परख चुके हैं। यूँ भी बाजार की लड़ाई में स्टैला एक अच्छी पार्टनर थी, क्योंकि वह कम्प्यूटर विशेषज्ञ के साथ स्वयं बड़े बिजिनेस की मालकिन थी, पर ये बातें माँ की समझ से परे थीं। माँ शादी को भावनात्मक नजरिये से अधिक परख रही थी।

पवन आधुनिक समाज का प्रतिनिधि पात्र है; उसे भावनात्मक सम्बन्ध के साथ अपने भविष्य के स्थायित्व पर अधिक ध्यान देना है। स्वामी जी के आश्रम में दिल्ली में शादी होनी तय है।

माँ के लिए स्टैला शीशे से कढ़ी चादर लेकर जाती है, पर माँ को तो उसकी कोई चीज पसन्द नहीं। तब पवन कहता है, "माँ, यह हम दोनों की ओर से है।" पर माँ नाराज ही रही। आखिर पवन बुरा मान जाता है—"आपको पता है—हमारे

तीन हजार रुपये इस गिफ्ट पर खर्च हुए हैं। इतनी कीमती चीज की कोई कद्र नहीं आपको।"

स्पष्ट है कि माँ और पिता अपने दृष्टिकोण में अपेक्षित लचीलापन न ला पाने के कारण कष्ट पाते हैं। वे हर बात के लिए बेटे को जिम्मेदार मानते हैं। वे अपने आदर्शवादी मानदण्डों के आधार पर ही बेटे को आँकते हैं, उसकी बदली हुई दुनिया को नहीं समझ पाते। जहाँ तक बेटे का सवाल है तो वह मानो शेर की सवारी कर रहा है जिससे उतरना अपनी मौत को दावत देने जैसा है। दोनों पक्ष एक-दूसरे को दोष चाहे जितना दें लेकिन अपनी-अपनी परिस्थितियों से विवश हैं। यही 'दौड़' का सबसे मजबूत पक्ष है। बेटे के विवाह के बाद भविष्य की योजनाओं के सन्दर्भ में माँ और बेटे के बीच हुए इस संवाद से यह स्पष्ट होता है—

रेखा ने कहा, "बाप को इतना लम्बा लेक्चर पिला दिया। यह नहीं देखा कि तेरे सुख की ही सोच रहे हैं वे।"

"जब मैं यहाँ सुख से रहता था तब भी तो आप लोग दुखी थे। आपने कहा था कि आपके बड़े बाबू के लड़के तक ने एम. बी. ए. प्रवेश परीक्षा पास कर ली। उस समय मुझे कैसा लगा था।"

"पर अकेलापन...."

"यह अकेलापन तो आप सब के बीच रहकर भी मुझे हो रहा है। आप मेरे नजरिए से चीजों को देखना ही नहीं चाहते। आपने मुझे ऐसे समुद्र में फेंक दिया है जहाँ मुझे तैरना ही तैरना है।"

"तुम पढ़-लिख लिए यह गलती भी हमारी थी, क्यों?"

"पढ़ तो मैं यहाँ भी रहा था पर आप अपने सपने पूरे करना चाहते थे। आपके सपने मेरा संघर्ष बन गये। यह मत सोचिए कि संघर्ष अकेले आता है। वह सबक भी सिखाता चलता है।"

पिता निरुत्तर हो जाते हैं। उन्हें लगता है कि उन्होंने बेटे को जितना अपरिपक्व समझ रखा था उतना वह है नहीं।

इस वर्णन से यह संकेत भी मिलता है कि पिछली पीढ़ी के आदर्शवाद के पीछे छिपे दोहरे मूल्यों के कारण ही वे नयी पीढ़ी की भौतिकवादी जीवनशैली के सामने अपने को इतना असहाय और उपेक्षित महसूस करते हैं। पवन के एक के बाद दूसरी कम्पनी बदलने पर 'एथिक्स' की शिक्षा देने वाले पिता छोटे बेटे सघन, जो ताइवान में नौकरी कर रहा है, की राजनीतिक गतिविधियों के बारे में सुनकर घबरा जाते हैं। यह सूचना पवन से मिलती है—"हाँ पापा, उसका ताइपे से खत आया था। जॉब उसका ठीक चल रहा है पर उसकी चाल-ढाल ठीक नहीं लगी। वह वहाँ की लोकल पालिटिक्स में हिस्सा लेने लगा है।....मैंने फोन किया था, वह तो नेता की तरह बोल रहा था। मैंने कहा नौकरी को नौकरी की तरह करो, उसमें उसूल, सिद्धान्त ठोकने की क्या जरूरत है।"

यह सूचना पाने के बाद माँ-पिता किसी तरह सघन से फोन पर सम्पर्क करने में सफल होते हैं। सघन उन्हें बताता है कि लोकल लोगों का समर्थन करना उसके अस्तित्व के लिए जरूरी है। वह अब वहाँ जम गया है और हिन्दुस्तान लौटने से पहले कुछ पैसे जमा कर लेना चाहता है ताकि लौट कर अपना काम शुरू कर सके। इसमें करीब तीस-चालीस लाख लगेंगे। घबराए हुए पिता उस पर तुरन्त लौटने के लिए जोर डालते हैं, हालाँकि वे उसकी कोई खास आर्थिक मदद भी नहीं कर सकते। वह पिता को कुछ कठोर शब्दों में जवाब देता है। माँ रिसीवर हाथ में लेकर पूछती है कि वह कब तक लौट रहा है। इस पर उसके जवाब के साथ ही उपन्यास खत्म होता है—“माँ, जब आने लायक हो जाऊँगा तभी आऊँगा। तुम्हें थोड़ा इन्तजार करना होगा।”

युवा पीढ़ी अपने सपनों के पीछे पागल होकर नये-नये आसमानों की खोज करती है। इसमें उसके पाँव फिसलते भी हैं, और सँभलते भी हैं। इस यात्रा का अन्त किसी नयी दुनिया की सृष्टि में होगा या आत्महत्या में, यह अभी तय नहीं है। लेकिन एक बात तय है कि पुरानी पीढ़ी अपने आदर्शवादी-नैतिकतावादी ढाँचे में अब उसे नहीं रोक पाएगी। अगर इसकी कोशिश होगी तो टकराव तय है, और इस टकराव में मानो दोनों ही पक्ष अपनी नियति के हाथों विवश होकर एक-दूसरे से जूझते हैं। इस उपन्यास की भूमिका के रूप में प्रस्तुत ये पंक्तियाँ सार्थक हैं—“बीसवीं सदी के अन्त में भारतीय समाज के सबसे गहरे सांस्कृतिक संकट का आख्यान है ‘दौड़’। हमारा समाज आज ऐसे दोराहे पर खड़ा है जहाँ से एक रास्ता बहुराष्ट्रीय कम्पनियों की चरम उपभोक्तावादी संस्कृति के अन्धे कुएँ को जाता है, तो दूसरा संस्कार, सुरक्षा और सामन्ती सामुदायिकता की पुरानी और गहरी खाई की ओर। दोनों एक-दूसरे की कमजोरियों से ताकत पाते हैं। तीसरा रास्ता मिलता नहीं।”

पूरा उपन्यास पाठक को एक क्षण भी अपने से अलग नहीं होने देता। भाषा की सादगी एक अद्भुत अपनापन सँजोये है और घटनाएँ पाठक के आसपास होकर साथ-साथ गुज़रती जाती हैं। पर एक ही बात पाठक को कचोटेगी—यह रचना थोड़ी और बड़ी क्यों नहीं हुई।

लम्बे समय तक सहेजकर रखने योग्य यह एक निर्मम रचना है। यहाँ आने वाला समय झरोखे से स्पष्ट दिखता है। आशा है पाठक वर्ग का इसे भव्य स्वागत मिलेगा।

विमर्शों के बाहर भी जिन्दगी है

—अमिताभ राय

ममता कालिया का सद्यः प्रकाशित उपन्यास 'दुक्खम-सुक्खम' इस मायने में महत्त्वपूर्ण है कि विमर्शों द्वारा प्राप्त ज्ञान से ज्यादा इसमें अनुभवजन्य संवेदना का आवेग है। आज साहित्य में शायद विमर्शों का युग है। रचनात्मक लेखन भी विमर्शों की अतिशयता और आक्रामकता से अछूता नहीं है। इधर के रचनात्मक लेखन में अनुभूति की व्यंजना के स्तर पर विमर्शों और सैद्धान्तिकियों के अध्ययन द्वारा जो ज्ञान प्राप्त होता है, उसकी अभिव्यक्ति पर बल दिया जा रहा है। इन रचनाओं से ऐसा प्रतीत होता है मानो रचना के लिए संवेदनात्मक अनुभव और आवेग की आवश्यकता न होकर ज्ञानात्मक विवेक ही अनिवार्य आवश्यकता है। इसके दो परिणाम कथा साहित्य में लक्षित किए जा रहे हैं—पहला तो कथानक की क्षीणता और अस्पष्टता (साथ ही कथावस्तु की अस्पष्टता) तथा दूसरा घटनाओं की अधिकता। घटनाओं की अधिकता तथा कथावस्तु की क्षीणता के कारण उपन्यास की पठनीयता का ह्रास हुआ है। उपर्युक्त प्रवृत्तियों के दौर में 'दुक्खम-सुक्खम' की सबसे बड़ी विशेषता तो यही है कि स्पष्ट कथानक है, पठनीयता है और है संवेदनात्मक अनुभव और आवेग।

'दुक्खम-सुक्खम' के कथानक के केन्द्र में कवि और उसका परिवार है। कवि उच्च शिक्षा प्राप्त कर रहा एक नवयुवक है। उसकी पत्नी इन्दु दो बच्चियों की माँ बनकर अपनी सास, ससुर और ननद के साथ रह रही है। कवि के पिता लाला नत्थीमल पुराने विचारों के बनिया हैं, जिनकी सोच है कि पढ़ाई बस उतनी ही आवश्यक है, जितनी से कारोबार की समझ पैदा हो सके, परन्तु कवि इस पुरातन सरोकारों वाले घर में घुटन महसूस करता है और आजीविका घरेलू परचुनई के व्यवसाय में न तलाश कर पहले अध्यापक, फिर रेडियो में अफसरी के रूप में तलाशता है। उपन्यास के दूसरे हिस्से में वह अपने बीवी-बच्चों सहित पूना शिफ्ट कर जाता है। आखिरी दृश्यों में कवि की माँ गुज़र जाती है। कुल मिलाकर कथानक का सार-संक्षेप यही है, परन्तु उपन्यास के इस कथानक में घटनाओं और दृश्यों के माध्यम से अनेक प्रश्न उभरते हैं तथा अनेक मार्मिक स्थलों का चित्रण भी है।

उपन्यास का प्रारम्भ एक कन्या के जन्म से और अन्त एक महिला के मरने

की घटना से होता है। जन्म पर की गयी टिप्पणी है—"उसके जन्म में ऐसी कोई असाधारण बात नहीं थी कि उसका जिक्र इतिहास अथवा समाज विज्ञान की पुस्तकों में पाया जाता।" विद्यावती की मृत्यु पर टिप्पणी है, "मनीषा जानती है दादी की याद में कहीं कोई स्मारक खड़ा नहीं किया जाएगा। न अचल, न सचल।" बालिका (प्रकारान्तर से स्त्री) के जन्म और मृत्यु का पूरा चक्र बनता है और इस चक्र में जीती महिलाएँ कई भूमिकाएँ निभाती हैं—पत्नी, बेटी, बहू-बहन आदि, परन्तु इनमें से कोई भी भूमिका स्त्रियों द्वारा अर्जित उसकी प्राथमिक पहचान नहीं होती है। पत्नी किसी की होती है, बेटी किसी की होती है, बहू किसी की और बहन किसी की। यह 'किसी' हमेशा कोई पुरुष ही होगा। अतः इस व्यवस्था में स्त्री की पहचान हमेशा दोयम ही होती है और यह पहचान तब तक दोयम ही रहेगी, जब तक उत्पादन के संसाधनों पर उसका बराबर का हक न स्थापित हो जाए। उत्पादन और उसके संसाधनों पर पूर्ण रूप से पुरुषों का अधिकार है। इसका सबसे प्रत्यक्ष उदाहरण (सबसे क्रूर भी) बच्चों का जन्म ही है। जो माता बच्चों को जन्म देती है, उस बच्चे पर भी उसका अधिकार नहीं होता है। वह बच्चा अपने पिता के नाम से जाना जाता है। ऐसे समाज में नवजात बच्चे के रूप में पुरुष लिंग की आकांक्षा अथवा कामना कोई बड़ी बात नहीं है। यह अनुचित होने पर भी सामान्य है।

ऐसे परिवेश में जब एक बच्ची का जन्म होता है तो उस पर होनेवाली प्रतिक्रिया गौर करने योग्य है, क्योंकि उनके भीतर ही निहितार्थ छिपे हैं।

—जिस दिन वह पैदा हुई, घर में कोई उत्सव नहीं मना, लड्डू नहीं बँटे, बधावा नहीं बजा। उलटे घर की मनहूसियत ही बढ़ी। दादी ने चूल्हा तक नहीं जलाया।

—दादी का चेहरा पीला पड़ गया। ...उनकी आँखों के आगे अँधेरा छा गया, हलक में आँसुओं का नमक महसूस हुआ। ...वे उठकर अस्पताल के फाटक से बाहर निकल आयीं, ताँगा तय किया और भग्गो के साथ वापस मथुरा लौट चलीं।

—"तुमने का कम लाइन लगाई थी छोरियों की।" (नत्थीमल)

—"हाय यह लड़का होती तो मेरे कितने दुःख दूर हो जाते।" (इन्दु)

यहाँ अनेक निहितार्थ हैं। इसमें सबसे प्रत्यक्ष और गौर करने योग्य तथ्य तो यह ही है कि दादा पोती के जन्म पर दादी को कहता है कि तुमने भी तो छोरियों की लाइन लगाई थी। पोती के जन्म पर दादी दुःखी होती हैं, बहू के प्रति क्रूर भी हो जाती हैं। इसका कारण क्या उनकी निजी क्रूरता अथवा अमानवीयता है। अगर वह अमानवीय होतीं तो पहली पोती के जन्म पर भी ऐसा ही व्यवहार करतीं। तब तो वह गीत गाती हैं, थाली पिटवाती हैं। दादी तो दादी, माता भी दुखी होती है, परन्तु दोनों के दुखी होने के कारण पृथक हैं। दादी दुखी हैं, क्योंकि एक ओर अपनी परम्परागत मान्यताओं की पूर्ति न होने के कारण समझती हैं कि इन्दु ने उन्हें धोखा दिया है, तो दूसरी ओर इस घटना के कारण 'बड़े तीखेपन से अपनी तीनों बेटियों

का ध्यान आया, जिनके रहते वे कभी चैन से बैठ नहीं सकीं। तीनों प्रसूतियों पर उनका दिल किस तरह टूटा, कैसे पराजित हुई थीं वे अपनी सृजनशीलता पर, कैसे उठते-बैठते, ससुराल से लेकर पीहर तक सबने उन्हें ताने मारे थे। लड़का था सिर्फ एक और उसके भी हो गयी दो बेटियाँ।' पुत्री के जन्म पर इन्दु रोती है, क्योंकि "यह रोना केवल बच्ची को लेकर नहीं, वरन अपनी रोजमर्रा की स्थिति को लेकर अधिक था, जो एक और लड़की के जन्म से विकटतर होनी अनिवार्य थी।"

उपर्युक्त सन्दर्भों के विश्लेषण से एक तथ्य स्पष्टतः उभरता है। स्त्रियाँ अपनी व्यावहारिक समस्याओं से सीख लेकर उसे सुधारने का प्रयास नहीं कर पा रहीं। चूँकि यह उपन्यास केवल स्त्री-विमर्श के सैद्धान्तिक ज्ञान के आधार पर नहीं लिखा गया है, इसलिए यह बहुत महत्त्वपूर्ण हो जाता है। सैद्धान्तिक धरातल पर हम सभी जानते और कहते हैं कि यह पितृसत्तात्मक व्यवस्था द्वारा महिलाओं की मानसिक कंडीशनिंग का परिणाम है। स्त्री इस मानसिक कंडीशनिंग से गुज़रकर शरीर से भले स्त्री रह जाती है, परन्तु उसका मस्तिष्क और उसकी आत्मा एक पुरुष की हो जाती है। यह स्थिति शिक्षा और ज्ञान के प्रसार, अनुभव की सामान्यता के बावजूद बनी हुई है। विद्यावती को इन्दु के प्रसव के बाद अपनी दुरवस्था का ख़याल आता है, परन्तु उससे सबक लेकर वह स्थिति को बदलने की कोशिश नहीं करती, अपितु ऐसी स्थिति उत्पन्न करती है कि इन्दु भी वैसा ही अपमानित और पीड़ित महसूस करने लगती है। स्त्री होने के कारण अपनी और अपनी पुत्री को होनेवाले दुख के प्रति जो माता संवेदनशील रहती है, वह बहू के प्रति संवेदनशील नहीं रह पाती। विद्यावती को नत्थीमल जब कहते हैं कि तुमने भी तो छोरियों की लाइन लगाई थी तो विद्यावती तल्खी से कहती है, "हाँ मैं तो दहेज में लाई थी ये छोरियाँ, तुम्हारी कछू नायँ लगैं।" परन्तु क्या इन्दु के सन्दर्भ में यही प्रश्न विद्यावती से नहीं पूछा जा सकता कि क्या वह दहेज में अपनी दोनों बेटियाँ लायी है? यहाँ स्त्री विमर्श के सन्दर्भ में अपनी खाँटी भारतीय समस्या है। किसी एक स्त्री विशेष से इसका वास्ता नहीं है। यह पूरे भारतीय समाज की समस्या है।

इस असंगति अथवा अन्तर्विरोध पर थोड़ा और विचार करने पर इसका कारण समझ आता है। एक स्त्री समाज में जो भूमिकाएँ निभाती है, उसमें से किसके द्वारा उसकी बनी पहचान प्राथमिक होगी, कहना अत्यन्त कठिन है। एक साथ कई भूमिकाएँ निभाती स्त्री अपना प्राथमिक कर्तव्य भी निर्धारित नहीं कर पाती। ऐसा समाज इस उपन्यास में देखा जा सकता है, जैसे विद्यावती को लें। वह नत्थीमल की पत्नी है, कवि की माँ है (भग्गो तथा अन्य बेटियों की भी), बेबी-मुन्नी की दादी, इन्दु की सास, बेटियों के बच्चों की नानी आदि। नत्थीमल कवि के बिगड़ने की सारी जिम्मेदारी उस पर डालते हैं और कवि अपने पिता के विरुद्ध सारी आग उन्हीं के सामने उगलता है। वह कोई काम नहीं करती जिससे धनार्जन हो—रहना इन्हीं

के साथ है अन्यथा बाहर का असंवेदनशील और पितृसत्तात्मक सामन्ती मानसिकता में जकड़ा समाज, जिसमें स्त्री मात्र एक देह है, और भी ज्यादा जानलेवा है। घर और बाहर, दोनों जगहों पर अलग-अलग कारणों से स्त्री के पास न स्पेस है और न चयन की स्वतन्त्रता। इसके बावजूद स्त्री को स्वयं ही अपने लिए जगह तलाशने का संघर्ष करना होगा और अपने लिए रास्ते भी बनाने की कोशिश करनी होगी, चाहे उसमें कितने ही खतरे क्यों न उठाने पड़ें! ये दोनों खतरे उठाने के कारण ही विद्यावती इस उपन्यास की सबसे गतिशील पात्र है। वह अपनी समस्त जड़ता, सीमा, पंथानुगामिता के बीच से अपने लिए रास्ता बनाती है। वह नत्थीमल के विरोध के बावजूद चरखा कातती है, गाँधी के आदर्शों का अनुगमन करती है, आजादी की लड़ाई में भाग लेती है, बच्ची (भग्गो) की नौकरी के लिए लालाजी से संघर्ष है, भग्गो को प्रोत्साहित करती है। जहाँ 'लाला नत्थीमल खबर से हक्का-बक्का रह गये क्योंकि उन्होंने कभी कल्पना भी नहीं की थी कि ऐसा जमाना आएगा जब लड़कियाँ भी काम करने लगेंगी।' वहीं विद्यावती बोलती है, 'छोरी ने पढ़ाई कर सिर ऊँचा किया है तुम्हारा। लड़की है तो क्या हुआ।' ऐसा नहीं है कि विद्यावती में कोई खामी नहीं है परन्तु इन सबके बावजूद उसका चरित्र ही सर्वाधिक निखरकर आया है। विद्यावती में नयी चीजें ग्रहण करने की अद्भुत क्षमता है। स्नानगृह प्रसंग इसका प्रत्यक्ष उदाहरण है। यह प्रसंग पूरे पुस्तक के चमकदार अंशों में एक है। अपनी तमाम सीमाओं, सामाजिक अवरोधों के बावजूद उसका विकास हमें विस्मय और दुख—दोनों स्थितियों में डाल देता है। विस्मित होना सामान्य है परन्तु दुखद इसलिए है कि आज भी स्त्रियों को इन मुद्दों पर संघर्ष करना पड़ता है। उसके चरित्र का विकास इस कथन में चरमोत्कर्ष तक पहुँचता है "मोय नायँ मिलौ गाँधीबाबा नहीं मैं वासैं पूछती, ज्यों जी, तुमने सिर्फ आदमियों को आजादी दिला दी, लुगाइयों को कब आजाद करोगे, वो तो आज भी गुलाम हैं।" इस पर नत्थीमल के विरोध पर वह कहती है कि 'तुमने बस इत्ता ही जाना। अरे औरत रोटी-पाटी के ऊपर कछू चाहै कि नायँ। मर्द की गुलामी से अच्छी तो मौत होवै।' ऐसी तल्खी, ऐसा तेवर इस उपन्यास के और किसी पात्र में नहीं। वह इतनी उम्र में भी बेबी मुन्नी की किताबों से ज्ञान प्राप्त करने की कोशिश करती है पति द्वारा लाये गये 'सत्यार्थ प्रकाश', भजन और परमहंस की जीवनी नहीं पढ़ती। वह औरतों की गुलामी की खाँटी भारतीय वजह की ओर भी इशारा करती है, "मैं सोलह साल की ब्याही आयी थी। कुछ भी पता नईं था कैसे घर चलानी है। येईमारे इनका कहना मानती गयी। हमेशा के लिए मैं दबैल बन गयी।" यह भारतीय औरतों की गुलामी की खास वजह है। इसे यहाँ जीने वाला व्यक्ति समझता है।

यद्यपि यह उपन्यास जीवन के संवेदनात्मक चित्रों से निर्मित हुआ है तथापि विमर्श का कोई कोना छूटा नहीं है। इसके बावजूद इसका स्त्री-विमर्श आरम्भिक अवस्था

का ही है। इसका पहला कारण यह है कि इसमें पात्र अस्मिता प्राप्ति के प्रारम्भिक संघर्ष में ही संलग्न हैं। वे अधिकांश स्थलों पर कुछ प्रारम्भिक प्रयास करती दिखाई पड़ती हैं। विद्यावर्ती घर की चौखट से बाहर निकल कुछ सार्थक करने का प्रयास करती है। चरखा चलाने और आजादी की जंग में शामिल होने के साथ तो लाला नत्थीमल उसे घुड़कते हैं; कवि को कुहू को दोस्त मानने में भावात्मक समस्या होती है; प्रतिभा (बेबी) को अपना मनचाहा कैरियर चुनने में खासी मशक्कत करनी पड़ती है। इसे लेखिका का कोई दोष मानना न्यायसंगत नहीं है। यह सोचना कि ममताजी को स्त्री-विमर्श की विभिन्न सरणियों की जानकारी नहीं होगी। एक मूर्खतापूर्ण हास्यास्पद कल्पना होगी। फिर भी कथा सन्दर्भों के चयन में अगर उपर्युक्त स्थितियाँ रखी हैं तो इसकी वजह उनकी दृष्टि ही है। भारतीय समाज में स्त्रियों की दशा में विशेष परिवर्तन देखने को नहीं मिलता है। अगर थोड़ा परिवर्तन हुआ भी है तो वह शहरी समुदाय तक सीमित है। उनमें परिवर्तन आन्तरिक संरचना तक न पहुँचकर सतह पर तैरता प्रतीत होता है। इसका गणितीय आधार भी व्यापक नहीं है। इसे इन्दु के सन्दर्भ में की गयी टिप्पणी से समझा जा सकता है—"अब तक इन्दु लिपिस्टिक-पाउडर लगाकर आधुनिका बन चुकी थीं। आन्तरिक आधुनिकता की न उन्हें चेतना थी, न परवाह।" जब मनीषा कवि के साथ दादा-दादी के पास जाती है तो बुआ की लड़की बिरजो और मनीषा के व्यवहार में अन्तर को भी इसी सन्दर्भ में देखा जा सकता है। गोकि मासिक धर्म तथा तद्जन्य परम्परागत सामाजिक बंदिशों की जानकारी मनीषा को नहीं है, फिर भी मनीषा की स्थिति बेहतर ही कही जाएगी। यह शहरी जीवन और खुलेपन के कारण ही सम्भव है। फिर अगर समाज आगे नहीं बढ़ा है, जड़ता की प्रारम्भिक स्थितियों में ही टिका है और लेखिका ने उसका चित्रण किया है तो उसे दोष मानना एक बड़ी विडम्बना की ओर संकेत है। विमर्श का ज्ञान जो अधिकांश पश्चिमी साहित्य एवं चिन्तन के अध्ययन से ज्ञात हुआ है, उसके आधार पर स्थितियों का आभास प्राप्त कर सृजनात्मक लेखन करना—बहुत जमीनी बात तो नहीं कही जा सकती। स्त्री-विमर्श के सन्दर्भ में और उसकी कलात्मक अभिव्यक्ति के सन्दर्भ में इस पुस्तक की सबसे बड़ी खासियत यही है कि पुस्तक पढ़ते हुए पाठक को बिल्कुल महसूस नहीं होता कि यह उपन्यास स्त्री-विमर्श केन्द्रित है, पर जब वह सोचना प्रारम्भ करता है तो यह पूरी तरह स्त्री-विमर्श की पुस्तक प्रतीत होती है। इसमें मुख्य रूप से दो पुरुष पात्र हैं—लाला नत्थीमल और कवि। गौण रूप से कुछ अन्य पात्र भी हैं। लाला नत्थीमल तो पुरुष सत्ता के ठोस पर्याय हैं ही, कवि का चरित्र भी कुछ प्रोग्रेसिव नहीं कहा जा सकता। वह एक कमजोर पात्र है, जो स्थितियों में घुटता रहता है, बस। वह दायित्वों का निर्वाह न कर विपरीत परिस्थिति उपस्थित होते ही उससे निकल भागने की कोशिश करने लगता है और अधिकांश तो भाग भी जाता है। 'किताबों की सीमाहीन दुनिया से यथार्थ की सँकरी

धरती पर लौटना उसे हताशा से भर देता है।' जब वह शहर से गाँव आता है तो पारिवारिक समस्याओं का सामना करने के स्थान पर उनसे भाग निकलना चाहता है; दिल्ली आता है तो भी इन्दु वगैरह को नहीं लाता, दिल्ली में कुहू प्रसंग में भी ऐसा ही दिखाई पड़ता है। लाला नत्थीमल और कवि के चरित्र का मुख्य अन्तर यह है कि कुछ भावुक क्षणों के अतिरिक्त नत्थीमल में कोई चारित्रिक परिवर्तन नज़र नहीं आता। वह अपनी पुरातनपन्थी मान्यताओं से जकड़ा, केवल व्यापार को जीवन का उद्देश्य माननेवाला, जीवन को भी लाभ-हानि के तराजू पर तोलने वाला पात्र है। इसी कारण कवि से उसकी बनती नहीं। और तो और वह कवि के कविता-कहानियों की कापी को फाड़ उसकी पुड़िया बना देता है। वह अपनी पुत्री का विवाह उसकी उम्र से दोगुने व्यक्ति से कर देता है। कंजूसी में वह इलाज के पैसे नहीं देता। यही नहीं, स्वतन्त्रता संग्राम के दिनों में कांग्रेसियों की हड़ताल से होनेवाले व्यापारिक नुकसान के कारण वह इस संग्राम और कांग्रेस का भी विरोध करते हैं। वे चिन्तित होकर कहते हैं, "गाँधीबाबा के चेलों की चले तो ये सारा बाजार ही फूँक दें, ऐसे सिरफिरे हैं।" वे अपने व्यापारिक हितों की तराजू पर सब कुछ तोलते हैं। अखबार में भी वे सबसे पहले पाँचवाँ पन्ना पढ़ते हैं, जहाँ व्यापार की खबरें छपती हैं। इन मान्यताओं में शायद ही कभी विचलन होता दिखाई पड़ता है। जो थोड़ा-बहुत विचलन दिखाई देता है, वह भावात्मक ही है। इस उपन्यास में चरित्र की संरचना कुछ इस प्रकार से की गयी है कि प्रोग्रेसिव दिखने वाला कवि प्रभावित करने के स्थान पर संशयग्रस्त करता है, जबकि अपढ़ अथवा कम पढ़े-लिखे नत्थीमल और विद्यावती ज्यादा गहरे तक प्रभावित करते हैं। कोई चाहे तो कह सकता है कि उनका चरित्र अपनी गतानुगतिकता में हल्के से विक्षेप से चमक उठता है, परन्तु कागजी बातों के अलावा कवि के चरित्र में कोई नैतिक साहस, नवीन चेतना नहीं दिखाई पड़ती है। कवि आजादी का तात्पर्य व्यक्तिगत स्वच्छन्दता समझता है, जिसमें किसी कर्तव्यबोध का अभाव दिखाई देता है।

इसके कमजोर और परम्परागत पुरुष पात्रों के कारण संरचना के धरातल पर लेखिका को एक और सफलता मिली है। स्त्री-विमर्श की सैद्धान्तिकी का सहारा लिए बिना विमर्श के धरातल पर जैसी सफलता मिली है, वह पुरुष पात्रों के कमजोर और ठस्स आचरण के कारण भी है।

यह पूरी पुस्तक एक स्तर पर अगर स्त्री-विमर्श को जीवन सन्दर्भों में पिरोकर प्रस्तावित करती है तो दूसरे स्तर पर पीढ़ियों के संघर्ष को प्रस्तावित करती है। इस संघर्ष को मूल रूप से तीन पात्र प्रस्तावित करते हैं—लाला नत्थीमल, कवि और प्रतिभा। लाला नत्थीमल और कवि पहले खण्ड में तो कवि और प्रतिभा दूसरे खण्ड में इसे प्रस्तावित करते हैं। इस संघर्ष की विशेषता यह है कि इसके माध्यम से पात्रों के चरित्र और भी स्पष्ट होकर सामने आये हैं। यह नत्थीमल की तुलना में कवि को

प्रगतिशील दिखलाता है, तो प्रतिभा की तुलना में उसकी पुरुषवादी परम्परागत चेतना उभर आती है। वह प्रतिभा को आजादी वहीं तक देना चाहता है, जहाँ तक उसका मन कहता है। वह अपनी परम्परागत सोच से ऊपर उठकर दूसरों की वैयक्तिक आजादी का सम्मान नहीं कर पाता है। अपने इस रूप में तो वह कभी-कभी अपने पिता का प्रतिरूप मालूम पड़ता है। कवि ही इस उपन्यास का केन्द्रीय पात्र है। उसी के साथ कथा का विकास होता है। दूसरा खण्ड उसके पूना जाने के बाद का है, परन्तु इस खण्ड में विद्यावती, नत्थीमल आदि छूट जाते हैं। विद्यावती जैसे गतिशील पात्र का इस तरह अचानक कथा से गायब हो जाना संरचना के धरातल पर इस उपन्यास की सबसे बड़ी खामी कही जा सकती है।

भाषा के स्तर पर यह उपन्यास विशिष्ट है। पूरे उपन्यास की भाषा अपनी जीवन्तता के कारण विशिष्ट है। इसमें ब्रज का सहज एवं प्रवहमान रूप पाठकों का ध्यान सहज रूप से आकृष्ट करता है। कुल मिलाकर यह उपन्यास पठनीय बन पड़ा है, जिसमें जीवन प्रवाह के बीच चिन्तन के सूत्र मिलते हैं।

कहानी

सामाजिक संरचना में स्त्री की नियति का सवाल

—मधुरेश

ममता कालिया ने अपने लेखन की शुरुआत बेशक ममता अग्रवाल के रूप में कविता से की थी। 1967 में प्रकाशित उनकी कहानियों के पहले संग्रह 'छुटकारा' से पूर्व उनकी कविताओं के दो संग्रह छप चुके थे और उनकी कविताएँ 'प्रारम्भ' में शामिल थीं जो तब की बदली और बदलती हुई कविता की दृष्टि से एक उल्लेखनीय संकलन था—प्रायः ढाई दशक पूर्व अज्ञेय द्वारा सम्पादित 'तारसप्तक' की तरह ही। सातवें दशक में जब ममता ने कहानियाँ लिखनी शुरू कीं, नयी कहानी का आन्दोलन पूरी तरह समाप्त हो चुका था और उसके बाद की पीढ़ी कहानी में बाकायदा अपनी पहचान बना चुकी थी। कहानी में ममता कालिया के लिए एक ओर यदि नयी कहानी की स्त्री कहानीकारों की त्रयी—कृष्णा सोबती, मनू भण्डारी और उषा प्रियंवदा—थी तो उससे भी पहले यदि बंग-महिला को फिलहाल छोड़ भी दिया जाए, चन्द्रकिरण सौनरेक्सा जैसी कहानीकार हाल तक सक्रिय थीं जिन्होंने गहरी वर्ग-चेतना वाली कहानियाँ लिखकर एक व्यापक सन्दर्भों वाले उत्तर भारतीय समाज को अपनी कहानियों की अन्तर्वस्तु के रूप में बुना और ढाला था। ममता कालिया की आरम्भिक कहानियाँ पढ़कर, जो 'छुटकारा' और 'सीट नम्बर छह' में संकलित हैं, यह अनुमान लगाना मुश्किल है कि उनके आगे कहानी की ऐसी समृद्ध और सुविकसित परम्परा थी। इसमें पचास के दशक के पूर्वार्द्ध में प्रकाशित चन्द्रकिरण सौनरेक्सा के 'आदमखोर' की कहानियों के अतिरिक्त 'छोटे कमीन : बड़े कमीन', 'बर्थ डे', 'साइकिल' आदि कहानियाँ शामिल थीं। इन कहानियों में मध्य और निम्नमध्य वर्ग की विडम्बनाओं, हताशा और पाखण्ड को गहरी अन्तर्दृष्टि के साथ अंकित किया गया था। कहानी से पूर्व कविता से अपनी शुरुआत करने पर भी ममता कालिया की कहानियाँ, भाषा और काव्योपकरणों के उपयोग के स्तर पर नयी कहानीवाली चित्रात्मक और निर्मल वर्मा की कहानियों के प्रसंग में चर्चा में आयी संगीतपूर्ण भाषा के उपयोग का कोई साक्ष्य नहीं देतीं। वे उस प्रतीक विधान और बिम्ब बहुलता से भी बचती हैं जिसके अतिरेक की चर्चा देवीशंकर अवस्थी राजेन्द्र यादव की कहानियों के प्रसंग में कर चुके थे। नयी कहानी की ही स्त्री लेखकों वाली त्रयी की तरह न ममता कालिया

के यहाँ 'यही सच है', 'ऊँचाई', 'पचपन खंभे लाल दीवारें', 'बादलों के घेरे', 'मित्रो मरजानी' आदि जैसी प्रेम कहानियाँ हैं, न ही अपने समय को परिभाषित करने की चिन्ता वाली वैसी कहानियाँ जैसे 'मैं हार गयी', 'तीन निगाहों की एक तस्वीर', 'स्त्री-सुबोधिनी', 'ज़िन्दगी और गुलाब के फूल', 'वापसी', 'आज़ादी शम्मोजान की', 'सिक्का बदल गया', 'यारों के यार' आदि में आसानी से लक्षित किया जा सकता है। ममता कालिया की कहानियाँ एक ओर यदि स्थितियों के फैलाव और विस्तार से बचती हैं वहीं वे भारतीय समाज में परिचित और प्रतिनिधि पात्रों की भी अधिक चिन्ता नहीं करतीं। उनकी कहानियाँ प्रायः छोटे-छोटे घटना-प्रसंगों की कहानियाँ हैं जिन्हें कभी चेखव की कहानियों के प्रसंग में 'स्लाइस ऑफ लाइफ' के रूप में पहचाना गया था। भाषा के स्तर पर उनमें विट और चुस्त जुमलेबाजी है लेकिन वे प्रायः उतनी ही और वैसी ही हैं जितनी बाहर से दिखाई देती हैं। विश्लेषण, विचार और मूल्यांकन के लिए वे अधिक स्पेस नहीं बनातीं। वे वैसी सुविधा भी प्रायः नहीं देतीं जैसी उसी दौर में उन्हीं के समकालीनों—ज्ञानरंजन, दूधनाथ सिंह, रवीन्द्र कालिया, काशीनाथ सिंह—की बहुत-सी कहानियाँ देती हैं।

ममता कालिया की ये आरम्भिक कहानियाँ अपने अनुभव के सँकरेपन में कैद हैं। लेकिन यहाँ जहाँ-तहाँ वह बेचैनी और छटपटाहट भी कौंधती दिखाई देती है जो कहानी को बड़े लक्ष्यों और आशयों से जोड़ती है। ये कहानियाँ अपनी अन्तर्वस्तु के लिए बाहर की ओर कम देखती हैं। वे अपने और आस-पास के बेहद निजी और सीमित जीवन से ही अपना सारा हवा-पानी ग्रहण करती हैं। यह अकारण नहीं है कि इन कहानियों में एक ही लड़की विभिन्न कथा-स्थितियों और प्रसंगों में बार-बार आती है। यह प्रेम को विवाह में बदलने में सफल हुई लड़की है जो अपनी इस सफलता पर जब-तब इतराती भी देखी जाती है। 'बड़े दिन की पूर्व साँझ', 'उसी शहर में', 'दो जरूरी चेहरे' आदि कहानियों में यह लड़की प्रेम के ताप और उसकी थरथराहट को सम्पूर्णता में 'फील' करना चाहती है और बहुत-कुछ करती भी है। 'बड़े दिन की पूर्व साँझ' में विवाह को केवल पाँच दिन हुए हैं और होटल या क्लब में एक अपरिचित युवक के आग्रह पर, नाचना न जानने पर भी नाचना उसे अपूर्व थ्रिल से भर देता है। उस युवक के साथ पत्नी को नाचने को छोड़कर पति—रूप—बाररूम में आकर बैठ जाता है। नाच समाप्त होने पर वह युवक भार्गव भी लड़की के साथ उसके पति को तलाश करता वहीं आ जाता है। जब रूप पत्नी को जिन और भार्गव को व्हिस्की ऑफर करता है तो युवती इशारे से पति को ऐसा करने से रोकती है। भार्गव पहले ही काफी पी चुका है और अभी रात में उसे मोटरसाइकिल से बारह मील जाना है। भार्गव इसके लिए युवती की ओर कृतज्ञ आँखों से देखता है। नाच के दौरान वह माँ द्वारा अपने लिए लड़की ढूँढ़े जाने की बात बता चुका है—अन्दर कहीं खुश होते और शर्माते हुए। वह चाहता है कि लड़की भले ही इण्टर तक पढ़ी हो, लेकिन सुन्दर हो।

ऐसी मनःस्थिति में पति की उपस्थिति में नाच के लिए युवती से उसका आग्रह इस सुन्दर के प्रति उसकी ललक का ही परिणाम है। विदा के समय भी, रूप से अपनी सफाई में कुछ कहता, उँगली से बाइक की चाबी घुमाता वह देर तक खड़ा रहता है... 'रूप ने मुझे कोट' पहनाना शुरू कर दिया क्योंकि हमारा इतनी देर बाहर रहना काफी साहस की बात थी, यह मानते हुए कि हमारी शादी को सिर्फ पाँच दिन हुए थे... (ममता कालिया की कहानियाँ-1, पृ. 32) 'अ पत्नी' में यही नवविवाहित जोड़ा अपने मित्र प्रबोध के यहाँ जाता है। पति पहले कभी उसके साथ ही रहता था। प्रबोध चाहता था कि वे लोग शादी के बाद भी वहीं रहें, लेकिन लड़की को यह पसन्द नहीं था। हाल में ही प्रबोध ने बाथरूम में गीजर लगवाया है और घर-गृहस्थी की और भी कई चीजें जुटाई हैं। पत्नी से तलाक की प्रतीक्षा में वह लीला के साथ रहता है—जो कायदे से न तो पत्नी है, न ही अविवाहित प्रेमिका। पहली पत्नी से अभी तलाक न मिलना लीला के लिए चिन्ता का पर्याप्त कारण था। हरीश और उसकी पत्नी टाँगें चौड़ी करके बैठने की लीला की आदत से परेशानी अनुभव करते हैं। हाल में हुई शादी के बावजूद पत्नी अपनी चप्पलों की साफ-सफाई के प्रति लापरवाह है। पति द्वारा टोके जाने पर वह उन्हें साड़ी से छिपाने का आश्वासन देकर घर से निकली है। लेकिन अपनी भुलक्कड़ आदत के कारण वह हमेशा यह सावधानी नहीं बरत पाती। फिर वे घर-गृहस्थी, नौकरी आदि की बातें करते रहते हैं। इन्हीं बातों के बीच प्रबोध उन लोगों से बरती जाने वाली 'सावधानी' के बारे में पूछने लगता है। प्रबोध से डाक्टर की मदद के लिए पूछने से ही वह यह हक उसे नहीं देना चाहती। प्रबोध डाक्टर के बढ़े हुए रेट की बात भी बताता है कि पिछले हफ्ते ही उन्हें डेढ़ हजार देने पड़े थे। लीला यह सब सुनकर थोड़ा सकुचाती है और अपनी फैली हुई टाँगों को जोड़कर बैठ जाती है। हरि लीला से लेट जाने का आग्रह करता है क्योंकि उसे कमजोरी अनुभव होती होगी। फिर लीला अपनी होने वाली शादी के लिए बनवाया गया मंगलसूत्र दिखाती है। प्रबोध एक आसान तरीके के रूप में ली जाने वाली गोलियों की बात भी बताता है और लीला से गोलियों का वह पैकेट उन्हें दिखाने को कहता है। हरि अपनी पत्नी का बचाव यह कहकर करता है कि वह बहुत भुलक्कड़ है। याददाश्त की अपनी कमजोरी को लड़की अपनी शादी से जोड़कर देखती है—यदि हरि साथ न हो तो वह शायद चप्पल पहनना ही भूल जाए। चप्पल का प्रसंग आने पर वह अचकचाकर अपने पैरों की ओर देखती है और यह सोचकर सकुचा जाती है कि कहने के बावजूद वह उन्हें साड़ी से छिपाकर नहीं रखे है। उठते हुए वे लोग अपने बरट्रोली जाने की बात बताते हैं जहाँ आज स्पेशल सेशन है। लेकिन प्रबोध लीला की ओर देखते हुए मना कर देता है क्योंकि अभी उसे नाचने में तकलीफ होगी।

'छुटकारा' का बत्रा ढाई महीने बाद मिलने पर भी प्रेमिका से इस बीच उसके

क्या-कुछ नया पढ़ने और दिल्ली की पीली धूल की ही चर्चा करता रहता है। लड़की को प्रेमी का यह ठंडापन अखरता है। उसे लगता है, 'मुझे चिढ़ाया जा रहा था। मुझे कोई चिढ़ाए तो मैं एकदम चिढ़ जाती हूँ।' (वही, पृ. 54) बत्रा को सचमुच नहीं सूझता कि अपने प्रेम का इजहार वह कैसे करे। उसके यह पूछने पर कि क्या वह हेनरी जेम्स पर बात करे, 'मैं चुप हो गयी। मैं घर जाना चाहती थी। असल में मैं आना ही नहीं चाहती थी। चलते समय भी मुझे यह महसूस हो रहा था। फोन पर बत्रा को समय देते हुए मुझे लगा था जैसे मैं शून्य में शून्य से समय नियत कर रहा हूँ...' (वही) बिना उत्साह के मिलना लड़की को ऐसा लगता है जैसे बिना नमक के खाना खाया जा रहा हो। ममता कालिया की ये कहानियाँ, कम-से-कम इनका एक बड़ा हिस्सा, 'शून्य में शून्य से समय नियत करने के' अप्रिय काम से बचने के उद्यम का ही परिणाम हैं। प्रेम और उसकी इतराहट उनका प्रिय खिलवाड़ है। यहाँ पति के लिए पत्नी प्रायः 'लड़ाको' और पत्नी के लिए पति 'क्रुएल' होता है। बाहर बच्चों द्वारा 'आंटी' कहा जाना भी उसे बुरा लगता है क्योंकि इससे लगता है कि इमारत में रहने वाली चौदह औरतों में से वह एक बन गयी है। 'पिछले दिनों का अँधेरा' में यदि युद्ध जैसे किसी राष्ट्रीय या सामाजिक सन्दर्भ का उल्लेख है भी तो इसलिए कि इस स्थिति में प्रेम नहीं किया जा सकता—साँस थाम आँखों और कानों को एक केन्द्र पर जमा सिर्फ इन्तजार किया जा सकता है। लड़की को बोल्डनेस यहाँ या तो दूसरों के सामने अपनी ब्रा की तनी ठीक करने में दिखाई देती है या फिर नोबोकोव, लारेंस, मोराविया, मिलर आदि की किताबों को कमरे में मास्टर लॉक में बन्द रखने में। यह उसके लिए पर्याप्त हैरत की बात है कि दो वक्त की रोटियों और बीच की जगह के एवज में औरतें आदमी को कैसे अपना गुलाम बना लेती हैं।

अपने खिलन्दरे अन्दाज़ में प्रेम, विवाह और नयी गृहस्थी में लैला-मजनूँ की तरह रमे इस जोड़े वाली अपनी विशिष्ट अन्तर्वस्तु का अतिक्रमण ममता कालिया कैसे करती हैं, इसके उदाहरण के तौर पर विभिन्न दौरों में लिखी गयी उनकी सिर्फ तीन कहानियों का उल्लेख काफी होगा। ये कहानियाँ हैं—'बीमारी', 'लड़के' और 'काली साड़ी'। इनमें 'बीमारी' उनके एकदम आरम्भिक दौर की कहानी है—उसके पहले संग्रह 'छुटकारा' में अधिकतर उन्हीं कहानियों के बीच जिनकी कुछ चर्चा ऊपर हुई है। 'बीमारी' सामाजिक स्थितियों में संवेदना के क्षरण की कहानी है। बीमारी सिर्फ किडनी में संक्रमण तक ही सीमित नहीं है, वह इससे कहीं अधिक मारक और व्यापक है। यह बीमारी आपसी रिश्तों के तड़कने और टूटने की है। बहन-भाई के पारिवारिक रिश्ते भी औपचारिकता के व्यावसायिक अन्धड़ में अपनी जड़ों से उखड़ रहे हैं। बहन की बीमारी में आये भाई ने भागदौड़ में खर्च हुए रुपयों और लाये गये फलों का हिसाब जोड़कर रख लिया है। अपनी बीमारी में लड़की एक ऐसी निर्मम और क्रूर दुनिया के बीच अपने को पाती है जहाँ दफ्तर के सहयोगियों से

लेकर अपने रक्त-सम्बन्धी भी उसके लिए अपने नहीं रह जाते। भाई और उसकी बेसलीका-बेअक्ल पत्नी को अपनी रसोई में घुसे देखकर उसे मलाल भी होता है कि भावुकता के एक बचकाने क्षण में अपनी बीमारी की एक बहननुमा चिट्ठी उसे क्यों लिख दी। उनके साथ अहमदाबाद जाने के सुझाव पर उसे घबराहट होती है। उसे यह समझते देर नहीं लगती कि भाई की पत्नी उसकी बीमारी को संदिग्ध ही समझ रही है क्योंकि कुँवारेपन में किसी लड़की को कैसा भी इन्फेक्शन, चाहे वह किडनी में ही सही, सरासर दुश्चरित्र होने की निशानी थी। आराम और सुरक्षा की दृष्टि से भाई उसे कुछ दिन फिर अस्पताल में ही रहने का सुझाव देता है। इसी के लिए भाग-दौड़ में जब वह बाहर निकला हुआ था, बिस्तर पर लेटे हुए ही उसने देखा था कि उसकी पत्नी कपड़ों के बीच रखी उसकी ब्रेसियर का नम्बर पढ़ने की कोशिश कर रही थी। अस्पताल में उसके रहने का इन्तजाम करके लौटने पर जब वह भाई से किसी काम में लगे उसके पैसों के बारे में पूछती है तो, कुछ झेंपते हुए, अपने पर्स से एक कागज निकालकर वह उसे थमा देता है—'उसमें उन पैसों का हिसाब था, जो इधर-उधर मेरे सिलसिले में आने-जाने में खर्च हुए थे और जो फल मेरे लिए लाये गये थे...' (वही, पृ. 47) कैश की अपनी जरूरत को देखते-समझते वह भाई से उसके खर्च किए पैसों का चेक ले लेने के बाबत पूछती है। भाई के कुछ बोलने के पूर्व उसकी पत्नी बैंक में उसका एकाउंट होने की बात बताती है। वह एक चेक अस्पताल के नाम काटकर अपने पर्स में रख लेती है और एक काट कर अपने भाई को थमा देती है। फिर अस्पताल जाने के लिए वह टैक्सी का इन्तजार करने लगती है।

ममता कालिया की 'लड़के' पढ़ते हुए लगातार परसाई और अमरकान्त याद आते हैं। कहानी विश्वविद्यालय में पढ़ने वाले चन्द लड़कों के बहाने हमारी समूची व्यवस्था पर एक बेबाक टिप्पणी की तरह पढ़ी जा सकती है। कहानी की शुरुआत ही इस संशय से होती है कि हालात इससे बदतर हो नहीं सकते थे, या शायद हो भी सकते थे—लेकिन सबसे बड़ा सन्तोष यह था कि लोग अभी जिन्दा थे। लड़के उम्र के जिस दौर में हैं, वे तगड़े बकरों-सा उछलना चाहते थे। समूची युवा पीढ़ी की ऊर्जा का कोई माकूल उपयोग उनके सामने नहीं है। नेता, शिक्षा, बेरोजगारी और अन्ततः कहीं न ले जाने वाली उनकी अर्थहीन पढ़ाई—इन्हीं सबके बीच कहीं उनका वर्तमान कैद है और उसी हिसाब से भविष्य भी। इसी बेमसरफ़ और बेसूद पढ़ाई की बोरियत से बचने के लिए, विकल्प के रूप में, यकायक उन्हें हड़ताल का ख़याल आता है। इसी हड़ताल के प्रसंग में, ठेठ परसाई के लहजे में, वे शहर में सक्रिय उस सेवा-समिति तक पहुँचते हैं जो हड़ताल कराने, स्थगित कराने और समाप्त कराने जैसे कामों में सहयोग करती है। लेकिन सवाल है कि हड़ताल का मुद्दा क्या हो? पढ़ाई को ही यदि मुद्दा बनाना है, तो सब जानते हैं कि वह जड़, बेहूदा और बेमतलब

है—जीवन और उसकी वास्तविकता से जिसका कोई सम्बन्ध नहीं है। हड़ताल में उन्हें कुछ तो जड़ता टूटने की सम्भावना दिखाई देती है जिसमें क्लास में बैठे-बैठे कमर दुखने लगती है और कुछ अपने हक के उपयोग की आशा भी। पढ़कर निकलने की जल्दी किसे है? जो निकले हैं वे भी रो रहे थे और जो नहीं निकले थे वे भी। पढ़ाई का कुल जमा उपयोग एक बहाने के रूप में था—घर भर को फ़ख्र था कि लड़का कॉलेज जाता है। इस बात के आगे और सवाल स्थगित हो जाते थे।

शहर में गंगा की एक विशिष्ट स्थिति और भूमिका रही है। इसीलिए तय होता है कि बाकायदा गंगा के तट पर नारियल फोड़कर हड़ताल शुरू की जाए। उस दिन कार्तिक पूर्णिमा होने से गंगा-तट पर अपार भीड़ के बीच 'भारत सरकार' की तख्ती वाली अनेक जीपें उन्हें दिखाई देती हैं। वे युवक कौतुक और उत्साह से भारत सरकार द्वारा पुण्यलाभ के इस आयोजन को देखते हैं। वस्तुतः इन सरकारी जीपों में आते अधिकारियों के परिवारियों द्वारा ही व्यवस्था और समाज की पर्तें खुलती जाती हैं—हल्के-फुल्के व्यंग्य के खिलन्दरे अन्दाज़ में। मत्स्य विभाग, स्वास्थ्य विभाग आदि सारे विभागों के अधिकारियों के परिवार इस पुण्यलाभ में जुटे हैं। इन युवकों में एक श्यामल के पिता स्वयं शिक्षा विभाग में हैं। उसके परिवार का भी गंगा-स्नान का कार्यक्रम था। उसे डर लगता है कि कहीं उसके परिवार को लेकर शिक्षा विभाग की जीप इसी समय न आ जाए। माप-तौल विभाग का एक कर्मचारी सुनील वर्मा का पड़ोसी था। वह उन बाँटों को पकड़ता था जिन पर एक किलो लिखा होने पर भी वजन वस्तुतः आठ सौ ग्राम ही होता था। फिर बाद में उसी के विभाग के आदमी उन बाँटों को कुंजड़ों, फलवालों और मिठाई वालों को बेच आते थे। ये लड़के इन सरकारी जीपों से उतरती सवारियों पर तानाकशी करते हैं और उनके बहाने, मजाक ही मजाक में भारत सरकार की कार्य-पद्धति और नीतियों पर टिप्पणी भी करते हैं। सिंचाई विभाग की जीप आने पर ताहिर के हस्तक्षेप पर, उसमें परिवार के साथ आया इंजीनियर खिसियाकर अपने बाबू को धमकाने लगता है। फिर वे लोग घबराकर बिना नहाए ही लदर-फदर लौट जाते हैं। लड़कों को अपनी मस्ती सार्थक लगती है। फिर वे लोग एक खाली जीप में घुस जाते हैं जिसका ड्राइवर भी ऊबकर नहाने चला गया था। इन युवकों में से एक अर्जुन सिंह जीप चलाना जानता था...। 'लड़के जीप ले उड़े। कुछ दूर ऊबड़-खाबड़ जमीन में चलकर जीप रुक गयी। अर्जुन सिंह ने फिर स्टार्ट की। तभी लड़कों ने देखा, जाँघिया पहने, नंग-धड़ंग अफ़सरों की एक छोटी-सी टुकड़ी उनके पीछे दौड़ रही है। ये शायद उस जीप के हाकिम थे। लेकिन अब जीप गति पकड़ चुकी थी। लड़कों का जोश बुलन्द था। वे तालियाँ बजाते गा रहे थे...ये दोस्ती हम नहीं तोड़ेंगे, तोड़ेंगे दम मगर तेरा साथ न छोड़ेंगे...' (वही, पृ. 201/202) रास्ते में मूँगफली और पकौड़े भी खरीदे और खाए जाते हैं। अगले दिन मुँह-अँधेरे जॉनसन गंज के चौराहे पर जीप दुरुस्त हालत में बरामद होती है

जो खाद्य नियमन अनुभाग की थी। इस तरह बेरोजगारी बढ़ाने वाली और जीवन से पूरी तरह कटी शिक्षा-व्यवस्था में युवाओं की ऊर्जा के अनुपयोग के संकट से लेकर समूची प्रशासन-व्यवस्था की पर्तें कहानी में परत-दर-परत खुलती चलती हैं—बहुत बेबाक होने पर भी पूरी तरह खिलन्दरे अन्दाज़ में।

इसी तरह 'काली साड़ी' छोटी-छोटी निम्न मध्यवर्गीय ख्वाहिशों की असमाप्त मरीचिका को गहरी विडम्बना के साथ अंकित करती है। कल्पना स्कूल में टीचर है। पति और बच्चे की छोटी-सी गृहस्थी है जिसमें छोटे-छोटे संघर्षों को भी बड़े पहाड़ों की तरह जीतना होता है। कोई साड़ी खरीदने के बाद जब तक ब्लाउज खरीदने की नौबत आती है साड़ी का रंग उतर चुका होता है। काला ब्लाउज बदरंग होकर स्लेटी पड़ चुकता है। 'जूठन' और 'उतरन' इस परिवार के बीज-शब्द हैं—भले ही वह अपने सम्बन्धियों का हो। परिवार पहले गाँधी के 'सादा जीवन उच्च विचार' के आदर्श पर चलता था, अब नेहरू के 'आराम हराम है' को अपना सिद्धान्त-वाक्य मानता है। गहरी पीड़ा और हताशा के साथ कल्पना अनुभव करती है—'मरगिर कर एल. टी. टीचर बन गये। शादी की, फटीचर बन गये।' हर परिवार की तरह उनके यहाँ भी एक तिलिस्मी डिबिया है जिसमें मुसीबत के समय के लिए जोड़कर कुछ पैसे रखे जाते हैं। घर-गृहस्थी की चीजों में काट-छाँट करके बचाये गये पैसे, या फिर रद्दी, खाली डिब्बे और बोतलें जैसे कबाड़ को बेचकर जुटाये गये पैसे। अपने बड़े-से पर्स के अकसर खाली रहने की बात को सुधारते हुए उसे लगता है, 'नहीं' वह गलत कह रही है। पर्स तो इस कदर भरा रहता है कि कई बार जिप भी ठीक से बन्द नहीं हो पाती। पर उसमें रहते हैं दो-एक मटमैले रूमाल, सड़ियल-सा एक पेन, जूड़े के काँटे, मीठी सुपारी की छोटी-सी डिबिया, कॉलेज के लॉकर की चाबियाँ, साइंस की नवीं कक्षा की पाठ्यपुस्तकें, डायरी और एक छोटी डिक्शनरी। चौक तक पहुँचते-पहुँचते पर्स की दौलत में इजाफा हो जाता—दो मरियल से नीबू या पाव भर भिण्डी उसमें जुड़ जाते...। (वही, पृ. 232)

पति को मिले बोनस और अपने बचाये पैसों को जोड़-जाड़ कर वह उस काली साड़ी को लेने का सपना पूरा करती है जिसे वह कई दिन से बाजार में से निकलते हुए दुकान के शो-केस में टँगी देखती रही है। साड़ी भी उसे अपने लिए नहीं उज्ज्वला को शादी में देने के लिए लेनी थी। आजकल शादी-ब्याह में भी कौन किसे साड़ी देता है—बस ग्यारह रुपये और सपरिवार दावत द्वारा उनकी भरपूर वसूली। कल्पना और विनोद दोनों उज्ज्वला को पसन्द करते हैं और चाहते हैं कि उसके विवाह पर एक साड़ी उसे दें। उज्ज्वला का जैसा नाम है, उसके वैसे ही रंग पर यह साड़ी उसे फबेगी भी खूब। जब वे लोग दूकान में साड़ी लेने घुसते हैं, साड़ी का आँचल अपने सीने पर डालकर देखती कल्पना की आँखों की चपलता और झरती ज्योति विनोद से छिपी नहीं रहती है। साड़ी ले आने के बाद घर आकर पति-पत्नी के बीच तकरार

भी होती है। दोनों एक-दूसरे पर उसे खरीदने का दोष मढ़ते हैं। तिलिस्मी डिबिया के साथ पूरा बोनस स्वाहा हो गया है और नतीजे के तौर पर विनोद के पास बनियान के लिए भी पैसे नहीं बचे हैं। देर तक विनोद के क्रोध-कक्ष में घुसे रहने पर जब कल्पना भी वहाँ पहुँचती है तो देखती है कि वह एकटक उसी साड़ी को देख रहा है। सीने पर साड़ी का आँचल डाले कल्पना की आँखें जैसे अभी भी उसके सामने उभर आती हैं। वह अपना फैसला सुनाता है—साड़ी उसी के लिए बनी है। उज्ज्वला के लिए उसका पति खरीदेगा। जब कल्पना अपने काले रंग की दुहाई देते हुए मान करती है तो वह चाय और चॉकलेट के बीच के उसके रंग पर कशीदे काढ़ने लगता है जिसके लिए विदेश में लड़कियाँ घंटों सूर्य-स्नान करती हैं। अपने बनियान के लिए पैसे न बचने की बात भी वह भूल जाता है और तय होता है कि बोनस में से अभी भी बचे बीस रुपयों से वे आज शाम का खाना कहीं बाहर खाएँगे। वे जानते हैं कि लम्बे मरुस्थल के बाद ऐसी हरियाली के क्षण उनके लिए दुर्लभ हैं और वे देर तक उसकी ठण्डक अनुभव करते रहना चाहते हैं।

ममता कालिया की परवर्ती कहानियों में स्त्री पूरे सामाजिक परिप्रेक्ष्य में अंकित है। चालू और काफी-कुछ फैशनेबुल स्त्री-विमर्श के नाम पर स्त्री की आजादी को वे न सिर्फ देह के स्तर पर उतारकर देखती हैं और न ही परिवार को स्त्री के लिए एक पिंजरा मानती हैं जिसे तोड़ कर स्वच्छन्द विचरने में ही उसकी मुक्ति है। सातवें दशक में, ऊँच-नीच सोचने-समझने के नाम पर, परिवार के आरम्भिक विरोध के बीच ममता अग्रवाल ने अन्तर्जातीय प्रेम-विवाह किया। उनकी आरम्भिक कहानियाँ इस प्रेम के अतिरेक में डूबी हैं। लेकिन उन कहानियों का एक विशिष्ट और उल्लेखनीय पक्ष यह है कि वे प्रेम को विवाह में ढाल और बदलकर भी किसी मोहभंग का शिकार नहीं होतीं, जैसा पुरुष-वर्चस्व वाले समाज में सामान्यतः होता है, और न ही वे पति और परिवार के निषेध तक जाती हैं। उनके अग्रजों में मोहन राकेश और राजेन्द्र यादव के उदाहरणों से इसका महत्त्व और बढ़ता है। उनके यहाँ पति, खास तौर से नौकरी-पेशा स्त्री के सन्दर्भ में, सब कहीं मित्र, प्रेमी और सहयोगी है और वह अन्त तक ऐसा ही बना रहता है। 'एक अदद औरत' में जहाँ वे स्त्री के बदलते हुए मूड्स को पकड़ने की कोशिश करती हैं, जिसमें उसके सुखी और दुखी होने के बीच की रेखा बहुत बारीक है, वे बाकायदा हिरन की तरह अलमस्त और चीते की तरह चौकन्ने पति का उल्लेख करके गर्वित होती हैं। उनके यहाँ 'पीली लड़की' जैसी कहानियाँ काफी कुछ अपवाद जैसी हैं जिसमें लड़की—सोना—अपने सहपाठी से प्रेम-विवाह के बावजूद घर में अकेली ऊबती रहती है। पति हिन्दी का प्रवक्ता है। सोना उसके प्रति पूरी तरह समर्पित और शान्त है। पति अपने वरिष्ठ प्रोफेसर की आने वाली किताब के प्रूफ़ पढ़ता है या रीडर की बेटी की कच्ची हिन्दी पक्की करता है। वह दुनियादार किस्म का आदमी है और मानता है कि जीवन में तरक्की

और विकास के लिए यह सब जरूरी है। वाचिका को पत्नी के रूप में सोना की शान्त और समर्पित छवि भयभीत करती है जिसके कारण अपनी शादी का इरादा वह फिलहाल मुल्तबी कर देती है।

ममता कालिया के यहाँ पति और प्रेमी के लिए पूरी तरह समर्पित युवती, अपने खिलन्दरे अन्दाज़ में, मन बहलाव के लिए फ्लर्ट भी कर सकती है। 'लगभग प्रेमिका' की वाचिका–'मैं'–देर से इस विचार के दिमाग में आने पर अपने को धिक्कारती है। कुमार दिल्ली में है। वह बम्बई में नौकरी करती है। लड़कियों के जिस हॉस्टल में वह रहती है, शाम को प्रायः सारी लड़कियाँ अपने प्रेमियों और मित्रों के साथ बाहर रहती हैं। एक अकेली वही 13 नम्बर के अपने मनहूस कमरे में शाम को कैद की तरह काटती है। इतनी जानकारी उसे है कि साहित्य में जिन स्त्रियों को अमरता प्राप्त है–अन्ना कैरेनिना, मैडम बोवेरी, लेडी शैटर्ली और अपनी मीरा बाई–वे सब पति से बाहर प्रेम तलाशती हैं, समाज जिसे एक वर्जित फल के रूप में देखता है, 'मैंने बहुत वैज्ञानिक ढंग से इस विषय पर सोचा। मैं नहीं चाहती थी कि कोई शोहदे किस्म का प्रेमी मेरे पल्ले पड़ जाए और मेरा पारिवारिक जीवन मुसीबत में पड़ जाए। मैं चाहती थी एक सीधा-सादा, संक्षिप्त, सुरक्षित-सा प्रेम-प्रसंग...' (वही, पृ. 132) इसकी सम्भावना उसे कृष्ण कक्कड़ में दिखाई देती है जो कुमार का दोस्त है और बम्बई में ही नेवी में अधिकारी है। लेकिन उसकी सारी सजगता के बावजूद कृष्ण उससे सचमुच प्रेम करने लगता है। वह उससे प्रेमिका की तरह ही पेश आता है और उससे यह अपेक्षा करता है कि वह भी वैसा ही करे जबकि, उसके अनुसार, वह एक ही प्रेम में खण्डहर हो चुकी है। सब कुछ छोड़कर तत्काल दिल्ली आ जाने के लिए जब कुमार की सूचना उसे मिलती है, इस्तीफा भी वहीं से भिजवा दिया जाएगा, तब एक पल भी रुक पाना उसके लिए मुश्किल होता है। कृष्ण के कैमरे में पड़ी नयी रील और पिकनिक पर खींचे जाने वाले फोटो उसे भार-से लगते हैं और बेमन से रुककर भी गैरजरूरी और फालतू चीजों के फोटो लेकर वह सारी रील जाया कर देती है ताकि इस अनचाही मुसीबत से उसे जल्द छुटकारा मिल सके।

'पच्चीस साल की लड़की' में 'मैं' स्टेशन डायरेक्टर की स्टेनो है जिसे उसकी पत्नी मिसेज शर्मा शक की निगाह से देखती है। अपने पति का हिसाब वह उसके चेहरे पर पढ़ने की कोशिश करती है। उस लड़की को सच्चरित्रों में दुश्चरित्र और दुश्चरित्रों में सच्चरित्र समझा जाता है। बच्चे उसे आंटी कहते हैं जबकि वह स्वयं अभी बहुतों को आंटी कहने और बनाने का हौसला रखती है। शादी उसकी होनी है, त्रस्त मिसेज शर्मा हैं और शादी की झूठ-मूठ चर्चा पर वह पति से उसे छुट्टी दिलाने की हामी भरते हुए कहीं बहुत आश्वस्त नज़र आती हैं। एक स्मार्ट, जवान और तेज समझी जाने वाली लड़की का आकलन समाज कैसे करता है, इन प्रतिक्रियाओं की कहानी में एक विशिष्ट भूमिका है।

ममता कालिया की इन कहानियों में अपने लिए सम्भावना तलाशती युवतियाँ भी हैं जो कभी अपनी तलाश में सफल होती हैं, कभी नहीं भी होतीं। 'वे तीन और वह' में प्रयाग की बहन है जो दो और लड़कों के साथ साझे में एक ही कमरे में रहता है। पहले दो लोग ही रहते थे, लेकिन कमरे का खर्च न निकल पाने पर वे प्रयाग को भी शामिल कर लेते हैं। उनमें से पहला अविवाहित है, दूसरे की पत्नी गाँव में रहती है। इसीलिए शायद वह औरतों के बारे में ज्यादा सोचता है। प्रयाग की बीमारी के दौरान उसकी बहन उसे देखने आती है। उसे देखकर पहला दूसरे से जिज्ञासा करता है—क्या अभी भी यह कुँआरी होगी? इस पर दूसरे का उत्तर है, 'अगर वह औरत है तो अस्सी साल तक भी कुँआरी रहने में उसे कोई कोशिश नहीं करनी पड़ेगी...' (वही, पृ. 38) फिर भी वे दोनों लड़का और लड़की एक-दूसरे के बारे में सोचे बिना नहीं रह पाते। लेकिन बिना नहाये देखा गया लड़के का हुलिया और उसकी बनाई जरूरत से ज्यादा तीखी चाय से लड़की बिदक जाती है। अच्छी चाय न बना पाने की लड़के की शर्मिन्दगी पर भी वह कोई ध्यान नहीं देती। चाय अधूरी छोड़कर वह सीढ़ियाँ उतर जाती है जैसे सीढ़ियाँ उतरकर वह सम्भावना से बाहर जा रही हो। इसके विपरीत 'खिड़की' में रेल के डिब्बे की खिड़की भले ही अन्त तक न खुलती हो और लड़का इस पर शर्मिन्दा भी हो, लेकिन कंचन को लगता है कि खिड़की खुल गयी है। इस खुलने की बात लड़के से कहकर फिर वह अपनी ही बात का अर्थ समझकर शर्म से लाल भी हो जाती है। डिब्बे की बन्द खिड़की कंचन के अन्दर ज्ञान और चाहत की एक दूसरी खिड़की खोल देती है और उसे लगता है कि कानपुर बहुत जल्दी आ गया है। 'उसे अपने भविष्य की खिड़की खुलती नज़र आ रही थी। उसने तय किया वह घर जाकर सबसे पहले अपनी किताबों पर पड़ी धूल साफ करेगी'... (वही-2, पृ. 159) कंचन से बातचीत के बीच अलीगढ़ यूनिवर्सिटी का वह लड़का उसे 'थीम ऑफ ऐलिएनेशन इन रामायण' पर रिसर्च करने का सुझाव देता है और उसके लिए भाग-दौड़ का सारा जिम्मा स्वयं ले लेता है। अपनी असम्भव-सी तलाश का सार प्रस्तुत करती हुई 'अकेलियाँ-दुकेलियाँ' की लड़की कहती है, 'मैं एक ऐसा इंसान चाहती थी जिसने मुझसे पहले किसी लड़की को जाना न हो और मुझसे (मेरे) बाद वह किसी को जानने की हसरत न रखे। यह एक मुश्किल तलाश थी...' (पच्चीस साल की लड़की, पृ. 135)

स्त्री की सुरक्षा और सम्मान की दृष्टि से भारतीय समाज बेहद असुरक्षित समाज है। थियेटर रोड के कौवों की तरह पुरुष सब कहीं स्त्री के प्रति आक्रामक और लोभी है। सत्ताईस साल से बेला अपनी सुरक्षा स्वयं करती रही है, और इसी तर्क से वह सैकत की उसे अकेले छोड़ने की आशंकाओं को निरस्त करने की कोशिश करती है। लेकिन बॉथरूम में नहाती बेला भी कौवों से सुरक्षित नहीं है। द्वार पर चिटखनी के बावजूद वह इस काग-चेष्टा से बच नहीं पाती। कन्धे पर से कुर्ता उघाड़ कर दिखाने

पर उसकी नौकरानी दुलारी कहती है, 'दीदी, कलयुग के कौवे हैं न चलते-फिरते लोगों को बकोटते हैं। एक ज़माने में कौवे सिर्फ गलित मांस खाते थे। अब तो जिन्दा मांस खाने लगे हैं...' (थियेटर रोड के कव्वे, पृ. 8), प्रशासनिक परीक्षाओं की तैयारी और सपनों में डूबी सुधा और आशा जैसी लड़कियाँ भी सामाजिक शंकाओं और सन्देहों से परे नहीं हैं। शाम को घूमते हुए वे गंगाघाट के श्मशान की ओर चली जाती हैं। निर्वस्त्र तांत्रिक साधु उन्हें डाँट-फटकार कर भगा देता है। लौटने पर घरवाले उनका हुलिया देखकर, बिखरे बाल, बदहवासी में गिर गये दुपट्टे से बेखबर, झाड़ियों में उलझकर फटे-मुचड़े कपड़े आदि उनके विश्वास दिलाने पर भी उनके कहे पर यकीन करने को तैयार नहीं हैं। उनके हिसाब से उन दोनों के साथ जरूर कुछ ऐसा हुआ है जिसके कारण वे समाज में मुँह दिखाने लायक नहीं रह गयी हैं। उन्हें पढ़ाई छुड़ाने से भी धमकाया जाता है। सुधा के पिता उस पर एम.ए. छोड़कर एल.टी. के लिए दबाव बनाते हैं ताकि वह कहीं अध्यापिका हो सके। अगले दिन कॉलेज में अध्यापकों एवं लड़कों की निगाहें भी उन्हें धृष्ट लगती हैं। फिर उन लड़कियों की उग्र और आक्रामक प्रतिक्रिया से जैसे हंगामा मच जाता है। पुरुष के वर्चस्व और यौनशुचिता के आतंक वाली इस सामाजिक संरचना में लड़कियों को सद्भाव और सहानुभूति से देखने-समझने की बजाय सब कहीं आशंकाओं तथा तोहमतों के काँटे उगे हैं—उनके व्यक्तित्व और आत्मविश्वास को चींथते हुए।

ममता कालिया की कहानियों में स्त्री समूचे सामाजिक परिप्रेक्ष्य में उपस्थित है—बहन, बेटी, पत्नी, माँ, बहू आदि विभिन्न रिश्तों के बीच और साथ। इन स्त्रियों का समाज लेखिका का अपना देखा-भाला पर्याप्त परिचित समाज है जिसमें उसके अपने जीवनानुभव और भूगोल को आसानी से पहचाना जा सकता है। यह मथुरा, दिल्ली, इलाहाबाद और बम्बई में जिया-बिताया जीवन है जिसमें लेखिका के अपने जीवन के ताप और थरथराहट को सब कहीं अनुभव किया जा सकता है। 'रायेवाली' में कालिन्दी मथुरा के पास के एक गाँव से ब्याह कर आयी बहू है जो अपने गाँव—राये के कारण ही न सिर्फ रायेवाली है, बूरा के पुराने परम्परागत व्यवसाय वाले परिवार में आने से उसे हिकारत की दृष्टि से भी देखा जाता है। वह आठवीं पास है। आगे भी पढ़ती लेकिन राये में उसके आगे की पढ़ाई के लिए स्कूल नहीं था। उसका पति मोहन सातवीं में तीन बार फेल होने के बाद बूरा के पारिवारिक व्यवसाय में डाल दिया गया है। ससुराल में देर रात तक उसे सास की टाँगें दबानी होती हैं जिसके कारण उपेक्षित पति राजो के कोठे पर जाने लगा है। पूरे दिन उसे ताने सुनने होते हैं। घर में कोई उससे खुश नहीं है। आजिज आकर जब वह भी अपने खुश न होने की बात कहती है तो जैसे तूफान आ जाता है—औरत होकर जुबान चलाती है? उसे डाँटकर मोहन को लगता है कि अपनी मर्दानगी का वह सही इस्तेमाल कर रहा है। घर के लोगों के हिसाब से तो ऐसी औरत की जीभ काट लेनी चाहिए।

जब उसकी माँ के मरने की चिट्ठी आती है, परिवार में देवर का विवाह है, उसके मायके पहुँचाने को पति मजाक समझता है। उसकी जिद देखकर वह अपना फैसला सुनाता है—जाएगी तो फिर आएगी नहीं। फिर वही होता है जो पति और उसका पूरा परिवार चाहता है, 'कालिन्दी उठी और औरतों की महफिल के बीच आ गयी। ढोलक उसकी तरफ सरका दी गयी। एक बार माँ की सूरत फिर उसकी आँखों के सामने कौंध गयी। उसके हाथ नहीं उठे। सबका समवेत उलाहना, शोर-तमाशा, सास की बनैली आँखें देख, उसने पलक मूँद कर जबरन हाथ उठा एक हल्की-सी थाप लगाई और ढोलक उसके हाथों में खनकती गयी। कुछ चंचल लड़कियाँ उठकर नाचने लगीं। कालिन्दी भी ढोलक छोड़कर खड़ी हो गयी और सबके साथ मिलकर उसने वह चक्करदार लहरिया नाच नाचा कि सारी महफिल दंग रह गयी। साथ उठी लड़कियाँ हाँफ गयीं, लेकिन कालिन्दी नाचती रही, नाचती रही और तब तक नाचती रही, जब तक नाचने वालों के बीच गिरकर चारों खाने चित न हो गयी...' (ममता कालिया की कहानियाँ-1, पृ. 209) अन्धविश्वासों और रूढ़ियों से जकड़ी, पुरुष के वर्चस्व वाली यह सामाजिक संरचना, स्त्री भी जिसमें स्त्री के उत्पीड़न में बराबर की सहयोगी है, एक अच्छी-भली, शान्त और सलीकेदार स्त्री को अन्ततः उन्माद और विक्षिप्तता की चौखट पर ला पटकती है। पढ़ी-लिखी और आर्थिक दृष्टि से आत्मनिर्भर होती युवती—अपर्णा के प्रसंग में यही संरचना सिन्हा और खन्ना के वर्चस्व में ढलकर स्त्री को हर तरह से झुकाने और तोड़ने की कोशिश करती है। फजीहत के भय से फरीदा जमाल जैसी उसकी सहयोगी किसी लफड़े में नहीं पड़ना चाहती। उसका कसूर सिर्फ यह है कि कार्यालय से यात्रा के लिए अग्रिम ली गयी राशि के बावजूद पिता की आकस्मिक बीमारी के कारण वह यात्रा नहीं कर सकी। इसकी सूचना उसने समय पर अपने बैंक को दी थी। छुट्टी पर रहने के कारण अग्रिम ली गयी राशि वह नहीं लौटा सकी थी। महीनों के मानसिक उत्पीड़न, भाग-दौड़ और अपमान के बाद भी कहीं कुछ नहीं होता—बहरहाल, जाँच अभी जारी है।

ममता कालिया की कहानियों में स्त्री अपनी पूरी विविधता और विस्तार में उपस्थित है। वह अकेली है, नौकरी और महानगर की आपा-धापी में जिसका जीवन सिमट कर रह गया है और वह परिवार के बीच भी है—चाहे वह पति-पत्नी और एक-दो बच्चों वाला एकल परिवार हो या फिर अशिक्षा, रूढ़ियों एवं अन्धविश्वासों से भरा पुराने ढब-ढर्रे का संयुक्त परिवार। इनमें शहरों में गली-मुहल्लों में रहने वाली स्त्रियों से लेकर बम्बई की 'कावस जी मैंशन' जैसी बड़ी चाल में रहने वाली स्त्रियाँ भी शामिल हैं। ये हिन्दू भी हैं और मुसलमान भी—कुछेक भारतीय समाज के अन्य धर्मों, सम्प्रदायों और प्रान्तों की भी हैं। विपरीत और कठिन समय में वे घर-बाहर के संघर्ष झेलती हुई अपनी जिन्दगी जीती हैं और मुश्किल क्षणों में भी भावुक हुए बिना 'एक अकेला दुख' की मोनो की तरह अपने फैसले लेने की कोशिश करती

हैं और भरसक उन्हें लेने में सफल भी होती हैं। इनमें बड़ी उम्र की नौकरी-पेशा आत्म-निर्भर युवतियाँ हैं जो शादी के नाम पर अपनी आजादी को दाँव पर लगाने से बचती हैं। 'चिर कुमारी' की पैंतीस साल की दिशा यूनिवर्सिटी में जन्तु विज्ञान की प्रवक्ता है। असलम उसे समझाने की कोशिश करता है कि 'वाद' से अलग करके उसे 'नारी' की दृष्टि से सोचना और चीजों को देखना चाहिए। दिशा ने बिल्ली पाली नहीं है, लेकिन एक रिफ्यूजी किस्म की बिल्ली उसके यहाँ बस गयी है। आदमी की तुलना में उसे जानवर इसीलिए पसन्द हैं क्योंकि वे प्रतिवाद नहीं करते। वे मूक-प्रेमी होते हैं। उसकी इस प्रतिवादहीनता की चाह को असलम उसके सिरफिरे होने का लक्षण मानता है जिसमें चिर कुमारी बने रहना ही उसकी नियति है। जीवन और कलावाद की शाश्वत बहस में ममता कालिया किसके साथ हैं, इसे उनकी कहानी 'सेमिनार' से समझा जा सकता है। अपने रचनात्मक सरोकारों को लेकर पाखी के मन में कहीं कोई दुविधा नहीं है। कहानी में सीमित और सुरक्षित अनुभव वाली जिन लेखिकाओं की कहानियों का उल्लेख हुआ है, ममता कालिया उन्हें कलावाद से जोड़कर देखती हैं। सेमिनार में आयीं अधिकतर लेखिकाएँ और उनके समर्थक आलोचक ऐसी ही कहानियों को महत्त्व देते हैं। जब पाखी अपनी कहानी पढ़ने को खड़ी होती है, पढ़ी जा चुकी कहानियों के क्रम में अपनी कहानी उसे कुछ बेमेल-सी लगती है। पूर्व सत्रों में पढ़ी गयी कहानियों पर या तो जैनेन्द्रियन दर्शनवाद की परतें चढ़ी थीं या फिर उन पर सार्त्र के प्रभाव का कुहासा छाया था। इन कहानियों के समर्थन में आलोचकों ने भी अनेक विदेशी आलोचकों के हवाले से कहानी को ऐसे प्रस्तुत किया था जैसे वह किसी परीलोक की घटना हो। उनका सारा जोर इस पर था कि प्रेमचन्द की सीमाओं का उल्लेख करते हुए, प्रसाद की विराटता की ओर ध्यान आकृष्ट करते हुए, अखबारीपन, सपाटबयानी और राजनीतिक प्रतिबद्धता से कहानी को कैसे बचाया जा सकता है। अपनी कहानी के लिए क्षमा-याचना सहित पाखी कहती हैं, 'मैं माफी चाहती हूँ आप सबसे क्योंकि मेरी कहानी में हाड़-मांस के लोग हैं, उनका एक निश्चित परिवेश है, घटना जैसी घटिया बात भी शायद इसमें है और यह कहानी अपने आचार-शास्त्र को भी शायद नहीं तोड़ती...' (वही-2, पृ. 14) वहाँ आयी अधिकतर लेखिकाओं को बाजार में बिकने वाली किंचित् कलात्मक किस्म की झाड़ू एक एंटीक-पीस लगती है जबकि पाखी की उसमें कोई दिलचस्पी इसलिए नहीं होती क्योंकि उससे रोज उसका वास्ता पड़ता है। वह उस झाड़ू में अन्य लेखिकाओं की तरह पिकासो की कला के दर्शन नहीं कर पाती। उसी झाड़ू को उठाकर चौकीदार मान सिंह कमरे में घुस आये चमगादड़ को भगाता है और फिर उस झाड़ू को अन्य झाड़ुओं के साथ मोरी के पास रख देता है जो झाड़ू की सही जगह है। मान सिंह का ऐसा करना उन लेखिकाओं की कला-रुचि को आहत करता है जिनमें से किसी ने उस झाड़ू को ऐसे किसी स्थूल काम के लिए न खरीदकर

उसकी प्रदर्शनीय कलात्मकता के लिए ही खरीदा था। कहानी में ममता कालिया अपनी ओर से महिला-लेखन जैसी किसी चीज का उल्लेख नहीं करतीं। लेकिन सेमिनार में पाखी के प्रतिपक्ष में खड़ी लेखिकाएँ वस्तुतः इस कथित महिला-लेखन का ही प्रतिनिधित्व कर रही होती हैं। अनुभव की विपन्नता को कलात्मक चमत्कारों से भरकर वे कहानी की ही मुख्य धारा से नहीं, जीवन की मुख्यधारा से भी कटी हुई हैं। पाखी उन्हें बताती है कि जीवन की मुख्यधारा में रहकर ही वस्तुतः कहानी की मुख्यधारा में भी रहा जा सकता है।

ममता कालिया की कहानियाँ नयी कहानी के विस्तार से अधिक उसका प्रतिवाद हैं। सातवें दशक की कहानी में सम्बन्धों से बाहर आने की चेतना स्पष्ट है। राजेन्द्र यादव नयी कहानी को 'सम्बन्ध' को आधार बनाकर ही समझने और परिभाषित करने की कोशिश करते हैं। ममता कालिया, अपनी पीढ़ी के अन्य कहानीकारों की तरह ही इसे समझने में अधिक समय नहीं लेतीं कि अपने निजी जीवन के सुख-दुख और प्रेम की चुहलों से कहानी को बाँधे रखकर उसे वयस्क नहीं बनाया जा सकता। उनकी कहानियाँ स्त्री-पुरुष सम्बन्धों को पर्याप्त महत्त्व देने पर भी उसी को सबकुछ मानने से इनकार करती हैं। वे समूचे मध्यवर्ग की स्त्री को केन्द्र में रखकर जटिल सामाजिक संरचना में स्त्री की स्थिति और नियति को परिभाषित करती हैं। उनकी स्त्री इसे अच्छी तरह समझती है कि अपनी आजादी की लड़ाई को मुल्क की आजादी की लड़ाई की तरह ही लड़ना होता है और जिस कीमत पर यह आजादी मिलती है, उसी हिसाब से उसकी कद्र की जाती है।

संरचना की दृष्टि से ममता कालिया की ये कहानियाँ उस औपन्यासिक विस्तार से मुक्त हैं जिसके कारण ही कृष्णा सोबती की अनेक कहानियों को आसानी से उपन्यास मान लिया जाता रहा है। काव्य-उपकरणों के उपयोग में भी वे पर्याप्त संयत और सन्तुलित हैं। वे सीधी, अर्थगर्भी और पारदर्शी भाषा के उपयोग पर बल लेती हुई अकारण ब्योरों और स्फीति से बचती हैं। भारतीय राजनीति में कांग्रेस के वर्चस्व के टूटने और नक्सलवाद जैसी परिघटना का कोई संकेत भले ही ममता कालिया की कहानियों में न मिलता हो, जैसा वह उनके ही अन्य समकालीन अनेक कहानीकारों में आसानी से लक्षित किया जा सकता है, लेकिन फिर भी अपनी प्रकृति में वे नयी कहानी की सम्बन्ध-आधारित कहानियों की तुलना में कहीं अधिक राजनीतिक हैं। देश में बढ़ी और फैली अराजकता एवं विद्रूपताओं से सबसे अधिक गहराई से स्त्री ही प्रभावित हुई है। यह अकारण नहीं है कि उनकी भाषा में एक खास तरह की तुर्शी है जिसकी मदद से वे सामाजिक विद्रूपताओं पर व्यंग्य का बहुत सधा और सीधा उपयोग करती हैं। नयी कहानी के जिन लेखकों को ममता कालिया अपने बहुत निकट और आत्मीय पाती हैं, इसे फिर दोहराया जा सकता है, वे परसाई और अमरकान्त ही हैं।

छोटी-छोटी प्रसन्न और ममतालु कहानियाँ

–स्वयं प्रकाश

प्रसिद्ध कहानीकार ममता कालिया सन् साठ से लगातार लिख रही हैं अर्थात् उन्हें लिखते-लिखते पचास बरस हो गये। उनकी लोकप्रियता में भी कभी कोई कमी नहीं आयी। इसके बावजूद उनकी कहानीकला पर कोई गम्भीर आलोचनात्मक आलेख आज तक मेरे देखने में नहीं आया। क्या इसके आलोचकों को कोसकर तसल्ली कर ली जाये या इसकी कोई वाजिब वजह कहानियों में ही तलाश करने की कोशिश की जाये।

ममता कालिया का जो कहानी संग्रह इस समय मेरे हाथ में है उसका नाम है 'खुशकिस्मत' जिसमें उनकी पन्द्रह कहानियाँ संकलित हैं। इसके अलावा अपनी रचना प्रक्रिया पर एक संक्षिप्त आलेख 'कहाँ मैं, कहाँ मेरी कहानियाँ' भी पुस्तक में दिया गया है।

ममता की कहानियों की सबसे बड़ी खासियत यह है कि उनमें कोई विस्फोटक विचार, कोई नया जीवन दर्शन, कोई अद्‌भुत विश्वदृष्टि, कोई आदर्श, शिक्षा, फलसफा, सीख, नसीहत, सबक या उपदेश नहीं है! (अध्यापक की कहानी में सीख नहीं। है न मजेदार बात?) इससे यह भी जाहिर होता है कि वह रचना को कोई बौद्धिक विमर्श, दार्शनिक ऊहापोह या नैतिक अपील नहीं मानती हैं। ऐसा वही रचनाकार कर सकता है जो जिन्दगी को जैसी है वैसी ही स्वीकार करने, गले लगाने और उसका रसपान करने में आस्था रखता हो। अब यह तो असम्भव है कि जिन पात्रों की कहानी, कहानीकार कहेगा उनकी जिन्दगी में कोई दुख, तकलीफ, समस्या या परेशानी नहीं होगी। वे हैं और कई बार मार्मिक भी, लेकिन उनके प्रति कहानीकार का रवैया जेहादी या संघर्षपूर्ण नहीं है। मसलन यहाँ अनेक समस्याएँ औरत के औरत होने से जुड़ी हुई हैं, अर्थात् लैंगिकता से सम्बद्ध हैं लेकिन ममताजी की कहानियों में न इसके लिए विलाप है, न विद्रोह का आह्वान। मात्र सच्चा वर्णन है। सानुपातिक और अनलंकृत। ये और बात है कि इस यथार्थ से सीधा और अन्तरंग साक्षात्कार भी कभी-कभी पाठक के जेहन में विद्रोह की चिंगारी लगा देता है।

ममता कालिया की एक और विशेषता उनकी भाषा है। ऐसी मस्त, प्रसन्न, चटक

और चुटीली भाषा कि सम्प्रेषण की राह में किसी खटक या खुंदक का खफशा नहीं। यह बताने की जरूरत नहीं है कि सरल लिखना सबसे कठिन है और सहज भाषा कमाना अत्यन्त श्रमसाध्य है। कहानीकार के कौशल की पराकाष्ठा इसी में है कि कहीं उसका आयास या परिश्रम दिखाई न दे। जैसे अच्छे सुनार के जोड़ में टाँका दिखाई नहीं देता और अच्छे दर्जी के सिले कपड़े में सिलाई दिखाई नहीं देती। जैसे सुनील गावस्कर को खेलते देखकर लगता था कि बैटिंग करना तो दुनिया का सबसे आसान काम है। इस किताब में संकलित ममताजी की कहानियाँ 'चोरी' और 'सूनी' इस बात का साक्ष्य है कि उनकी भाषा उदासी और मारक अकेलेपन का आख्यान भी उसी शिद्दत और तड़प के साथ कर सकती है। यह भाषा ममताजी की निधि है और महिला कथाकारों में तो क्या, पुरुष कथाकारों में भी दुर्लभ है।

ममताजी की अनेक कहानियाँ उपन्यास की प्रस्तावना या नाटक के पूर्वरंग जैसी लगती हैं। लगता है अभी-अभी ममताजी अपने उपन्यास के किसी पात्र के बारे में बात कर चुकी हैं—अब कुछ जोरदार होगा—और वहीं कहानी खत्म हो जाती है। मसलन इस किताब में संकलित कहानियाँ 'परदेशी' और 'पंडिताइन'। बात यह है कि कहानी का एक मुकम्मिल शिल्प होता है, जिसमें हर चीज हर चीज से जुड़ी होती है और किसी को किसी से अलग नहीं किया जा सकता। दुनिया के तमाम उस्ताद कहानीकारों की अपनी शैली रही है लेकिन उनकी किसी कहानी में से किसी भी चीज को हटाना, आज की भाषा में कहें तो उसके रीमिक्स संस्करण बनाना सम्भव नहीं है। ममताजी इस तरफ से थोड़ी बेपरवाह लगती हैं। उनकी कहानियों में क्लाइमेक्स जैसी कोई चीज तो होती ही नहीं। अन्त भी अचानक और झटके से आ जाता है। मानो बस, सूझ गया और लिख दिया, ज्यादा सोच-विचार की जरूरत ही नहीं है। यही वजह है कि उनके कथानक में कोई उठान नहीं होता और चरित्रों में गतिशीलता का अभाव होता है। सहज सम्प्रेषणीयता के बावजूद स्थितियों में अधिक नाटकीयता नहीं होती ('चोरी' जैसी कहानियाँ अपवाद हैं)। इसके अभाव में जीवन का संघर्ष-व्यंग्य, विद्रूप, विडम्बना, विपर्यय या विरोधाभास की भाषा में भी मुखरित नहीं हो पाता।

ऐसा क्यों होना चाहिए कि किसी की कोई रचना पढ़कर आपको कोई फर्क ही न पड़े? मुझे लगता है कि हर सार्थक रचना सबसे पहले एक बयान होती है। एक बार राजेन्द्र यादव ने कहा था कि हर बड़ी रचना के पीछे दो चीजें होती हैं—यातना और संघर्ष। मैंने कहा इसमें एक चीज और जोड़ लीजिए—उदात्तता। खैर, इसके बाद हिन्दी कहानी एक लम्बा रास्ता तय कर चुकी है और यह देखकर अच्छा लगता है कि एपीसोडीकृत और लोरीधर्मा लम्बी कहानियों के इस दौर में छोटी-छोटी प्रसन्न और ममतालु कहानियाँ लिखने वाली ममताजी हमारे बीच हैं और निरन्तर सक्रिय हैं।

विदग्धता में तुर्शी और तुनकमिजाजी की छौंक

—अखिलेश

"उसका व्यक्तित्व आकर्षक था। उसके पास रूप से अधिक लावण्य था और लावण्य से अधिक लय था।" उक्त उदाहरण ममता कालिया की महत्त्वपूर्ण कहानी 'दर्पण' से है। ममता कालिया की कहानियों पर एक संक्षिप्त टिप्पणी भी इसी तर्ज पर हो सकती है कि ममता कालिया की कहानियों की अपनी विशेष पहचान है। उनके पास निजी और हैरान कर देने की हद तक विदग्ध भाषा है, भाषा से अधिक यथार्थ है और यथार्थ से भी अधिक संवेदना है। जाहिर है कि जब हम किसी लेखक के बारे में इस तरह का कथन कहते हैं तो आधारस्वरूप उसकी प्रतिनिधि रचनाएँ होती हैं।

ममता कालिया के रचना लोक में दो तरह की छवियाँ प्रमुख हैं। एक में हमारे भारतीय समाज के मध्यवर्ग की स्त्रियाँ और उनका दुख है। दूसरे में सामान्य जीवनानुभव हैं। यहाँ यह उल्लेख करना आवश्यक है कि 'लड़के' जैसी कुछ कहानियों को छोड़ दिया जाये तो अक्सर ममता कालिया के यहाँ दोनों छवियाँ परस्पर अन्तःक्रिया करती हैं। स्त्री के असह्य यथार्थ में सामान्य जीवनानुभव व्याप्त हो जाते हैं और सामान्य जीवनानुभव में स्त्री। इस आवाजाही के चलते ममता कालिया की कहानियों में नयी तरह की चमक जन्म लेती है।

स्त्री का दुख विषयवस्तु वाली कहानियों में प्रमुख है—'एक पत्नी के नोट्स', 'उमस', 'दर्पण', 'माँ', 'लैला-मजनूँ', 'आज़ादी' आदि। इनकी मुख्य थीम है—भरे-पूरे परिवार के बीच रह रही स्त्री की स्वतन्त्रता, मौलिकता, सम्मान और हैसियत का विलोम। घर उसका होते हुए भी उसका नहीं है। पति-बच्चे उसके हैं लेकिन उसके नहीं हैं। प्रसन्नता, मनोरंजन, संवेग उसके लिए हैं लेकिन उसके लिए नहीं भी हैं। ये नियामतें उसे अपनी इच्छा और आवश्यकता पर नहीं मिलतीं, दूसरों की मर्जी हुई तो मिल गयीं।

ममता कालिया महिला त्रासदी के स्थूल रूपों को अभिव्यक्ति का माध्यम नहीं बनातीं। जरूरत पड़ने पर वह परम्परागत स्थितियों को शामिल करती हैं किन्तु ज्यादातर वह कठिन मगर बेहतर प्रणाली को उपयोग में लाती हैं। उनकी दिलचस्पी सूक्ष्म स्तरों और गहरे प्रभावों—प्रतिक्रियाओं को उद्घाटित करने में दिखती है।

अनोखा रंग है उनकी ऐसी रचनाओं का। घर में सुख है, हालात भी दुर्धर्ष नहीं हैं, पति भी प्यारे हैं—सभ्य, सुशील और कमोबेश आधुनिक ख़यालों के। फिर भी स्त्री की जिन्दगी नर्क बनी हुई है। यह स्त्री के पक्ष का अति तीक्ष्ण, बेधड़क विश्लेषण है। दरअसल ममता कालिया स्त्री को पिटाई और गाली आदि सवालों के साथ-साथ आगे बढ़कर उसकी अपनी निजता, पहचान और सार्थकता के मसले भी उठती हैं। वह स्त्री की परम्परागत विपत्तियों और आधुनिक तकलीफों—दोनों को दृष्टिगत रखती हैं। हल्के-फुल्के माहौल और वैसी ही शैली के बीच वह स्त्री की पातक हकीकत को सामने लाती हैं।

ममता कालिया ने अपनी इन कहानियों को महिलावादी क्रोधी भंगिमा में नहीं रचा है, न ही इनमें औरतों के प्रति अबोध भावुकता है। ये गुस्से और भावुकता से पृथक निर्मम और निस्संग तरीके से यथार्थ को हाजिर करती हैं। वस्तुतः उनकी कहानियाँ नारीवादी न होकर नारी के यथार्थ की रचनाएँ हैं।

लेकिन ऐसी कहानियों का एक पक्ष गौरतलब है कि ममता कालिया की ऐसी अनेक कहानियाँ स्त्री की घुटन, अपने परिवेश से ऊब और क्षोभ, उसकी यातना और त्रासदी को दक्षतापूर्ण ढंग से प्रकट करने के बावजूद कई बार उनकी नायिकाएँ अन्त में उन्हीं सब को खुशी-खुशी अंगीकार कर लेती हैं। परिणामस्वरूप उनकी तकलीफों की सान्द्रता क्षीण हो जाती है और उक्त रचनाओं की व्याप्ति कमतर दिखने लगती है, जबकि अन्त होने के पहले तक उनमें एक बहुत बड़ी थीम बनने की गुंजाइश थी। ऐसे हादसों से गुजरने वाली कहानियों में 'एक पत्नी के नोट्स', 'एक अदद औरत', 'लैला-मजनूँ' आदि का जिक्र किया जा सकता है। जिन कहानियों में ऐसा नहीं हुआ है निश्चय ही उनमें 'उमस', 'आज़ादी' जैसी कहानियाँ हैं जो हिन्दी कथा में बेशकीमती हैं।

स्त्री थीम से अलग ममता कालिया की जो कहानियाँ हैं उनमें 'आपकी छोटी लड़की', 'जाँच अभी जारी है', 'लड़के', 'इक्कीसवीं सदी', 'नायक', 'शाल', 'काली साड़ी' आदि की विशेष पहचान है। हालाँकि 'लड़के' को छोड़कर उक्त कहानियों की धुरी महिला चरित्र ही है लेकिन यह उस तरह है, जैसे कि अधिसंख्य हिन्दी कहानियों को पुरुष चरित्र लीड करते हैं।

ममता कालिया की इस पद्धति को कहानियों 'आपकी छोटी लड़की' के अतिरिक्त सभी में सामाजिक विसंगतियों की विडम्बना के मार्फत प्रस्तुत किया गया है। इस प्रक्रिया में व्यंग्य का अंतःप्रवाह गतिशील रहता है। इनमें 'काली साड़ी' का विशेष उल्लेख करना चाहूँगा। दाम्पत्य जीवन के ताने-बाने से महँगाई, आर्थिक संकट पर लिखी गयी यह महत्त्वपूर्ण कहानी है। कल्पना अपनी मित्र को एक साड़ी खरीदकर भेंट करना चाहती है। इतनी-सी बात के इर्द-गिर्द मध्यवर्गीय जीवन के संघर्ष, संकट, विडम्बनाओं को उपस्थित किया गया है। जीवनानुभवों के छोटे-छोटे टुकड़ों की मदद

से बनी यह कहानी निम्नमध्यम वर्ग का दिलचस्प मार्मिक और करुण अंकन है।

ऐसे ही 'आपकी छोटी लड़की' पर स्वतन्त्र टिप्पणी जरूरी लगती है। समर्थ गद्य दर्शन, कविता, मनोविज्ञान के तन्तुओं से रची हुई यह बेमिशाल कहानी है। परिवार में बड़ी लड़की सुन्दर, आधुनिक और कलावन्त है, तो छोटी की किसी को परवाह नहीं है, सभी बड़ी पर न्योछावर। ऐसे में निहत्थी, अकेली और दुखी छोटी लड़की की उद्विग्नता, व्यग्रताएँ और अपनी पहचान के लिए की गयी कोशिशें हमें अनोखी किन्तु भावप्रवण दुनिया में ले जाती हैं। आँसुओं और उल्लास में डूबी यह कहानी वास्तविक सौन्दर्य, इच्छाओं, मनुष्य के जीवट और अपने वजूद को सिद्ध करने जैसी जटिल, संश्लिष्ट चीजों को एक साथ अनुभव कराती है।

अन्त में कुछ बात ममता कालिया की भाषा पर। भाषा उनके कथाकार की बहुत बड़ी शक्ति है, जिसे उन्होंने चलन के मुताबिक नहीं ग्रहण किया है बल्कि अर्जित किया है। उनमें अपने विचार, संवेदन और मिजाज के व्यक्तित्वों का समावेश किया है। इसीलिए ममता कालिया की भाषा उनकी अपनी भाषा के रूप में आस्वाद देती है।

ममता कालिया की भाषा विदग्ध और हास्यरस को छूती हुई है लेकिन वह ज्ञानरंजन, स्वयंप्रकाश, उदय प्रकाश की तरह खिलन्दड़ी नहीं है। अमरकान्त की तरह चुटकी लेने वाली और वक्र भी नहीं है। ममता कालिया की भाषा की विदग्धता और हास्य में तुर्शी और तुनकमिजाजी की छौंक है। यह चरित्रों, स्थितियों, परिवेश की गहन परतों को भी सामने लाती है।

इस भाषा की मदद से ममता कालिया ने जिस कथा-संसार का सृजन किया है वह सार्थक, बेधड़क है लेकिन समीक्षा के लिए चुनौतीपूर्ण भी है।

जीवन के मार्मिक प्रसंग

–गोबिन्द प्रसाद

हिन्दी की कथा-लेखिकाओं के सम्बन्ध में अक्सर यह बात कही जाती है कि उनका रचना-संसार घर-परिवार की समस्याओं तक ही सीमित रहता है। इससे आगे उनका जीवन-बोध नहीं जाता। वस्तुजगत् के सम्पूर्ण-ज्ञापन की ओर उनका ध्यान नहीं गया है। ममता कालिया का चौथा कहानी-संग्रह 'प्रतिदिन' भी इसका अपवाद नहीं है। दस कहानियों के इस संकलन में अधिकतर निम्न-मध्यवर्गीय परिवार की घुटन में जीने वाली शिक्षित नारी की छटपटाहट का ही चित्रण हुआ है। यह वैयक्तिक आशा-आकांक्षाओं के तल में डूबती-उतराती रहती है। परिस्थितियों के अपने अनुकूल न होने से वह भीतर ही भीतर एक अनोखी विकलता महसूस करती रहती है। उसे लगता है कुछ भी उसके अनुकूल नहीं है। वह तो सिर्फ घुटन में जी रही है। संवेदनशीलता और वैचारिक उन्मुक्तता का उसके लिए कोई अर्थ नहीं है। लेकिन यह मध्यवर्गीय भाव-बोध कृत्रिम रूप से पाठक के सामने आता है। बातें इतनी ज्यादा ओवरटोन्स में कही गयी हैं कि उनमें बनावटीपन आ गया है। रचना के मूल कथ्य से लेखिका की भावनात्मक सम्पृक्ति न होने के कारण वस्तु ही नहीं पात्रों की अपनी प्रकृति भी मध्यवर्गीय चरित्र की दुर्बलता बनकर पाठक तक पहुँचती है, जबकि लेखिका का यह लक्ष्य कदापि नहीं होता। उनकी छटपटाहट मार्मिक होने के बजाय मसनुई लगती है। एक-दो कहानियों को छोड़कर यह दोष प्रायः सभी कहानियों में आ गया है। 'काली साड़ी', 'लैला-मजनूँ', 'वसन्त : सिर्फ एक तारीख' ऐसी ही कहानियाँ हैं। 'काली साड़ी' में समस्या सखी को साड़ी की भेंट देकर उत्सव पर्व की प्रतीक्षा किये बगैर खिलखिलाने की है, जबकि पति का वेतन पिछले महीने के बिल चुकाते-चुकाते समाप्त हो जाता है। ऐसी व्यक्तिगत सनकी पूर्ति में जब बोनस साड़ी की खरीद में चला जाता है तो अपनी भावना को कुचलना पड़ता है। लेकिन यह कहानी का त्रासद-बिन्दु नहीं ओढ़ा हुआ सत्य है। पति को संकट मोचन और 'शॉक एब्ज़ार्बर' कहना भाषा के साथ खिलवाड़ है। इससे छटपटाहट का भाव व्यंजित नहीं होता। 'लैला-मजनूँ' में भी कहानी की गरिमा नहीं है। "रात के वक्त वे घर में करीब-करीब अपने पैदाइशी परिधान में घूमते" (पृ. 87), जीवन आगे बढ़ा तो बच्चे

हुए। उन्हें होमवर्क कराना पड़ा। “झुँझलाहट के उस क्षण में, न वह उसका मजनूँ रहता, न वह उसकी लैला।” (पृ. 90) घर में हर चीज का अभाव। “दूध बहुत ढूँढ़ा कहीं नज़र न आया। मैंने दूध की जगह थोड़ी मोहब्बत मिला दी है। देखो पीकर।” (पृ. 92) ये जुमले हास्यास्पद हैं। व्यंग्य उनमें नहीं उभरता। किसी कहानी के नोट्स भले ही हों, किन्तु कथ्य की कोई गहन भंगिमा अथवा अनुभूति की तरलता इनमें नहीं है। सिर्फ चुस्त फिकरे हैं। इसी प्रकार ‘मन्दिरा’ भी मनोविज्ञान का थीसिस तो हो सकती है लेकिन कहानी अपने में ठस है। लगता है तथ्यों को सजा-सँवार दिया गया है। भावना का रस उनमें से निचुड़ गया है क्योंकि “मन्दिरा उम्र से अड़तीस, जिस्म से अट्ठाईस और स्वभाव से अट्ठारह की ठहरती है।” (पृ. 93) स्वाभाविक है कि “मन लफंगा है, जाने कहाँ-कहाँ ताक-झाँक में लगा रहता है।” (पृ. 98) इसीलिए उसे लगता है, “वह पति के नहीं पिता के साथ रह रही है।” पति भी उसके मित्र को देखकर दंग रह जाते हैं, “ये अन्दर आये, एक मिनट को मुझे लगा अपना शिशिर आ गया है...अभी तो छुट्टियों में दो महीने बाकी हैं।” (पृ. 101) यह नारी मन की छटपटाहट का मुद्दा तो है पर वह घटना एवं तथ्यों तक सीमित नहीं है। वह केवल कथन मात्र भी नहीं है। रचनात्मक स्तर पर वह वस्तु-संयोजन से मुखर होता है। अतः वस्तु अवधारणा में संवेद एवं अनुभूति की घुलनशीलता के अभाव में पाठक को चौंकाता भर है।

‘माँ’ में भारतीय नारी के प्रति परम्परागत दृष्टिकोण का यथार्थ अंकन हुआ है। पति कॉलेज में पढ़ता हो तो पत्नी के जीवन का आधा भाग प्रतीक्षा में बीतना स्वाभाविक है। फिर नज़र ऊपर उठाये तो ‘चुप छिनाल लुगाई’ जैसा व्यंग्य सुनना पड़े। उस पर रात-दिन काम की चक्की में पिसना। लेकिन ‘माँ में यह सब सहने की एक बेहया बहादुरी थी’ जैसी भाषा कहानी में चित्त को रमाती नहीं है, केवल अतीत की समस्या का बोध कराके रह जाती है। वर्तमान में उसकी छाया ‘वसन्त : सिर्फ एक तारीख’ में दिखायी देती है। चन्दा घर के दमघोंटू वातावरण से वसन्त का आनन्द लेने के लिए बाहर निकलती है। और बरसों से दबी नौकरी करने की साध लेकर अपनी चिरपरिचित प्राचार्या के पास चली जाती है। उसे देखकर प्राचार्या पुरानी अध्यापिका को इसलिए जवाब देती है, क्योंकि वह गर्भावस्था के अन्तिम चरण में होने से छुट्टी चाहती है। वसन्त झुलसकर मर गया। निस्सन्देह लेखिका के पास नारी उत्पीड़न के मार्मिक प्रसंगों की खूब पहचान है। लेकिन उनको कहानी का रूप सँवारने में सफलता नहीं मिली है। लगता है तथ्यों को संगठित करके रख दिया गया है। कहानी ‘मेड टू आर्डर’ है। अनुभूति की प्रगाढ़ता एवं वस्तु की कलात्मक संयोजना के अभाव में कहानी गढ़ी हुई लगती है।

नयी पीढ़ी की किशोरियों में उगती स्वतन्त्रता एवं वैचारिक उन्मुक्तता की पहचान ‘तोहमत’ में लक्षित होती है। मामूली-सी स्वतन्त्रता लेने पर तोहमत लगती

है। पास-पड़ोस में उनका आना-जाना बन्द हो जाता है। लगता है कहानी में विचार को 'इलस्ट्रेट' किया गया है। कथाप्रवाह की स्वाभाविकता का इसमें हनन हुआ है। इन कमियों के बावजूद इस संग्रह में 'आपकी छोटी लड़की', 'लड़के' और 'एक जीनियस की प्रेमकथा' कुछ अच्छी कहानियाँ हैं। इनमें भी 'आपकी लड़की' संग्रह की सर्वश्रेष्ठ रचना प्रतीत होती है। इस कहानी में दरअसल एक नहीं दो लड़कियों का तुलनात्मक रेखांकन हुआ है। एक स्कूल जानेवाली अन्तर्मुखी लड़की है तो दूसरी कॉलेज पढ़नेवाली बहिर्मुखी। वह छोटी बहन को अपना अर्दली बनाकर ठस्से से चलती है। परीक्षा में अधिकतम अंक लेती है। गायन, नृत्य, अभिनय, टेबिल टेनिस आदि में इनाम जीतकर लाती है। लड़के भी उसे देखकर रश्क करते हैं, उसके दीदार का इन्तजार करते हैं। लेकिन वह न घबरानेवाली एक बिल्कुल अपटूडेट, मॉड लड़की है। उसके विपरीत टुनियाँ से लाख बार चाय बनवाओ, पानी मँगवाओ, सब्जी कटवाओ, बाजार भेजो, चौबीस घंटे काम करवाओ, नौ कामों में से दस करवा लो परन्तु टुनियाँ विचलित होनेवाली नहीं है। माँ कितना ही धमकाये, सराहना करे, मान करे, कोई फर्क पड़नेवाला नहीं है। पिता के एक लेखक मित्र ने उसकी आवाज को पहचान लिया है—"आपकी लड़की की आवाज बहुत अच्छी है। इसकी आवाज में एक संस्कार है। आजकल बहुत कम दिखायी देता है।" (पृ. 43) लगता है इस संस्कार से लेखिका का साक्षात्कार हुआ है। शील-शालीनता, समर्पण भावना आदि में एक निरपेक्ष चारित्रिक गुण को लेखिका ने जैसे अपनी अन्तरात्मा सौंप दी है, उस गुण को जो परिभाषा से परे है। वह व्यक्तित्व के हर कोण से दूसरे को प्रभावित करता है। लगता है लेखिका का मन रेखाचित्र की समायोजना में पूरी तरह रमा हुआ है। इतना रमा है कि वह कहानी की कोटि में पहुँच जाता है। कहानी में दो लड़कियों के रेखाचित्र उकेरे गये हैं लेकिन निगाह एक पर ही टिकी है। जिसके प्रति अनुभूति की तरलता स्वाभाविक भावान्विति पर पहुँचकर पाठक को प्रभावित किये बिना नहीं रहती।

रेखांकन की प्रवृत्ति इस संग्रह की अन्य कहानियों में भी पायी जाती है किन्तु 'आपकी छोटी लड़की' के बाद 'एक जीनियस की प्रेमकथा' में इसे रेखांकित किया जा सकता है। एक आई.ए.एस. के प्रतिभाशाली व्यक्तित्व की गरिमा अपने सम्पूर्ण में कुछ इस प्रकार उभरकर सामने आती है कि वह उसकी पत्नी को 'रैमोफ्लेग' कर जाती है। वही उसके अवसाद का कारण भी बनती है। किन्तु लफ्फाजी और बौद्धिक आग्रह के कारण कहानी अपना प्रभाव नहीं छोड़ती।

'लड़के' आज के युवा वर्ग का प्रतिनिधित्व करनेवाली रचना है। इसमें कॉलेज के छात्रों की दिशाहीनता, उद्दण्डता एवं लक्ष्यहीन कार्यकलापों का उल्लेख करके उनकी शून्यवादी प्रवृत्ति पर व्यंग्य किया है। वे दूसरों के परामर्श पर गंगा-स्नान के बाद नारियल तोड़कर हड़ताल पर जाने की योजना बनाते, किन्तु गंगा से लौटते हुए

एक सरकारी जीप को चुरा लेते हैं और जानसनगंज के चौराहे पर छोड़कर भाग जाते हैं। यह एक निस्सन्देह अच्छी कहानी है। देश में फैली अराजक स्थिति की ओर पाठक का ध्यान आकर्षित करती है।

कुल मिलाकर इन कहानियों में मार्मिक प्रसंगों की कमी नहीं है और न मध्यवर्गीय जीवन की त्रासद-स्थितियों के बोध का अभाव ही है। किन्तु तथ्यों को बोधगम्य बनाने के लिए वस्तु अवधारणा से सम्पृक्त भावना को विस्तार न दे पाने के कारण अधिकांश रूप से ये कहानियाँ यथार्थ का छायांकन छायाचित्र-सा मालूम होती हैं। तथ्यों को सायास जोड़कर केवल लफ्फाजी के सहारे कहानी रचना की चेष्टा की गयी है। चुटकुलेबाजी के चुस्त फिक्रे प्रासंगिक न होने के कारण कहानी के प्रभाव को कम कर देते हैं। भाषा के स्थूल प्रयोग से भी बौद्धिक उन्मेष की मात्रा बढ़ी है। "उसे अपना आपा दिव्य महसूस होने लगा," "वह बांदां की बदतमीज गर्मी में पड़ी भुनती रही" अथवा "वह कविता, कल्पना और कोलतार की सड़क से घर पहुँचा" जैसे वाक्यों के सहारे पाठक कहीं पहुँचता दिखायी नहीं देता। फिर भी पूरा संग्रह पढ़ जाने पर मध्यवर्गीय जीवन के अनेक प्रसंग सामने आ जाते हैं और सोचने पर विवश करते हैं।

विशिष्ट बुनावट का कथा-संसार

—चन्द्रकला त्रिपाठी

ममता कालिया की कहानियाँ खण्ड-1 में उनके पाँच आरम्भिक कहानी संग्रह शामिल किए गये हैं—'छुटकारा', 'सीट नं. 6', 'एक अदद औरत', 'प्रतिदिन' और 'उसका यौवन', ये उनकी 1965 से 1985 तक की कहानियाँ हैं। सन् '60 के आसपास का दौर कहानी और कविता के लिए खासतौर पर बहुत उत्तेजक रहा। यह अकविता-अकहानी का दौर था, जिसने अपनी घनघोर व्यक्तिवादी (और मर्दवादी भी) अराजकता के बावजूद परजीवी सामन्ती-पूँजीवादी वर्गों का पोषण करने वाले सौन्दर्यबोधीय और नैतिक मूल्यों की धज्जियाँ उड़ाईं। यह पूँजी आधारित शहरों और महानगरों में सामाजिक अलगाव और दिशाहीनता से उपजा संकट था जिसने निम्न-मध्यवर्गीय कवि-लेखकों-कलाकारों के भीतर भारी बेचैनी पैदा की थी।

सम्भव है कि ऐसी बेचैनियों के साथ बहुत शिद्दत से न होने के बावजूद केवल तात्कालिक रुझान के चलते ममता कालिया ने 'अब हमारी समझ में सहवास आता है' जैसी पंक्तियाँ लिखी हों, किन्तु प्यार को संसार के सबसे जरूरी तत्त्व के रूप में महसूस करने की बेचैनी उनकी अधिकतर कहानियों में है। इसी के बरअक्स वहाँ नीरस दिनचर्याओं, स्वार्थों, सुविधाभोगों, अभावों और तनावों में गर्क होने वाली दुनिया है जो प्रेम और मनुष्यता से खाली है। यह दुनिया स्त्री, पुरुष, पड़ोसी, सम्बन्धी, सहयोगी, सख्य और दाम्पत्य के गहरे, नजदीकी अनुभवों से उभरती है। लेखिका ने इसके भीतर मनुष्य के स्वाभाविक संवेगों-आवेगों को अपदस्थ करने वाली भौतिकताओं और उनकी चमक से उभरती चाहतों और कुंठाओं को लक्ष्य किया है। प्रेम हो या पारिवारिक सम्बन्ध, सामाजिक स्थितियाँ हों या युवावस्थाएँ, सभी इन कहानियों में नये तरीके से परिभाषित होने के दबाव में हैं। जिन स्थितियों में नयी कहानी ने अब, आत्मविभाजन या आत्मग्रस्तता की नियति स्वीकार की थी, उन्हीं में ममता बदलाव की तेज-मद्धम गुंजाइशों को तलाश रही हैं।

ममता की अनेक कहानियों में पति के प्रेम में पड़ी हुई स्त्री मिलेगी। यह स्त्री आधुनिक, स्वाधीन और बौद्धिक है। उसका प्रेम ऐंद्रिक ताप से जन्मे संयोग-वियोग की क्षणजीविता को अतिक्रमित कर अधिक गहरा, उत्तरदायी और मानवीय होता है।

'दो जरूरी चेहरे', 'लगभग प्रेमिका', 'उपलब्धि', 'काली साड़ी', 'मंदिरा', 'अट्ठावनवाँ साल' और 'आलमारी' ऐसी ही कहानियाँ हैं, जिनमें दाम्पत्य प्रेम को लेखिका ने जीवन को अर्थ देने वाले मूल्य के रूप में पहचाना है। लेखिका हर हाल में जीवन में जिन मूल्यों और उम्मीदों को बचाने का संघर्ष करती है, वे मनुष्य और मनुष्य के बीच मैत्री, विश्वास और भावनात्मक निर्भरता के हैं। दाम्पत्य को भी वे इसी अर्थ में लिखती हैं। वे इसके भीतर मैत्री के रस को अन्त तक बचाये रखना चाहती हैं। यह प्रेम गहरा और आत्मिक तो है किन्तु अतींद्रिय, गोपन या रहस्यमय नहीं है। इसमें जड़ता, गुलामी और झूठ का निषेध है, 'लगभग प्रेमिका' की नायिका हल्के रूमानी फ्लेवर को जीना चाहती है किन्तु पाती है कि दूर बैठे पति के साथ उसका टाँका मजबूती के साथ जुड़ा है, अवश्य ही इसमें पराधीनता की नियति का तनाव नहीं है। इसी तरह 'काली साड़ी' में अभाव भरे जीवन के तनावों से टकराने के बावजूद गृहराग प्रेम की विजय के तापमान पर स्थिर होता है। हमेशा इस स्थिरता में प्रेम की परिपक्वता और गहराई की गूँज है। ममता के यहाँ 'स्त्री' अपनी इकहरी छवि में नहीं है। परजीवी वर्गों की स्त्रियों की कलह-कपट को वे किसी रियायत के बिना धिक्कारती हैं। 'सीट नं. 6' में ऐसी स्त्रियाँ निशाने पर हैं। स्त्री को थोड़े अतिरिक्त लगाव के साथ लेने के बावजूद वे उसकी चेतना के पिछड़ेपन, परजीवीपन और व्यक्तित्वहीनता की आलोचक हैं, उनकी स्त्री मन, देह और आत्मा में वास्तविकता है। 'आपकी छोटी लड़की', 'आज़ादी', 'रायेवाली', 'एक अदद औरत', 'एक जीनियस की प्रेमकथा', 'तोहमत', 'लैला-मजनूँ', 'मनोविज्ञान', 'मुहब्बत से खिलाइए', 'मनहूसाबी', 'बिटिया' और 'माँ' जैसी कहानियाँ समाज में स्त्री को कमतर, लांछित और दमन में डालने वाली जटिल स्थितियों की पहचान करती हैं। स्त्री प्रश्नों को सामन्ती पूँजीवादी समाज की जटिलताओं सहित समझने के साथ-साथ वे इसे पुरुष विरोध की एकतरफा मुहिम से बचाती हैं। स्त्री दमन के वस्तुगत रूपों की पहचान करते हुए उन्होंने पुरुष वर्चस्ववादी मूल्यों और मान्यताओं की सुरक्षा में लगी प्रवृत्तियों की पहचान की है। अत्याधुनिक बौद्धिक समाजों में स्त्री की स्वाधीनता को कुचल कर रख देने वाली व्यूह रचनाओं की बड़ी बारीक पहचान उनकी कहानियों में मिलती है। 'एक जीनियस की प्रेमकथा' और 'मनोविज्ञान' जैसी कहानियों के कथ्य को उन्होंने 'एक पत्नी के नोट्स' नामक उपन्यास में विकसित किया है।

स्त्री प्रश्नों से निकटता के ऐसे कथ्य के अतिरिक्त इस संग्रह में 'उसका यौवन', 'नयी दुनिया', 'पच्चीस साल की लड़की', 'आहार', 'राजू', 'दर्पण', 'अपने शहर की बस्तियाँ', 'कवि मोहन', 'लड़के', 'यह जरूरी नहीं' जैसी कहानियाँ हैं, जिनमें मनुष्य की जिन्दगी को बदरंग करने वाले दबावों के सन्दर्भ हैं। आर्थिक असमानताएँ, नौजवान पीढ़ी की निस्सहायता, स्वप्नभंग, सामन्ती-पूँजीवादी पतनशीलताएँ, प्रदर्शन, परजीविता, स्वार्थ और अवसरवाद की बढ़ती निरंकुशता से तार-तार होते जीवन की अनेक

छवियाँ यहाँ हैं। मनुष्य यहाँ दब्बू, लाचार और दयनीय दिखाई देने की हद तक है।

ममता की लेखकीय प्राथमिकता प्रचलित ढर्रे से बाहर के यथार्थ की पहचान है। 'छुटकारा' की कहानियाँ रिश्तों के गिर्द की निस्संग दुनिया को भावुकता के बिना देख रही हैं। यहीं उनके बिन्दास गद्य, विद्रूप को पहचानने की सतर्कता, अर्थ को संकेतों में उभारने के उनके कौशल का सुसंगत प्रस्थान देखा जा सकता है। 'सीट नं. 6' की कहानियाँ कथ्य के प्रति लेखकीय एकाग्रता और भाषा की व्यंजकता को और सघन करती हैं। स्त्री छवियों को पूरे निर्मोह के साथ देखती-तराशती हुई वे स्त्री दमन पर कायम फ्यूडल संरचनाओं की क्रूरता की पहचान करती हैं। 'प्रतिरोध' को उन्होंने कहानी की अन्तर्बाह्य संरचना से अविभाज्यता में उभारा है। 'एक अदद औरत' में निजी अनुभवों के पाठ कई रूप लेते हैं किन्तु वहाँ भी स्त्री के लिए आत्मदया या आत्मधिक्कार की नियति का निषेध है। कहानियों का अतिविस्तार नियंत्रित होता है और वे अनुभव के व्यापक हिस्सों में प्रवेश करती हैं।

ममता कालिया की कहानियों के दूसरे खण्ड में उनके 'छुटकारा', 'सीट नं. 6', 'एक अदद औरत', 'मुखौटा' व 'निर्मोही' शीर्षक पाँच संग्रहों की कहानियाँ शामिल हैं। ज्यादातर कहानियाँ अपने कलेवर में संक्षिप्त और उसी के अनुसार अपने निहितार्थ में बेहद सघन और बोधक हैं। इन कहानियों तक आते-आते किस्सागोई के अपने अद्‌भुत ढंग को लेखिका ने सँवार लिया है। वर्णन में प्रायः विचलन और स्फीति नहीं है और सबसे बढ़कर यह मार्मिकता की एक अलग किस्म की बुनावट है जिसमें भावुकता नहीं है किन्तु करुणा और लगाव भरपूर है।

इन कहानियों में जीवन ब्योरेवार और सजीव हरकतों से सजा हुआ है। पाठक जल्दी ही किसी मामूली मासूम गृहस्थी के रखरखाव, संघर्ष और आकांक्षा के संसार में गहरी उत्सुकता और सरोकार के साथ शामिल हो जाता है। निम्न मध्यवर्गीय समाज के ये सुख-दुख और संघर्ष बहुत असली हैं, यहाँ तक कि सपने और निष्फलताएँ भी। ऐसी कहानियों में ममता की रचनात्मक तटस्थता अतिरिक्त रूप से निर्मम है क्योंकि वे वहाँ भूल कर भी जमाऊ ढंग के आशावाद या सुखान्त की ओर नहीं जातीं। उनकी कहानियाँ मामूली लोगों की कुब्बत और औकात जानती हैं। इसलिए कथ्य की विश्वसनीय निर्मितियों के तर्क से उनके चरित्र किसी नाटकीय अतिशयता के बिना अपनी परिणति तक जाते हैं। इस सन्दर्भ में 'इक्कीसवीं सदी', 'एक अकेला दुख', 'श्यामा', 'उत्तर अनुराग', 'एक दिन अचानक', 'ऐसा ही था वह', 'बांगडू', 'सिकन्दर' जैसी कहानियों को देखा जा सकता है। कहीं गहरे ये कहानियाँ मनुष्य को अकेला और निहत्था कर देने वाले समय का यथार्थ कहती हैं। 'त्रास' को जीवन की भीतरी रचनाओं में पहचानते हुए भी ममता का इशारा उस बाह्य की तरफ है जिसमें 'इक्कीसवीं सदी' का विनोद, 'एक अकेला दुख' की नीता, 'श्यामा' की श्यामा, 'उत्तर अनुराग' की श्रीमती खन्ना, 'एक दिन अचानक'

के अखिल के वृद्ध माता-पिता, 'ऐसा ही था वह' के बूढ़े पिता जैसे चरित्र बाह्य संसार के व्यापक भावनात्मक उजाड़ के बरअक्स प्रेम और त्याग को गहरे मानवीय लगाव में परिभाषित करते हैं।

इस संकलन की कुछ कहानियाँ वृद्धों के जीवन की स्थिति और नियति से भी जूझती हैं। प्रतिरोध ममता के लिए सैद्धांतिक औजार नहीं है। उनकी कहानियों के ये वृद्ध 'वृद्धावस्था' की प्रचलित निरीह और निरुपाय छवियों को तोड़ते हैं। 'समय' की आंटी को निर्भरता और परायेपन का जीवन स्वीकार नहीं है, 'किताबों में कैद' आदमी का जीवन हठ भी अनूठा ही कहा जाएगा। 'परदेस' की दोनों वृद्धाओं में जीवन उल्लास के अद्‌भुत चुलबुले तर्ज में है, 'नमक' में जो है उसे आप समझौता नहीं कह सकते, 'एक रंगकर्मी की उदासी' भी जीवन की ओर पीठ नहीं करती, 'ऐसा ही था वह' के पिता का बेटे के लिए इस तरह खाद-पानी बन जाने में, उदात्त है जो नया अर्थ पाता है। 'सेवा', 'उड़ान' और 'तासीर' शीर्षक कहानियाँ अवश्य इन लौटते सफर के यात्रियों का अकेलापन लिखती हैं और इस तरह से बाहर फैली निस्संगता को भी। ममता ने स्त्री सवालों को भी फॉर्मूले से बाहर देखा है। दाम्पत्य के स्त्री-विरोधी 'घेराव' की जटिलताओं को पहचानती हुई वे वहाँ एक स्त्री से ज्यादा एक मनुष्य की मुक्ति का संघर्ष देखती हैं। स्त्री होने की लटकों-झटकों वाली रियायत के प्रति उनकी दृष्टि तीखे ढंग से आलोचनात्मक है। स्त्री की मुक्ति उनके लिए न तो अमूर्त है और न ही ठोस ढंग से निर्धारित, 'वह मिली थी बस में', 'लड़कियाँ', 'सीमा', 'चोट्टिन', 'निर्मोही', 'बोलने वाली औरत', 'पीठ', 'रजत जयन्ती', 'जाँच अभी जारी है', 'सेमिनार' जैसी कहानियाँ स्त्री के प्रतिरोध को उसके असली जीवन क्षेत्रों में निर्मित करती हैं। ये स्थितियाँ, घटनाएँ एवं जीवन की किसी तय एकरूपता से नहीं निकली हैं। यही कारण है कि वे बोलने वाली औरतों के साथ-साथ स्त्रियों की बोलती बन्द करना चाहने वाली औरतों का भी चित्र देती हैं, किन्तु इस सावधानी के साथ की यहाँ 'स्त्रियाँ ही स्त्रियों के विरुद्ध होती हैं' जैसे सरलीकरण न चिपकाए जा सकें।

संकलन की कुछ अनूठी प्रेम कहानियों पर भी ध्यान जाता है। दुर्घटनापूर्ण उत्तरराग के बावजूद उनमें पूर्वराग बहुत उद्दीप्त और आकर्षक है। 'दूसरा देवदास', 'खिड़की', 'अनुभव' ऐसी ही कुछ कहानियाँ हैं मगर यहीं 'सवारी और सवारी' तथा 'पीठ' जैसी कहानियाँ भी हैं जो बिना किसी रियायत के दाम्पत्य जीवन के मध्यान्तर के बाद की तनाव भरी त्रासदी भी लिख डालती हैं। 'इरादा', 'बोलने वाली औरत', 'वर्दी', 'अर्धांगिनी', 'दाम्पत्य' जैसी कहानियाँ दाम्पत्य में प्रवेश कर गये निर्मोह और स्थूलता की पड़ताल करती हैं।

वस्तुतः ममता अनुभवों के व्यापक संसार को किस्सागोई की अपनी रचनात्मक युक्ति से साधती हुई दिखाई देती हैं। यह अनायास नहीं है कि उनकी कई कहानियाँ

लगभग संस्मरणात्मक हैं। यहाँ उनकी मूल्य चेतना निजी अनुभवों को जीवन की वैविध्यपूर्ण और व्यापक अर्थ छवियों समेत रचती और व्यक्त करती हैं।

ममता की महत्त्वपूर्ण खासियत उनकी कथा-भाषा है। यह कथा-भाषा ही उस रचनात्मक तटस्थता को सम्भव करती है, जिसके द्वारा वस्तु-सत्य अपेक्षित निकटता और दूरी के साथ लिखा जाता है। भाषा ही वहाँ गैरजरूरी भावुकता, एकतरफापन और स्फीति को तोड़ती है मगर भाषा ही उन्हें अतिकल्पना या अयथार्थ की रपटन से बचा कर कहानी को उसके अभिप्राय की एकाग्रता, संगठन और अपेक्षित मुखरता से निर्मित करती है। इस भाषा में करुणा, व्यंग्य, विट, खिलवाड़ उनकी रचनात्मक जरूरत के अनुरूप आवाजाही करते हैं। ब्रजभूमि के मुखर उल्लास और चुटीलेपन का भरपूर दोहन इन कहानियों ने किया है।

संकलन में 'बाल-बाल बचने वाले', 'नायक', 'झूठ', 'पर्याय नहीं', 'बाणगंगा', 'मुखौटा' जैसी कमजोर कहानियाँ भी हैं जिनमें कथ्य पूर्वानुमानों की दिशा में चलता है। इनमें से कुछ तो ठोस और वायवीय ढंग से किसी व्यावहारिक निष्कर्ष के लिए उदाहरणों का जमाव भी लगती हैं।

जिन्दगी की तह तक जाती कहानियाँ

—बृजबाला सिंह

कथा-साहित्य में बहुत परिचित एवं चर्चित कथा लेखिका ममता कालिया का हाल में प्रकाशित कथा संग्रह 'निर्मोही' जीवन की छोटी-छोटी घटनाओं, उन घटनाओं से जुड़ी स्मृतियों एवं गहरी अनुभूतियों का आईना है जिसमें व्यक्ति, परिवार, समाज, नाते, रिश्ते, पति-पत्नी सम्बन्धों के अनेक रूप लोक-जीवन में, नगरीय जीवन में और बाजारवाद से प्रभावित महानगरीय जीवन में आकार पा सके हैं। दरअसल ममता कालिया को लेखन का सीमित दायरा नहीं बाँध पाया, न ही वे विमर्शों के घेरे में कैद हो सकी हैं। उनकी चिन्तन शक्ति व्यापक है और उनमें देखे हुए को कह देने की अद्‌भुत सामर्थ्य है। घर से लेकर राजनीतिक विसंगतियों, सामाजिक रूढ़ियों, स्त्री की नियति एवं गरीब की पीड़ा पर उनकी लेखनी बेबाक चलती है। उनकी कहानियों में स्त्री एवं पुरुष के बीच कोई भेदक खाई नहीं है बल्कि वे दोनों के बीच समझदारी कायम करने का आस्थापूर्ण प्रयत्न करती हैं। यहाँ भावुकता का न तो अतिशय बहिष्कार हैं न ही उपेक्षा। बल्कि यह कह सकते हैं कि भावुकता उनकी कहानियों का अनिवार्य हिस्सा है। उनमें अद्‌भुत सम्प्रेषणधर्मिता है। उनकी कहानियाँ मन को बाँधती हैं। चिन्तन को झकझोरती हैं। बौद्धिकता का प्रवाह भी उनमें कम नहीं है। इनमें बहुत कुछ जीवन में घटित होने वाला ऐसा सच है जिन्हें हम जीते हुए नकारते हैं और नकारते हुए जीते हैं।

इस संग्रह की कहानियाँ उनके समूचे कथा-साहित्य का प्रतिनिधित्व करती हैं। उनके लेखन की एक तस्वीर सामने लाती हैं। इन कहानियों को पढ़ते हुए निरन्तर यह एहसास हुआ है कि इनमें एक खुलापन, एक सहज विस्तार, सम्बन्धों के प्रति विविध भाव और घटनाओं का विवरण, घटना बनकर नहीं जीवन का सच बनकर सामने आया है। संग्रह की आधार कहानी 'निर्मोही' से बात शुरू करते हैं। इसे पढ़ते समय एक साथ दो बातें सामने आयीं—एक तो यह कि ममता कालिया अंग्रेजी साहित्य की अध्येता रही हैं, दूसरे, उनका जुड़ाव मथुरा के लोक-जीवन से है। इस कहानी में डी.एच. लारेंस की बहुचर्चित कृति 'लेडी चैटर्लीज लवर' की छाया मँडराती हुई दिखाई देती है जो लोक मिथकों के सहारे आकार पाती है। इस कहानी को पढ़कर

कमलेश्वर की राजा निरबंसिया', शिवप्रसाद सिंह की 'बरगद का पेड़', 'कर्मनाशा की हार', 'हीरों की खोज' जैसी कहानियों की याद आयेगी। मार्कण्डेय की 'गुलरा के बाबा' की भी याद आ सकती है। 'निर्मोही' की रचना करते समय लोक कथाओं के सारे कथा मोटिव्स, सात जनम, सात ताल, सात ताले, सात दरवाजे, बड़ी पुरानी हवेली, घना जंगल, निर्वासित राजकुमार, परित्यक्ता रानी, राजसी आतंक सब के सब सामने आ जाते हैं। इसमें लोकरंग और लोककथा की तमाम उक्तियाँ समायी हुई हैं।

'निर्मोही' कहानी में राजवैभव की तुलना में प्रेम भावना की विजय दिखाई गयी है। जीवन में क्षणभर के लिए सुख, अनुकूल सुख, पाकर सारे संस्कारों एवं बन्धनों से मुक्ति का आग्रह है। इस कहानी के भीतर की कहानी का पुरुष राजा है, खूँखार पुरुष है और रानी ऐसी स्त्री है जो स्त्री नियति को जीती है। इसमें राजा-रानी सम्बन्धों का मनोवैज्ञानिक विश्लेषण है। पुत्रकामना करने वाली रानी 'पीपर पूजने' अकेले जाती है, राजा सोता रहता है। एक दिन फूल तोड़ते हुए रानी बेर तोड़ने का मन बना लेती है। बेर का काँटा उनकी उँगली में चुभ जाता है। रानी फूलमती तो फूलमती ही थीं, 'बाने काँटा, कब देखौ उँगरी में ऐसी पीर भई कि आहें भरती वह दोहरी हो गयी।' मालिन के बेटे कन्हाई ने रानी की आह सुनी तो वह दौड़ा आया और उसने काँटा निकाल दिया तथा बहते रक्त को देखकर रानी की उँगली अपने मुँह में दाब ली और 'चूस-चूस कर, सारी पीर पी गयो, जीभ का भभकारा ऐसा कि रानी पसीने-पसीने हो गयी।' राजा ने रानी को इस स्थिति में देख लिया, फिर तो रानी महल के सातों दरवाजों पर माथा पटकती रही सात दिन तक लेकिन राजा नहीं पसीजा। वह परित्यक्ता हो गयीं। जिस रानी को राजा बहुत प्यार करते थे, वही राजकोप का भाजन बनीं।

इस कहानी के उत्तरार्ध में 'जेनरेशन गैप' का प्रभाव भी देखा जा सकता है। कहानी सुनते हुए अन्नो कहती है, 'ये क्या दादी, तुम्हारी कहानी में औरत हमेशा हारती है।' इसके और बाद की कहानी अन्नो सुनाती है। रानी माली के बेटे कन्हाई के साथ सुख से रहने लगती है। कई साल बीत गये, वे पुत्रवती हो गयीं। इधर राजा उदास रहने लगे। रानी को वापस ले आने का संकल्प लेकर अपने 'मंतरी संतरी' के साथ जाते हैं। रास्ते में उन्हें प्यास लगती है। जैसे ही राजा पानी पीने के लिए झुके एक तीर सन्नाता हुआ निकल आया। राजा ने देखा थोड़ी ही दूर पर एक बालक कन्हैया बना पीताम्बर पहने खड़ा है। दनादन तीर चला रहा है। राजा ने बेबस मोह में पूछा, 'तुम्हारा नाम क्या है'? बच्चा इन सबको देखकर भाग जाता है माँ के पास। माँ को देखते ही राजा पहचान लेता है। वह भूल जाता है कि वह राजा है और पूछ बैठता है, 'परान पियारी! तुम यहाँ कैसे?' तब तक कन्हाई आ जाता है। राजा कहता है, 'पकड़ लो इसे जाने न पाये।' कन्हाई बोला, 'जाओ राजा जी, तुम क्या प्रीत निभाओगे। महलन में बैठ के राज करो...पिरितिया खबाऊँगो, पिरितिया

पिलाऊँगौ। तुम तो जाके पिरान निकारै, मैंने जामें वापस जान डारौ। तो जे हुई मेरी परान-पियारी'। और यह चिरौंटा? 'यह हमारी डाली का फूल है'। बस राजा का कोप परवान चढ़ गया। परिणाम हुआ युद्ध। रानी फूलमती, कन्हाई और चिरौंटा बनवारी जी भरकर लड़े। तीनों ने वीरगति पायी और सौंताल की धरती, जो रक्त से लाल हुई तो आज तक लाल है। वहाँ के पेड़, पौधे पक्षियों में भी आज तक लाल रंग है। दादी कहती है, न रानी घर छोड़ती न ये सब होता, लेकिन अन्नो कहती है, 'एकदम गलत? 'निर्मोही' के साथ उमर काटने से अच्छा था वह जो उसने किया।' कहानी का अन्त नारी स्वातन्त्र्य की पुकार को स्वर देता है। ममता कालिया पुरुष की प्रकृति और स्त्री की नियति को बखूबी जानती हैं। वास्तव में इस कहानी के भीतर से कहानी निकलती है और सामन्ती परिवेश की जिन्दगी के सच को आज के जीवन में रेखांकित करती है। दादी की कहानी में 'सौ सुखों में एक दुख' का प्रवेश जरूर होता है। यह कहानी नहीं जिनगानी है। जिन्दगी का सच है। नयी पीढ़ी को हार मानने वाली औरत की कहानी नहीं सुननी है'। औरत को नियति से समझौता नहीं करना है बल्कि सिर उठाकर खड़ा होना है अपने अस्तित्व के लिए। आंचलिक प्रभाव के कारण यह कहानी जीवन का चित्र सच्चे अर्थों में सामने कर सकी है।

इस संग्रह की अधिकांश कहानियों में स्त्री जीवन का कोई न कोई सच मुखर है। 'वह मिली थी बस में' दो ऐसी औरतों की कहानी है जिसमें एक अधिक पढ़ी-लिखी होकर भी पति से भयभीत रहती है। तो दूसरी कम पढ़ी-लिखी किन्तु आत्म-विश्वास से भरपूर है। वह आत्मनिर्भर न होकर भी, निर्भय है। दोनों बसयात्रा में मिलती हैं। रास्ते में बस खराब हो जाने से पढ़ी-लिखी औरत घबराने एवं डरने लगती है परन्तु कम पढ़ी-लिखी औरत निश्चिन्त बैठी रहती है। उसे पता है कि बस खराब होने में उसका हाथ नहीं है और 'घर जाने पर आदमी जो बहोत नरम-गरम करे तो हम तो देइत हैं एक झन्नाटा कनपट्टी पे'। पढ़ी-लिखी औरत ने कहा हमारे घर वाले बस खराब होने का विश्वास नहीं करेंगे। कम पढ़ी-लिखी स्त्री समझाते हुए कहती है, 'सुनो, वैसन तो बड़ी मेमसाहब बनी हो। कटे बाल, रेशमी साड़ी। बोली भी गिटपिट। पर हिम्मत के नाम पर निरी लीद हो।' बसयात्रा से जुड़े व्यावहारिक सवालों पर भी यह कहानी प्रश्न खड़ा करती है। बस ड्राइवर सवारियाँ तो खूब भर लेते हैं परन्तु उन्हें सही समय पर पहुँचाने की, उनकी न तो कोई जिम्मेदारी होती है न ही भरोसा किया जा सकता है।

'सवारी और सवारी' कहानी रिक्शेवालों की उस मानसिकता का खुलासा करती है जिसमें वे मोटी, भद्दी औरतों की तुलना में लड़कियों को ले जाना अधिक पसन्द करते हैं। गनपत नामक रिक्शेवाला कम पैसा लेकर भी लड़कियों को रिक्शे पर बैठाना पसन्द करता है। उसके पीछे उसका तर्क है, "लगता है उसकी पीठ के पीछे चिड़िया चहचहा रही हैं। कभी वे फिल्मों की बातें छेड़ देतीं तो कभी धारावाहिकों

की। सुबह के समय वे कुछ सुस्त होतीं। उस समय उनकी बातचीत में उनके माँ-बाप के बद्मिजाजी और बद्सलूकी के किस्से होते लेकिन दोपहर को वे वापसी के समय खुश नज़र आती हैं।" यही एक चक्कर वह मनमर्जी करता है। लड़कियाँ भी उसी के रिक्शे पर बैठना चाहती हैं। एक तो वह पैसे कम लेता है दूसरे, वह उन लोगों का इन्तजार करता है। एक दिन लड़की की माँ भी रिक्शे पर बैठकर बातें करती है। गनपत यह जानकर उदास हो जाता है कि लड़की का विवाह होने वाला है लेकिन 'लहना सिंह' की तरह अपना सन्तुलन नहीं खोता।

'बाथरूम' शरणार्थी परिवार की कहानी है जहाँ रहने के लिए घर तो बन गया परन्तु बाथरूम बनाने की जरूरत नहीं महसूस की गयी। स्त्रियों की सामाजिक स्थिति पुरुष प्रधान समाज में किस प्रकार सिमटकर बची हुई है इस पर भी लेखिका ने विचार किया है। ऐसे ही बिना बाथरूम वाले घर में एक ऐसी बहू आ जाती है जो आते ही 'बाथरूम कहाँ है?' पूछती है। नयी बहू का बोलना और घर की व्यवस्था पर टिप्पणी करना किसी को अच्छा नहीं लगता। बाथरूम शब्द हलचल मचा देता है क्योंकि इस घर की स्त्रियाँ खुले आँगन में या गंगा में नहाया करती हैं। वे इस नयी बहू को नफरत से देखने लगती हैं जैसे बाथरूम में नहाना अपवित्रता और कलंक है। एक घटना के बाद घर में बाथरूम बन जाता है परन्तु कोई नहाना नहीं चाहता। संयोगवश एक दिन मझली बहू बाथरूम में नहाने का सुख अनुभव करती है, 'बन्द बाथरूम में एक-एक कपड़े उतारना, पट्टे पर निर्वस्त्र बैठना, मंजन साबुन, झाँवा यथास्नान पाना और बिना गली पर नज़र गड़ाये पूरा ध्यान अपनी देह की स्वच्छता पर केन्द्रित करना रोमांचकारी था। उन्होंने झिझकते हुए अपनी निर्वस्त्र देह देखी तो उन्हें लगा वे किसी और को देख रही हैं। उन्हें लगा कि जैसे जीवन में पहली बार स्नान कर रही हैं।'

'खानपान' और 'नमक' दो ऐसी कहानियाँ हैं जिनमें दो पारिवारिक संस्कारों से जकड़े लोगों की मनःस्थिति का चित्रण है। 'खान-पान' ऐसे रूढ़िवादी परिवार की कहानी है जिसमें लहसुन-प्याज क्या गोभी एवं बैगन भी नहीं खाया जा सकता। ऐसे ही परिवार की पत्रकार युवती मीनाक्षी को डाक्टर अंडा खाने की सलाह देता है। मीनाक्षी ने पत्र-पत्रिकाओं से यह जानकारी जुटा ली कि अंडा कितना स्वास्थ्यवर्धक है। उसे यह भी मालूम है कि घर के इसी 'शुद्धतावाद' के कारण आजतक वह कुँआरी भी है। मीनाक्षी पढ़ी-लिखी युवती है। वह सोचने लगती है कि 'जातिगत शुद्धतावाद भी एक कारावास' है। उसने केक और पेस्ट्री में कई बार अंडे का स्वाद चखा था और वह निरन्तर सोचती है कि किस सहेली के घर जाये, जहाँ उसे अंडा खाने को मिल जायेगा। वह एक दिन अपने पुराने परिचित सहाय साहब के यहाँ जाती है और अंडा बनवाकर जैसे ही अपने मुँह के सामने ले जाती है, दो कौर खाते ही उसका मन खराब हो जाता है। वह पछताने लगती है—'यह गुनाह बेलज्जत हो

गया'। वह सोचती है, 'क्या अच्छा होता यदि अंडे की कैपसूल आ जाती। दवा के नाम पर हम लोग शेर का कलेजा भी खा सकते हैं परन्तु संस्कारों के कारण गीदड़ हैं। चाहकर भी इसकी कैद से मुक्त नहीं हो सकते।'

'नमक' कहानी में लेखिका ने सबसे पहले नमक के साल्ट रूपान्तरण के पीछे लैटिन भाषा के सेल शब्द को उद्धृत किया है और नमक की अहमियत बताते हुए लिखा है कि 'जूलियस सीज़र' अपनी सेना को वेतन के रूप में नमक से भुगतान करता था, मुद्रा से नहीं। एक बार अस्वस्थता के कारण कथानायिका को डाक्टर नमक खाने पर प्रतिबन्ध लगा देता है। उसे बहुत खराब लगता है, वह क्रुद्ध भी होती है। अचानक तबियत बिगड़ जाने पर उसका बेटा उसे अस्पताल में भर्ती करके नौकरी पर जाने की सोचता है तब उसका विचार बदलता है। वह अस्पताल से निकल कर अपने घर वापस आते समय ट्रेन में बैठे-बैठे अपने मन ही मन सोचने लगती है, 'अगर मनमानी करोगी तो भुगतेगा कौन? तुम्हीं ना! दिल का दौरा पड़ जायेगा, लकवा मार देगा या दो-एक दिन सेवा करके सब मुँह मोड़ लेंगे फिर क्या करोगी? पड़ी रहना अपने गू-मूत्र में। सब कैलेण्डर में एक-एक दिन गिनने लगेंगे, कब तुम मरो कब उन्हें मुक्ति मिले।' उसे सहसा गाड़ी की सीटी सुनाई देती है और उसकी तन्द्रा टूट जाती है। अपनी इच्छा शक्ति से वह संकल्प लेती है 'प्रबला' बनने की।

इस संग्रह की सबसे अधिक प्रभावित करने वाली कहानियों में 'पीठ' का नाम लिया सकता है। इसका आधार एक ऐसी औरत है जो चित्रकार के सफलतम चित्र की प्रेरणा बनती है। यश, धन, मान दिलाती है और उसे सशंकित जीवन जीने के लिए भी अभिशप्त कर देती है। ममता कालिया ने बड़े कौशल के साथ बताया है कि पति-पत्नी सम्बन्धों का मूल आधार विश्वास है। शंका का कीट इसे चाटकर खा जाता है। जैसा कि इस कहानी के नायक चित्रकार हर्ष के साथ होता है। उसकी मुलाकात एक ऐसी लड़की से होती है जो दुकानों में बिक्री-प्रदर्शन का काम करती है। जिसे मॉडलिंग से नफरत है। लेखिका ने उसे 'ताम्रसुन्दरी' कहकर सम्बोधित किया है। वैसे उसका नाम इन्दुजा है। थोड़ी घनिष्ठता बढ़ने के बाद दोनों विवाह करने का निर्णय ले लेते हैं जिसमें हर्ष के साहित्यकार मित्र दर्शन की भूमिका साहाय्य होती है। एक दिन हर्ष इन्दुजा की खास मुद्रा देखकर एक चित्र बनाता है। इन्दुजा को इस चित्र से आपत्ति होती है क्योंकि, वह मॉडल नहीं बनना चाहती। हर्ष उससे कहता है कि इसमें मेरा सत्ताईस साल का अनुभव है। वह चित्र में कई परिवर्तन करता है, "अब यह पीठ अकेली इन्दुजा की नहीं थी। इसमें कई पीठों की स्मृतियाँ आ मिली थीं। इस पीठ में माधुरी दीक्षित की पीठ थी। स्मिता पाटिल की पीठ थी। यह पीठ कमनीय से अधिक कोमल थी, कोमल के अधिक कृश थी। इसमें निराला की क्लासिक कविता 'तोड़ती पत्थर' वाली मजदूरनी की भी पीठ थी। यह कई-कई सुधियों की पीठ थी।" यह तस्वीर एक साकार स्वप्न की तरह बनी थी। इसे जिस

दिन राष्ट्रीय कलावीथी में लगाया गया उस दिन सारे चित्र फीके पड़ गये। हर्ष के सभी साथियों ने इस चित्र की तारीफ की। वह अचानक 'अमृता शेरगिल' और 'जीवनदास' जैसे चित्रकारों की श्रेणी में आ गया। इस चित्र को एक उद्योगपति ने लाखों रुपये में खरीद लिया। एक आलीशान पार्टी आयोजित की गयी। पार्टी के बाद जाते हुए दर्शन ने कह दिया, "इस सफलता का सारा श्रेय तुम्हारी मॉडल पर जाता है। यह इन्दुजा की पीठ है शत प्रतिशत।" हर्ष नहीं समझ पाया कि दर्शन ने इन्दुजा की पीठ कहाँ और कब देख ली? वह सशंकित रहने लगता है। लोग उसके मौन को संवेदना और गरिमा से जोड़ते हैं। पत्रकार उससे उसकी चित्रकला के विषय में प्रश्न करते। वह जवाब देता रहता लेकिन जैसे ही पुरस्कृत चित्र 'पीठ' की चर्चा होती वह मौन हो जाता। उसे लगता मीडिया उसका जीवन उघाड़ने का षड्यन्त्र रच रही है। इस कहानी में पुरुषों की सन्देही दृष्टि और स्त्रियों की खुली मानसिकता साथ-साथ दिखाई देती है।

'समय' एक ऐसी महिला की कहानी है जिसे परिभाषित करते हुए लेखिका ने लिखा है, 'वे उन लोगों की जमात में से थीं जो पिछली शताब्दी में पैदा हुई और मौजूदा शताब्दी में लश्टम-पश्टम पहुँच गयीं अपना पुराना ट्रांजिस्टर, टॉन्सिल्स का दर्द और जोड़ों की जकड़न लेकर।' इस कहानी में पति-पत्नी सम्बन्धों पर भी ममता कालिया ने विचार किया है। पति बेटों के साथ दुबई चला जाता है, पत्नी अकेले रह जाती है मकान और सम्पत्ति की सुरक्षा के लिए। उनका तर्क था यह मकान नहीं घर है। उससे जुड़ा पूरा जीवन है हमारा। इसमें हमारे दोनों बच्चों की किलकारियाँ हैं। बड़ा विचित्र सम्बन्ध है—इस कहानी में पति पत्नी के बीच का। दोनों को एक-दूसरे की उपस्थिति में असुविधा होती। बच्चे उन्हें आण्टी कहते। दिनभर टी.वी. देखना और बेतुके कमेण्ट करना उनका काम था। विज्ञान के आधुनिक संसाधन उन्हें सुविधा एवं मन-बहलाव की वस्तु नहीं बल्कि समस्या अधिक लगते। फोन उठाना उन्हें कभी अच्छा नहीं लगा। बच्चे उन्हें मोबाइल खरीदने की सलाह देकर उसकी उपयोगिता समझाते हैं लेकिन उनके पास तर्क था, 'यह तो मौत में भी शामिल हो गया है। अभी उस दिन एक शोक सभा में गयी थी। लगता है हर एक की जेब में सेलफोन छिपा हुआ था बारी-बारी से पीं.पीं., टीं.टीं., कूं.कूं. होती रही इनकी। मरे हुए को दो घड़ी याद करना दूभर कर दिया है इन फोनों ने।' बच्चे तर्क कर के समझाते, 'आण्टी, यह इक्कीसवीं सदी है, यहाँ सब अपनी तरह से जीना चाहते हैं।' यह सुनते ही आण्टी उठकर चल दीं, 'इस समय वे एक ऐसा समय लग रही थीं जो तेजी से तत्कालीन होता जा रहा था'।

'मुन्नी' कहानी में एक अल्पविकसित बालिका के माध्यम से कक्षाओं में होने वाले भेदभाव को दिखाया गया है। मुन्नी बचपन में चेचक का शिकार होकर अपना विकास खो देती है। धीरे-धीरे उसका विकास होता है। वह प्राइमरी की पढ़ाई पास

करती है। उसके बाबू उसे कॉन्वेन्ट स्कूल में ले जाकर दाखिला दिलाना चाहते हैं। प्रिंसिपल उसके बिकास को देखकर उसे विकलांग बच्चों के स्कूल में पढ़ने की सलाह देती है। बाबू उसकी पिछली रिपोर्ट दिखाते हैं तब कहीं जाकर उसका प्रवेश हो पाता है। कक्षा में पहले ही दिन सबने मुन्नी का सिलबिल रूप और मामूली कपड़े देख मुँह बिचका दिया। आगे की पंक्तियों में दूध सी गोरी, मक्खन सी चिकनी और कई रुई सी रेशमी बच्चियाँ बैठी थीं। मुन्नी को लगा वह किसी सुन्दर बगीचे में आ गयी है। उसका मन हुआ वह इन लड़कियों के गले लग जाये। इनसे दोस्ती करे लेकिन उन लड़कियों के चेहरों पर चाव का कोई चिह्न नहीं था। कहानी के अनेक स्थलों में यह दिखाया गया है कि मुन्नी को कक्षा में पिछड़ेपन के कारण अपमानित होना पड़ता है। उसे इतना प्रताड़ित किया जाता है कि वह एक दिन यह कहकर स्कूल छोड़ देती है कि जिस स्कूल में इतनी बेइन्साफी हो रही हो, उसमें उसे नहीं पढ़ना है।

इस संग्रह में दो विशिष्ट कहानियाँ पिता-पुत्र सम्बन्धों पर आधारित हैं। 'ऐसा ही था वह' एक ऐसे पिता की भावना का निरूपण करती है जो जीवन के अन्तिम क्षण तक पुत्र के लिए व्यवसाय एवं नौकरी की कामना करता है। आर्थिक परिस्थितियों से जूझता पिता, पुत्र की नौकरी के लिए आवेदन पत्र बड़ी खुशी से खरीदता है। अभाव में जीती माँ मेवे की खीर की जगह चावल की खीर स्वादिष्ट बताती है। इस परिवार में खरीदकर लाया गया फल भी महँगा होने के एहसास से किसी के मुँह तक न जाता। माँ की मृत्यु के उपरान्त पुत्र की नौकरी के लिए पुलिस विभाग से पत्र आता है। वह पिता के स्वास्थ्य की चिन्ताओं के बीच नौकरी के लिए जाता है। एक दिन उसे पता चलता है कि पिता अस्पताल में भर्ती हैं। वह दौड़ा भागा जाता है। आपातकालीन सेवाकक्ष में पड़े हुए पिता को पुत्र का सान्निध्य नहीं उसकी नौकरी अधिक महत्त्वपूर्ण लगती है। वे पुत्र को फटकार कर वापस भेज देते हैं। एक दिन पिता की मृत्यु का तार मिलता है, पुत्र सन्न रह जाता है लेकिन पिता के शव के पास पहुँचते की उसे लगता है जैसे सारी रस्सियाँ तुड़ाकर वे अभी उठ बैठेंगे और चिल्लायेंगे, "फिर तू बैठ गया यहाँ आकर। काम में दीदा नहीं लगता, फौरन वापस जा।"

'उड़ान' कहानी आधुनिकता की दौड़ में टूटते निकटतम रिश्तों का दर्द लिए है। इस कहानी का पिता पुत्र 'साकी' के लिए अपने सारे शौक छोड़कर स्कूटर खरीदता है। सोचता है पुत्र बड़ा खुश होगा। लेकिन पुत्र पर कोई प्रभाव नहीं पड़ता बल्कि वह स्कूटर को बेचकर मोबाइल खरीदने की बात सोचता है। माँ-बाप समझ नहीं पाते कि वे अपने लाडले किन्तु महत्त्वाकांक्षी पुत्र के व्यवहार से दुखी हों या सुखी, ऐसे बेटे से जिसने त्वरा, तत्परता और तैयारी के साथ प्रबन्धन की पढ़ाई पूरी करके शीघ्र ही नौकरी और पदोन्नति प्राप्त की थी। जिसका वेतन दस लाख था और आयकर सवा लाख। लेकिन यही बेटा घर आते ही आरक्षण एवं वापस जाने

की चिन्ता में लग जाता है। उसके सामने माँ-बाप का स्नेह नहीं केवल तरक्की और पैसा है। माँ उससे घबराकर पूछती है, 'आखिर तुम कितना ऊपर उड़ना चाहते हो?' साकी उत्तर देता है, 'मेरे सामने आकाश का विस्तार हो और ढेर सारी डोर, फिर मेरी उड़ान देखना।' घर से जाते समय वह पिता को समझाते हुए कहता है, "पापा, आपके जमाने में ईमानदारी बहुत बड़ा गुण माना जाता था, मेरे जमाने में समझदारी इससे बड़ा गुण है। और तो और वफादारी, ईमानदारी, अब इन्सानों की नहीं कुत्तों की खासियतें हैं। और मैं किसी कम्पनी का वफादार कुत्ता कहलाना पसन्द नहीं करूँगा।" घर से जाता पुत्र और घर में रह गये अकेले निरुपाय माता-पिता दोनों की दृष्टि में एक-दूसरे की तस्वीर छोटी दिखाई दे रही थी।

'पिकनिक' कहानी में विश्व बाजारवाद और आधुनिक जीवन शैली की झलक है। कोकाकोला कम्पनी में काम करने वाला पुत्र असित चाय एवं कॉफी के स्थान पर कोकाकोला पीने का महत्त्व बताता है। पिकनिक पर गये परिवार को पहाड़ की ताजी हवा स्फूर्ति देती है परन्तु चाय एवं कॉफी का अभाव खटकता रहता है। सभी लोग नारियल का पानी पीते हैं परन्तु असित नहीं पीता। वह खिन्न हो जाता है, वह नारियल के सारे गुणों को स्वीकार करता है परन्तु पेय के रूप में सिर्फ कोकाकोला को ही अहमियत देता है क्योंकि उसकी सोच अत्याधुनिक है। वह कोकाकोला व्यवसायी है। और सोचता है यहाँ जितने 'टैंगयीवाले' हैं उन्हें कोकाकोला स्टाल दिलायेगा। पिता आपत्ति करते हैं कि तुम एक नेचुरल चीज को नष्ट करोगे और कुछ नहीं। पिता की बात को काटते हुए असित कहता है, "नेचुरल मॉय फुट! आप नारियल से तेल निकालें उसे बालों में चुपड़ें उससे चिप्स तलें। आप उसका पाउडर बना कर बेचें, मिठाई बनायें। हम कुछ नहीं कहते। उसे कच्चा-पिलाने की क्या जरूरत है। इसमें इतनी चर्बी होती है कि पीने वालों की महीने-भर में तोंद निकल आये। अरे! हम एक साफ सुन्दर कोल्डड्रिंक आपको दे रहे हैं, शीतल करके दे रहे हैं और क्या चाहिए?"

'दल्ली' रेलवे व्यवस्था की खिल्ली उड़ाती तथा अपने देश में बैनर एवं पोस्टर संस्कृति की परिव्याप्ति एवं उसकी निरर्थकता तथा खोखलेपन पर प्रकाश करने वाली कहानी है। आजाद भारत में सारे नियम लिखकर सजा दिये जाते हैं, उनका व्यावहारिक रूप शून्य होता है। कहानी के बुजुर्ग दम्पति भारत-दर्शन का मन बनाकर निकलते हैं। रेलवे विभाग की कागजी नियमावली एवं सामाजिक अव्यवस्था से वे परेशान होकर पछताने लगते हैं। भारत भ्रमण के पोस्टर तो उनके मन को आह्लादित करते हैं लेकिन आरक्षण पद्धति से लेकर रेलवे रिटायरिंग-रूम की स्थिति, खान-पान व्यवस्था सबकुछ उन्हें तकलीफ में डाल देती है। वे सोचने लगते हैं कि यह अव्यवस्था से जुड़ी लेकिन सजी-धजी एक ऐसी दुनिया है जहाँ गुस्से और शिकायत का कोई अर्थ नहीं है। थके-माँदे बुजुर्ग दम्पति वाहन तलाशते हुए देर तक भटकते हैं। सहसा

एक बड़े से लाल कपड़े पर उनकी दृष्टि पड़ती है जिस पर सुनहरे अक्षरों में, छपा बैनर लहरा रहा था, 'एक अक्तूबर अन्तर्राष्ट्रीय बुजुर्ग दिवस' और सामने उपहास करती लम्बी सी होर्डिंग है, 'उत्तर रेलवे आपका हार्दिक स्वागत करता है। आपकी यात्रा मंगलमय हो।'

'बोहनी' व्यापार जगत से जुड़ी कहानी है जिसमें दो पीढ़ियों की मानसिकता भी उजागर है। पिता अपनी पुरानी तिजोरी को कुबेर का खजाना मानता है तो पुत्रों की दृष्टि में चमचमाती तिजोरी वाला शोरूम है। पिता भोला महाजन अपने लड़के को व्यापार का गुर तथा बोहनी का महत्त्व बताता है। वह कहता है, "पैसा तो सिर्फ अधेड़ और बूढ़ी औरतों के पास होता है। ये छोकरियाँ तो मौज-मस्ती के लिए घर से निकलती हैं। उसे क्या कहते हैं विन्डो शॉपिंग करके वक्त काटती हैं। इन्हें कुछ खरीदना कहाँ होता है। बोहनी के समक्ष सबको मुश्तैद रहना चाहिए।"

'सिकन्दर' और 'बाँगड़ू' दो ऐसी कहानियाँ हैं जो गरीबी में पलने, बढ़ने वाले लोगों के बीच घटित हो रहे जीवन मूल्यों को परिभाषित करती हैं। 'बाँगड़ू' कहानी का नायक सत्यदेव करुणा के घर नौकरी के लिए आता है। पहले ही दिन छिलके समेत केले खाकर एक ओर अपनी गरीबी की अन्तिम परत सामने खींच देता है तो दूसरी ओर 'बाँगड़ू' की उपाधि से मंडित होता है। रक्षाबन्धन के त्योहार पर पूड़ी-खीर देखकर पूछता है, 'आज केकर तेरही हौ?' क्योंकि उसने अपने जीवन में पूड़ी-खीर माँ की 'तेरहवीं' में ही खायी थीं। घर की मालकिन करुणा एक दिन उसे बहकाकर करवा चौथ का व्रत रखवा देती हैं, यह प्रलोभन देकर कि शाम को उसे अच्छा-अच्छा खाने को मिलेगा। वह चुपचाप दिनभर सारा काम करता जाता है। शाम को करुणा पूजा करती है और बाँगड़ू से खाने के लिए कहती है। वह तर्क करता है कि इस व्रत का पुण्य किसे मिलेगा? करुणा कहती है, जिसके नाम से व्रत किया जाता है उसको। बाँगड़ू निरुत्तर हो जाता है। वह ताजे व्यंजनों से सजे थाल को देखकर कहता है—हमको तो ताजा खाना अच्छा ही नहीं लगता है, बासी और ठंडा खाना दो। करुणा अपराधबोध से भर उठती है परन्तु बाँगड़ू चुपचाप अपनी कोठरी में जाकर गीत गीता है जो उसकी मनःस्थिति और उसके मालकिन की प्रकृति दोनों पर सटीक बैठता है:

नून देबो मंगनी रे, तेल देबो मंगनी
पिया के मंगनी न देब
हमरो बलमुआ फुलवा के जोखल
घटिहैं त केकरा से लेब।

'सिकन्दर' कहानी के एक ही वाक्य में समूची संवेदना समायी हुई हैं, 'भगवान जी ने धूप का इत्ता बड़ा स्वेटर तैयार किया है कि पूरी दुनिया इसमें समा जाये।' कहानी का नायक सैंतीस सौ पच्चीस रुपया पाने वाला नैत्यिक लिपिक है जिसे वह

पत्नी को दे देता है। मौसम, महँगाई और बाजार के प्रलोभन सबका सामना करने के लिए उसने कुछ सिद्धान्त रखे हैं। ठंडक में बच्चों को 'दिनकर' और 'नवीन' की कविता पढ़ने के लिए प्रेरित करता है तो गर्मी में निराला की 'तोड़ती पत्थर'। ईमानदार, परिश्रमी परिवार की मालकिन किराये पर ऊन लेकर स्वेटर बुनती है और बचे हुए ऊन से अपने बच्चों के लिए स्वेटर बनाती है जिसे पहनकर खेलने गये बच्चे को उसके क्रिकेट खेल के साथी मजाक बनाते हैं। साथियों का कहना है कि पाकिस्तान एवं भारत के क्रिकेटर तो एक जैसा ड्रेस पहनते हैं। हमें भी पहनना चाहिए। लड़का तर्क देता है, उनके कपड़ों का खर्च तो शराब एवं सिगरेट की कम्पनियाँ उठाती हैं। यह स्वेटर मेरी माँ के परिश्रम की कमाई से बना है। उसके हाथ से बुना है। इस तरह से वह टीम के बच्चों को निरुत्तर करके 'हामिद' की याद दिलाता है और अपने को 'सिकन्दर' घोषित करता है।

और अन्त में 'सुलेमान' का विश्लेषण, जिसका नायक गरीबी की जिन्दगी भरपूर जीने के बाद लखनऊ जाता है और थोड़े ही दिनों में उसकी आर्थिक, सामाजिक स्थिति पूर्णतः बदल जाती है। बकौल लेखिका, 'अब वह स्वदेशी कपड़े पहने विदेशी सिगरेट फूँक रहा था। उसके तीन टेलीफोन नम्बर थे। उसके घर तेरह अखबार आने लगे थे।' परन्तु अपनी इस सम्पन्नता के पीछे की दुनिया से भी उसका परिचय हो चुका है। उसके दोस्त यह सोचकर उसे घेरे रहते हैं कि वह अपने दोस्तों की स्थिति बदलने में मददगार होगा लेकिन वह अभाव में जीवन यापन करते अपने अजीज दोस्तों के चेहरे पर महाकाव्य की पीड़ा देखता है और नहीं चाहता कि यह पीड़ा उनके चेहरों से गायब हो जाये क्योंकि इसके बदले में जिस दुनिया में उनका प्रवेश होगा वह मेहनत एवं ईमानदारी से नहीं, हिंसा एवं लूट से बनी है। वह दोस्तों को आश्वासन देता है कि आप सब मेरे दिल की धड़कन हैं और वापस अपनी उसी रंगीन दुनिया में चला जाता है। क्योंकि वह अब ऐशो-आराम में लिप्त हो चुका है, परन्तु मन से नहीं। यह लिप्तता अब उसकी लाचारी है। इसीलिए वह अपने दोस्तों को इस जीवन से दूर रखना चाहता है। उधर उसके दोस्त यह नहीं समझ पाते कि सुलेमान सारे आत्मीय आश्वासनों को झुठलाता क्यों रहता है।

इस संग्रह की कहानियों में स्त्री की नियति, उसकी पीड़ा, वेदना, संघर्ष ही नहीं उसका स्वाभिमान, सौन्दर्य आकर्षण एवं वैचारिक पक्ष भी है। वह सदैव सतायी हुई नहीं है। साथ ही इस समाज से जुड़ी अनेक रीतियों-कुरीतियों के साथ गरीबी को जीवन का अनिवार्य हिस्सा मानकर जीने वाले शोषित हैं। पसीने की बूँदों के साथ चमकने वाले चेहरे हैं। पिता-पुत्र सम्बन्ध हैं। विश्व बाजारवाद है, जिसने रिश्तों को निचोड़ा है। तोड़ा है। इन कहानियों में जिन्दगी है, अनेक तहों के साथ। ये जिन्दगी की कहानियाँ हैं।

गम्भीर प्रश्नों से टकराती कहानी

–सूरज पालीवाल

ममता कालिया लम्बे समय से कहानियाँ लिख रही हैं। नमिता सिंह, चित्रा मुद्गल, राजी सेठ, मृदुला गर्ग के साथ ममता कालिया ने भी सातवें दशक से कहानियाँ लिखनी आरम्भ की थीं। यह वह पीढ़ी है जो काशीनाथ सिंह, दूधनाथ सिंह, ज्ञानरंजन तथा रवीन्द्र कालिया के साथ कहानियाँ लिख रही थी। लेकिन स्त्री और पुरुष लेखन को लेकर कोई बहस या भेदभाव इस पीढ़ी में नहीं था। दोनों अपनी-अपनी तरह से और अपने निजी अनुभवों के आधार पर कहानियाँ लिख रहे थे। जिस प्रकार 'नयी कहानी' आन्दोलन के दौर में कृष्णा सोबती, मन्नू भंडारी, उषा प्रियंवदा तथा चन्द्रकिरण सोनरिक्सा अपने अलग लेकिन सघन अनुभव संसार के आधार पर राजेन्द्र यादव, कमलेश्वर तथा मोहन राकेश के साथ कहानियाँ लिख रही थीं। स्त्री और पुरुष लेखन को उस समय तक अलग करके नहीं देखा जाता था। कभी-कभार यह मुद्दा जरूर उठाया जाता था कि स्त्री लेखन का संसार सीमित है, लेकिन इस आधार पर उनके मूल्यांकन के लिए कोई नयी कसौटी तैयार नहीं की गयी थी। यही कारण है कि उषा प्रियंवदा की 'वापसी' को नामवर सिंह ने श्रेष्ठ कहानी साबित किया था। इस मूल्यांकन के पीछे स्त्री लेखन और पुरुष लेखन वाली दृष्टि तो कदापि नहीं थी। स्त्री और पुरुष लेखन का अलगाव नब्बे के दशक से आरम्भ हुआ जब एक ओर भूमंडलीकरण का जाल फैलाया गया तो दूसरी ओर विमर्शों के नाम पर स्त्री और दलित लेखन को महत्ता प्रदान की गयी। एतराज महत्ता से नहीं है और इस बात से भी नहीं है कि स्त्री और दलित लेखन पर बात ही न हो, बात हो लेकिन समग्रता में हो। स्त्री लेखन की ताकत प्रतिरोध की क्षमता और साहस पर निर्भर है, उसी प्रकार दलित लेखन की ताकत परम्परागत सामाजिक-धार्मिक मान्यताओं के नकार में निहित है। ऐसा होना चाहिए था यह शुभेच्छा है, ऐसा नहीं हुआ यह दुखद है। स्त्री लेखन को देह की स्वतन्त्रता तक सीमित कर दिया गया तो दलित लेखन को आत्मकथाओं के अतिरेकी वर्णनों तक। सामाजिक जीवन के दैनन्दिन अत्याचार तथा परम्परा के नाम पर पाली गयी रूढ़ियों के प्रति घृणा कहीं नहीं थी। इस स्थिति ने दोनों विमर्शों को बहुत सतही कर दिया है।

ममता कालिया की कहानी 'ठसक' कई मुद्दों के साथ स्त्री विमर्श पर भी विचार करती है और उसके भटकावों के साथ स्त्री और पुरुष लेखन के बीच खिंची सीमारेखा को भी रेखांकित करती है। 'युवा लेखन आजकल अजब खींचातानी का शिकार था। एक ओर दिल्ली के व्यावसायिक सम्पादक थे जो स्त्री विमर्श के नाम पर सनसनी बेच रहे थे, दूसरी ओर शेष भारत का साहित्य जगत था जो गम्भीर और सामान्य विषय और जनजीवन को स्पर्श करती रचनाशीलता की कद्र करता था। युवा लेखक की समस्या यह थी कि वह विभिन्न दबावों को महसूस कर रहा था। समय के विवर्त में कोई बड़ा स्वप्न उसके सामने नहीं था। लेकिन सरोकारों से घिरे कालचक्र में लिखना-पढ़ना चुनौतीपरक अध्यवसाय था।' यह सही है कि स्त्री विमर्श के नाम पर सनसनी से अधिक देह मुक्ति के चटखारे 'हंस' के सम्पादक राजेन्द्र यादव ने लिये, उन्हें इस बात का श्रेय दिया जाता है कि स्त्री विमर्श और दलित विमर्श को वे साहित्य के केन्द्र में लाये। पर यह भी सच है कि उन्होंने ही स्त्री विमर्श की प्रतिरोधी क्षमता की हवा निकाली थी। स्त्री लेखन की सीमाएँ भी उन्होंने ही तय की थीं। यही कारण है कि 'हंस' में जिन लेखिकाओं की कहानियाँ छपती थीं, वे जानबूझकर ऐसे प्रसंगों का चटखारेदार वर्णन करती थीं, जो स्त्री की देह के नंगे विवरणों तक सिमटे होते थे। स्त्री लेखन में यह होड़-सी मच गयी थी कि कौन किससे अधिक नंगेपन का वर्णन कर सकती है। मैत्रेयी पुष्पा के 'चाक' उपन्यास को लोग अभी भूले भी नहीं थे कि लवलीन, गीताश्री और जयश्री राय ने स्त्री अंगों के जिस रस-रूप का वर्णन किया है वह रीतिकाल के कवि भी नहीं कर सके थे। यह सनसनी नहीं थी, बल्कि षड्यंत्र था जिस प्रकार राजनीति में हमारे समाजवादी मित्र स्त्री आरक्षण को परकटी महिलाओं के वर्चस्व का आन्दोलन मानकर उसका विरोध कर रहे थे उसी प्रकार साहित्य में भी खाती-पीती लेखिकाओं के शगल के रूप में स्त्री विमर्श को केन्द्रित कर दिया गया था। चर्चा उन्हीं लेखिकाओं की होती थी जिन्होंने बढ़-चढ़कर इस प्रकार के चित्र उकेरे थे। और जो पीछे रहकर स्त्री जीवन के दारुण कष्टों का चित्र बना रही थीं उन्हें राजेन्द्र यादव 'सावित्री व्रत की कथा' या 'करवाचौथ का व्रत' कर कथा कहती स्त्रियों की कहानियाँ कहकर नज़रअन्दाज़ करते थे। 1990 के बाद के हंस की पाठकीय प्रतिक्रियाओं को एक बार फिर से पढ़ा जाये तो अधिकतर पाठकों के पत्र इस स्त्री विमर्श के विरोध में छपे थे। लेकिन राजेन्द्र यादव थे कि वे अपना अश्वमेध यज्ञ का घोड़ा तेजी से दौड़ा रहे थे। यह बुढ़ापे की हताश कुंठा थी, जिसे छपास के चक्कर में छुपाया जा रहा था। यही नहीं कुछ रजस्वलामुक्त लेखिकाओं ने अपने युवावस्था के मुक्त चित्र आत्मकथाओं में बनाने शुरू किये, जो काफी चर्चित हुए। चर्चा के केन्द्र में स्त्री जीवन नहीं था बल्कि वह अफलातून स्वच्छन्दता थी, जिसे पढ़कर बूढ़े पाठक-आलोचक का मन भी युवा होने का कर रहा था। कहानी के अन्त में ममता कालिया की एक पात्र

विशाखा कहती है कि 'यह भी तय करने का दिन आ गया है कि स्त्री विमर्श के नाम पर सनसनी फैलाना बन्द हो। इससे महिलाओं का कोई भला नहीं होता।' यह सही है कि इससे महिलाओं का कोई भला होने वाला नहीं है लेकिन कुछ ऐसी लेखिकाओं का भला जरूर हो गया जिनमें कोई रचनात्मकता नहीं थी। वे रातोंरात चर्चा के केन्द्र में आ गयीं। यह चर्चा 'बदनाम भी होंगे तो नाम तो होगा' वाली चर्चा थी, जो बहुत लम्बे समय तक चल नहीं सकती। जब भी स्त्री लेखन का ईमानदार मूल्यांकन होगा तब वे ही रचनाएँ केन्द्र में रह जायेंगी, जिनमें स्त्री का संघर्ष और प्रतिरोध की क्षमता निहित है।

ममता जी ने एक और महत्त्वपूर्ण तथ्य की ओर ध्यान आकर्षित किया है कि 'युवा लेखक की समस्या यह थी कि वह विभिन्न दबावों को महसूस कर रहा था। समय के विवर्त में कोई बड़ा स्वप्न उसके सामने नहीं था। छोटे सरोकारों से घिरे कालचक्र में लिखना-पढ़ना चुनौतीपरक अध्यवसाय था।' यह चिन्ता युवा लेखन को लेकर है, जिसके पास अपने समय की बेचैनी है और उसे व्यक्त करने वाली टटकी भाषा भी है पर कोई राजनीतिक दृष्टि नहीं है। अपने समय और समाज को देखने के लिए जिस राजनीतिक दृष्टि की जरूरत है, उसके बिना युवा लेखन बहुत मामूली से जीवन अनुभवों को लेकर कहानियाँ लिख रहा है। आवारा पूँजी के इस घटाटोप में जब छोटे किसान, छोटे व्यापारी और छोटी नौकरियाँ समाप्त हो रही हैं तब समाज का परम्परागत ढाँचा हिल रहा है, इस हिलने को तभी पहचाना जा सकता है जब इन स्थितियों को परखने और विश्लेषण करने की दृष्टि रचनाकार के पास हो। युवा लेखन पर जब इस प्रकार की बात होती है तो रचनाकार यह कहकर छुट्टी पा लेते हैं कि हम जो देख और अनुभव कर रहे हैं उसे रच रहे हैं हम किसी प्रकार की विचारधारा में बँधना नहीं चाहते। लेकिन उन्हें यह समझाना कठिन है कि विचारधारा का विरोध भी तो एक प्रकार की विचारधारा ही है। एक में आप समाज को देखने की दृष्टि पाते हैं तो दूसरी में आप अपने अनुभवों तक केन्द्रित होने की छूट पाते हैं। ममता जी ने जिन्हें छोटे सरोकार कहा है, वे छोटे सरोकार सीमित अनुभव हैं, जिनसे बड़ी रचना नहीं बन सकती। सरोकार तो छोटे होते ही नहीं हैं। हमारे युवा रचनाकार बड़ा सपना नहीं देख रहे हैं, वे अपने छोटे से आँगन के आकाश को ही देखने के आदी होते जा रहे हैं इसलिए उनकी रचनाएँ भी सीमित होती जा रही हैं। इस कहानी के माध्यम से यह प्रश्न अनायास नहीं उठता कि युवा रचनाकारों के पास बड़े स्वप्न क्यों नहीं हैं? मुझे लगता है कि बड़े सपने बड़ी चिन्ताओं और सरोकारों से उपजते हैं, छोटी-छोटी चिन्ताएँ बड़े सपनों को जन्म नहीं दे सकतीं। युवा रचनाकारों की मजबूरी यह है कि एक ओर वे अपने बड़े रचनाकारों का अतिक्रमण करना चाहते हैं तो दूसरी ओर उन जैसे संघर्षों से मुँह भी मोड़े हुए हैं। 'गोदान', 'मैला आँचल' या 'तमस' जैसी कृतियों के पीछे लेखक के

अनुभवों के बृहत् संसार तथा जीवन संघर्षों की लम्बी यात्रा को भी देखना चाहिए।

कहानी में एक और महत्त्वपूर्ण बहस को उठाया गया है और वह है सच्ची घटना और यथार्थवाद की। अक्सर नये कहानीकार यह कहते हुए मिलते हैं कि यह कहानी मैंने अपनी आँखों से देखी घटना के आधार पर लिखी है। सवाल यह है कि किसी की देखी हुई घटना को दूसरा आदमी क्यों सुनना या पढ़ना चाहेगा जब तक कि उसमें ऐसे अनुभवों का समावेश नहीं किया गया हो जो दूसरों के अपने जैसे जान पड़ते हों। एक रचनाकार यही करता है और यही उसे करना भी चाहिए। अच्छी कहानी के लिए जरूरी नहीं कि अपनी देखी हुई घटना ही हो या आसपास घटित ही हो, उसके लिए यह जरूरी है कि आप अपने पाठकों को यह विश्वास दिला सकें कि यह घटना सच है। प्रेमचन्द की चर्चित कहानी 'कफ़न' के लिए कहा जाता है कि यह सच्ची घटना पर आधारित नहीं है, ऐसा हो नहीं सकता लेकिन अभाव, भूख और उपेक्षा में ऐसा ही होता है यह प्रेमचन्द बताने में सफल रहे हैं। जब पूरे गाँव में मेहनतकशों का पेट नहीं भरता तो घीसू माधव काम क्यों करें, और रहा सवाल परम्परा का, तो गाँव के मुखिया जमींदार उसे निभाने के लिए तैयार बैठे हैं। इसलिए कहानी में सच्ची घटना के होने या न होने से कोई फर्क नहीं पड़ता, फर्क पड़ता है कहानी के विश्वसनीय होने से। ममताजी ने इस कहानी में जिस कुशाग्र की कहानी का जिक्र किया है, वह कहानी 16 दिसम्बर की घटना पर आधारित है। घटना सोलह आना सच है, सबने टीवी चैनल्स पर रात-दिन उसे देखा है और मन घृणा से भर-भर उठा है पर क्या कहानी लिखने के लिए ऐसी घटना का होना ही पर्याप्त है? यहाँ यह सवाल उठाया गया है कि 'कहानी के नाम पर उस दिन के अखबारों की कतरनें परोस दी हैं। हर खबर कहानी नहीं होती।' तथा 'सभी जानना चाहते थे कि सच्ची खबर कहानी क्यों नहीं बन सकती जब लेखक जीवन-भर यथार्थवाद का ढोल पीटता है।' एक तो इस तथ्य को ध्यान में रखना चाहिए कि लेखक यथार्थ का ढोल पीटता है यथार्थवाद का नहीं। यथार्थवाद का ढोल नहीं पीटा जाता, वह कहानी में प्रातिनिधिक रूप में आता है—प्रतिनिधि पात्रों और प्रतिनिधि घटनाओं के रूप में। यथार्थ देखी-सुनी घटना पर आधारित होता है लेकिन यथार्थवाद उस घटना को अपने विचार के साथ प्रस्तुत करने की शैली का नाम है। लेखक कहानी में सब कुछ बता देना नहीं चाहता, यदि उसे जीवन-जगत का सघन अनुभव है तो वह जिस बात को बताना चाहता है उसे बहुत संजीदगी के साथ रेखांकित करता है। घटना के बारे में ही बताना है तो फोटोग्राफी के माध्यम से अच्छी तरह से बताया जा सकता है लेकिन यदि उसे कहानी के रूप में ढालना है तो कहानीकार से उम्मीद की जाती है कि वह उसे किसी बड़ी समस्या के रूप में चित्रित करे। इसलिए कहानी के लिए कहा जाता है कि उसमें कुछ न तो अनायास होता है और न अनायास आयी चीजों का वर्णन ही उसमें अभीष्ट है। कहना न

होगा कि अखबार की कतरनें कहानी नहीं हो सकतीं और न अखबार की कतरनों की प्रामाणिकता से कोई कहानी प्रामाणिक ही बनती है। अखबार सच्ची घटना को लिखते हैं लेकिन दूसरे दिन वे उठाकर रख दिये जाते हैं पर कहानी तो बार-बार पढ़ी जाती है, उसे पढ़ने का कोई काल नहीं है इसलिए वह हमेशा प्रासंगिक बनी रहती है। जितनी बार उसे पढ़ा जाता है उतनी ही बार वह अपना नया अर्थ खोलती है। यह विशेषता कहानी में इसलिए आती है कि वह मनुष्य जीवन या मानव चरित्र का उद्घाटन करती है न कि किसी एक घटना का वर्णन करती है। जो लोग यथार्थ और यथार्थवाद के अन्तर को नहीं समझते वे इस प्रकार की नादानियाँ किया करते हैं।

कई बार लोग कहानीकार से समस्या का निदान भी चाहते हैं पर यह गलत है। कहानीकार हकीम नहीं है जो बीमारी भी बताये और उसका उपचार भी करे। कहानीकार समस्या पर उँगली रखता है, ऐसा ही उसे करना चाहिए। यदि वह समाधान बताने लगे तो फिर और लोग क्या करेंगे? प्रेमचन्द ने जब-जब समाधान बताये तब की रचनाओं को पढ़िये और जहाँ समाधान नहीं है उन रचनाओं को पढ़िये, अन्तर एकदम साफ नजर आयेगा। रेणु भी 'मैला आँचल' में समस्याओं को जिस रूप में उठाते हैं, उससे उपन्यास बड़ा बनता है लेकिन अन्त में जिस लोक संस्कृति में उन समस्याओं का समाधान खोजने लगते हैं वहाँ उपन्यास कमजोर पड़ गया है। इसलिए किसी भी कहानीकार से यह उम्मीद नहीं की जानी चाहिए कि वह समस्या का समाधान भी सुझायेगा। दुनिया भर की तमाम महान कहानियों में समाधान नहीं है पर उनकी महानता इसमें निहित है कि वे अपने युग की समस्याओं का ईमानदारी से चित्रण कर सकी हैं। कहानी अपनी गम्भीरता से चिन्तित करती है, सुलाती नहीं है। किसी भी समस्या को लेखक किस रूप में चित्रित करना चाहता है, यह उसके अपने वैचारिक आग्रह और राजनीतिक-सामाजिक समझ पर आधारित है।

कहानी के आरम्भ में ममताजी ने साहित्यिक जगत की प्रतिस्पर्धा, ईर्ष्या और झूठ को बताया है, जो हर रचनाकार आरम्भ में करता है। ऐसा करने से एक ओर उसे मानसिक शान्ति मिलती है तो दूसरी ओर अपने आसपास के लेखकों पर वह अपना रोब जमाता है। ऐसा इसलिए भी है कि साहित्य में कोई रातोंरात महान नहीं बन जाता या ऐसा कुछ घटित नहीं हो जाता जिसको ढोल बजाकर बताने की आवश्यकता अनुभव हो। साहित्य बहुत धीरे और शान्त चलने का काम है, क्योंकि यह रचनात्मक काम है इसलिए बहुत धैर्य की माँग करता है। यह धैर्य धीरे-धीरे आता है। कुछ अपने पूर्वज रचनाकारों को पढ़कर और कुछ आसपास को देखकर पर शुरू-शुरू में लगता है कि कोई एक रचना ऐसी बन पड़े जिससे हंगामा हो जाये और वह रातोंरात सितारा बन जाये। साहित्य में सितारे जैसी कोई अवधारणा नहीं होती पर सितारा बनने और अपना वैशिष्ट्य सिद्ध करने की तिकड़में साहित्यकार करते रहते हैं। ममताजी लिखती हैं, 'एक अजीब बात यह थी कि अक्सर जो

लोग कम लिख रहे थे, ज्यादा लिखनेवालों को हिकारत की नजर से देखते और जो ज्यादा लिख रहे थे, कम लिखनेवालों को। कुछ ऐसे लेखक थे जो जितना कुछ लिखते सबका सब छपवा लेते। वे अन्य साथियों को गैर-कामयाब समझते। हम लोग उन्हें लिक्खाड़ व्यावसायिक और दुनियादार कहकर उन अखबारों की खिल्ली उड़ाते जिनमें वे छपते। वे अपने मानदेय और रॉयल्टी की रकम बढ़ा-चढ़ाकर बताते और हम मन ही मन कुढ़ते हुए अपनी बस की टिकट और कॉफी का वजन उन पर डाल देते। बस्ती में कोई प्रकाशक या सम्पादक आता तो इन लोगों की चुस्ती देखने काबिल होती।' असल में, साहित्य में यह बहस लम्बे समय से चल रही है कि कम लिखा जाये या ज्यादा। कम लिखना अच्छा होता है या ज्यादा लिखना। इसके कोई निश्चित मानदण्ड नहीं हैं। जो लोग कम लिखते हैं वे गुलेरी जी की कहानी 'उसने कहा था' का उदाहरण दिया करते हैं और जो लोग अधिक लिखते हैं वे अश्क जी का उदाहरण दिया करते हैं। लेकिन यह अपनी क्षमता पर निर्भर करता है कि आप कितना, कब और क्या लिख रहे हैं? रेणु का पहला उपन्यास 'मैला आँचल' ही मील का पत्थर साबित हुआ और प्रेमचन्द 'सेवा सदन' से अपनी यात्रा आरम्भ कर 'गोदान' तक पहुँचे। हमारे कितने ऐसे लेखक हैं, जिन्होंने अपनी पहली ही रचना से लोगों को चमकृत कर दिया और कितने ऐसे हैं जो सारी जिन्दगी लिखते रहे पर किसी ने उनकी ओर ध्यान नहीं दिया। कहते हैं कि हेमिंग्वे ने इसलिए आत्महत्या कर ली कि वे 'बूढ़ा आदमी और समुद्र' जैसा दूसरा उपन्यास नहीं लिख पाये। कहा जाता है कि इस उपन्यास को उन्होंने सौ बार लिखा। सौ बार लिखा या नहीं पर यह तो तय है कि वह बहुत मँझा हुआ और महान उपन्यास है। रचना अपनी महानता लिखते समय किसी मोड़ पर अचानक तय कर लेती है और रचनाकार को मालूम नहीं होता कि वह ऐसी महान कृति लिख रहा है। इसलिए कई बार ऐसा होता है कि रचनाकार जिस कृति को बड़ी मानकर लिख रहा है, उसका बड़प्पन कहीं बीच में ही छूट जाता है और जिस कृति को अपने सघन जीवनानुभवों के आधार पर धैर्य के साथ लिख रहा है, वह कृति साहित्य जगत में मानक बन जाती है। रांगेय राघव हमारे सामने हैं, कितना लिखा लेकिन जब भी उनकी बात होती है तो उनकी महत्त्वपूर्ण कहानी 'गदल' पर ही होती है। उनके बृहत् उपन्यास 'मुर्दों का टीला' और 'कब तक पुकारूँ' तक 'गदल' की ओट में कहीं छिप जाते हैं। जबकि अधिक श्रम उन्होंने इन बृहत् उपन्यासों को लिखते समय किया होगा। इसलिए यह कहना मुश्किल है कि कम या ज्यादा लिखने से कोई बड़ा और लिक्खाड़ बन जाता है। बड़े लेखक को तो उसकी रचना ही बड़ा बनाती है। यह जरूर होता है कि किसी पत्रिका के कृपा पात्र बनकर आप हर अंक में छपते रहते हैं और बाद में जब उनका मूल्यांकन होता है तो आपके पास ऐसा कुछ नहीं होता जिसे पढ़कर आप स्वयं गौरवान्वित हों। कमलेश्वर के सम्पादन में निकलने वाली 'सारिका' में

जो लोग हर तीसरे अंक में छपते थे, वे आज कहाँ हैं? 'हंस' में नियमित छपने वाले कितने कहानीकार ऐसे हैं, जिनके पास दो-तीन अच्छी कहानियाँ होंगी? 'वागर्थ' या 'नया ज्ञानोदय' में जो लोग सम्पादक की कृपा से लिख और छप रहे थे आज वे सम्पादक के हटने मात्र से विलुप्त क्यों हो गये? 'कामरेड के कोट' के सृंजय, कहानी के नामवरसिंह माने जाने वाले कृष्ण मोहन या रेणु की परम्परा को आगे ले जाने वाले कथाकार शिवमूर्ति आज कहाँ हैं? उनमें यदि ऊर्जा थी तो उसकी ताप आज भी अनुभव की जानी चाहिए पर ऐसा नहीं है। सब सम्पादक की कृपा पर निर्भर था, सम्पादक गये तो उनकी आग भी बुझ गयी। हमारे शहरों या कस्बों में जिन कहानियों को प्रेमचन्द की परम्परा की कहानी मानकर चर्चा होती है, उनमें कितनी कहानियाँ हैं जो साहित्य जगत में चर्चा के केन्द्र में आती हैं? अधिकांश कहानियाँ तो अच्छी पत्रिकाओं का मुँह भी नहीं देख पातीं, वे किसी स्थानीय या सतही-सी पत्रिका में छपकर प्राणान्त कर देती हैं। पर कहानीकार को यह भ्रम रहता है कि कभी कोई साहित्यिक समझ वाला निष्पक्ष आलोचक पैदा होगा और उसकी कहानी का मूल्यांकन करेगा। यह भ्रम ही हमें साहित्य में जीवित रखने का हौसला दिये रहता है, वरना स्थिति तो ठीक इसके विपरीत है। ग़ालिब के शब्दों में 'हमको मालूम है जन्नत की हकीकत लेकिन' यह लेकिन ही है जो अधिकांश लेखकों को साहित्य जगत से जोड़े रखता है, हकीकत तो सबको मालूम है कि साहित्य की प्रसिद्धि की गंगा दिल्ली की बड़ी पत्रिकाओं और बड़े सम्पादकों-आलोचकों के नीचे से निकलती है, जिसमें आचमन करने की छूट हरेक को नहीं होती। जो लोग अपने बुद्धिबल या अन्य बलों से उन्हें साध लेते हैं, वे रातोंरात उनके नवरत्न हो जाते हैं और जो एकान्त में बैठकर रचना को ही अपनी ताकत मानने की जिद ठान लेते हैं वे अँधेरे में गुम हो जाते हैं या कर दिये जाते हैं।

ममता कालिया की 'ठसक' कहानी पर इसलिए विचार किया जाना चाहिए कि वह उन जीवन्त और ज्वलन्त प्रश्नों को उठाती है, जो हमेशा से साहित्य के केन्द्र में रहे हैं। पुरानी पीढ़ी और नयी पीढ़ी का द्वन्द्व, स्त्री विमर्श और स्त्री लेखन, ज्यादा लिखना या कम लिखना, अखबार में छपी सच्ची खबर और कहानी यथार्थ, यथार्थ और यथार्थवाद का अन्तर, बाजारवाद तथा अच्छी रचना होने के मानक इत्यादि प्रश्नों पर यह कहानी बेबाकी के साथ विचार करती है। ममताजी चालीस वर्षों से लगातार लिख रही हैं, इसलिए वे इन प्रश्नों पर बहुत ईमानदारी के साथ लिख पायीं। किसी अच्छी कहानी में इस प्रकार के प्रश्नों को उठाना चाहिए या नहीं, यह प्रश्न यहाँ मौजूँ नहीं है। इस कहानी की बुनावट ही ऐसी है कि उस ओर ध्यान ही नहीं जाता। मूल बात है कहानी ने जो मुद्दे उठाये हैं, वे बहुत गहरी अनुभूति और संवेदनशीलता के साथ उठाये हैं। यह कहानी इसके लिए ही याद की जायेगी।

ममता कालिया की कहानियाँ

–ज्ञानप्रकाश विवेक

कहानी की यदि महत्त्वपूर्ण शर्त उसकी विश्वसनीयता है तो ममता कालिया की कहानियाँ हिन्दी कथा-साहित्य में बड़े विश्वास के साथ अपनी जगह बनाती हैं। ममता कालिया की कहानियाँ जिन्दगी के ऐसे गलियारों से होकर आती हैं, जहाँ साधारण लोगों का संसार है, जहाँ स्त्रियों की निजता और अपने अस्तित्व को बचाये रखने की जद्दोजहद है, जहाँ पारिवारिक स्पर्शों का अहसास है। जहाँ मामूलीपन है। मामूली चीज़ें हैं। मामूली पात्र हैं। लेकिन इस मामूलीपन के जरिए ममता कालिया असाधारण गद्य की रचना करती हैं। तब ऐसा प्रतीत होता है जैसे मामूली चीज़ें, पात्र, स्थितियाँ और घटनाएँ ममताजी के लिए किसी ताकत की तरह हैं। ममताजी का 'साधारण' एक अपना प्रतिसंसार रचता है।

ममता कालिया की कहानियों के दो खण्डों में सरगर्मी पैदा करते और बदलते समाज के सैकड़ों दृश्य हैं सैकड़ों मनाज़िर! जो पाठक को न पराये लगते हैं न अनजबी।

यह ममता कालिया की शैली है, कथा-कौशल है, भाषा का सच है, अन्तर्वस्तु की सादगी और चीज़ों को देखने-परखने तथा महसूस करने की सूक्ष्म दृष्टि है कि छोटी-से छोटी कहानी भी अपने 'क़द' में खड़ी नज़र आने लगती है। अधिकांश कहानियाँ जल्दी समाप्त हो जाती हैं। लेकिन अपने अन्तर्पाठ में कहानियाँ समाप्त नहीं होतीं। कहानी का समाप्त होना, कहानी के भीतर किसी जिरह के जारी होने जैसा प्रतीत होता है।

पहले खण्ड की अधिकांश कहानियों में स्त्री पात्र हैं। मैं पात्र की उपस्थिति और उसके वाचक होने की भूमिका इतनी आत्मीय, आवेगभरी, जज़्बाती, खिलंदड़ी और बेबाक है कि पाठक, खुद-ब-खुद खिंचा चला जाता है। ममता कालिया की कहानियों के परिपक्व होने में (पहले खण्ड में कई कहानियों में लेखिका के झिझक और संकोच को भी देखा जा सकता है) उनके गद्य ने अहम भूमिका निभाई है। इस गद्य में रवानी है। गहराई है। यहाँ लफ़्फ़ाजी और जुमलेबाज़ी का कोई स्थान नहीं। बेशक, व्यंजना के ज़रिए भाषा को ज़्यादा मानीखेज बताया गया है।

ममता कालिया की कहानियों का दो खण्डों में प्रकाशित होना एक शानदार

साहित्यिक हलचल जैसा है। इधर लिखी जा रही कहानियाँ अपने शोरशराबे के कारण बेमकसद साबित हो रही हैं। शब्द मुर्दा होने लगे हैं और अन्तर्वस्तु ठस्स! अपठनीयता ऐसी कि पाठक बिदकने लगे हैं। ऐसे समय में आलोचक निश्चिन्त हैं, सम्पादक निर्विकार! बिल्कुल ऐसे समय में ममता कालिया की कहानियों के दो खण्ड—लगभग एक सौ बीस कहानियाँ, न सिर्फ ताज़गीभरे अनुभवों का अहसास कराती हैं, बल्कि नये मिज़ाज, शऊर, पठनीयता और आत्मीय शैली के साथ उपस्थित होकर स्त्री के व्यापक संसार (और सरोकार) विडम्बनाओं और अन्तर्द्वन्दों की ओर ध्यान दिलाती हैं। स्त्री पात्र प्रायः मध्यमवर्गीय हैं जो अपने वजूद को बचाने, पुरुष समाज के प्रपंच और अहंकार से स्वयं को मुक्त रखने की कोशिशों के साथ, जीवन के उल्लास, संत्रास, प्रेम, उपेक्षा, चिन्ताएँ और मन के भीतर घटती हलचलों से जूझते-निपटते हैं। स्त्री पात्र, शिक्षिका, लेक्चरर, लेखिका, प्रिंसिपल, कामकाजी स्त्रियाँ, नवविवाहिता, प्रौढ़ से लेकर कॉलेज में पढ़नेवाली खिलंदड़ी, सुराबाश युवतियाँ हैं जिनकी अपनी निजता है। ममता कालिया की कहानियाँ स्त्री पात्रों की निजता और उनके 'सेल्फ़' की पैरोकार हैं।

इन कहानियों में केवल स्त्रियाँ ही नहीं, पुरुष पात्रों की भी अपनी ज़मीन है। और ज़मीनी संघर्ष हैं। लेकिन पहले खण्ड में स्त्री पात्र (विशेष रूप से मैं पात्र जो वाचिका की दमदार भूमिका निभाती नज़र आती है) हावी हैं।

इन कहानियों को पढ़ते हुए सातवें दशक के बाद के सामाजिक, पारिवारिक वातावरण की छायाएँ महसूस की जा सकती हैं। पहले खण्ड में यदि स्त्री पात्रों के मनोजगत, भीतरी-बाहरी संघर्ष हैं तो दूसरे खण्ड में नये समाज के बदलते ढाँचे, बाजारवादी सोच, क्रूर किस्म की होड़, धन का वर्चस्व, कुछ न बन पाने की हताशा, युवाओं की दिशाहीनता के साथ-साथ सम्बन्धों का विखण्डन, भविष्य की चिन्ताएँ और तनाव को महसूस करते हैं। यानी, ये कहानियाँ महज कहानियाँ नहीं, चालीस वर्षों की बदलती दुनिया (भारतीय जनमानस के व्यवहार, आचरण, सोच, जीवन शिल्प) का समाजशास्त्रीय आकलन भी है। यह आकलन कहानियों के अन्तर्पाठ में है और पृष्ठभूमि में।

आरम्भिक कहानियों में लेखिका का संकोच और शिल्पगत दुविधा भी ज़ाहिर होती है। वह समय नयी कहानी आन्दोलन का समय था। कई सारे दिग्गज कथाकार कहानियाँ लिख रहे थे। ममता कालिया को उन सबसे भिन्न शिल्प, कथ्य, भाषा का चयन करना अनिवार्य था। बेशक अनिवार्यता की इस दिक्कत में ममता कालिया की कहानियों को एक पुख्ता पहचान दी।

जिस स्त्री विमर्श का कोलाहल इधर (फैशन और फार्मूले की तरह) सुनाई दे रहा है, ममता कालिया की कहानियों में वैसा स्त्री विमर्श जो स्त्री देह के भोग तक पहुँचता हो, नहीं है। इन कहानियों में स्त्री की वेदना और विडम्बना को स्त्री विमर्श

के 'लेबल' या ब्रांड के ज़रिए नहीं जाना-परखा गया, बल्कि संश्लिष्टता के साथ स्त्री के मर्म तथा मनोभावों तक पहुँचने का प्रयास गहरी संवेदना और ईमानदार जज़्बे के साथ किया गया है। सही मायने में देखें तो ममता कालिया की कहानियाँ स्त्री विमर्श के ढोंग और बाज़ारूपन का प्रतिवाद प्रतीत होती हैं।

पहले खण्ड में 1965 से 1985 तक पाँच कथा संग्रहों तथा दूसरे खण्ड में चार कथा संग्रहों को शामिल किया गया है। पहली कहानी से लेकर आखिरी कहानी तक, कुछ तत्व बेहद प्रभावशाली रूप से उभरकर सामने आये हैं—वातावरण, पात्र, गद्य। ममता कालिया ने अपने नेरेशन के जरिए खूबसूरत गद्य (जो अपने भीतर गूढ़ भी है), पात्रों के मनोवेग, भाव, खामोशी, संगीतात्मकता, ध्वनियों को बड़ी कुशलता से तहरीर किया है। यह तहरीर माहौल को रचती है और कहानी में किस्सागोई को भी सम्भव बनाती है। यह तहरीर, बदलते समाज की न सिर्फ़ नुमाइन्दगी करती है बल्कि सवालों का बीहड़ भी बिछाती है।

दो खण्डों में प्रकाशित कुछ कहानियों पर संक्षिप्त तबसरा करना इसलिए भी अनिवार्य है कि इसके ज़रिए, लेखिका के कथाकौशल, दृष्टिसम्पन्नता, अनुभवों की व्यापकता, भाषागत नवीनता, नेरेशन और संवाद तथा ज़िन्दगी और लोग, लोग और समाज को समझने, देखने तथा व्यक्त करने के शिल्प तक पहुँचा जा सके।

पहली कहानी किसी बिम्ब की तरह ज़ेहन में अपनी जगह बना लेती है। दो अजनबी और नृत्य में अनाड़ी युवा, नाचते हुए, आपस में उलझते हुए। स्त्री पात्र की साड़ी में युवक का जूता उलझता हुआ और स्त्री के सेंडिल युवक की पतलून को खराब करते हुए। कुछ दूर स्त्री का पति बैठा है निर्विकार। तनाव में स्त्री।... कहानी में नृत्य, संगीत, बीयर, पति के अतिरिक्त कशीदगी है। कहानी में माहौल अपने आप में एक पात्र है। वो इतना जीवन्त है कि रेस्तरां की हर शय चाक्षुष नज़र आने लगती है। 1965 के आसपास लिखी गयी इस कहानी का विषय (हिन्दी कहानी के लिहाज़ से) तब भी नया था और आज भी। कहानी में बेशक मस्ती और शोखी है। लेकिन साड़ी के फट जाने की मध्यमवर्गीय आशंकाएँ भी हैं।

ममता कालिया की कहानियों में स्त्रियाँ वाचक हैं। वो अपनी निजता, आत्मगौरव, आत्मसंघर्ष को अभिव्यक्त करती हैं। 'यह ज़रूरी नहीं' कहानी, समाज के डरपोक चेहरे को भी उद्‌घाटित करती है—उनके बहुत छोटे-छोटे भय थे। देर से दफ़्तर पहुँचने का भय। देर से वापस घर आने का भय। दस रुपये का नोट भुनाने का भय। रिफिल घिसने का भय।... भय के कितने रूप, कितने शेड्ज़ हो सकते हैं, इसकी छोटी-सी तफसील लेखिका मध्यमवर्गीय 'दिनचर्या' को लक्षित करते हुए तीक्ष्ण भाषा में व्यक्त करती हैं। लेखिका ने समाज के जिस भय को चार दशक पहले महसूस किया था वो भय अपने गाढ़े रूप में आज भी मौजूद है। जार्ज बर्नार्ड शॉ ने एक बार कहा था, "जो लेखन अपने समय को व्यक्त करने में कुशल होता है, उसकी रचना कभी

नहीं मरती।" इस लिहाज से देखें तो ममताजी की कहानियाँ अपने समय के सच की ज़िदभरी अभिव्यक्ति हैं।

'बीमारी' कहानी के पसःमंज़र बहन की व्यथा है। भाई और भाभी का आना बेहद औपचारिक है। उनकी मौजूदगी को ममताजी ने ख़राशज़दा मौजूदगी में बदल दिया है। यही, भाई-भाभी की मौजूदगी, बर्फ़ीली निस्संगता की तरह, टप-टप टपक रही है। कहानी में नया बेशक कुछ नहीं। लेकिन माहौल की तरक़ीब नयी है। यह कहानी महज सम्बन्धों के स्खलन ही नहीं, बहन के मन की अंतर्ध्वनियों की भी है। बिस्तर पर एक बिल रखा है। एक चैक रखा है। और शून्य रखा है।... कहानी में कोई भावुक दृश्य नहीं। कहानी फिर भी बेचैन कर देती है। यही खूबी है।

'उसी शहर में' मैं पात्र का लौटकर आना, 40-45 वर्षों का पुराना समय किसी आवेग की तरह वापस चला आया हो जैसे। ऐसी कहानियों में स्मृतियों की खास जगह होती है। वो अपना खेल खेलती हैं। यही खेल यहाँ भी है—जज़्बाती गद्य और संवादों के ज़रिए।

एक स्त्री का रोज़नामचा अगर नीरस हो और खालीपन से भरा हो तो वो अपने भीतर पैदा हुए उजाड़ से कैसे निपटे? जिन्दगी सात घंटे बाद की साधारण-सी प्रतीत होनेवाली कहानी में अकेली स्त्री की प्रश्नाकुलता बड़ी है। ममताजी ने अकेली और अपने होने की बेचैनी को महसूस करती स्त्रियों की खलिश को इतनी सादगी से व्यक्त किया है कि यही सादगी हमें हांट करने लगती है।

'ब्लैक आउट' तथा 'शहर-शहर की बात'—कहानियाँ, कथ्य के लिहाज से अलग तरह की कहानियाँ हैं। लेकिन शहरों की स्मृतियाँ, दोनों कहानियों में दिलफरेब हैं। ब्लैक आउट कहानी में अँधेरे का फलसफा है तो किसी अन्य संसार तक पहुँचने की कोशिश भी। 'शहर-शहर की बात' कहानी में अपने पुराने मित्र से मुलाकात की कहानी है। यहाँ बहुत कुछ अव्यक्त है। जो अव्यक्त है, दरहक़ीकत कहानी वहाँ है। समय के अन्तराल को लेखिका ने वातावरण के ज़रिए विजुअल बनाकर कहानी को नये आयाम दिये हैं। वर्तमान की कशीदगी, वरुण युवक (पात्र) का भटकाव और दो पात्रों के बीच औपचारिक लहजा! यहाँ कहानी के बीच महानगर मुम्बई (बम्बई) पर सटीक टिप्पणी भी है, जो गौरतलब है—"मेरे ख़्याल से उस शहर (बम्बई) के प्रति भावुक होना असम्भव था। वो मौका ही नहीं देता था। बम्बई में तो हम दोनों (पति-पत्नी) जल्दबाज़ी में एक-दूसरे के कपड़े और चेहरे भी भूलने लगे थे।"

इस कहानी में वरुण की आमद और मुलाकात किसी अबूझ पहेली की तरह है। बहुत सारी कहानियों में यही अबूझपन बना रहता है। लेकिन लेखिका अपने परिपक्व गद्य के सहारे कहानियों को इस तरह सँभालती हैं कि वो अपना प्रभाव छोड़ने में कामयाब रहती हैं।

स्त्रियों का यहाँ विस्तृत फैला हुआ संसार है। उनके मन के भीतर, शान्त

और अशान्त कोने भी हैं। कई बार स्त्रियाँ सुखी प्रतीत होती हैं। यह सुख होता है और नहीं भी होता। लेकिन वेदना का ऐसा शाश्वत तत्त्व है जो सबके जीवन में है—किसी लय की तरह।...कई बार ऐसा भी लगता है जैसे स्त्रियों के दुख-सुख तक हम इतना करीब पहुँच गये हैं जैसे उनकी आत्मकथाएँ पढ़ रहे हों। लगभग प्रेमिका, गुस्सा, पीली लड़की, मंदिरा, पच्चीस साल की लड़की, वसन्त सिर्फ एक तारीख, एक जीनियस की प्रेमकथा, खिड़की, वो बस में मिली थी जैसी कहानियों में बेचैन करनेवाले अनुभव हैं।

यहाँ बदली हुई स्त्रियों की दुनिया है। यहाँ स्त्रियाँ, अपने वर्तमान से सन्तुष्ट हैं और नहीं भी हैं। वो विकल्प की तलाश में हैं। विकल्प का अर्थ किसी अन्य पुरुष से देह सम्बन्ध नहीं। विकल्प कुछ और? यही अन्तर्द्वन्द्व है। यही मन का खालीपन है, अवसाद है और फीलिंगलेस मेलेनकली (कारणरहित उदासी)। इन कहानियों में किसी अन्य पुरुष का सान्निध्य तनाव का कारण बन जाता है। किसी प्रौढ़ स्त्री का अपने घर छोड़कर चले गये पति का इन्तज़ार, वेदना का चेहरा बनकर उभरता है। पत्नी को अपमानित करते रहना कई पतियों का शगल क्यों हो जाता है (पीली लड़की) यह प्रश्न किसी गहरे सरोकार की तरह इस कहानी में गूँजता है तो मंदिरा के ज़रिए, एक स्त्री के मन के छीजते जा रहे आवेग, अभिव्यक्ति और सृजन की व्याकुलता का बयान है। कहानी में प्रतीकात्मकता के ज़रिए दो स्थितियों को बखूबी व्यक्त किया है—पत्नी चाँद देखना चाहती है। पति नल की टोंटी ठीक करने में जुटा है। यह जीवन राग के बरअक्स यांत्रिकता का होना है जो सम्बन्धों को धीरे-धीरे नष्ट कर देता है।

काली साड़ी में मध्यवर्गीय ख्वाहिशों, आकांक्षाओं, संशयों, आर्थिक संकटों के साथ-साथ छोटे-छोटे सुखों की कहानी भी है। यहाँ दाम्पत्य जीवन के तकरार हैं। मनुहार भी हैं। लेकिन दाम्पत्य जीवन पर लिखी गयी कहानियों से ममता कालिया की सभी कहानियाँ इसलिए भिन्न हैं कि यहाँ केवल सम्बन्धों को केन्द्र में नहीं रखा गया। इसलिए विषयगत इकहरापन नहीं। काली साड़ी, मंदिरा, अलमारी, तस्कीं को हम न रोयें, पीली लड़की जैसी कहानियों में ममता कालिया, पति-पत्नी के सम्बन्धों के विचलन तथा स्खलन तक नहीं टिकी रहतीं। वो बड़ी चतुराई से कहानियों के कैनवस को न सिर्फ विस्तार देती हैं, उनमें कई रंग, छवियाँ, भाव को भी जगह देती हैं। वो फालतू की भावुकता से बचते हुए कभी किस्सागो शैली में तो कभी वाचक बनकर पात्रों के बीच चश्मदीद उपस्थिति का अहसास कराती हैं।

पहले खण्ड की आरम्भिक कहानियों में एक खिलन्दड़ी, बेबाक, बेतकल्लुफ़, लेकिन बा-शऊरे, कॉलेज में पढ़नेवाली या फिर पढ़नेवाली युवती (स्त्री) की दुनिया है। वह हजारों युवतियों का प्रतिनिधित्व करती है। लेकिन बाद की कहानियों में मैच्योर स्त्रियाँ हैं। घरेलू, कामकाजी, हर तरह की स्त्रियाँ। न सिर्फ वो स्त्रियाँ परिपक्व नज़र आती हैं, उनके दुख-सुख भी घने और गाढ़े प्रतीत होते हैं।

ममता कालिया की कहानियों का स्त्री विमर्श एक ऐसा सच्चा और ईमानदार विमर्श है, जिसकी अनदेखी नहीं की जा सकती। यहाँ न यौन कुठाएँ हैं न सेक्स की भूख। यहाँ न चटखारेदार भाषा है न किसी आधुनिक स्त्री की देह का मज़ेवादी चित्रण। यहाँ ठेठ भारतीय स्त्री के दुख-सुख, हर्ष-विषाद, पारिवारिक चिन्ताएँ, अन्तर्विरोध, आत्म-संघर्ष और असहज स्थितियों से जूझने की दृढ़ता है। मसलन—जाँच अभी जारी है, प्रिया पाक्षिक, बोलनेवाली औरत, अर्द्धांगिनी।

दूसरे खण्ड की कहानियों में विषयगत व्यापकता के अतिरिक्त, भाषागत तीक्ष्णता, पात्रों की कारगर उपस्थिति के साथ-साथ जिन्दगी की उन अँधेरी गुफाओं और बंकरों तक पहुँचने का दुस्साहस भी है जो पहले खण्ड में कम ही दिखाई देता है। बेशक, दो ज़रूरी चेहरे जैसी कहानियों में प्रेमी और भाई की उपस्थिति के बीच में पात्र की दुविधा और उसका दो फाँकों में बँटना, कहानी में तनाव की अद्भुत संरचना करता है।

'जाँच अभी जारी है' कहानी एक विवश स्त्री के बरअक्स मर्दवादी विद्रूप, अहंकार की दयनीय बना देने की बेहद यथार्थवादी कहानी है। संस्थानों में अक्सर ऐसा होता रहा है कि स्त्री को सभी पुरुष एक होकर उसके मनोबल को ही नहीं तोड़ते, उसके जीवन की आन्तरिक लय को भी भंग करते हैं। 'शाल' कहानी मध्यमवर्गीय सतही सोच और मानसिक दरिद्रता की कहानी है। स्कूल की चपरासिन को शाल देते हुए, चपरासिन में इतनी तुच्छता का अहसास भर दिया जाता है कि वो शाल प्रिंसिपल को लौटा देती है। यह समय इतना विकृत समय है कि 'दान' को भी विज्ञापित किया जाने लगा है। पहले महानता के मुकुट बनते थे, अब साइन बोर्ड बनने लगे हैं—यह कहानी हमारे जटिल समय की तुच्छता को खूबसरूत ढंग से व्यक्त करती है।

बोलनेवाली औरत और सीमा कहानियों में स्त्रियों के परिवार में खपने और ख़र्च हो जाने की स्थितियाँ हैं। सीमा कहानी के संवाद किसी अंगारे की तरह उछलते हैं—

"हमें एक नौकर चाहिए।" (पति)

"वह तो है।" (पत्नी)

यह उत्तर जितना सांकेतिक है उतना मारक। वह नौकर कौन है, जो है, वह पत्नी है। इस संकेत को पति भी समझता है।

आगे के संवाद इस प्रकार हैं—

"तुम रोज़-रोज़ मेरा ब्लड प्रेशर बढ़ा देती हो। आखिर मैं कितनी गोलियाँ रोज खा सकता हूँ।" (पति)

"तुम रोज़ मेरा ब्लड प्रेशर इतना गिरा देते हो कि मैं एक भी गोली नहीं खा सकती।" (पत्नी)

सेमिनार, एक रंगकर्मी की उदासी, अलमारी, खिड़की, एक दिन अचानक जैसी प्रयोगधर्मी कहानियाँ दूसरे खण्ड में शामिल हैं। सेमिनार की वास्तविकता क्या होती

है और उसमें उठाए गये मुद्दों का हश्र क्या होता है और अपनी-अपनी विचारधारा की मार्केटिंग कैसे की जाती है, इस कहानी में, व्यंजना के रूप में है और तंज के रूप में भी। 'नायक' कहानी में छोटे शहर के चेहरे और चरित्र की बेबाक अभिव्यक्ति है, "इस शहर को अमित इसकी टूटी बत्तियों, बहते नालों और भिनभिनाती मक्खियों से पहचानता था।" इसी गद्य में जीवन का फलसफा भी निहित है, "जीवन का अर्थ है जीवन्तता और जीवन्तता का मतलब है जोखिम!" 'नायक' कहानी में एक ओर मदन दीक्षित की बेनतीजा और दिशाहीन क्रान्ति तो दूसरी ओर शर्मा सर का सन्तुलित और प्रेक्टिकल व्यवहार। दोराहे पर खड़े छात्र! यहाँ चिन्ताएँ युवाओं के सही रास्ता चुनने की हैं। 'झूठ' कहानी हिन्दी कथा साहित्य और पत्रकारिता के प्रपंच को रेशा-रेशा करती है।

'मेला' कहानी को ममताजी ने इस तरक़ीब से लिखा है कि वो मेले का विवरण होने से बच गयी और एक बहुआयामी कहानी के रूप में व्यक्त हुई। कुम्भ मेले के ज़रिए, ममताजी ने कई कोने-खित्ते छान मारे हैं। धर्म, अध्यात्म, पाखण्ड, प्रशासन, भीड़, नेतागीरी, अन्धविश्वास, कर्मकांड, गुरुडम और उसका अहंकार जैसे अनेक बेचैन करते तत्त्व और आशंकाएँ हैं। प्रश्नाकुल में पात्र की जिज्ञासाएँ हैं। बहुत कुछ है। इतने सारे प्रश्न, संशय और विडम्बनाएँ। कहानी फिर भी कहानी की शर्तों को न सिर्फ पूरा करती है बल्कि इस बात का भी अहसास कराती है कि (कुम्भ मेले की भीड़ और धर्म-अधर्म के बीहड़ में) कहानी यूँ भी लिखी जा सकती है।

'तासीर' और 'किताबों में क़ैद आदमी'—बूढ़ों के विचलन, स्खलन और अकेले संसार की कहानियाँ हैं। यहाँ स्मृतियों की अपनी जगह है और यथार्थ की अपनी। अवसाद के फीके रंग हैं। अतीत की पीछा करती छायाएँ। वर्तमान का त्रासद संसार जो अतीत की ओर ले जाता है। किताबों में क़ैद आदमी के रिटायर्ड प्रोफेसर अग्रवाल साहब की अजीब कशमकश है। वो अपने आपको अब भी प्रोफेसर समझते हैं जबकि स्थितियाँ बदल चुकी हैं। रिटायर आदमी का जटिल यथार्थ है। वो स्वयं को किंग लीयर समझने लगते हैं। किंग लीयर प्रसंग से जोड़कर, लेखिका ने कहानी को बड़ी शक्ल और बड़ा क़द अता किया है। दोनों कहानियों में वृद्धों की अपनी थकानभरी दुनिया है, जहाँ बीमारियाँ हैं और व्यर्थता का बोध। जीवन की इच्छाएँ फिर भी हैं। यही कहानियों का सशक्त बिन्दु भी है।

इसी तरह 'सेवा' कहानी में वृद्धा माँ है जो बीमार है। बेटा किसी कम्पनी में उच्चाधिकारी है। वो समय निकालकर माँ का हाल पूछने आता है। लेकिन अपने पिता से, माँ का हाल वो नटशैल में जानना चाहता है। यह एक अकेला शब्द नटशैल जिसे लेखिका ने बड़े सलीके से इस्तेमाल किया है, हमारे समय के घटते जीवन मूल्यों और सम्बन्धों के विघटन का प्रतीक महसूस होता है।

'खिड़की' और 'अलमारी' बिल्कुल अलग तरह की कहानियाँ हैं। खिड़की में

रेलडब्बे की बन्द खिड़की है जो नहीं खुलती। सब युवक खोलने का प्रयास कर चुके हैं। खिड़की के पास युवती बैठी है। ऊपर की बर्थ पर उसके पिता। यह दो कालखण्डों या फिर दो विभिन्न सोचों की कहानी है। बेशक यह मनोवैज्ञानिक स्तर पर जटिल रचना है जिसे लेखिका ने रोचक स्थितियों-घटनाओं और कशमकश के जरिए पॉवरफुल कहानी के रूप में पेश किया है। रेल के डब्बे की खिड़की का न खुलना, जीवन की कई अन्य उल्लास से भरी खिड़कियों के खुलने जैसा है।

ममता कालिया कहानियों के जरिए सवालों के नेज़े उछालती हैं। 'बच्चा' कहानी में सवालिया स्थितियाँ हैं कि एक घर, एक छत के नीचे रहनेवाले माता-पिता अपने बच्चों को कितना जानते हैं? शायद बिल्कुल भी नहीं। या फिर बहुत कम।

'एक दिन अचानक' तमाम कहानियों से मुख़्तलिफ़ और मन में थरथराहट पैदा करती कहानी है। यह कहानी माता-पिता के (पुत्र के प्रति) मोह की कहानी ही नहीं, बल्कि एक कमज़ोर उम्मीद को ज़िन्दा रखने की मासूम-सी कहानी भी है। इस कहानी को जितने सरल ढंग से व्यक्त किया गया है, यह अपने अन्तर्पाठ में उतनी जटिल है और बेचैन करनेवाली भी। कोमा में पड़े बेटे को माता-पिता, इसी रूप में देखने के आदी हो चुके हैं। उसकी मृत्यु, दरहकीकत, माता-पिता के उस छद्म, उस नाटक, उस सर्कस का अन्त है, जो उन्होंने रचा था, अपने आपको भ्रमित करने के लिए। ताकि उम्मीद ज़िन्दा रहे।

दूसरे खण्ड में विषयों का विस्तार ही नहीं ज़िन्दगी के जटिल विषयों से टकराने की चुनौती का स्वीकार भी है। 'एक रंगकर्मी की उदासी' में ऐसा वर्तमान है जिसमें हिन्दी नाटक की दुर्दशा का परिदृश्य है। किताबों में कैद आदमी के रिटायर अग्रवाल साहब एक फंतासी बुन लेते हैं और उसी संसार में रहने लगते हैं। इसी प्रकार 'निर्मोही' कहानी को लोककथा के जरिए व्यक्त किया गया है। लोकतत्त्व और लोकरंजना, नये शिल्प और मिज़ाज का अहसास कराते हैं। अलमारी, बॉथरूम, खिड़की जैसी बेजान और गूँगी चीजें, कहानियों में इस तरह अर्थवान हैं कि वो किसी बोलते हुए प्रतीक की तरह लगती हैं। घर में अलमारी का होना खटकता है और उसका न होना किसी आघात जैसा। दरअसल, बेजान चीज़ों से हमारा अव्यक्त और अकथ सगापन हो जाता है कि उनका न होना जैसे किसी अपने का घर से चले जाना हो।... 'सुलेमान' कहानी का पात्र सपने बेचता है। यह बाज़ार के प्रपंच और उसके फरेब की दमदार कहानी है। यानी, बेचने का कौशल आपके हाथ में हो तो आप अपने झूठ को भी सच का लेमिनेशन चढ़ाकर बेच सकते हैं।

दो खण्डों में प्रकाशित कहानियाँ किसी एक शहर के भूगोल और जनजीवन की कहानियाँ नहीं हैं। ममताजी बम्बई, दिल्ली, गाजियाबाद, इलाहाबाद, मथुरा, कानपुर जैसे शहरों में रही हैं। वो जिस-जिस शहर में रहीं, उनकी कहानियों में वो शहर भी कभी मुखर रूप से तो कभी पृष्ठभूमि के रूप में अपने होने की तस्दीक करते

रहे। कहानियों में जहाँ बदलते समय की आहटें हैं। बिल्कुल वहीं, शहरों का मौसम, मिज़ाज, चरित्र, स्वभाव, भीड़, लोग और लबो-लहज़ा भी है। एक तरह से देखें तो ये कहानियाँ, कहानियों के अतिरिक्त, विभिन्न शहरों का 'मंज़रनामा' भी हैं।

महानगर बम्बई के अच्छे-बुरे अनुभवों के अतिरिक्त 'दल्ली' कहानी में दिल्ली के बहुत बुरे अनुभव हैं। रेलवे प्लेटफार्म से यात्री निवास तक का विवरण, जिन घटनाओं स्थितियों के ज़रिए व्यक्त हुआ है, वो सरकारी तन्त्र से जुड़े लोगों की निष्क्रियता, ठस्सपन और लम्पटता का तंज़िया बयान है। यह कहानी सिर्फ मदान दम्पति की ही नहीं, तमाम भारतीय स्त्री-पुरुषों के अनुभवों से साझेदारी करती है।

इन खण्डों में शामिल, मान लो कि श्यामा, परदेस, चिरकुँआरी, जनम, चोट्टिन, वर्दी तथा पहली जैसी कहानियाँ भी हैं जो साधारण कहानियाँ हैं। इसके बावजूद, दोनों खण्डों में शामिल करीब सवा सौ कहानियों को पढ़ने के बाद, किसी भी कहानी के विषय में यह प्रश्न नहीं उठता कि इस कहानी को क्यों पढ़ा गया। यानी, साधारण से साधारण कहानी में भी ऐसे तत्त्व हैं, जिन्हें पाठक खारिज नहीं कर सकते। बिल्कुल यही बात कहानियों की भी है। इन कहानियों की खासियत यह भी है कि ये किसी भी स्तर के मनुष्य को खारिज नहीं करतीं। मनुष्यता और उसके मूल्यों का बचे रहना, इन कहानियों का मूल विषय है। दूसरी विशिष्ट बात यह भी है कि कहानियों में दुख, अवसाद, वेदना का अपना स्थान है। इसके बावजूद जीवन राग भी है। लेखिका के गद्य में, उस जीवन राग को महसूस किया जा सकता है।

दोनों खण्डों की कहानियाँ, जीवन का ख़ैरमक़दम करती कहानियाँ हैं।

आरम्भ में मैं पात्र का खिलन्दड़ापन है और संजीदगी भी। उसके नेरेशन के ज़रिए एक खिड़की खुलती है। अनुभवों की आबोहवा का साक्षात्कार होता है। बाद की कुछेक कहानियों में 'हम' की उपस्थिति है। 'हम' के ज़रिए, कहानियों में किस्से, संस्मरण और स्मृतियों का आख्यान खुलने लगता है। हम लेखिका के अनूठे और नये किस्म के गद्य तक पहुँचते हैं।

एक खूबसूरत गद्य रवीन्द्र कालिया का भी है—कहानियों से पहले। संस्मरण की शक्ल में। यह संस्मरण, बेहद आत्मीय क्षणों में लिखा गया है। कहानियों के साथ इस गद्य/लेख/संस्मरण को पढ़ना, 'फेंटेस्टिक' अनुभव से गुज़रने जैसा है। इसमें पुराने समय की ताज़ादम यादें हैं। इसमें नये समय की गम्भीरता और खिलन्दड़ापन भी है। इसके बावजूद, लेखकीय गरिमा भी है, जिसकी विनम्रता चेतना को स्पर्श करती है।

समय और समाज के अन्तर्द्वन्द्व

–श्रीप्रकाश शुक्ल

ममता कालिया की कहानियाँ अपेक्षाकृत छोटी होती हैं, किन्तु उनमें जीवन का एक बृहद् अनुभव खण्ड मौजूद रहता है। घर-परिवार के छोटे-छोटे अनुभवों से लेकर देश-दुनिया के बृहत्तर सन्दर्भ उनकी कहानियों को समृद्ध करते रहे हैं। इनमें एक प्रकार का खुलापन होता है जिसमें एक ओर बौद्धिक अनुशासन होता है, तो दूसरी ओर साहसिकता का प्रचुर समावेश। प्रस्तुत संग्रह की कहानियाँ भी कुछ ऐसी ही हैं, जिनमें अपने समय एवं समाज के आपसी अन्तर्द्वन्द्व को समझने की आत्मीय कोशिश मिलती है।

संग्रह में कुल 17 कहानियाँ हैं। कहीं पर पीढ़ियों का अन्तराल है, तो कहीं स्त्री स्वाधीनता की बेचैनी है। कहीं जीवन के सहज क्रिया-व्यापारों के बीच सम्बन्धों की असहज स्थितियाँ हैं, तो कहीं संकीर्ण मनोवृत्तियों का प्रतिकार करती कहानियाँ हैं। शीर्षक कहानी 'निर्मोही' तो मानो प्रेम की विजयगाथा ही है। इसमें रानी फूलमती एवं मालिन के बेटे कन्हाई के बीच के प्रेम प्रसंग के माध्यम से जहाँ रानी को एक राजसी घुटन की ज़िन्दगी से मुक्त किया गया है, वहीं मालिन के बेटे कन्हैया के माध्यम से यह बताने की कोशिश की गयी है कि वास्तविक प्रेम तो इन्हीं छोटे-छोटे लोगों के पास होता है। वास्तव में यह स्त्री मुक्ति की कहानी है जिसका विस्तार वे 'मुन्नी' व 'बाथरूम' जैसी कहानियों में करती हैं। 'मुन्नी' कहानी में तो चेचकयुक्त लड़की मुन्नी के आत्म-सम्मान की रक्षा में उपेक्षा की भावना से प्रतिकार की चेतना है जिसमें अन्ततः वह क्लास ही नहीं, स्कूल भी छोड़ देती है, तो 'बाथरूम' कहानी में कान्ता मामी का घर के भीतर बाथरूम बनाने का जेहाद है जिसमें वे सफल भी होती हैं। यहाँ स्त्री मुक्ति, स्त्री अधिकारों के संघर्ष में घटित होती है।

संग्रह की कहानियों में पीढ़ियों के अन्तराल को समझने की बेचैनी भी है। इस दृष्टि से 'उड़ान', 'बाथरूम' और 'समय' कहानियाँ महत्त्वपूर्ण हैं। इसमें 'उड़ान' तो अति महत्त्वाकांक्षी कहानी है जिसे पढ़ते हुए लेखिका के उपन्यास 'दौड़' की याद आती है। इसमें साकी के माध्यम से नयी पीढ़ी के अति महत्त्वाकांक्षी व्यक्तित्व की झलक मिलती है। पैसे की अनियंत्रित भाग-दौड़ युवक साकी को 'धन' तो देती

है, लेकिन 'सुख' नहीं। 'तुष्टि' तो देती है लेकिन 'तृप्ति' नहीं। करीब यही स्थिति 'समय' कहानी में भी है, जिसमें एक बूढ़ी स्त्री नयी पीढ़ी की अति महत्त्वाकांक्षा से जुड़ नहीं पाती और अपने बच्चों के साथ विदेश जाने की जगह अपने ही घर में रहना पसन्द करती है। वह आधुनिकता की चकाचौंध में अपने घर को खण्डहर होने से बचाना चाहती है। इस कहानी में एक शवयात्रा में मोबाइल की घंटी जिस प्रकार से परेशानी का कारण बनती है, वह बूढ़ी स्त्री के साथ स्वयं कालिया की भी चिन्ता है। 'दल्ली' कहानी तो बूढ़ी होती पीढ़ी की आन्तरिक विसंगतियों का लेखा-जोखा प्रस्तुत करती है। यहाँ मदान दम्पती के माध्यम से रेलवे के 'यात्री भवन' की जर्जरता को जिस तरह से रेखांकित किया गया है, उसमें कई तरह के सवाल छिपे हैं। 'सुलेमान' कहानी में नयी पीढ़ी के तमाम अन्तर्विरोधों के बीच बेशुमार सपनों की आवाजाही है। इसमें सुलेमान के माध्यम से सत्ता पशुओं के यथार्थ एवं उनकी जड़ता पर प्रहार किया गया है।

जीवन के सहज क्रिया-व्यापारों की भी कुछ कहानियाँ हैं संग्रह में। इनमें बूढ़ों से लेकर युवकों तक की आवाजाही है और सभी के अपने अन्तर्विरोध भी हैं। सहज क्रिया-व्यापारों की दृष्टि से 'पीठ', 'सवारी और सवारी' तथा 'नमक' कहानियाँ महत्त्वपूर्ण हैं। 'पीठ' कलाजगत से जुड़ी कहानी है जिसमें 'पीठ' के एक चित्र को ऐंद्रिक ढंग से विस्तार दिया गया है। 'सवारी और सवारी' कहानी में गनपत रिक्शेवाले के माध्यम से 'स्त्री स्वाधीनता' की चिन्ताएँ हैं तो उसके पीछे का कृतज्ञता बोध भी है। 'नमक' कहानी में सामान्य रूप से बीमार एक माँ की मनोदशा का वर्णन है, जिसमें जिन्दगी की तमाम अभिलाषित इच्छाएँ समादृत हैं। यहाँ के क्रिया-व्यापार अत्यन्त सामान्य हैं किन्तु उनका चित्रण असामान्य है। यह कालिया की अपनी ताकत का पता देता है।

इन कहानियों के अलावा संग्रह में 'बाँगडू', 'वह मिली थी बस में', 'सिकन्दर', 'पिकनिक', 'बोहनी' और 'खानपान' जैसी कहानियाँ भी हैं जो लेखिका के कथाबोध को विस्तार देती हैं। इनमें किसी में एक नौकर की दयनीयता के भीतर स्वाभिमान के स्वर हैं ('बाँगडू'), तो कहीं एक कमजोर एवं आर्थिक रूप से विपन्न परिवार की करुण गाथा भी है ('सिकन्दर')।

कुल मिलाकर यहाँ एक देशज कथाकार का इलाहाबादी मन है, जो अति आधुनिकता से बार-बार टकराता है। यहाँ पीढ़ियों के बढ़ते अन्तराल को समझने की कोशिश है। संग्रह की खास विशेषता यह भी है कि कालिया ने घर-परिवार के नितान्त व्यक्तिगत अनुभवों को भी इतने बारीक ढंग से व्यक्त किया है कि वे सभी के अनुभवों के हिस्से लगते हैं।

कहानी में परिवार

—शंभु गुप्त

ममता कालिया के अब तक नौ कहानी-संग्रह छप चुके हैं। इनमें से पाँच संग्रहों—क्रमशः 'छुटकारा', 'सीट नम्बर छह', 'एक अदद औरत', 'प्रतिदिन' तथा 'उसका यौवन'—को मिलाकर ममता कालिया की कहानियाँ खण्ड-1 तथा 'जाँच अभी जारी है', 'बोलने वाली औरत', 'मुखौटा' तथा 'निर्मोही' इन चार संग्रहों को मिलाकर खण्ड-2 छपकर आये हैं, जिनमें ममताजी की कुल 117 कहानियाँ सम्मिलित हैं। ये कहानियाँ सन् 1965 से लेकर अब तक के बीच लिखी गयी हैं और हिन्दी-पाठकों के सामने दुबारा प्रस्तुत की गयी हैं, स्पष्ट है कि यह कहानियों का लेखकीय पुनःपाठ है, अतः इनकी समीक्षा भी पुनर्मूल्यांकन के तकाजे से भरी होगी हालाँकि जैसी कि पिछले दिनों हिन्दी-कहानी- आलोचना की स्थिति रही है, यह कहना निरापद नहीं होगा कि इनकी तात्कालिक समीक्षा पर्याप्त तटस्थ एवं उत्साहवर्द्धक थी। जो हो, इतना निश्चित है कि इस समय इन पर बात करते हुए एक स्पष्ट और सार्थक इतिहास-दृष्टि की दरकार होगी जो न केवल इन कहानियों के तत्कालीन महत्त्व का दिग्दर्शन करा सकेगी अपितु इनकी वर्तमान प्रासंगिकता का खुलासा भी कर सकेगी।

ममता कालिया की कहानियों के केन्द्र में स्त्री-जीवन है। स्त्रियाँ भी यहाँ विभिन्न हैं और इनका रचनात्मक निर्वाह भी पर्याप्त भिन्न है। इन स्त्रियों में मध्यवर्गीय कामकाजी/नौकरीपेशा स्त्रियाँ हैं, मध्यवर्गीय-निम्नमध्यवर्गीय घरेलू स्त्रियाँ हैं, नवविवाहिताएँ हैं, चिरकुमारियाँ हैं, युवा लड़कियाँ हैं, बूढ़ियाँ हैं; इत्यादि-इत्यादि। इन कहानियों का घटना-स्थल शहर है, जो इनमें कथात्मक एकाग्रता की सृष्टि करता है।

दाम्पत्य ममता कालिया की सर्वप्रधान कथावस्तु है। दाम्पत्य का इतना व्यापक और दृष्टिसम्पन्न कथांकन उनके यहाँ मिलता है कि उसके आधार पर पूरा एक समाजशास्त्रीय अध्ययन किया जा सकता है। हालाँकि संवेदनीयता से भरा हुआ! दाम्पत्य में जनतन्त्र की तलाश की प्रक्रिया में ममताजी मौजूदा भारतीय—विशेषतः हिन्दू (और कभी-कभी मुस्लिम भी)—समाज में स्त्री/पत्नी की दोयम दर्जे की स्थिति की गहन पड़ताल करती दिखाई देती हैं। भारतीय परिवार-व्यवस्था के मूलभूत सामन्ती ढाँचे में स्त्री का अपना कोई स्वतन्त्र-स्वायत्त अस्तित्व नहीं है। ममताजी की ढेरों

स्त्रियाँ कामकाजी/नौकरीपेशा महिलाएँ हैं। लेकिन इनकी स्थिति में भी कोई आधारभूत परिवर्तन नहीं हुआ है। बल्कि हकीकत तो यह है कि इनकी स्थिति और भी ज्यादा बदतर और विडम्बनापूर्ण हुई है। उन्हें या तो दाम्पत्य से पीछा छुड़ाना पड़ा है या किसी कोने में पड़ी सड़ रही हैं या फिर सनक-सी गयी हैं। बहुत-सी ऐसी माँएँ, अधेड़ स्त्रियाँ और बुढ़ियाएँ हैं जो बेहद चिड़चिड़ी हैं, बात-बात पर और कभी-कभी तो बिना किसी बात के भी परिवार के लोगों पर बरसती रहती हैं और अपनी ही पिन्नक में रहती हैं। ऐसी बुढ़ियाओं से सब लोग परेशान-से रहते हैं। उनका जीवन न केवल परिवार के लिए बल्कि स्वयं उनके अपने लिए भी एक बोझ-जैसा होता है। ममता कालिया उनके इस चिड़चिड़ेपन की व्याख्या हालाँकि नहीं करतीं, लेकिन कहानी में संकेत से यह स्पष्ट होता चलता है कि ये स्त्रियाँ ऐसी क्यों हैं? इस चिड़चिड़ाहट की शुरुआत दरअसल वहाँ से होती है, जहाँ शादी के बाद से ही लिंग के आधार पर स्त्री को परिवार में हर रोज सुबह से लेकर शाम तक हर पल अपमान, हतोत्साह, उपेक्षा, अवमानना, असम्बद्धता इत्यादि निरन्तर झेलनी पड़ती हैं। मूलबद्ध सामन्ती ढाँचा इन स्त्रियों को यह अधिकार नहीं देता कि वे अपनी व्यक्तिगत प्रतिभा और क्षमता का स्वतन्त्र और स्वायत्त इस्तेमाल कर सकें। वे श्रम या सहयोग तो कर सकती हैं लेकिन उस पर उनका अपना कोई स्वत्वाधिकार नहीं होता।

ममता कालिया की अवधारणा में कहें तो, सास-ससुर अपने, पति अपना, बच्चे अपने—यानी कि सारा परिवार अपना लेकिन सिर्फ नाम के लिए। स्त्री की इतनी हैसियत नहीं कि वह किसी निर्णय में प्रभावकारी हस्तक्षेप कर सके! कुल मिलाकर अपने घर-परिवार में उसकी स्थिति दोयम दर्जे के नागरिक से बेहतर नहीं होती! संग्रह की एक कहानी है, 'कविमोहन'। इस कहानी में एक जवान बेटे की माँ की यह दयनीयता देखने लायक है, "माँ का चेहरा एक क्षण आशा और अभिमान से दमका, फिर बुझ गया। घर की पूरी अर्थव्यवस्था पिता के हाथ में थी। उसके हाथ में तो चाबियाँ तक न थीं, वह भी पिता के जनेऊ से बँधी रहती थीं। ब्याह के पच्चीस साल बाद भी उन्हें यह छूट नहीं थी कि वे अपनी मर्जी से देहरी पर आये दीन को एक मुट्ठी चून भी दे सकें।" उनका पुत्र मोहन अपनी पढ़ाई जारी रखना चाहता है लेकिन बाप इसलिए इसकी इजाजत नहीं देता कि पढ़-लिखकर जुगल पांडे के लड़के की तरह यह भी घर से तिरहाट हो लेगा और अपने माँ-बाप को तिलांजलि दे देगा! इसके अलावा बाप के मन में अपने बेटे के प्रति यह एक विचित्र-सा ईर्ष्या-भाव भी है कि "सारी उमर फीस भरेंगे हम और यह ससुरा बी.ए. पास कर कुर्सी तोड़ैगौ।" माँ-बाप की इस कूढ़मगजी से इत्तिफाक नहीं रखती और अपने बेटे की इच्छा के साथ है। लेकिन हम देखते हैं कि उसकी नियति सिर्फ एक तमाशबीन बने रहने के अलावा कुछ भी नहीं रहने दी गयी है। यह तो ब्रज-प्रदेश के एक दकियानूस-मक्खीचूस वणिक-परिवार की दास्तान है जिसमें बाप की इजाजत के बिना

परिंदा भी घर में पर नहीं मार सकता! यहाँ तो खैर कोई भी उम्मीद करना वैसे भी बेकार है। यहाँ प्रसंगात् यह कहते चलें कि ममता कालिया ने अपनी कहानियों में अपने मातृ-अंचल—ब्रज प्रदेश के इस तरह के बहुत ही विशिष्ट यथार्थ को विविधता के साथ लिया है। इस यथार्थ को शहरी हिन्दी-कहानी ने इस लायक नहीं समझा कि उसे कहानी का विषय बनाया जा सके।

पच्चीस साल लम्बे इस गृहस्थ ने इस स्त्री को जहाँ ला दिया है, उसकी शुरुआत दरअसल तभी हो गयी थी जब उसका यह गृहस्थ-जीवन शुरू हुआ था। कहानी है, 'बोलने वाली औरत'। इस कहानी में यह औरत युवती है और लगभग नवविवाहिता है। यह दरअसल प्रेम-विवाह का किस्सा है, जो साल पूरा होते न होते एक ठसपन में बदलने लगता है। यह कहानी एक उदाहरण है इस बात का कि हमारे इस कथित भारतीय समाज का अन्तर्निहित सामन्तवाद किस तरह एक संवेदना को न केवल श्रीहीन बना देता है बल्कि उसे नेस्तनाबूद कर एक प्रतिक्रियावाद में रिड्यूस कर डालता है। शिखा ने कपिल नाम के जिस युवक से प्रेम किया था, विवाह के बाद वह युवक, न केवल यह कि कहीं बिला गया बल्कि यह भी कि उसके स्थान पर एक ऐसा पति उसकी काया में प्रवेश कर गया जो प्रेम में निहित जनतांत्रिकता से चिढ़ता है। भारतीय परिवार-व्यवस्था की मूलबद्ध संस्कारिकता देखिए कि वह एक अच्छे-खासे नवोन्मेष को एक ढर्रे में बदलने पर आमादा है, "इस इंसान को प्रेमी की तरह जानना और पति की तरह पाना कितना अलग था। जिसे उसने निराला समझा वही कितना औसत निकला। वह नहीं चाहता जीवन के ढर्रे में कोई नयापन या प्रयोग। उसे एक परम्परा चाहिए जी हजूरी की। उसे एक गान्धारी चाहिए जो जान-बूझकर न सिर्फ अन्धी बनी रहे बल्कि गूँगी और बहरी भी।" इस कहानी का अन्त जिस बिन्दु पर होता है वह दरअसल एक शुरुआत है, एक व्यक्तित्व-सम्पन्न स्त्री के स्वत्वहीन होने की, जहाँ न केवल उसकी अभिव्यक्ति स्थगित हो गयी है, बल्कि एक तरह से उसे 'विदेह' कर देने की व्यवस्था कर दी गयी है, "शिखा ने पाया, परिवार में परिवार की शर्तों पर रहते-रहते न सिर्फ वह अपनी शक्ल खो बैठी है वरन् अभिव्यक्ति भी। बस उसके हाथ-पाँव परिवार के काम आते रहें।"

ममताजी के यहाँ अविवाहित स्त्रियों की काफी बड़ी तादाद है। ये स्त्रियाँ अकुण्ठ हैं। विवाह न करने का कोई मलाल इन औरतों के आचरण में नहीं है। हालाँकि यह भी सत्य है कि इन्हें निरन्तर यह अहसास भी रहता है कि वे अविवाहित हैं और यह भी कि वे अविवाहित क्यों हैं! ममताजी यथार्थ को गहराई और मजबूती के साथ पकड़ती हैं और उसके अनेकानेक आयामों को खोलती चलती हैं लेकिन उनकी वैमर्शिक सचेतता उनकी अध्यापकीयता को उभारकर सामने ले आती है और वे यथार्थ-चित्रण से यथार्थ के विश्लेषण की ओर कूच करने लगती हैं। यथार्थ का यह विश्लेषण कई बार यथार्थ के जस्टीफिकेशन की ओर भी मुड़ जाता है, जो कि

एक गैर-प्रगतिशील उपक्रम है। इस सबका परिणाम यह हुआ है कि ममताजी यथार्थ का अतिक्रमण या तो कर ही नहीं पातीं या करती हैं तो वह एक अस्थायी या कहें कि एक संशोधनवादी रवैया होता है। उनके यहाँ अनेक ऐसे स्त्री-चरित्र हैं जो पति की तानाशाही, विकृत मानसिकता, मनमानेपन इत्यादि का विरोध, उसके खिलाफ विद्रोह तो करते हैं लेकिन किसी वैकल्पिकता के अभाव में मात्र एक स्थगन तक सीमित रह जाते हैं। मसलन, 'इरादा' कहानी की शान्ति सिर्फ यह कहकर इतिश्री कर देती है कि "रात मैंने सोचा था, मैं नहीं जाऊँगी, पर अब मेरा इरादा बदल गया है। मैं अगली गाड़ी से जा रही हूँ। अब जब तुम्हारा दिमाग एकदम ठीक हो जाएगा, तभी वापस आऊँगी।" ऐसा संशोधनवाद ममताजी की इन कहानियों में भरा पड़ा है। वे कृष्णा सोबती, इस्मत चुग़ताई, कुर्रतुल-एन-हैदर की तरह जोखिम नहीं उठा पातीं और यथार्थ के पाठ को कहानी के पाठ में 'समाप्त' कर चैन की साँस ले लेती हैं। ममता कालिया की अधिकांश कहानियाँ सुखान्त हैं या वे सद्सद के निर्णय पर समाप्त होती हैं। यह एक अजीब विरोधाभास ममता कालिया में हमें मिलता है कि उनकी स्त्रियाँ एक मर्द से सबसे पहले सुरक्षा, जीवन-बीमा, वफादारी इत्यादि की माँग करती दिखाई देती हैं। ममताजी ने लम्बी कहानियाँ नहीं लिखी हैं। वे छोटी-छोटी, लघु आकार की कहानियाँ लिखने में यकीन रखती हैं।

आईना भी और रोशनी भी

–हरे प्रकाश उपाध्याय

ममता कालिया की कहानियों का हाल का संकलन है–'पचीस साल की लड़की'। पचीस से तीस-चालीस की हद के बीच की उम्र, स्त्री जीवन में वह दायरा है जो शर्म, संकोच, शंका, भय, जिज्ञासा, उत्तेजना, उलाहना और अफवाहों के मंजर से आबाद होता है। खासकर कथित रूप से थोड़ा आधुनिक हुए भारतीय समाज में चाहे वह शहरी हो या ग्रामीण, इन पदों की तीव्रता कुछ अधिक ही बढ़ी है। चार-पाँच दशक पहले सोलह की उम्र में ही लड़की, 'लड़की' नहीं रह जाती थी, वह 'स्त्री' हो जाती थी। सोलह के मुहाने पर शादी का एक अनिवार्य चौखट था। आधुनिक 'स्त्री' ने उस 'चौखट' को ठेलकर कुछ आगे कर दिया है, पर जब भी पचीस पार होते न होते न सिर्फ समाज के भीतर बल्कि उसके अपने अन्दर भी भय, उत्तेजना और उलाहना के तूफान पैदा हो जाते हैं। उसे लगता है जैसे विवाह उसकी व्यक्तिगत जरूरत से ज्यादा समाज और परिवार की जरूरत हो। बगैर विवाह के पचीस पार की लड़की परिवार और समाज की नैतिकता के लिए चुनौती और चिन्ता का सबब बन जाती है। अब लड़कियाँ बाहर निकल कर कमाने लगी हैं, आत्मनिर्भर हो रही हैं फिर भी समाज तो एकदम से नहीं बदल गया है। ममताजी ने भूमिका में ठीक लिखा है, 'एक ही समय में समस्त समाज आधुनिक नहीं हो जाता। जनसंख्या का एक बड़ा हिस्सा नये जमाने में भी पुरानी सोच और विचार रखता है।' प्रस्तुत संकलन की कहानियाँ स्त्री और समाज के इन द्वन्द्वों के साथ ही व्यक्तित्व और शारीरिक द्वन्द्व को भी सामने लाती हैं।

'तोहमत' कहानी देखिए। लोगों की सन्देह दृष्टि अपने घर की लड़कियों को भी नहीं बख्शती। आशा और सुधा के कपड़े कँटीली झाड़ियों से उलझने के कारण फट गये हैं। ये लाख सफाई दे रही हैं, कुछ नहीं हुआ उनके साथ। पर काहे का विश्वास। घरों में कोहराम मचा है। लड़के पूरे कपड़े बाहर छोड़कर लौट आयें तो भी इस तरह हायतौबा न होगी। दरअसल, हमारे समाज ने एक अजीब नैतिक विभेद और ढोंग का आदर्श चुन लिया है। औरतों की नज़र भी अलग नहीं है। शीर्षक कहानी 'पचीस साल की लड़की' भी देखें। मिसेज शर्मा के लिए उनके पति के दफ्तर में काम करनेवाली वह लड़की आखिर क्या है? दरअसल, पुरुषवादी मानसिकता

से पारम्परिक स्त्रियाँ भी आजाद नहीं हैं। अत्यन्त मार्मिक कहानी है, 'जाँच अभी जारी है।' अपर्णा एक तेज-तर्रार बैंक अधिकारी है, पर उसका असल अपराध है कि वह एक युवा स्त्री है और अपने को वरिष्ठ अधिकारियों के मनमाफिक उन्हें सौंपती नहीं। उस पर झूठा मुकदमा थोपकर इस कदर परेशान किया जाता है कि वह अपना कुछ भी नहीं बचा पाती। ममताजी की कहानियाँ प्रचलित और रूढ़ फेमिनिज्म की तरह अन्ध-मर्दविरोधी नहीं हैं बल्कि संकलन की दर्जनभर कहानियों में से अधिकांश का संकेत तो एक स्त्री के लिए पुरुष साथी की जरूरत को अत्यन्त प्रमुखता से रेखांकित करता है। जिन लड़कियों ने विवाह नहीं किया है उनकी पीड़ा तो और गम्भीर है और वे विवाह (मतलब एक जीवन साथी) की जरूरत तो शिद्दत से महसूस करती हैं। ये कहानियाँ पुरुष वर्चस्ववाद पर चोट करती हैं, उनकी कुत्सा पर चोट करती हैं न कि पुरुष पर। इस सन्दर्भ में 'चिर कुमारी' उल्लेखनीय है। दिशा अकेली रहनेवाली एक लड़की है, उसके शुभचिन्तक जब उसे 'अच्छा लड़का' बताने की पेशकश करते हैं तो वह व्यंग्य करती है—'अच्छे लड़कों से तो जी अघाया हुआ है, कोई पाजी लड़का बताइये।' बड़ी कटखनी लड़की है दिशा। एक्टिविस्ट की तरह लड़कियों का पक्ष लेती है, लेकिन वह भी एकदम से पुरुष विरोधी नहीं है।

ममताजी की अलग समझ और दृष्टि को जानने के लिए 'खिड़की' कहानी पढ़ें। कंचन वाणासुर जैसे लम्बे-चौड़े गेहुएँ रंगवाले लड़के से नहीं बल्कि एक पढ़े-लिखे समझदार लड़के से प्रभावित होती है। उसके प्रति उसका स्नेह जगता है। अगर यही कहानी देहवादी लिखते या लिखती तो ट्रेन में ही वाणासुर जैसे उस लड़के का जीवन सार्थक करा देते और कंचन से क्रान्ति। अब कौन सा प्रसंग यथार्थमूलक है, यह तो हम सभी जानते हैं। ऐसा नहीं है कि ममताजी साध्वियों की कहानियाँ लिखती हैं। 'देह' की डिमांड को वे निरस्त नहीं करतीं। 'कौए और कोलकाता' में स्वाभाविक स्त्री मिस बहार नहीं है, हेमा है। दोनों देह की जरूरत को महसूस करती हैं। लेकिन मिस बहार के लिए तो 'देह से अलग स्त्री कुछ नहीं है।' मिस बहार के पास कोई संवेदना नहीं है। उसके लिए दिखावा ही जीवन है। पीना, खाना और पहनना, बस। 'दिल्ली' और 'कोलकाता' का फर्क भी यहाँ नज़र आता है। 'खानपान' और बीमारी' जैसी कहानियाँ स्त्री जीवन के कुछ सवाल उठाती हैं जिनकी ओर अक्सर किसी का ध्यान नहीं जाता। 'सेमिनार' कहानी में साहित्यिक दुनिया के पॉलमिक्स पर प्रहार है। पाखंडियों और नौटंकीबाजों की अच्छी खबर है। यह कहानी साहित्य के मठाधीशों और उनके चेले-चेलियों के प्रपंच का पर्दाफाश करती है।

इस संग्रह की कहानियाँ समाज को आईना भी दिखाती हैं और रोशनी भी। ममता कालिया की पहचान अलग है तो ऐसे ही नहीं, अपनी मौलिक दृष्टि, जीवन की यथार्थवादी पक्षधरता, साफगोई, भाषायी सहजता और सरलता की वजह से वह अलग है। वे रचना के लिए न कृत्रिम भाषा अपनाती हैं, न जीवन।

मौन के भीतर मुखरता

–क्षितिज शर्मा

ममता कालिया की चुनिन्दा सत्रह कहानियों का संकलन है 'निर्मोही'। सातवें दशक के आरम्भ से कथा रचना में सक्रिय ममता कालिया ने कथा आन्दोलनों, वादों और नारों के कई दौर देखे हैं, पर इन कहानियों में उन प्रवृत्तियों का कोई प्रभाव दिखाई नहीं देता। इनका शिल्प और विषय चयन खास तरह की विशिष्टता लिये हुए है। ये 'लाउड' होने से बचती हैं, बल्कि कई बार इनका मौन या आसानी से पकड़ में नहीं आने वाली धीमी गति की मुखरता ही उनका शिल्प बन जाती है।

इस सन्दर्भ में पहली कहानी 'निर्मोही' से शुरू करें तो पायेंगे भाषा की सहजता और सरलता वाक्य विन्यास की प्रक्रिया में शब्दों को चुपके से अपने परिवेश और समय को खोलते रहने का काम भी सौंप देती है। प्रथम पुरुष का शिल्प होने के बावजूद, कथा का गठन कथाकार की उपस्थिति का भान ही नहीं होने देता। प्रत्यक्ष में कथा इतनी है कि शहर में पढ़ रही लड़कियाँ छुट्टियों में दादी के पास गाँव चली जाती हैं। दादी उनको अपने स्थान से जुड़े भूगोल और सांस्कृतिक पृष्ठभूमि को लेकर प्रचलित कहानी सुनाती हैं कि राजा ने रानी को इस सन्देह में त्याग दिया कि उसका सम्बन्ध मालिन के बेटे से है। कहानी की बुनावट बीच-बीच में बिना कुछ अतिरिक्त किये गाँव-शहर, नयी और पुरानी पीढ़ी के सोच और दृष्टि के अन्तर को भी कहती जाती है। दादी की कहानियों में जहाँ लड़कियों को झोल दिखाई देता है—उन्हें लगता है कि कहानी बने बनाये साँचे की ओर बढ़ती रही है, वे कहानी के सूत्र को अपने हाथ में लेकर खुद गढ़ने लगी हैं। दादी जहाँ प्रचलित मान्यताओं और मर्यादाओं के कलेवर में कहानी को लपेटना चाहती हैं, वहीं लड़कियाँ उसे नयी सोच के साथ प्रस्तुत करती जाती हैं। परोक्ष में कहानी बिना कहे अपने अभीष्ट में स्त्री विमर्श की बुनियादी बात को भी चुपचाप रेखांकित कर देती है कि नयी पीढ़ी की औरत स्त्री की स्थिति निर्धारित करने वाली जड़ मान्यताओं को स्वीकार नहीं करेगी।

स्त्री की ऐसी स्थिति, जिसमें उसके लिए अपने भावों को ठीक-ठीक व्यक्त कर पाना कठिन हो जाता है, के पीछे पारिवारिक और परोक्ष में सामाजिक मानकों की नियंत्रक जैसी शक्ति का होना है। 'सवारी और सवारी' में यह बात बड़ी खूबसूरती

से आयी है। कहानी अपरिभाषित सम्बन्धों को टटोलकर उनका अर्थ और उनके निर्मित होने के कारणों की तह में जाने की कोशिश भी करती है। रिक्शेवाले द्वारा छात्रा को विश्वविद्यालय से घर तक कम किराये पर छोड़ने के पीछे लड़की का उसे ट्रैफिक पुलिस की मार से बचाने का अहसान भर नहीं है, आन्तरिक स्तर का एक महीन धरातल भी है। पर माँ की उपस्थिति में उसके बीच ओढ़ा हुआ परायापन बोझ बन जाता है। दोनों ही क्षण-भर में अपरिचित हो जाते हैं।

सुलेमान और सिकन्दर गरीबी में फक्कड़पने को ही ताकत मानकर सन्तुष्ट रहने की शक्ति पाने के प्रयास हैं। सुलेमान बड़ा और सफल आदमी होने के स्वप्न पाले हुए है। वह दोस्तों से दूर हरकर बड़ा आदमी होने का ढोंग करता है। यह ढोंग किसी को ठगने के लिए नहीं है। अपनी दोयम दर्जे की स्थिति से उभरने की आत्मतुष्टि वाला एकालाप है। वह जानता है कि वह दोस्तों को झूठे आश्वासन दे रहा है। पर भीतर छिपी एक पीड़ा जैसे उसे उत्प्रेरित करती है कि वह कुछ समय के लिए खुद भी खुश रहे और दोस्तों को भी भरोसा बनाये रखे कि कभी तो उनके दिन आयेंगे। सिकन्दर में पिता बच्चों की जरूरतें पूरी करने में असमर्थ हैं। पर वे न अपने में हीन भावना आने देना चाहते हैं, न बच्चों में। इसलिए वे छोटी-छोटी चीजों को भी, जो करने में सहज पर थोड़ा कष्टकर हैं, बच्चों के आगे चुनौती के रूप में प्रस्तुत करते हैं। उदाहरण के लिए वे जानते हैं कि सर्दियों में नहाने का पानी गरम करने में गैस-ईंधन खर्च होता—जो बजट को पहुँच से बाहर कर देता है, तो वे बच्चों के आगे एक नया रास्ता निकालते हैं, 'देखो जो आगे बढ़कर नहा ले वही आज का सिकन्दर'। बच्चे इस चुनौती को सहज स्वीकार करते हैं। कथा लेखिका इसमें अपनी उपस्थिति दर्शाये बगैर चुपके से हस्तक्षेप कर देती हैं, 'यह पराजय नहीं, पराजितों का शास्त्र भी नहीं, जीवन का शास्त्र है, संघर्ष के तप से तपा हुआ।'

'वह मिली थी बस में', 'बाथरूम', 'पीठ' स्त्री प्रश्नों, उनकी स्वतन्त्रता और विरोध के सवालों को उठाने वाली कहानियाँ हैं। 'वह मिली थी बस में' अलग-अलग माहौल में रहने वाली दो स्त्रियों की सोच और उसी के सहारे दमखम रखने के अन्तर की कहानियाँ हैं। एक पढ़ी-लिखी महिला किसी समाजसेवी संस्था में भाग लेकर लौट रही है। उसे उम्मीद थी वह समय पर घर पहुँच जायेगी। पर बस किसी न किसी कारण से इतनी लेट हो गयी है कि उसे पति के नाराज होने का डर सता रहा है। यानी उसे स्त्री के लिए निर्धारित घर-परिवार के कार्यक्षेत्र से अलग समाज सेवा करने की स्वतन्त्रता तो है, पर स्त्री सुलभ पारिवारिक जिम्मेदारियों और पति नाम के प्राणी के नियन्त्रण से अब भी मुक्त नहीं है। उसे बस में एक देहाती औरत मिलती है, जो बच्चे को दवा दिलाकर घर आ रही है। महिला उससे पूछती है—'देर होने पर तुम्हारे घर वाले गुस्सा नहीं होंगे?' वह औरत जवाब देती है, 'अबेर क्या हमने की? दवा दिलाकर सीधी आ रही हैं। आदमी जो बहुत नरम-गरम करे तो हम तो

दे रहेत हैं एक झन्नाटा कनपट्टी पे।' उसके इस साहस को क्या कहें? उसे पहचानने के लिए उसके श्रम और श्रम से समझ में आयी अपनी दशा पर उठा आक्रोश ही कह सकते हैं। कोई विमर्श, चाहे वह यथास्थितिवादी हो, चाहे परिवर्तनवादी, साहस के इस अन्तर को शास्त्रीय ढंग से कहने में असमर्थ ही होगा।

ममता कालिया की कहानियाँ इस अर्थ में भिन्न हैं कि ये अपने पाठ से बाहर जाने का निरन्तर प्रयास करती हैं। इनका चुप्पा स्वभाव ही इनको अलग श्रेणी देने में मदद करता है।

ममता कालिया की कहानियों में मध्यवर्गीय नारी

–एदेरा कोदामा

हमने इस समय तक ममता कालिया की कुछ कहानियाँ और उपन्यास पढ़े हैं। हमें यह कह डालने की हिम्मत नहीं है कि इन कहानियों और उपन्यासों के सूक्ष्म हिस्सों तक हम अच्छी तरह समझ सके लेकिन जितनी हमारी समझ में आ सका उतनी ही चीज़ों के बारे में बताना आवश्यक है। इस लेख में भारत की मध्यवर्गीय नारी के जीवन और उसकी भावना आधुनिक जापान की मामूली नारी के जीवन और भावना की तुलना में देखा जायेगा। इसके लिए हम नारी के जीवन को तीन भागों में बाँटकर विचार करेंगे। पहले जन्म और बचपन फिर जवानी, अन्त में विवाह के बाद।

मध्यवर्गीय परिवार में अगर बच्ची का जन्म हो तो इसकी परिवार के सदस्यों पर क्या प्रतिक्रिया होगी। निश्चित रूप से यह नहीं कह सकते हैं कि यह बच्ची को हार्दिक स्वागत मिलेगा। भारी दहेज की प्रथा के कारण, बहुत-सी चिन्ताओं के कारण, आखिर लड़की दूसरे की हो जाने वाली है इसके कारण परिवार के लोग मन ही मन बच्ची को बड़ा बोझ समझते हैं। यह 'प्रेम कहानी' पृ. 28 पर स्पष्ट देख सकते हैं। जन्म से लड़की विशेष कर पिता और बड़े भाई पर बड़ी जिम्मेदारी महसूस कराती है। हमें याद आ जाती है 'दो जरूरी चेहरे' के भाई और मैं की। उल्टा लड़की को जन्म से लगातार परिवार के प्रति चौकन्नी रहना पड़ता है। उसके ऊपर जो कर्तव्य अपेक्षित है उसके अनुसार जीने के लिए अपने आपको दबाना पड़ता है।

जापान में पैदा लड़का हो या लड़की, यह कोई फिक्र की बात नहीं। लेकिन अधिकांश महिलाएँ बीसवीं की उम्र के अन्दर विवाहित हो जाती हैं इसलिए जापान में भी लड़कियाँ सुखी ब्याह के लिए सुरक्षित रखने की चिन्ता माँ-बाप को देती हैं। पर माता-पिता लड़की के जन्म को बुरा तो बिल्कुल नहीं मानते।

अब बचपन के बारे में जिक्र करेंगे। भारत में लड़के और लड़कियाँ आरामदेह और मुफ्त तरीके से पालन किये जाते हैं। उदाहरण के लिए भारत के बच्चों को जापान के बच्चों की तरह शतरंजी नहीं पहनायी जाती है। उन्हें मूत्र त्याग के समय बेचैनी और कष्ट के अनुभव करने की आवश्यकता नहीं है। यह बात बच्चों पर बड़े होने में कैसा प्रभाव डालती होगी? एक ओर यह है कि बच्चों ने असुविधा के बहुत कम अनुभव किये

हैं इसलिए अपने पर नियन्त्रण रखने में कम योग्यता उन्हें मिलेगी। दूसरी ओर यह है कि आखिर शैशव की बात है सब बच्चे अपने आप शौचघर जाना सीख लेते हैं। शैशव में बड़ों का शासन न होने से बच्चों का स्वैच्छिक और प्रत्यक्ष स्वभाव प्रगट हो जाता है। इन दोनों में से कौन-सा रूप ठीक होगा, यह हम यहाँ निश्चय नहीं कर सकते।

परन्तु बचपन के बाद भारतीय लड़कों और लड़कियों को अचानक शुद्ध-अशुद्ध का प्रत्यय सिखला दिया जाता है। फिर दोनों को आपस में छूना मना किया जाता है। लड़की अगर किसी तरह का भी स्पर्श लड़के से करती हो—एक खत से भी—तो उसकी बड़ी बदनामी होती है। यह बात ममता कालिया के उपन्यास में जहाँ-तहाँ दिखायी देती है। दोनों का ऐसा कड़ा विभाजन लड़कियों के लिए लड़कों के प्रति काल्पनिक अभिलाषा का कारण हो जाता है। जैसे कि 'प्रेम कहानी' में यशा।

फिर अपने भाई और माता-पिता से हमेशा की तरह पर्यवेक्षण किया जाने के कारण लड़की स्वयं भी उनका ख़याल रखती है। वह न चाहते हुए भी बराबर उनकी ओर सचेतन रहती है।

यह स्थिति विवाह के बाद और खराब हो जाती है। पत्नी अपने पति और पति के परिवार को सब कुछ दे देती है। वह उनसे सावधान रहती है, उनकी आज्ञाकारी होती है। वह कभी अपनी इच्छा स्पष्ट नहीं कर सकती है। वह एक नौकरानी हो जाती है। लड़कियों को यह मानने को कहा जाता होगा कि अपनी पति देवता होता है। पत्नी है नौकरानी। यह 'रायेवाली' में साफ दिखायी देता है। पत्नी का नाम ससुराल वालों से बदला जाता है। इसका मतलब यह है कि इस लड़की का व्यक्तित्व सम्पूर्ण रूप से उपेक्षित है। जरा सोचिये तो समझ सकते हैं कि किसी का नाम बुरा अर्थ लगाकर पुकारना या किसी के ऊपर गन्दा नाम रखना उस व्यक्ति के सारे अस्तित्व को बिगाड़ने या विकृत करने के बराबर है। नाम आदमी के अस्तित्व से घनिष्ठ रूप से सम्बद्ध होता है। पर पत्नी का नाम बड़ी आसानी से बदल दिया जाता है। यह बात नारी के व्यक्तित्व पर बड़ी हानि अवश्य पहुँचाती है।

मेरा अनुमान है 'सीट नम्बर छह' की नायिका उच्चवर्ग की नारी होगी। वह पढ़ी-लिखी औरत है और अपने आप को दूसरी औरतों से अलग समझती है। हमें वह घमण्डी-सी लगती है। परन्तु 'एक अदद औरत' में देखिये नायिका घर के लोगों के व्यवहार के अनुसार यंत्रवत् चलती है। वह अपने पति के हर कार्य से सुखी-दुखी हो जाती है। उसका कोई वजूद नहीं, वह इसे स्वयं जानती भी है।

परन्तु इन बातों से यह कहना गलत है कि नारी में अहंभाव नहीं है। 'आजादी' में हम देख सकते हैं कि बहू और सास परस्पर इतना विरोध करती हैं मानो वे कुत्ता और बन्दर हों। जापान में इतना खुला झगड़ा तो नहीं होगा, पर बहू-सास का सम्बन्ध जापान में भी अच्छा नहीं है। बशर्ते कि जापान में बहुत-सी बहू सास के साथ रहना नापसन्द करती हैं इसलिए झगड़ा भी कम होता है।

जो हो, उस घटना ने हम लोगों को आतंकित किया जिसमें सास और ननद ने बहू को तेल से जला दिया था। हम विश्वास नहीं कर सकते थे। भारतीय कितने भी हिंसक स्वभाव के हों, वे और हम मनुष्य हैं। क्या अन्तर होगा। इसमें जरूर कुछ न कुछ कारण है। क्या यह गुस्सा के कारण है जो बाहर नहीं निकल सकता है? 'लड़के'।

मनोवैज्ञानिकों के अनुसार लाचारी और आत्मविश्वास की हीनता आगे बढ़कर आक्रमणशीलता हो जाती है और मनुष्य के लिए सबसे बुरा, सबसे हानिकर यह है कि उसकी योग्यता को पूर्णतया बढ़ाने से रोकना। बिना अन्तराल की निरर्थकता, निराशा का अनुभव, बाहर न किया जाता क्रोध इसी के कारण हुआ करता है। क्रोध अगर अपने आप पर उतारे या दूसरों के प्रति, वह दुखद घटना को पहुँचाता है।

लेकिन यह बात जाति-व्यवस्था की समस्या और भारत की आर्थिक स्थिति आदि से भी सम्बद्ध है इसलिए हम इसके बारे में बताना यहाँ छोड़ना उचित समझते हैं।

अब विवाह के बारे में। जापान में विवाह लड़की की चाह से आधारित है। उसकी माँ-बाप का मनोरथ भी इस निर्णय पर असर देता है। पर सबसे ज्यादा अधिकार लड़की के हाथ में है। भारत में इससे बिल्कुल दूसरा हाल है। निर्णय माँ-बाप करते हैं और चुनाव की शर्त पति का व्यक्तित्व नहीं बल्कि उसकी जाति, स्वास्थ्य, सम्पत्ति आदि हैं। लड़के के माँ-बाप भी लड़की को उसकी सुन्दरता, रंग, जाति आदि से चुनते हैं। विवाह के बाद लड़की का जीवन सिर्फ घर पर ही बिताया जाता है। किसी से भी मन से वह बातचीत नहीं कर सकती है। कितना अकेला जीवन! जापान में भी अकेली पत्नी बहुत हैं। पति काम करके लौटते हैं पर उनसे नहीं बोलते हैं, वह घर पर ही रहती है। उसके पास बताने को कोई बात नहीं है। परन्तु जापान में नारी समाज में निकल सकती है। वह इन्वाइरेन्तल पोलूशन के प्रति आन्दोलन कर सकती है, अंशकालिक काम कर सकती है, मन बहलाने के लिए टेनिस क्लब में जा सकती है। यह सब भारत की मध्यवर्गीय नारी को मुश्किल होगा। लेकिन जीवन में खोखलापन दोनों देशों की घर की पत्नियों को समान है। यह भावना व्यस्त काम के बीच में आती है—जैसे कि 'बातचीत बेकार है' में। लेकिन उसकी तरह अपने मन के अन्दर की बात पर स्वयं दे सकने वाली नारी भारत में संख्या में बहुत नहीं होंगी।

कहानियाँ पढ़ते समय हमें यह बात निश्चित करना मुश्किल लगता है कि यह किस वर्ग के लोग की कहानी है या यह भारत के किस भाग में, कैसी परिस्थिति में हुई घटना है। कहानी में लिखी हुई दृश्य को हृदय की आँखों से सजीव देखना चाहिए। लेकिन जो चीजें या परिस्थितियाँ या मनुष्य जापान में नहीं होते उन्हें मन में बनाना मुश्किल है। उन कहानियों को हम समझ सकते हैं जिनमें भारत की चीजों का वर्णन कम होता है और व्यक्तियों के मन की बातें ही लिखी हुई हैं। ऐसी ही कहानियाँ ममता कालिया ने ज्यादा लिखी हैं।

संस्मरण

सात शहर : स्मृतियों के इन्द्रधनुष

–राजाराम भादू

ममता कालिया की कृति 'कितने शहरों में कितनी बार' की लोकप्रियता में लेखक का अंदाजेबयाँ प्रमुख कारक है। दूसरे ममता कालिया जिस तरह एक शहर का समूचा चरित्र खड़ा करती हैं, वह भारतीय सृजनात्मक साहित्य में प्रायः दुर्लभ है। हिन्दी में हम जिस तरह के विधा वैशिष्ट्य के लिए अपने को दरिद्र मानते हैं उसमें शहरों पर लिखा सृजनात्मक साहित्य भी है। कुछ बरस पहले दिल्ली के सेंटर फॉर स्टडीज ऑफ डेवलपिंग सोसायटीज के सराय प्रोजेक्ट के अन्तर्गत भारतीय शहरों पर शोध आलेख प्रस्तुत किये गये थे। बाद में इनमें कुछ का हिन्दी अनुवाद भी छपा। जाहिर है कि इन शोधों का फोकस सामाजिक, आर्थिक और सांस्कृतिक बदलावों पर था। दूसरे शब्दों में कहें तो इन शोध आलेखों में भूमण्डलीकरण और शहरीकरण के किन्हीं विशेष पहलुओं पर केन्द्रित किया गया है, अन्यथा वे इतिहास की किसी खास परिघटना पर केन्द्रित अनुसन्धान है। जबकि सृजनात्मक लेखन का प्रस्थानबिन्दु इसके बाद शुरू होता है जैसा कि ममता कालिया की इस लेखमाला में है। इसमें शहर के मूल चरित्र को पकड़ने की कोशिश की गयी है। यह चरित्र अनेक विशेषताओं से निर्मित होता है। सभी शहर गत्यात्मक और परिवर्तनशील हैं। देशकाल के इतिहासचक्र की सापेक्षता में यदि किन्हीं विशेषताओं में कोई बदलाव होता है तो वह शहर के चरित्र को भी बदलता है। ममता कालिया ऐसे परिवर्तनों को लगातार इंगित करती हैं।

शुरुआत में ही मथुरा पर लिखते हुए वे कहती हैं : "जब भी कोई मुझसे पूछता है तुम किस शहर की हो, मैं बड़े चक्कर में पड़ जाती हूँ। क्या कहूँ! कहाँ की बताऊँ अपने को। क्या लोगों को नहीं मालूम कि सरकारी नौकरी करने वाले बाप के बच्चे किसी एक जगह के नहीं होते। वे डेढ़-दो साल के लिए शहर में डेरा डालते हैं। तबादले का कागज आते ही वे ट्रक में सामान डाल अगले अनजान शहर की तरफ निकल पड़ते हैं। दस दिन में उनके स्कूल बदल जाते हैं, बीस दिन में बोली बानी। सरकारी बंजारे।" ममता कालिया के इस वक्तव्य में सरकारी बंजारों यानी नौकरशाही के प्रति एक सहानुभूति का भाव है जो उनके लिए उचित भी है।

लेकिन स्थानान्तरण की इस सामान्य प्रक्रिया की परिणतियाँ जो दिखती हैं वे बहुत घातक हैं। सरकारी नौकरशाही मध्यवर्ग का एक बड़ा हिस्सा है जिसने आधुनिकता के रूप में एक तरह की सामाजिक निस्संगता को पहले से ही अपनाया हुआ है। स्थान बदलते रहने से इनमें अक्सर लगाव बोध ('सेंस ऑफ बिलांगिंगनेस') का लोप हो जाता है। ऐसे में इनकी राष्ट्रीयता और नागरिकता का सारतत्त्व सूख जाता है। अपने जीवन के अन्तिम चरण में जब ये कहीं घर बनाकर रहने लगते हैं तब भी उस शहर के सामान्य नागरिक नहीं बन पाते। जो लोग पृथक् विभागीय कॉलोनियों में रहते हैं वे तो एक और भी तरह से अलगावग्रस्त ('एलियनेटेड') हो जाते हैं।

ऐसा नहीं है कि इस वर्ग की यही नियति है। किन्तु इसे अपनी नियति न बनने देने के लिए इस वर्ग से सचेत प्रतिकार की अपेक्षा होती है। ऐसी चेतना का वरण कि ये तमाम शहर अन्ततः एक राष्ट्र समाज के बृहद् मोहल्ले हैं जिनका अपना रंग और मिजाज है। जब तक वे वहाँ हैं उन्हें इसे भरपूर समझना और जीना चाहिए, जैसा कि ममता कालिया ने किया है। अफसोस की बात यह है कि इस तरह की सापेक्ष स्वायत्तता वाली चेतना दुर्लभ है। यहाँ तक कि यह सामान्यतः साहित्यकारों में भी नहीं पायी जाती। प्रायः वे अपने मूल शहर, कस्बों की अतीत स्मृतियों में खोये रहते हैं और अपने विगत और आज के शहर के वर्तमान को कोसते रहते हैं। दिल्ली की तमाम सुविधाओं का लाभ लेते हैं और उसमें रहने को अभिशाप की तरह प्रस्तुत करते हैं।

ममता कालिया का भी कोई शहर छूटता है तो उन्हें दुःख होता है जो कि स्वाभाविक है। इन्दौर से आगे की पढ़ाई के लिए जब उन्हें दिल्ली भेजा जाता है, वे लिखती हैं : "मेरा मन रो रहा था। चार साल में कितनी अपनी बन गयी थीं इन्दौर की सड़कें और गलियाँ, चेहरे और हवा और खुशबू, इनसे अलग कैसे जिया जायेगा।" ऐसे अवसादों से उबरते हुए वे नये शहर की आबोहवा को सूँघना शुरू कर देती हैं। वहाँ की दैनन्दिन जिन्दगी का गहन पर्यवेक्षण करती हैं। वहाँ नये रिश्तों का तन्तुजाल फैलाना शुरू करती हैं और जल्दी ही इस नये शहर के सफे उनके सामने एक-एक कर खुलने लगते हैं। पुराने शहर की स्मृतियों में स्पन्दित होते रहते हैं। हर नये शहर की जीवनशैली की वह पुराने से तुलना करती हैं और इस तरह उनका सामाजिक, सांस्कृतिक और बेशक सृजनात्मक भी—नजरिया समृद्ध होता चलता है। वे जिस नज़र से हर शहर को देखती हैं उसे एडवर्ड सईद 'प्रवासी की दृष्टि' कहते हैं और किसी भी समुदाय को ठीक से समझने के लिए वे इसे जरूरी भी मानते हैं। इस दृष्टि में एक प्रकार की निस्संगता और प्रामाणिकता अन्तर्भूत होती है। उस शहर के लोग पहले तो खुद को समग्रता में देख ही नहीं सकते क्योंकि वे उसमें व्याप्त होते हैं। इस दृष्टि के कारण शोधार्थियों के लिए भी यह कृति मूल्यवान हो जाती है।

शहर सभ्यता की जीवन्त और मूर्तिमान उपपत्तियाँ हैं। इनके उद्भव और

ऐतिहासिक विकास के पीछे यों तो अनेक कारक आधारभूत माने जाते हैं लेकिन जिन दो को स्तम्भों जैसा दर्जा हासिल है उनमें से एक तो विपणन है दूसरे ये समाज की वर्चस्वशील सत्ता के केन्द्र हैं। आधुनिक युग में शहर और गाँव का अलगाव दूर होता गया है और इनकी पारस्परिक निर्भरता क्रमशः बढ़ती गयी है। हालाँकि शहर और देहात के बीच एक औपनिवेशिक किस्म का अन्तर्भेद अभी भी बरकरार है। शहरों की भौतिक संरचना सभ्यतागत विकास से निर्धारित होती है तो इसकी दैनन्दिन जिन्दगी को सांस्कृतिक कारक परिचालित करते हैं। इनमें लोगों के मूल्य, मान्यताएँ, विश्वास और दृष्टिकोण शामिल हैं जो उनके आचार-व्यवहार, रीति-रिवाजों, कार्य-व्यापार और विभिन्न अनुष्ठानों में प्रकट होते रहते हैं। शहरों में वर्चस्व की स्थिति कुछ भी हो, अन्ततः वे सामूहिकता की सृष्टि होते हैं।

कोई भी शहर सिर्फ सहमेल से संचालित नहीं होता। चूँकि इनकी संरचना एकाश्मिक नहीं है इसलिए इनमें पारस्परिक विभेद, द्वन्द्व और संघर्ष भी समानान्तर चलते रहते हैं। आधुनिकता ने भारतीय शहरों की संरचना को निरन्तर बदला है जिसकी शुरुआत हम औपनिवेशिक काल से देख सकते हैं। शहरी सभ्यता और संस्कृति के बहिरंग को प्रभावित करने से शुरू यह सिलसिला उत्तर औपनिवेशिक और स्वातन्त्र्यकाल में इसकी अन्तर्धारा में प्रविष्ट होने तक चलता रहता है। ममता कालिया ने इसे बखूबी अभिव्यक्त किया है। एक तुलनात्मक उद्धरण देखें : "दिल्ली में पंछियों की तरह ही टैक्सियाँ कम हो गयी हैं। जो लोग टैक्सी इस्तेमाल करते थे, कारवाले हो गये हैं। अब यहाँ सड़कें सँकरी हैं, वाहन विशाल। कार की जगह छोटी-मोटी बस या चार पहियों वाले कमरे जैसी कारें दौड़ती दिखाई पड़ती हैं सड़कों पर। ये समृद्धि की समस्याएँ हैं? एक परिवार में तीन गाड़ियाँ लेकिन पार्किंग की जगह नदारद। सब अपनी गाड़ियाँ सड़कों पर खड़ी रखते हैं जिनकी मालिश-पालिश सवेरे छह बजे शुरू हो जाती है...कलकत्ते की सड़कें प्रशस्त हैं और प्रकाशमान। वहाँ गजगामिनी वैभव है। दिन-भर का तनाव उतारने लोग कलकत्ता क्लब या बंगाल क्लब में जायेंगे जहाँ पारिवारिक परिवेश में उनका मनोरंजन होगा। दिल्ली की रक्तशर्करा और रक्तचाप ज्यादा उच्चकोटि का है। क्या लेखक क्या पत्रकार, क्या नव उद्योगपति, यहाँ सब ज्यादा चटपट और चटपटा विषयान्तर माँगते हैं।"

शहर समुदायों का समुच्चय है। इन समुदायों की अपनी पहचान और खासियत है जो अलग-अलग मोहल्लों में देखी जा सकती है। यह अन्तर्सामुदायिक जीवन जो सर्वसमावेशी दायरा निर्मित करता है, उसी से किसी शहर का चरित्र बनता है। यह दायरा शहर के सार्वजनिक क्षेत्रों में विस्तारित होता है। ममता कालिया इस सार्वजनिक क्षेत्र की हलचलों को तो देखती ही हैं, उनकी नज़र शहर की अंतरंग इकाई—परिवार—के कोने अँतरों तक भी जाती है जो अवलोकनों से सामान्यतः ओझल रहता है। उनके पर्यवेक्षण की सूक्ष्मता और समग्रता उन्हें सांस्कृतिक संक्रमण के दृश्यमान और अदृश्य

रूपों को पकड़ने में समर्थ बनाती है। उनकी इस रचना में ऐसे उदाहरणों की कमी नहीं है—"जब अँधेरा घिर आता एक आदमी साइकिल पर लकड़ी की छोटी सी पेटी बाँधकर ताड़ीवाला रोड पर चक्कर लगाता और पुकारता—'आलेपाक आलेपाक।' उसका पुकारने का ढंग और आने का समय हमेशा एक ही रहता। उसके आने का मतलब होता सात बज चुके।... आलेपाक बेचनेवाला एक हाथ से अपनी डगमग साइकिल सँभालता दूसरा कान पर रखकर कुछ नकियाए स्वर में आवाज लगाता, 'आलेपाक आलेपाक धया।' वह मुझे परियों की कथा का कोई अटका हुआ पात्र लगता?" यह भारतीय शहरों का वृत्तान्त होने के साथ एक भिन्न तरह का आत्मवृत्त भी है। इसमें एक महिला लेखक (हम लेखिका कहना ठीक नहीं मानते) के बनने की कहानी है। दिलचस्प बात यह है कि ममता कालिया ने जिन शहरों में अपना बचपन, किशोरावस्था, युवावस्था (प्रेम और विवाह के दिन), प्रौढ़ और उत्तर जीवन गुजारा है, उन्हें क्रमशः अपनी आयु विशेष के मनोजगत के नजरिये से देखा है। इस तरह शहरगाथा के समानान्तर एक सहज सामान्य मध्यवर्गीय लड़की के स्वप्नदर्शी किशोरी में बदलने और फिर एक रेडिकल जीवन (प्रेम और लेखन) के बीहड़ में उतरने वाली आत्मनिर्भर और स्वतन्त्रचेता स्त्री के रूप में वजूद बनाने की यात्रा चलती रहती है। इन संस्मरण आलेखों में आरम्भ से ही ममता कालिया को दृढ़ता और भीतर का भरोसा लक्षित होता रहता है और उनके ऐसा बनने में उनके पिता की भूमिका भी साफ उजागर होती है। एक स्त्री की आँख से देखी हुई दुनिया में खुद ममता कालिया की माँ और बहन हैं। उनकी माँ की दुनिया पारम्परिक छोटी हसरतों से पार नहीं जाती, जबकि बहन, जिसकी स्कूली परफोर्मेंस ममता कालिया की तुलना में अधिक उत्कृष्ट थी, प्रेम-विवाह के बावजूद एक सामान्य गृहिणी में तब्दील हो जाती है। यह ममता कालिया हैं जो प्रदत्त सीमाओं का अपनी तरह अतिक्रमण करती हैं। उनके अपनी तरह का बनने में निश्चय ही उनके पिता के बाद पति रवीन्द्र कालिया का बड़ा योगदान है। लेकिन हमें यह नहीं भूलना चाहिए कि यह भी उन्हीं का चयन था और जीवन संघर्ष में ममता कालिया के हिस्से की काफी दुर्धर्ष स्थितियाँ थीं।

ममता किशोरवय में चीजों को किस काव्यात्मक दृष्टि से देखती हैं : "जीवन के बारे में यही अच्छा है कि वह समयसारिणी बनाकर नहीं जिया जाता। कौतूहल और विस्मय उसमें मिले-जुले आते हैं मुझे हर चीज, हर बात तब तिलस्म नज़र आती। पीछे की क्यारी में सेम की बेल में फूल आते—पता भी न चलता कि दो दिन बाद नन्ही-नन्ही फलियों से बेल बन जाती—मैं सोचती किस क्षण यह जादू हुआ? अगर रातभर क्यारी में बैठूँ तो पकड़ पाऊँ उसे।" जेंडर के परिप्रेक्ष्य में ममता कालिया का एक उद्धरण बहुत महत्त्वपूर्ण है। हालाँकि ये भूमिका में उल्लिखित है किन्तु उनके नजरिये का इजहार करता है : "देखी-सुनी घटनाओं के सन्दर्भ में मुझे कुएँ-बावड़ी

ताल-तलैया, नदियाँ-नाले, सागर-महासागर से ज्यादा खतरनाक और रहस्यमय लगते हैं। सागर में निनाद है तो प्रमाद भी, उन्माद है तो मर्यादा भी पर कुएँ-बावड़ी तो कुछ कहते ही नहीं। इनके पेट इतने गहरे हैं कि साल में सत्रह सुहागिनें और सत्तर कुमारियाँ पचा जाएँ। इनके तले में जब झाँको, बस अपना ही चेहरा दिखेगा, मजाल है जो मुजरिम की भनक भी मिले। फिर भी लोग दिलेर हैं। ताल-तलैया, नदियाँ-नालों से जरा नहीं डरते। लोकसाहित्य ने उन पर गीत रचकर उन्हें रोमांटिक बना डाला है। फिल्मों ने उनमें कुछ और रंग भरकर सारी कसर पूरी कर दी है।"

ममता कालिया का यह कहना ठीक है कि यादें कभी सिलसिलेवार नहीं आतीं। इस पुस्तक में इन्हें एक बहुत खूबसूरत सिलसिला उन्होंने दिया है। सिलसिले की शुरुआत मथुरा की ढलवाँ गलियों से होती है जिन सबका गन्तव्य जमुनाजी है। उनके संयुक्त परिवार और इसके क्षरित होते रिश्ते हैं। गाँधीजी के अन्तिम संस्कार का दृश्य स्मृतियों में चला जाता है। मथुरा से नागपुर की छलाँग इस सिलसिले के हिसाब के काफी लम्बी है, जहाँ सन्तरों का सौन्दर्य और शहर के इर्दगिर्द इनकी सड़ाँध है। पहले ही अध्याय में 'अग्रवाल सिस्टर्स' बम्बई पहुँच जाती हैं कुछ-कुछ फिल्मों की ही तरह। और फिल्मी फंतासी की ही तरह ममता अपने लिए एक नायक गढ़ती हैं, "मैं 'मिल्ज एंड बून' जैसा एक हीरो सिर्फ शब्दों के सहारे जिन्दा कर सकती हूँ?"

इस संस्मरण में साहित्यकारों (विशेषकर हिन्दी के) और संस्कृतियों की आरम्भ से ही आवाजाही है। बचपन से ये ममता कालिया की स्मृतियों में जगह बनाते रहे हैं। कोई पारम्परिक तरीके से कह सकता है कि यह उन्हें विरासत में मिला है। लेकिन इस विरासत में सहभागी तो उनकी बड़ी बहन भी थी। वहाँ जैनेन्द्र और मुक्तिबोध के लिए वैसा आकर्षण क्यों नहीं है? वास्तव में यह ममता कालिया का सृजनबोध (लिटरेरी इन्सटिंक्ट) है जो शुरू से ही सक्रिय है। पूना के दिनों का एक वाकया उनके स्मृति पटल पर है..."कई दशक बाद अपर्णा सेन की फिल्म '36 चौरंगीलेन में हूबहू यह दृश्य देखा तो मन धक् से रह गया।' वे कलाकृतियों का आस्वादन ही नहीं करतीं बल्कि इन्हें जीवन में बरतती हैं, 'डेथ द लेवलर' जैसी कविताएँ बार-बार याद आतीं?"

यहाँ एक उल्लेख और प्रासंगिक है। इस लेखमाला में परोक्ष ही सही आकाशवाणी के उन गौरवशाली दिनों का प्रलेखन है जिन्होंने हिन्दी भाषा और इसके साहित्य के निर्माण में ऐतिहासिक भूमिका निभायी। ममता कालिया के पिता इसके सूत्रधारों में से एक थे। शहरों की अन्त-क्रिया पर वे बम्बई (अब मुम्बई) पूना के सन्दर्भ में लिखती हैं : "पूना तेजी से आधुनिक हो रहा था तो इसके पीछे उन लोगों का बड़ा हाथ था जो रोज यहाँ से बम्बई जाते और आते। वे अपने साथ बम्बई की वस्तुएँ ही नहीं, विचार भी लाते।" जैसा कि हमने पहले लिखा है, ममता कालिया आभ्यन्तर की पड़ताल करने की सामर्थ्य रखती हैं। अपने पिता पर टिप्पणी करती

हैं : "पापा के व्यक्तित्व में एक देशज हिन्दुस्तानी और एक अंग्रेजीदां काला साहब दोनों साथ रहते थे।" इस निस्संग अन्तर्दृष्टि ने ही उनकी संवेदना और प्रेरणा का निर्माण किया है। बचपन से लड़कों की तरह रहने-जीने के अन्दाज ने उन्हें पारम्परिक स्त्री-संस्कारों की अनेक जकड़नों से मुक्ति दिला दी। किन्तु आग्रहों से मुक्त रहने के लिए उनके प्रयास सचेतन थे, "मैं अज्ञता और विज्ञता दोनों से बचकर रहना चाहती।" यहाँ ऐसी डिटेल्स हैं जो पाठक को बाँध लेती हैं, बहुत सहजता से वृत्तान्त में संयोजित, कहीं देशकाल सम्बद्ध तो कहीं उससे निरपेक्ष : "सच ही है लड़कपन में समय चील सा उड़ता है। यह तो बाद में ही होता है कि समय कभी कील सा कसकता है।" काल को द्योतित करने वाले प्रसंगों में, "1959-60 में देश में गाँधी, खादी और आचार्य भावे तीनों मात्र तीन शब्द नहीं, तीन आदर्श थे।" इसी तरह 'आकाशवाणी केवल आधुनिकता का नहीं वरन् शिक्षा और संस्कृति का भी केन्द्र था।'

आकाशवाणी की ही तरह, 'कितने शहरों में कितनी बार' ममता कालिया के दौर की साहित्य धाराओं का भी जीवन्त दस्तावेज़ है। 'अज्ञेय सातवें दशक के नायक थे', इसी के साथ यहाँ प्रयोगवाद, नयी कविता, नयी कहानी और इसके उत्तरकाल का क्रमिक विवरण है। यह साहित्य इतिहास की किसी सन्दर्भ पुस्तक के विपरीत उन धाराओं का अन्तःस्पन्दन प्रस्तुत करता है। इसी से पता चलता है कि ममता ने अपने सृजन की शुरुआत कविताओं से की थी। रवीन्द्र कालिया वृत्तान्त में 'एंटी हीरो' की तरह आते हैं और अन्ततः नायक की तरह स्थापित हो जाते हैं।

अपने विवाहोपरान्त के संघर्षशील जीवन को जाहिर करने के लिए ममता के कुछ जुमलों की बानगी देखें : 'इन सबमें कुछ खाली जगहें थीं जो हमें अपनी तरह से भरनी थीं।' 'रेगिस्तान रोज नजदीक आता जाता', हालाँकि दूसरों को देखने के उनके अन्दाज में बिन्दास ह्यूमर सदा बना रहता है, 'कॉमेडी पढ़ाते हुए भी उनकी मुखमुद्रा ट्रेजिक बनी रहती।' 'और कॉलेज में ये दोनों प्रजातियाँ (विवाहित व अविवाहित) प्रतिपक्षी सैन्यदलों की तरह रहतीं।' 'उस समय की महिला रचनाकारों के लिए लेखन पूर्णकालिक काम नहीं था।' ममता कालिया मानती हैं कि 'शहर उसी का होता है जो घूमता है।'

ममता कालिया ने खुद कहा है कि हमारा विवाह महज दो कलाकारों का सम्बन्ध नहीं दो संस्कृतियों का भी संक्रांतिबिन्दु था। हमारे हिसाब से इस संक्रांति में शहर एक बृहद् आयाम की तरह जुड़ जाता है। दिल्ली, मुम्बई, इलाहाबाद और कलकत्ता के वृत्तांत इस त्रिआयामी सांस्कृतिक संक्रांति को समेटे हुए हैं। इस दौर में ममता कालिया एक बार कहती हैं : "नगरों ने मुझे कितना दिया है। जब मैं याद करती हूँ तो लगता है ये सब नगर मेरे गुरु, मेरे शिक्षक रहे हैं। इनके भूगोल और दिनमान में कितना सौन्दर्य, संस्कार और आस्वाद छिपा था, यह तब से ज्यादा अब महसूस होता है।" एक अन्य लेख की शुरुआत वे इस तरह की तिक्तता से करती हैं : "शहर

कब किसके हुए हैं, शहरयार तक के नहीं।" किन्तु उनकी मूल संवेदना शहर और उनमें व्याप्त जीवन के प्रति आर्द्र और आत्मीय ही रहती है। जैसा कि वे लिखती हैं, "...शहर महलों और मकबरों से नहीं बनते। शहरों में धड़कता जनजीवन ही तय करता है उनका तापमान।"

इस पुस्तक की संक्षिप्त भूमिका में वे लिखती हैं : "जितने शहरों पर लिखा उतने से ज्यादा अभी मेरे अन्दर कसमसा रहे हैं...। इस क्रम में उन्होंने लखनऊ, काठगोदाम, भोपाल, भिलाई, सतना, नैनीताल और जबलपुर का जिक्र किया है। हम चाहेंगे कि ममता कालिया का एक और शहर सप्तक आये।

कितने शहरों में कितनी बार ममता

—बलराम

राजेन्द्र यादव और मन्नू भंडारी के साथ पहली बार घर आये रवीन्द्र कालिया को उन्होंने कनखियों से देखा तो था, लेकिन जब चण्डीगढ़ से बस में साथ बैठकर दिल्ली लौट रहे रवीन्द्र कालिया ने पूछा कि उस दिन ममता ने उन्हें कैसे देखा था, तो उस 'देखा-देखी' को वे सिर से ही नकार गयीं, जबकि वे सफेद झूठ बोल रही थीं और रवीन्द्र द्वारा रँगेहाथ पकड़ ली गयीं। उसके बाद उन्होंने रवीन्द्र से कभी झूठ नहीं बोला, क्योंकि रवीन्द्र कालिया झूठ पकड़ने वालों के सरदार जो ठहर गये।

हिन्दी में कहानी की तरह संस्मरण विधा केन्द्रस्थ होने की जद्दोजहद में है, लेकिन बहुत धीरे-धीरे। ममता कालिया की संस्मरण कृति 'कितने शहरों में कितनी बार' पढ़कर मन में उथल-पुथल मच गयी और अनेक सवाल सिर उठाने लगे। कविता तो न जाने कब से साहित्य के केन्द्र में है, लेकिन इधर उसने अपनी केन्द्रीयता गँवाना शुरू कर दिया है। बीच के समय में उपन्यास और कहानी ने खुद को केन्द्र में स्थापित किया। शोर व्यंग्य और लघुकथा का भी कम नहीं मचा, लेकिन किसी लघुकथा संग्रह को साहित्य अकादेमी पुरस्कार आज तक नहीं मिला। व्यंग्य को सिर्फ एक बार, तो कहानी को केवल दो बार अकादमी का ताज पहनने का सौभाग्य हासिल हुआ। आज भी ज्यादातर कवि और उपन्यासकार ही साहित्य अकादेमी पुरस्कार हासिल करते हैं। सन् 2012 में उपन्यासकार काशीनाथ सिंह, तो सन् 2013 में कवि चन्द्रकान्त देवताले को साहित्य अकादेमी पुरस्कार मिला। अपने संस्मरणों में काशीनाथ सिंह श्रेष्ठतम सर्जक रूप में उपस्थित होते हैं, इसके बावजूद उनका 'काशी का अस्सी' मोक्ष नहीं प्राप्त कर सका, लेकिन उनके ही 'रेहन पर रग्घू' को मोक्ष मिल गया, क्योंकि वह उपन्यास है, जबकि 'काशी का अस्सी' संस्मरण, जो 'आछे दिन पाछे गये' के बाद छपा। 'काशी का अस्सी' पुरस्कृत होता तो काशीनाथ सिंह की बांछें खिल जातीं, क्योंकि तब वे हरिशंकर परसाई के व्यंग्यकार के समस्त संस्मरणकार के रूप में अपनी विधा के पहले सिकन्दर होते, निर्मल वर्मा की तरह जो हिन्दी कहानी के पहले सिकन्दर सिद्ध हुए। बहरहाल, काशी का उपन्यास 'रेहन पर रग्घू' उन्हें पंक्तिपावन तो बना ही गया, जिसके लिए हल्की ही सही, उनके

धवल चेहरे पर तिरछी मुस्कान तिर गयी, लेकिन पिछले दिनों ममता कालिया की संस्मरण कृति 'कितने शहरों में कितनी बार' को एक लाख रुपये का सीता पुरस्कार प्राप्त हुआ, तो उनकी तो बांछें ही खिलीं, लेकिन रवीन्द्र कालिया के ठहाकों से उस 'बेघर' की खिड़कियाँ तक हिल गयीं।

आत्मकथा 'क्या भूलूँ क्या याद करूँ' के लिए हरिवंश राय बच्चन और शरत की जीवनी 'आवारा मसीहा' के लिए विष्णु प्रभाकर को साहित्य अकादेमी पुरस्कार मिलता, तो कुछ और बात होती। बच्चन के काव्य 'दो चट्टानें' और विष्णु प्रभाकर के उपन्यास 'अर्द्ध नारीश्वर' को भले ही साहित्य अकादेमी पुरस्कार मिले, लेकिन उस सम्मान के लिए उनकी डिजर्विंग कृतियाँ तो 'क्या भूलूँ, क्या याद करूँ' और 'आवारा मसीहा' ही थीं, जिस पर विद्वानों से लेकर सुधी पाठकों तक सब एकमत हैं, लेकिन सम्मान और पुरस्कार देने में भारत तो क्या, दुनिया-भर में बहुमत का सम्मान होता कहाँ है!

दलित और स्त्री रचनाकारों ने इधर आत्मकथा को लगभग केन्द्रीय विधा की तरह अपना लिया है। मराठी में आत्मकथाओं की धूम है और जीवनियों की भी। आनन्द यादव की आत्मकथा 'जूझ' को मराठी के खाते में साहित्य अकादेमी पुरस्कार तक मिला, लेकिन हिन्दी में आत्मकथा, जीवनी और संस्मरण के लिए दिल्ली अभी दूर लगती है; जबकि 'कितने शहरों में कितनी बार' की सर्जक ममता कालिया के लिए दिल्ली कभी भी दूर नहीं रही, क्योंकि वह उनके लिए मायके सरीखी है। दिल्ली से सटे गाजियाबाद में उनके माता-पिता काफी समय से रहते रहे और चाचा भारतभूषण अग्रवाल तो दिल्ली के ही बाशिंदे ठहरे। बेशक ममता का जन्म वृन्दावन (मथुरा) में हुआ, लेकिन उनकी पढ़ाई-लिखाई नागपुर, मुम्बई, पुणे, इन्दौर और दिल्ली जैसे बड़े शहरों में हुई और पाकिस्तान का ऐबटाबाद उनका ननिहाल ठहर गया, जहाँ ओसामा मारा गया। जन्म और पढ़ाई-लिखाई के निर्णय मनुष्य के अपने वश में नहीं होते, लेकिन ममता इलाहाबाद, मुम्बई, कोलकाता और दिल्ली में खूब घूमी-फिरीं, कुछ इस तरह कि भारत के इन प्रमुख शहरों के सांस्कृतिक स्थल ही नहीं, चाट-पकौड़े की दुकानों के साइन बोर्ड कब-कब बदल गये, यह तक ममता को याद रह गये, जिसे उन्होंने 'कितने शहरों में कितनी बार' में हू-ब-हू दर्ज कर दिया है, जिसे पढ़कर उनकी याददाश्त का लोहा मानना पड़ा, वरना कहाँ किसी को बचपन और जवानी के दिनों का खाया-पिया कुछ याद रहता है और कहाँ याद रहते हैं वे लोग, जिन्होंने कभी मुग्ध नज़रों से हमें निहारा होता है, कभी कुछ कहना चाहा होता है, लेकिन कहते-कहते होंठ सिल गये होते हैं, लेकिन ममता कालिया ने उन सब मुग्ध नज़रों को याद रखा और अपने संस्मरणों की किताब में शब्दशः दर्ज कर दिया। और तो और 'तेरी कुड़माई हो गयी' पूछने वाले तक की बात नहीं छिपायी और रवीन्द्र कालिया को बता दिया कि एक तुम्हीं सूरमा नहीं थे, थे कई जन और

भी मेरे करीब, लेकिन तुम्हें ही मुकद्दर मान लिया हमने। कुल मिलाकर ममता के संस्मरण पढ़कर लगता है कि कोई रचनाकार कभी संस्मरण लिखे तो ऐसे डूबकर, जैसे ममता ने लिखे हैं। ममता कालिया लिखती हैं तो स्त्रियों की ही व्यथा-कथा नहीं लिखतीं, वे पुरुषों की तकलीफ को भी आत्मसात कर सबकी बात लिखती हैं। हर सच्चा और सम्पूर्ण सर्जक यही तो करता है।

नहीं, 'कितने शहरों में कितनी बार' सिर्फ संस्मरण नहीं हैं, वे ममता के आत्मलेख जैसे हो गये हैं, जैसे राजेन्द्र यादव के आत्मकथ्यांश 'मुड़-मुड़के देखता हूँ'। इसमें अगर ममता का ऊबड़-खाबड़ जीवन पथ झाँक रहा है, तो 'मुड़-मुड़के देखता हूँ' में राजेन्द्र यादव का, पर इन दोनों ने ही अपनी इन कृतियों को आत्मकथा कहने से परहेज किया और मनू भंडारी ने भी, जिन्होंने राजेन्द्र यादव के आत्मकथ्यांश की प्रतिक्रिया में लिखा था, 'एक कहानी यह भी', जिसमें वे राजेन्द्र से कहती हैं कि 'मुड़-मुड़के देखा था तो यह भी देखते'। राजेन्द्र ने अपनी किताब में जो नहीं देखा, मन्नू भंडारी ने वह भी देखा, लेकिन सिर्फ वही नहीं, और भी बहुत कुछ देखा और पाठकों को भी दिखाया, किन्तु मन्नू ने भी 'एक कहानी यह भी' को आत्मकथा मानने से इनकार कर दिया। इसकी वजह शायद यह है कि तीनों ने ही अपनी किताबों को मुकम्मल आत्मकथा की तरह लिखा ही नहीं। ममता कालिया से 'तद्भव' सम्पादक अखिलेश ने अपने जिये-भोगे शहरों पर संस्मरण लिखने का अनुरोध किया, तो उन्होंने लिखे ही संस्मरण, जबकि नामवर सिंह से अखिलेश ने अपने बारे में लिखने का अनुरोध किया, तो उन्होंने अपने बारे में कुछेक अंश लिखवाए थे, जो अद्भुत हैं, लेकिन लगता नहीं है कि नामवर सिंह की 'अद्भुत अपूर्व आत्मकथा' हम कभी पढ़ सकेंगे, क्योंकि उन्होंने जीवन-भर औरों का ही देखा-पढ़ा और उन्हीं के बारे में लिखते-कहते रहे और जब अपने बारे में कुछ कहने के क्षण आये, तो अक्सर शरमा गये, लेकिन ममता कालिया कहीं भी शर्मीली नहीं हुईं, शर्मीला जालान की तरह, सिवा इसके कि राजेन्द्र यादव और मन्नू भंडारी के साथ पहली बार घर आये रवीन्द्र कालिया को उन्होंने कनखियों से देखा तो था, लेकिन जब चण्डीगढ़ से बस में साथ बैठकर दिल्ली लौट रहे रवीन्द्र कालिया ने पूछा कि उस दिन ममता ने उन्हें कैसे देखा था, तो उस 'देखा-देखी' को वे सिरे से ही नकार गयीं, जबकि वे सफेद झूठ बोल रही थीं और रवीन्द्र द्वारा रँगेहाथ पकड़ ली गयीं। उसके बाद उन्होंने रवीन्द्र से कभी झूठ नहीं बोला, क्योंकि रवीन्द्र कालिया झूठ पकड़ने वालों के सरदार जो ठहरे।

शहरों में टँगे यादों के इन्द्रधनुष

–रीता सिन्हा

'कितने शहरों में कितनी बार' इस पुस्तक में वरिष्ठ लेखिका ममता कालिया की जीवनानुभूतियों के साथ मथुरा, नागपुर, पूना, इन्दौर, दिल्ली, मुम्बई, इलाहाबाद और कलकत्ता की सामाजिक, ऐतिहासिक, भौगोलिक एवं साहित्यिक स्थितियाँ, वहाँ की संस्कृति, परम्परा एवं समसामयिक संवेदनाएँ व्यक्त हुई हैं। इलाहाबाद में लेखिका 30 वर्षों तक रही हैं, जिससे उनकी स्मृतियों में सर्वाधिक वहीं की संस्कृति और साहित्यिक गतिविधियाँ रही हैं।

ममताजी दिल्ली विवि में अंग्रेजी की प्राध्यापिका और इलाहाबाद विवि के एक कॉलेज की 28 वर्षों तक प्रिंसिपल रही हैं, जिससे इनके लेखन में भी अनुशासन की प्रवृत्ति दिखती है। जीवनानुभूत प्रसंगों के वर्णन के सन्दर्भ में अंग्रेजी या दूसरे साहित्य के प्रसिद्ध उपन्यासों के पात्रों का उल्लेख उनकी अध्यापकीय चेतना और व्यापक अध्ययन का संकेत तो देता है, लेकिन हिन्दी के कुछ पाठकों के लिए कुछ समस्याएँ भी खड़ी कर सकता है। जीविका या अन्य दूसरे कारणों से विभिन्न नगरों, शहरों या महानगरों में रहने का अवसर व्यक्ति के विजन और विचारों को व्यापक बनाता है। लेकिन ममताजी की आपबीती को पढ़कर लगता है कि शहर परिवर्तन से होने वाली परेशानियों के कारण व्यक्ति के भीतर उस शहर के लिए आत्मीयता की जगह निरपेक्षता और तटस्थता के भावों में भी वृद्धि होने लगती है।

मथुरा में दादी-दादा के आँगन की खुशबू में लिपटी उनकी बचपन की चहकती स्मृतियाँ उस समय पीड़ा से लरजने लगती हैं, जब उनमें लेखिका के भोगे हुए मार्मिक यथार्थ, संयुक्त परिवार के टूटने के दंश और रक्त-सम्बन्धों के रिसाव के दर्द घुलने लगते हैं, दंगा आपसी विश्वास को तोड़-मरोड़ देता है। 1947, कालान्तर में इलाहाबाद और 1984 के दंगे के समय की विडम्बनाएँ उन्हें झकझोरती हैं, तो खंडित आपसी आस्था की स्थितियाँ उन्हें हतप्रभ कर देती हैं।

ममताजी के ऊपर अपनी माँ की अपेक्षा प्रबुद्ध पिता का अधिक प्रभाव था। इस संस्मरणात्मक आत्मकथ्य में कहीं-कहीं अपनी माँ के प्रति उनका रोष भी लक्षित किया जा सकता है। अपनी दीदी के जिस प्रेम-प्रसंग से वे पारिवारिक प्रतिष्ठा को

लेकर विचलित हुईं, वही युवा मन का प्रेम रवीन्द्र कालिया के सान्निध्य से न केवल उनके भीतर जीवन के लालित्य को भरने लगा, अपितु उनके एकाकीपन की पीड़ा और निरन्तर पनपते अनास्था के भावों को भी दूर करने लगा। प्रेम जब विवाह के बन्धन में बाँधता है, तो जीवन की जिम्मेदारियाँ और चुनौतियाँ भी उपहार में देता है। ममता जी ने दिल्ली विश्वविद्यालय में व्याख्याता के पद से त्यागपत्र देकर अपनी इन जिम्मेदारियों की स्वीकृति का पहला संकेत दिया।

इस पुस्तक में कई वरिष्ठ और विशिष्ट साहित्यकारों से सम्बन्धित स्मृतियाँ भी हैं, जो तत्कालीन साहित्यिक गतिविधियों और प्रवृत्तियों को संकेतित करती हैं, इलाहाबाद की वित्त-विहीन निजी शिक्षण संस्थाओं की विडम्बनाओं को भी ममताजी ने नजदीक से देखा है। ऐसी शिक्षण संस्थाएँ सातवें-आठवें दशक में ही नहीं थीं, अपितु आज भी हैं जो पूँजीपतियों के लिए व्यापार का केन्द्र हैं। यहाँ शिक्षकों का शोषण भी खूब होता है। आज तो कॉलेजों में लेक्चररों की नियुक्तियों में हर तरह का भ्रष्टाचार अपनी सीमा तोड़ ही रहा है, पर उस समय भी शिक्षण संस्थाओं में जातिवाद का बोलबाला था: "वे (महादेवी वर्मा) प्रयाग महिला विद्यापीठ कॉलेज की सर्वेसर्वा थीं। उन्होंने मेरा जरा भी समय नष्ट न करते हुए मुझसे स्पष्ट कह दिया कि नियुक्तियों में उनकी बिल्कुल नहीं चलती, कॉलेज में ब्राह्मण लॉबी का बोलबाला है।"

उम्मीद की जाती है कि लेखिका ने कुछ और संस्मरण सुरक्षित रखे होंगे और पाठकों को कालान्तर में 'कितने शहरों में कितनी बार' का दूसरा खण्ड भी पढ़ने को मिलेगा।

संस्मरण–मतलब जीवन एक विस्थापन है

–अरविन्द कुमार मिश्र

इस संचार बहुल समय में हमारे हाथ में एक सूचनातंत्र है। हम दुनिया से जुड़े-घिरे हैं, लेकिन खुद से अलग-थलग। इसीलिए हम एक खास तरह की स्मृतिहीनता के शिकार हो रहे हैं। ऐसे समय में ममता कालिया की पुस्तक 'कितने शहरों में कितनी बार' को पढ़ना एक भिन्न किस्म का आस्वाद देता है।

इसका मतलब यह नहीं कि हाल के वर्षों में संस्मरण लिखे ही नहीं गये, बल्कि एक खास अर्थ में इस दौर में संस्मरणात्मक पुस्तकों की बाढ़ है। इसलिए संस्मरण विधा की दुर्गति भी खूब हुई है। बड़े सरोकारों के साथ बाह्य समाज और दुनिया को गहराई से जोड़ने के कारण ही ममता कालिया का संस्मरण अलग से उल्लेखनीय है। यह आत्मकथात्मकता का गुण लेते हुए भी आत्मग्रस्तता का शिकार नहीं हुआ है। वह यादों की यात्रा होने के साथ-साथ अपने समय की यात्रा भी है। चूँकि उनकी यादें विशेष शहरों से जुड़ी हुई हैं, इसलिए यह रचना स्मृति के माध्यम से उन शहरों की यात्रा भी है। जहाँ व्यक्ति के रूप में लेखिका की परवरिश हुई तथा एक रचनाकार के रूप में उनका विकास हुआ। वे एक तरफ अपने अनुभव की दुनिया के शहरों में अपने व्यक्ति जीवन को तलाशती हैं तो दूसरी तरफ स्मृति में बसे उन शहरों के चिह्न तलाशती हैं, जिसने उनके व्यक्तित्व और रचनाकार को विकसित और बड़े होने का व्यापक स्पेस मुहैया करवाया। साथ ही नौकरीशुदा और अपने व्यवसाय की तलाश में भटकते आधुनिक शहरी जीवन की त्रासदी का एहसास कराया।

उनके इस संस्मरण के केन्द्र में शहर हैं। यही कारण है कि जब वे पुस्तक की भूमिका लिखती हैं तो यह लिखना नहीं भूलतीं कि 'जितने शहरों पर लिखा उतने से ज्यादा अभी मेरे अन्दर कसमसा रहे हैं, अपनी हरी-पीली-लाल बत्तियों के साथ जल-बुझ रहे हैं।' यानी शहर उनके भीतर एक ऐसे अनुभव के रूप में घनीभूत हैं, जो व्यक्त होने के लिए हमेशा कुलबुलाते रहते हैं। जिनमें जीवन के आनन्द हैं, प्रवाह हैं, समय है, संघर्ष है, संकीर्णता और उदात्तता है। शहरों के आरम्भिक बदलाव की वजह पिता की नौकरी थी तो बाद के बदलाव अपने जीवन और साहित्यिक सरोकारों की वजह से होते रहे। यह जीवन का एक ऐसा विखंडित एहसास है, जिसमें स्थायित्व

शब्द हमेशा निर्वासित रहता है, जो तमाम गहरे परिचय, अपनापे और उत्कट लगाव के बावजूद बंजारेपन के अनुभव को अचानक जिन्दा कर देता है। स्मृतियों के बीच एक बेगानी सी छा जाती है। यह बेगानापन कभी भी पीछा नहीं छोड़ता।

जब ममता कालिया स्मृति के माध्यम से किसी शहर में प्रवेश करती हैं, उन्हें एक नहीं, अनेक शहर दिखाई पड़ते हैं। एक व्यक्ति नहीं, अनन्त चेहरे दिखाई पड़ते हैं, एक प्रकृति नहीं, अनन्त प्रकृति दिखाई पड़ती हैं और भिन्न-भिन्न शहरों की अलग-अलग प्रकृति। वे उनमें से किसी एक को अपना कहना चाहती हैं, उससे लाग-डाँट करती हैं, तभी दूसरा दस्तक देता है और पहले के प्रति बेगानगी बरतने के लिए मजबूर कर देता है। बार-बार इस कसक पैदा करने वाले अनुभव के प्रति वे मार्मिक टिप्पणी करती हैं, "जब भी कोई मुझसे पूछता है तुम किस शहर की हो, मैं बड़े चक्कर में पड़ जाती हूँ। क्या कहूँ। कहाँ की बताऊँ अपने को। क्या लोगों को नहीं मालूम सरकारी नौकरी करने वाले बाप के बच्चे किसी एक जगह के नहीं होते। वे डेढ़-दो साल के लिए शहर में डेरा डालते हैं। तबादले का कागज आते ही वे ट्रक में सामान डाल अगले अनजान शहर की तरफ निकल पड़ते हैं। दस दिन में उनके स्कूल बदल जाते हैं, बीस दिन में बोली-बानी। सरकारी बंजारे।" यह आधुनिक औद्योगीकृत शहरी जीवन का तल्ख अहसास है। इसमें जीवन का मतलब अनन्त विस्थापन। लगातार जीवन के विस्थापित होने का अहसास पूरे संस्मरण में 'प्रत्यक्ष व अप्रत्यक्ष रूप में' जगह-जगह व्यक्त हुआ है।

एक पाठक के रूप में जब हम लेखिका के इस बंजारे अनुभव और स्मृति की अँगुली पकड़कर पुस्तक में प्रवेश करते हैं तो शहर-दर-शहर दरवाजे खुलते जाते हैं। हम एक-एक शहर में प्रवेश करते जाते हैं और लेखिका के अनुभव और स्मृति में रचे उस विशिष्ट शहर की विशेष दुनिया से रूबरू होते जाते हैं। शहर की यह यात्रा दिल्ली से शुरू होती है। (इसमें मथुरा कभी भी भूलता नहीं। उसकी याद हमेशा बनी रहती है।) और क्रमशः नागपुर, मुम्बई, पूना, इन्दौर, दिल्ली, चण्डीगढ़, इलाहाबाद, कोलकाता और फिर दिल्ली। इनके बीच अन्य कई शहरों की छोटी-छोटी यात्रा, जो लेखिका के भीतर बसे स्मृति के जंगल में अनजान भटक रहे हैं, जिनके बारे में लेखिका का मानना है, 'वे व्यक्त होने के लिए कसमसा रहे हैं, अपनी हरी-पीली-लाल बत्तियों के साथ कसमसा रहे हैं।' लेकिन दिल्ली से दिल्ली की यह यात्रा ऑस्ट्रियन लेखक और पत्रकार कार्ल क्रॉस के उस कथन की याद दिला देती है, जिसमें उन्होंने कहा था, "मनुष्य को अन्त में वहीं लौटना पड़ता है, जहाँ से वह शुरू होता है। इसी में उसकी सार्थकता निहित है।" लेखिका कार्ल क्रॉस के कथन को इस अर्थ में प्रमाणित करती जान पड़ती हैं कि क्रॉस का यह कथन नियतिवादी विचार कथन नहीं है, बल्कि, उसका एक पक्ष यह है कि एक सचेत आधुनिक व्यक्ति अपनी जीवन यात्रा की शुरुआत बाहरी और भीतरी दुनिया के सुखद भ्रमों

(भविष्योन्मुखी स्वप्न) के साथ करता है। लेकिन, जीवन-यात्रा के एक खास बिन्दु पर पहुँचकर जब ये भ्रम खण्डित होते हैं तो वह अपने उस अकेले निस्संग व्यक्ति के पास लौट आता है, जिसने कभी खाली हाथ उन सुखद भ्रमों को पाने या जीने की यात्रा की शुरुआत की थी। यह लेखिका की ही नहीं, हर आधुनिक मनुष्य के जीवन की विडम्बना है। वह शहर को अपना कहना चाहता है, लेकिन वह उसकी गलियों का बंजारा मात्र बनकर रह जाता है।

इस बात का स्पष्ट संकेत उन दो अनुभव प्रसंगों में मिल जाता है, जो वस्तुतः इलाहाबाद से जुड़े हैं। लेखिका कहती है, "हमने चाहा था इलाहाबाद हमें चन्दन-पानी, मोती-धागा, सोना-सुहागा जैसा अपना ले, आखिर हम तीस साल यहाँ रह लिए, अट्ठाईस साल नौकरी कर ली, यहाँ की हवाएँ, सर्दी, गर्मी झेल ली। अगर कोई अतिथि बाहर से आया तो हमने मेजबान की तरह उसकी अगवानी की, शहर की खासियत और खूबसूरती का खुले दिल से बखान किया।" सच्चाई यह भी है कि लेखिका को यह सुखद भ्रम रहता है कि बच्चा-बच्चा तो यहाँ जाना-पहचाना है और हम यहाँ के खास अपने हैं। अपनों को कौन लूटता है। लुटते तो बेचारे परदेसी हैं। खैर, धारणा ध्वस्त हुई। तबीयत पस्त हुई। ठीक इससे मिलता-जुलता और त्रासद अनुभव इलाहाबाद के उस कॉलेज से जुड़ा है, जिसे 'कच्चे से पक्का' बनाने के लिए लेखिका ने अपने जीवन को कॉलेज से एकमेक कर दिया था। उसी कॉलेज से जुड़े एक छात्र ने जब बिना वजह उन पर जानलेवा हमला कर दिया तो उनका विश्वास, उनका सुखद भ्रम डगमगा गया। वे लिखती हैं, "वास्तव में यह चोट सिर्फ सिर में नहीं लगी थी। मेरे अन्दर और बहुत कुछ टूट-फूट गया।"

उनका यह एहसास तब और तीखा और त्रासद हो जाता है, जब उन्हें मानबहादुर सिंह की हुई निर्मम हत्या की याद आती है, "उनकी हत्या के पीछे वजह थी कि कॉलेज में 'ग' वर्ग की नियुक्तियों के मामले में एक असफल अभ्यर्थी ने उन्हें दिन-दहाड़े तलवार से काटकर उनके अंग-प्रत्यंग कॉलेज परिसर में जगह-जगह उछाल दिये। उस कॉलेज में दो हजार छात्र पढ़ते थे, सौ से अधिक अध्यापक थे। दोपहर बारह बजे यह वारदात हुई, जब सब उपस्थित थे, लेकिन पुलिस के यह पूछने पर कि क्या किसी ने हत्यारे को देखा, सब चुप्पी खींच गये।" महत्त्वपूर्ण यह कि इस त्रासद अनुभव से गुज़रने के बावजूद सुखद भ्रमों के खण्डित होते हुए भी उन्होंने इलाहाबाद को अपना मानने से इंकार नहीं किया, लेकिन इलाहाबाद को लेकर जो एक खास तरह की दीवानगी थी, वह जरूर कमजोर पड़ गयी। यह उनका वास्तविक आन्तरिक व्यक्तित्व है। यही कारण है कि इस पूरे संस्मरण में किसी का महिमामंडन नहीं है। न व्यक्ति का, न शहर का। स्मृति की कुंजी अनुभव पर पड़े ताले खोल देती है। स्मृति और अनुभव के घुलने-मिलने से जो जीवन चित्र तैयार हुआ, उसे ज्यों का त्यों पाठकों के सामने रख दिया। कहीं कोई एकरस अनुभव नहीं। कहीं कल्पना में एकांगिता नहीं।

इस संस्मरण में एक-एक शहर जीवन का एक-एक पड़ाव है। जीवन का संस्मरण शहर का स्मरण बन गया है। हर शहर की अपनी विशिष्टता है। उसके अपने सांस्कृतिक रूप-रंग हैं। शहर बदलने से अनुभव बदल जाते हैं, 'क्योंकि शहर बदलने से एक अच्छी बात यह होती है हम वही होते हुए भी नये हो जाते हैं। हम ऐसे हो जाते हैं जैसे दीये में नयी बत्ती डाल दी गयी हो या तेल टपका दिया हो।' लेकिन, आदमी और शहर दोनों के भीतर नये-पुराने दोनों समानान्तर रूप से चलते रहते हैं।

इसे इन्दौर-भोपाल और इलाहाबाद-लखनऊ के सन्दर्भ में लेखिका ने बारीकी से कम से कम शब्दों में रेखांकित किया है। कुछ संस्कृतिपुरुष शहर के अपने संस्कृतिपुरुष होते हैं, शहर उनसे अपनापा जताता है। शहर के लोग सिर-आँखों पर रखते हैं। शहर और संस्कृतिपुरुष के बीच इस गहरे लगाव को कालिया जी ने शिवमंगल सिंह सुमन, कुमार गंधर्व और आमीर खान के माध्यम से इन्दौर के सन्दर्भ में व्यक्त किया है। इससे किसी भी शहर का कलाकार रश्क कर सकता है।

यह संस्मरण अनेक पहलुओं से उल्लेखनीय और पठनीय है। दिल्ली और दिल्ली विश्वविद्यालय, हिन्दी साहित्य का सातवाँ दशक, अकविता, नयी कहानी, मुम्बई की सेकुलर दुनिया और क्षेत्रवाद, इलाहाबाद और हिन्दी का साहित्यजगत, लेखक-प्रकाशक सम्बन्ध, लेखक और पाठक सम्बन्ध, कोलकाता शहर उसकी संस्कृति तथा उसकी सांस्कृतिक व्यावसायिकता पर वे बात करती चलती हैं। इस क्रम में उनकी आँखों के सामने लेखकों का एक पूरा समाज है, जिन्हें लेखिका यथा प्रसंग याद करती हैं। इसी क्रम में उत्तर प्रदेश की शिक्षा-व्यवस्था तथा हिन्दी भाषा की विविधतापूर्ण छवि पर प्रकाश डालती हैं। इस पूरे प्रसंग में ममता कालिया तथा रवीन्द्र कालिया स्वाभाविक रूप से मौजूद हैं, लेकिन वे शहर, समय और समाज के साथ हैं। उनका व्यक्ति उनके लेखक पर या उनका लेखक उनके व्यक्ति पर कहीं भी हावी नहीं हुए हैं। यही कारण है कि पाठक के लिए इस संस्मरण को पढ़ना लेखिका के साथ उन शहरों की यात्रा पर निकल जाने जैसा है, जिसे लेखिका ने अपने भीतर जिन्दा रखा है।

गुज़रे हुए पर आत्मीय नज़र

—मनोज मोहन

लेखिका ममता कालिया गद्य लेखन से चर्चा में आयी थीं। बेघर, नरक-दर-नरक, दौड़ जैसे अविस्मरणीय उपन्यासों एवं कई चर्चित कहानियों की लेखिका ममता कालिया ने 'कितने शहरों में कितनी बार' जैसे संस्मरणात्मक आत्मकथ्य लिखे हैं। उन्हीं शहरों से गुज़रते हुए उन्हें अपने साहित्यिक आस-पड़ोस में जो लोग मिले, उनसे जिस आत्मीय स्नेह सम्बन्ध में वे बँधीं, उन्हीं के संस्मरणात्मक रेखाचित्रों का संग्रह 'कल परसों के बरसों' है। कुल 23 व्यक्तियों के रेखाचित्रों के संग्रह में एक विवेकपूर्ण तटस्थता नज़र आती है। लेकिन वे कहीं भी व्यक्ति के निजीपन को छेड़ती नहीं, बल्कि उस व्यक्ति की सामाजिकता की परत उधेड़ते हुए समाज के सामने सकारात्मक व्यक्तित्व को रखती हैं, जैसे—'अश्क जी अपनी तरह के बेमिसाल रचनाकार और इंसान थे।', 'अपने स्नेहिल व्यवहार से कौशल्या जी ने सिर्फ दोस्त बनाये। अश्क जी के दुश्मन और रकीब भी कौशल्या जी की सहजता के आगे पराजित हो जाते थे।' और साठोत्तरी पीढ़ी के कथाकार ज्ञानरंजन के लिए ममता कालिया की इन पंक्तियों में आत्मीय स्पर्श देखने लायक है, 'ज्ञान उस वक्त हमारे लिए जितने कहानीकार थे, उससे ज्यादा एक शरारती दोस्त, मस्तमौला इंसान, मौलिक उत्पात के सूत्रधार और खाने-खिलाने के रसिया।'

इस संग्रह में वरिष्ठ लेखक जैनेन्द्र कुमार, उपेन्द्रनाथ अश्क, चन्द्रकिरण सौनरेक्सा, नेमिचन्द्र जैन से लेकर नयी कहानी के लगभग सभी चर्चित कहानीकार हैं। हाँ, यहाँ मोहन राकेश नहीं हैं जो रवीन्द्र कालिया के गुरु और प्रिय कहानीकार हैं। उनके बारे में 'रविकथा अनन्ता : रवीन्द्र कालिया' में वे लिखती हैं, 'रवि का मोह केवल एक के प्रति था। वह मैंने महसूस किया। मोहन राकेश के प्रति। वे पूजा की हद तक मानते थे उन्हें। उनका कहा ब्रह्मवाक्य, उनका सिखाया दीक्षान्त कथन। उनका लिखा सर्वोपरि।'

इस संग्रह की एक और खासियत यह है कि इलाहाबाद उनसे कहीं भी नहीं छूटता। अभी-अभी उभर रहीं चित्रकार (जिस समय वाजदा खान पर उन्होंने लिखा) 'लापता भी नहीं : वाजदा खान' में उनके बहाने इलाहाबाद के ऊर्जावान साहित्यिक वातावरण के बारे में वे लिखती हैं, 'यूँ ही नहीं हम इलाहाबाद पर फिदा। क्या अदा है इस शहर की। यहाँ का बच्चा-बच्चा मौलिक है, जिसे देखो वह कलाकार निकलता

है। अगर मौलिकता नापने का कोई सीटी स्कैन हो तो यकीनन इलाहाबाद सबसे ऊँचे नम्बर ले जायेगा।' इस रेखाचित्र में इलाहाबाद और वाजदा खान से लेखिका की आत्मीयता चरम पर है। 'वाजदा का जाना महज एक जान का जाना नहीं, बल्कि एक जहान का जाना था। वह एक सम्भावना का अवसान था। वह कलाकार का जाना था।' लेकिन वाजदा खान की मौत की खबर जब झूठी निकली, तो व्यक्ति और शहर को लेकर ममता कालिया की प्रतिक्रिया संवेदनशीलता का चरम पार कर जाती है, जो आज की भागम-भाग भरी जिन्दगी में लगातार गुम होती जा रही है। 'अब दिल को सुकून आया। जब से अपना शहर छोड़ आये हैं, तबीयत कुछ ऐसी तिन-तिन रहती है कि मन कभी किसी को लेकर चिन्तित हो जाता है, कभी किसी को...कलाकारों का, कथाकारों का, कवियों का पेरिस इलाहाबाद ही है, विद्यार्थियों का, विद्याधरों का, अध्यापकों का ऑक्सफोर्ड है इलाहाबाद। अड़ियल, कड़ियल, मौलिक इलाहाबाद।' ये रेखाचित्र कब लिखे गये इसका उल्लेख नहीं है, होता तो बेहतर होता।

पढ़ते हुए लगता है कि 'कॉमरेड ज्ञानरंजन' शायद पहले लिखा गया और बाद में 'जाने की हड़बड़ी थी : कमलेश्वर'। जिस आत्मीय लगाव से वे कमलेश्वर को याद करती हैं उसी आत्मीय लगाव से ऐनी आपा को भी। जिस तरह से नारी विमर्श पर ऐनी आपा की प्रतिक्रिया को दर्ज करती हैं ममताजी, उससे उनकी भी सहमति साफ-साफ दिखायी पड़ती है—'वे अपने को महज नारीवादी नहीं मानती थीं, उनका कहना था कि हिन्दुस्तानी समाज में कितने मसले हैं जिन पर लेखक को सोचना व लिखना चाहिए। जब वे हल होंगे तो औरत की मुश्किलें अपने-आप हल हो जायेंगी।'

सत्य प्रकाश मिश्र के बहाने लेखिका हिन्दी समाज में लेखकों के होने न होने को लेकर जो उदासीन वातावरण है, उस पर प्रतिक्रिया में लघु पत्रिकाओं को भी समेट लेती हैं। 'सवाल यह उठता है कि उनका जीना जब इतना धमक भरा था, उनका जाना इतना खामोश कैसे रह गया, अखबारों ने निधन के समाचार को छापने में आलस दिखाया, दृश्य मीडिया ने भी खबर को अदृश्य किया। क्या उन्हें याद रखने का दायित्व इन थोड़ी सी लघुपत्रिकाओं पर रह जाता है जो आपस में ही हम मिल-बाँट कर पढ़ लेते हैं और ऐसी खबरों पर उदास हो लेते हैं।' ये रेखाचित्र न व्यक्ति की कहानी है, न उन पर निबन्ध और न सिर्फ संस्मरण, यह इन तीनों का मिला-जुला रूप है जिसमें ममता कालिया की कलात्मक शैली और चुटीले व्यंग्य की क्षमता से हम परिचित होते हैं।

नामी हिन्दी प्रकाशकों के पास भी सम्पादक नाम का प्राणी नहीं है। इसके लिए मात्र एक उदाहरण—'वे मुझे बड़े सहज, सरल और सहृदय लगे, बिल्कुल उनकी कहानियों की तरह।' (पृष्ठ 14) उनकी जगह अपनी होनी चाहिए। आज के समय में इस पुस्तक से गुज़रना अपनी स्मृति की ओर लौटने जैसे अनुभव से गुज़रने जैसा है। और इसके लिए ममता कालिया को साधुवाद दिया जाना चाहिए।

कविता

प्रेम, विक्षोभ और प्रतिरोध की इबारत

—ओम निश्चल

हिन्दी साहित्य में ममता कालिया की पहचान आज बेशक मुख्यतः कथाकार-उपन्यासकार के रूप में ही है पर सच यह है कि उन्होंने अपना रचनात्मक सफर कविता से ही शुरू किया। उनकी कविताओं की चर्चा अकविता के दिनों से ही होती रही है जब वे ममता अग्रवाल के नाम से लिखा करती थीं। स्त्री की समानता और उसकी अस्मिता को लेकर एक वैचारिक चिन्तन उनकी कविताओं को निरन्तर मथता-भेदता रहा है। अंग्रेजी में प्रकाशित उनके कविता संग्रह 'पोएम्स-78' का एक कवितांश यह जताने के लिए काफी है कि कविता में भी ममता कालिया का डिक्शन समकालीन कवियों की तुलना में निष्प्रभ नहीं है—अब मैं महसूस नहीं करती मैं ममता कालिया हूँ/मैं कमला हूँ/या विमला/या कान्ता या शान्ता/मैं पकाती हूँ/मैं धोती हूँ/मैं धारण करती हूँ/मैं पोषण करती हूँ/मैं खीझती हूँ/मैं झुकती हूँ। —लम्बे अरसे बाद आये उनके ताजा संग्रह 'खाँटी घरेलू औरत' की कविताएँ घरेलू कामकाजी स्त्रियों की मनःस्थिति, सुख-दुख, प्रेम, नाराजगी, असन्तोष तथा दाम्पत्य के मामूली से मामूली प्रसंगों को स्वर देती हैं।

कहना न होगा कि अभी तक घरेलू तथा कामकाजी औरतों पर कहानियाँ-उपन्यास अवश्य लिखे गये हैं किन्तु कविताओं के सूक्ष्म तानेबाने में इस वर्ग के स्त्री यथार्थ को सम्भवतः पहली बार व्यापक संवेदना और कथ्य के साथ उद्घाटित किया गया है। इन कविताओं से गुज़रते हुए कभी-कभी लगता है कि हम कवयित्री के अपने चिन्तन और भावलोक से गुज़र रहे हैं किन्तु धीरे-धीरे खाँटी घरेलू औरत एक प्रतीक में बदल जाती है। यह अपनी ही तरह की स्त्रियों का एक ऐसा समवाय है जिसके खाँटी घरेलूपन से भले ही पुरुष प्रजाति को चिढ़ हो किन्तु उसके भीतर मोह-माया-ममता, प्रेम, क्रोध, हर्ष, विषाद का एक ऐसा दिव्य पारावार भरा है जिसके द्वारा सदियों से वह दाम्पत्य के दोनों पायों को सन्तुलित रखती आयी है। वह गृहस्थ जीवन के विडम्बनापूर्ण सत्यों को कुछ ही दिनों में पहचान लेती है और अपने सपनों, आकांक्षाओं, बौद्धिक क्षमताओं और जीवनादर्शों के कोमल अहसासों को खूँटियों पर टाँग कर खुरदुरे और विरस जीवन की अभ्यस्त हो जाती है। इन

कविताओं को पढ़ कर आँखें गीली हो उठती हैं–ये अपने भीतर 'संवाद', 'स्वगत' और 'जिरह' की एक ऐसी दुनिया बसाए हुए हैं जिनसे रूबरू होकर गृहस्थ स्त्री के सुख-दुख, शोक-सन्ताप और पुरुष के अड़ियल और अधिकारवादी रवैये का परिचय मिल जाता है। गृहस्थ जीवन की खटर-पटर से गुज़रती स्त्री आखिरकार इसी फ्रेम में रह कर पालतू नागरिक की तरह जीना सीख जाती है।

इन कविताओं का परिदृश्य बताता है कि स्त्री के हाथ कभी खाली नहीं होते–कभी कलम, कभी करछुल, कभी सूप, कभी सलाइयाँ; क्रेन की तरह झुकती कमर की थकान के बारे में उसने कभी सोचा ही नहीं। वह सोचती है, क्या कभी लिखा जाएगा उसका असली हिसाब? आये दिन निरन्न और निर्जला रहने वाली इस स्त्री के जीवन में ही जैसे सारे व्रत-उपवास लिखे हैं। किन्तु सबका मंगल साधती यह स्त्री अपने अमंगल से अनजान रहती है। साम्यवाद के समर्थक पति पुरुषों तक के 'पाद-प्रहार' के इंदराज़ यहाँ दर्ज़ हैं तो निरी भौतिक इकाई भर रह गयी स्त्री के सन्ताप भी। एक ऐसी विक्षुब्धता भी यहाँ साँस लेती है जो सबल स्वरों में आजादी के लिए हुंकार भरती है–'क्या मैं कुछ कम मनुष्य हूँ/या वे कुछ ज्यादा/क्या मुझे हमेशा मोहलत की तरह मिलेगी जिन्दगी/या बख्शीश में/जाओ उनसे कह दो/मैं न कैदी हूँ न भिखारी/मेरा हक है एक समूची आजादी।' पर काश कि यह आजादी उसे हासिल होती! खाँटी घरेलू औरतों के पास आजादी नहीं है, उनकी अपनी कोई पसन्द नहीं है, अपना कोई सपना नहीं है, वह दूसरों की पसन्द सहेजती, दूसरों के सपने बुनती जैसे एक सर्वहारा जीवन जीती है। पर कुछ सिफत तो खाँटी घरेलू औरतों में है ही कि वे एक कटोरी दही से तीन कटोरी रायता बना लेती है और पाव भर कद्दू में घर-भर को जिमा देती है, बकौल अशोक वाजपेयी–'पाव भर जीरे में ब्रह्मभोज'। पर उसे रंज है तो बस इस बात का कि अपनी सारी प्रतिभा आलू-परवल में झोंक देने या सारी रचनात्मकता को रायते में घोल देने और स्वाद व सुगन्ध का संवत्सर रचने के बावजूद कभी पुरुष ने उससे 'शुक्रिया' नहीं कहा।

'खाँटी घरेलू औरत' संग्रह महज काव्यात्मक शिकायतों का इज़हार-भर नहीं बल्कि घरेलू स्त्री की चाहतों का रोज़नामचा भी है, जो यह भी जानती है कि पुरुष के बिना दिन कितने मनहूस होंगे और घर धड़कन-विहीन। वह अपने भीतर के गुस्से को भी पहचानती है तथा भीतर तक लपट और लिपियों की तरह फैली अपनी भाषा भी। वह अपने स्वभाव में पैदा हुए खुरदुरेपन से अचरज करती है। इन कविताओं में खाँटी घरेलू औरत के बीच अक्सर एक पढ़ी-लिखी औरत भी आ धमकती है–बिल्कुल ममता कालिया का ही प्रतिरूप बन कर जो कभी-कभी घरेलू औरत के इस धारावाही आख्यान को कविता के बीच चकित कर देने वाले मुहावरे में बदल देती है–'हम किस कदर मूर्ख हैं/कि दुनिया बदलने का दम भरते हैं। जबकि पहले हमें तकियों के गिलाफ बदलने चाहिए।' ममता कालिया का

स्त्री-मन भले ही प्यार के सतहीपन को बखूबी पहचानता हो तथा वह इसी नतीजे पर पहुँचता हो—कि 'प्यार शब्द घिसते घिसते चपटा हो गया है/अब हमारी समझ में सहवास आता है।' फिर भी तमाम तोहमतों के बावजूद घरेलू औरत घूम-फिर कर उसी लल्लो-चप्पो पर उतर आती है—'दीवार पर तस्वीर की तरह खामोश नहीं बैठूँगी/फिर फिर लौटूँगी मैं तुम्हारे जीवन में/...जैसे हम शामिल हैं एक दूसरे के मानचित्र में/नहीं हो सकता कोई और उस तरह/ कहाँ कहाँ मिटाते फिरोगे रबर से/ जिन्दगी में पड़े निशान जगह-जगह।' किन्तु इस बहाने वह कहीं न कहीं स्त्री-पुरुष के अन्योन्याश्रयी सम्बन्धों को ही पुख्ता सिद्ध करती हैं। कहना न होगा कि तमाम घरेलू स्थितियों के बीच झींकती-गुस्साती, लाड़ लगाती, ममता बरसाती इस स्त्री का कोई अन्य विकल्प नहीं है। ममता कालिया ने अक्सर कहानियों में पाई जाने वाली घरेलू औरतों को किस्सागोई के स्थापत्य से निकाल कर कविता के सुकोमल और झीने विन्यास में ढाल दिया है।

कविता में स्त्री-जीवन

–शशिभूषण

लेखिका ममता कालिया का कविता संग्रह 'खाँटी घरेलू औरत' पढ़ते हुए अगर सिमोन द बुवा की विश्व प्रसिद्ध पुस्तक 'द सेकेंड सेक्स' याद आ जाए तो आश्चर्य नहीं क्योंकि उनके इस संग्रह की कविताओं की एक-एक पंक्ति खाँटी घरेलू औरत के बनने की प्रक्रिया की गवाह हैं। हालाँकि इसी वजह से ये कविताएँ महत्त्वपूर्ण नहीं हो जातीं, बल्कि जिस तरह से कविता के शिल्प में ऐसी अनुभूतियाँ आयी हैं, वह उल्लेखनीय है।

जाहिर है कि 'खाँटी घरेलू औरत' यहाँ एक ऐसा पद है जिसमें घरेलू औरतों के प्रति एक तरह की हिकारत का भाव है। स्त्री विमर्श के सम्बन्ध में राजेन्द्र यादव की एक दिलचस्प स्थापना रही है। उनके अनुसार हिन्दुस्तानी पुरुष स्त्रियों को तीन भागों में बाँटकर देखता हैः पहला सिर से गरदन तक, दूसरा गरदन से कटि तक, तीसरा कटि से पैर तक। वे कहते हैं कि हमारे पूरे सांस्कृतिक इतिहास में स्त्री इन्हीं तीन भागों में विखण्डित रही है। सम्पूर्णता में उसे कभी नहीं देखा गया। अब राजेन्द्र जी का स्त्री-विमर्श स्त्री के किस खण्ड से सरोकार रखता है, यह वे जानें। जहाँ तक ममता कालिया की बात है तो वे स्त्री देह के विखण्डन से बचते हुए उसके मर्म तक पहुँचती हैं। इसलिए भी कि स्त्री-विमर्श के उनके सरोकार अपने अस्तित्व के लिए जूझ रही हजारों-हजार औरतों की सचमुच की पीड़ा से उपजे हैं। यहाँ घर-परिवार और दफ्तर की चक्की में पिसती हुई खाँटी घरेलू औरत माँ, बेटी, पत्नी और प्रेमिका के अलग-अलग रूपों में हमारे सामने आती है। खुद को भुलाकर पति और बेटों के लिए जीने वाली और उनकी खुशियों में ही अपनी खुशियाँ तलाशने वाली ये खाँटी घरेलू औरतें सच पूछिए तो हमारे अपने ही घरों की औरतें हैं जिन्हें थोड़ा प्यार और सहानुभूति के साथ पढ़ा जाना चाहिए। बचपन से ही उसे सिखाया गया है कि उसका शरीर ही उसका दुश्मन है। शायद इसीलिए उसने 'शरीर को हमेशा, दुश्मन की तरह समझा, और दुनिया की भट्ठी में झोंक दिया, वह अक्सर खामोश रहती है क्योंकि वह जानती है, चुप्पी और चालाकी में गहरा नाता है, औरत का बोलना घर को नहीं भाता है।'

सोमवार को वह सुहाग के लिए निरन्न रहती है। मंगल को पड़ोसियों की देखा-देखी करने लगी है व्रत। बुध को खाती है बुफे और बीमार पड़ जाती है। सन्तोषी माता के चलते शुक्र को खाने का सवाल नहीं और शनिवार को तो वह घर के मुखिया के लिए ही बनाती है। और जब मुखिया कहता है:

'तुम कितना ध्यान रखती हो हम सबका, उड़ जाती है थकान, नींद और पीड़ा। वह एक बार फिर सतर्क बैठकर कहती है, कहाँ थकी हूँ, बताओ क्या करना है?'

हालाँकि वह जानती है कि सुख और प्रेम के ये प्रमाणपत्र कभी भी वापस लिए जा सकते हैं। ममता कालिया चूँकि मूलतः कथाकार हैं, मूलतः कुछ और इसलिए उनकी कविताओं में भी कहानी होती है। देखें तो इस संग्रह की कविताएँ भी घरेलू औरतों के सुख-दुख, पीड़ा और विद्रोह की ही कहानियाँ हैं। उसकी घुटन का एक मार्मिक चित्र देखिए:

'न सही पूरा द्वार अथवा खिड़की, मुझे एक रोशनदान ही दो ऊँचा, खुला और अलहदा, मोरी के रास्ते हवा तलाशने से, कितनी परेशानी होती है, थोड़ी सी आजादी, थोड़ा सा खुला आसमान चाहने वाली यह औरत, जानती है कि कुछ दिनों बाद मैं एक मूर्ख उपस्थिति मात्र रह जाऊँगी।'

उसकी यह मूर्ख उपस्थिति ही आखिर उसके एक हिस्से को गीदड़ बना डालती है तो दूसरे हिस्से को कटखना कुत्ता। इन खाँटी घरेलू औरतों को भय ही आक्रामक बनाता है। उसे लगता है जैसे एक पूरी संस्कृति ही परास्त पड़ी है उसके भीतर। वह कभी कोई ऊँची बात नहीं सोचती। उसका दिन कतरब्योंत में बीतता है और रात उधेड़बुन में। राशन की लाइन उसे कभी लम्बी नहीं लगती। बच्चों को स्कूल और पति को दफ्तर भेजने के बाद भागमभाग में वह दफ्तर पहुँचती है। वहाँ भी दिन-भर हबड़-तबड़ लगी रहती है। घर लौटती है तो पतिदेव के लिए चाय बनानी है, खाना बनाना है, साफ-सफाई, छत्तीस झंझट। किसी नट की तरह साध लिया है उसने खुद को। दोनों हाथों में बर्तन थामे चौके से बैठक तक लपकना। एक कटोरी दही से तीन कटोरी रायता कैसे बनाना है, यह वही जानती है। कभी गुलाब के फूल की तरह दिखने वाली खाँटी घरेलू औरत धीरे-धीरे गोभी के फूल की तरह ठोस और ठस्स हो रही है। मीडिया द्वारा प्रक्षेपित अमूर्त चिरयुवा स्त्रियों के बीच यह सचमुच हाड़-मांस की औरत है जिसकी चिन्ता के केन्द्र में सिर्फ उसका घर है। वही उसकी साधना है और साध्य भी। यानी उसकी शक्ति और कमजोरी एक साथ। लेकिन इसी घर में छिपे हैं विद्रोह और क्रान्ति के बीज। खाँटी घरेलू औरत अपने मौन में ही विद्रोह का पोषण करती है जो 'दुनिया के मजदूरो एक हो' की तर्ज पर कहती है, 'दुनिया की खाँटी घरेलू औरतो एक हो!'

'खाँटी घरेलू औरत' शृंखला की ये तमाम कविताएँ एक निम्न-मध्यवर्गीय स्त्री के हर्ष-विषाद, प्रेम-प्रतिरोध, सुख-दुख और असन्तुष्ट जीवन की कथा तो है ही,

उससे ज़्यादा यह निम्न-मध्यवर्गीय स्त्रियों के देशज नारीवाद का घोषणापत्र भी है। हालाँकि संग्रह की सारी कविताएँ खाँटी घरेलू औरतों को ही सम्बोधित नहीं हैं। कई कविताएँ सूचना और बाजार के बीच संवेदनाओं के क्षरण की पीड़ा से उपजी हैं। मसलन–'बिना सूचना, बिना विज्ञापन, यों बिलावजह, खुशी न दो, तकलीफ होती है।'

या फिर–'प्यार शब्द घिसते-घिसते, चपटा हो गया है, अब हमारी समझ में सहवास आता है।'

इन कविताओं के अलावा निजी सम्बन्धों पर लिखी कविताएँ संवेदना के धरातल पर कहीं ज्यादा झकझोरती हैं। खासकर माँ और पिता पर लिखी गयी कविताएँ या फिर खामोश गुज़रते समय में अपने अस्तित्व की तलाश और भविष्य की बेकली। यूँ तो एक आन्तरिक लय पूरे संग्रह में ही है लेकिन कुछ कविताओं की संगीतात्मकता एक विरल ताजगी लिए हुए है। यह ताजगी शायद इसलिए भी है कि ममताजी मूलतः कवि नहीं हैं।

स्त्री-आन्दोलन की पहली पाठशाला

—श्रवण मिश्र

ममता कालिया का नवीनतम कविता संग्रह 'खाँटी घरेलू औरत' यह सवाल पैदा करता है कि उसे समकालीन काव्य पद्धति के सन्दर्भों से देखा जाए या समाज और इतिहास के बीच नारी मुक्ति आन्दोलन के व्यापक पहलुओं के रूप में। 'खाँटी घरेलू औरत' ममता कालिया का हिन्दी में पहला काव्य संग्रह है जो 20वीं सदी एवं 21वीं सदी की सन्धि में खड़ा ऐसा दस्तावेज़ है जो स्त्री के पारम्परिक एवं प्राथमिक बिन्दुओं के बीच उसकी मुक्ति कामना एवं मूक विद्रोह को स्वर प्रदान करता है। इस संग्रह में ममता कालिया की कविता 'मन' स्त्री इतिहास में उसकी आन्तरिक विवशता एवं तर्क पद्धति को खोजने का प्रयास करती है। इस संग्रह से पूर्व उनका 'ट्रिब्यूट टू पापा एंड अदर पोयम्स एंड पोयम्स 78' नामक अंग्रेजी काव्य संग्रह प्रकाशित हो चुका है।

'खाँटी घरेलू औरत' समय-सन्दर्भों को परखने के साथ-साथ समय-प्रतिरोध को भी दर्ज कराता है क्योंकि वर्तमान की अपर्याप्त स्थितियाँ ममता कालिया को अपने समय से दूर ले जाती हैं, यही वह प्राथमिक चरण है जहाँ स्त्री-आन्दोलन अपने आधार को मजबूत करता है। समय से अलग जाते हुए भी उनकी कविताओं में इतिहास एवं समय के निशान मौजूद रहे हैं। वह अपने कलेवर में इतिहास एवं समय का विरोध कर उनका विस्तार भी करती जाती हैं।

ममता कालिया जानती हैं कि किसी भी रचना की भूमिका मानवीय मूल्यों के संघर्ष से उत्पन्न विभिन्न आन्दोलनों को सशक्त बनाने में ही सार्थक हो सकती है। उनका यह संग्रह अलक्षित समय को पकड़ने का एक प्रयास है। केन्द्रीय संवेदना में 'खाँटी घरेलू औरत' स्त्री-चेतना एवं संघर्ष को कई रूपों एवं तरीकों से देखते हुए स्त्री सम्भावनाओं के लगातार विकास को चिह्नित करता है। ममता कालिया के इस संग्रह में स्त्री की उस आकांक्षा को आधार प्राप्त हुआ है जिसमें स्त्री की सम्बन्धों से नहीं बल्कि सम्बन्धों में मुक्ति की माँग निहित है। वह पुरुष से मुक्त होने के बजाय सामाजिक एवं सांस्कृतिक वर्चस्ववादी मानसिकता से मुक्त होना चाहती है। स्त्री की संघर्षधर्मी चेतना से बनते-बिगड़ते मूल्य और हाशिए से मुख्यधारा में आने का संघर्ष 'खाँटी घरेलू औरत' में प्रतिबिम्बित हुआ है।

स्त्री की मौलिकता में परिणत हो चुकी निष्क्रियताएँ ममता कालिया के यहाँ नितान्त आन्तरिक सक्रियता में परिणत होती दिखती हैं। पूरे द्वार की अपेक्षा एक ऊँचे, खुले रोशनदान की माँग करती 'खाँटी घरेलू औरत' प्रतिकूल परिस्थितियों का शिकार होने की बजाय सघन एवं सामूहिक भाव से अनुकूल परिस्थितियों की रचना का आह्वान करती है—'मैं न कैदी हूँ न भिखारी/मेरा हक है। एक समूचीसाबुत आजादी।' अन्दर से बाहर तक प्रश्नों से भरी और लगातार गुस्सा जीती स्त्री के स्वर में एक समूची 'संस्कृति' परास्त होती दिखाई पड़ती है। 'संस्कृति' की यह पराजय स्त्री को सर्वहारा जीवन से मुक्त कर औपनिवेशिक मानसिकता के विरोध में निर्मित करती है। परन्तु आर्थिक समायोजन के वर्तमान दौर में परम्परित रोजगार से वंचित स्त्री पर्याप्त समय एवं अर्थ के विकल्पहीन अभाव में कौन-सी दिशा का चुनाव करे, निश्चित नहीं है। ममता कालिया संक्रमण की इस स्थिति को पहचानते हुए भी जानती हैं कि 'इस सबके लिए उसे (स्त्री को) चाहिए/कुछ साबुत दिन और कुछ रुपये/दोनों ही उसके पास कहाँ' हैं। महिला सशक्तीकरण को ऐसी स्थितियाँ गहरा आघात पहुँचाती हैं। 'मुक्ति की सामूहिक चेष्टा' का अभाव इस संग्रह की कविताओं में खटकता है परन्तु घरेलू स्त्री के तरल प्रसंगों एवं संवेदनाओं को उभारने में वे पर्याप्त सफल रही हैं। वे घरेलू स्त्री के विद्रोही रूप को पुरुष के विरोध में पाने की बजाय पुरुषवादी मानसिकता के विरोध में रचती हैं। वे जानती हैं कि पुरुष मानसिकता में अपेक्षित परिवर्तन किए बिना स्त्री जीवन में सार्थक परिवर्तन लाना सम्भव नहीं है।

ममता कालिया स्त्री की धर्मसम्मत रूढ़ छवि को तोड़कर मनुष्यता की एक नयी जीवन्त छवि निर्मित करने का साहस करती हैं। स्वयं के अपमानित होने से क्षुब्ध पुरुष मानसिकता ने स्त्री-लेखन के खिलाफ जो हिंसा, दमन एवं उत्पीड़न का तरीका निकाला है उसके विरोध में ममता कालिया की 'खाँटी घरेलू औरत' बार-बार यह कहकर खड़ी होती है कि 'तुम्हारी प्रतिक्रियाओं के बिना/मेरी अगली लड़ाइयों के नक्शे अधूरे हैं।' 'खाँटी घरेलू औरत' का यह संघर्ष स्त्री-आन्दोलन को पुनः उन प्राथमिक अवस्थाओं की ओर खींच लाता है जहाँ से नारी संघर्ष को नया स्वरूप दिया जा सके। सामन्ती व्यवस्था के खिलाफ यह संघर्ष नव-औपनिवेशिक मानसिकता का पोषक न बन जाए, ममता कालिया इस पर पूरी नज़र रखती हैं। 'देहमुक्ति' का वर्तमान नर्तन ममता कालिया की 'खाँटी घरेलू औरत' के सामने परास्त दिखाई देता है। जब तथाकथित 'क्रान्तिकारी' कहते हैं/'दीवार तोड़ देनी चाहिए' तब ममता कालिया की समझदार एवं संवेदनशील लड़की (स्त्री) 'दीवार पर लगाती है खूटियाँ/पढ़ाई-लिखाई और रोजगार की/और एक दिन/धीरे-से उन पर पाँव धरती/दीवार की दूसरी तरफ/पहुँच जाती है।' ऐतिहासिक प्रक्रिया एवं 'क्षण' के बीच ममता कालिया एक पूरी प्रक्रिया में स्त्री-मूवमेंट को माँजती हैं। यह ऐतिहासिक प्रक्रिया एक साथ सामन्ती एवं नव-उपनिवेशी मानसिकता के विरोध में अर्जित होती है जो स्त्री को

'देहमुक्ति' की बजाय आर्थिक एवं मानसिक रूप से स्वावलम्बित करती है। वह परिवारवादी विषमतामूलक संरचनात्मक ढाँचे को परत-दर-परत विश्लेषित कर अपने आक्रोश एवं रोष को दर्ज करती हैं।

'ब्यूटी ब्रेन' के नव-उपनिवेशवादी मिथ अर्थात् मिथ्या भ्रम को ममता कालिया 'खाँटी घरेलू औरत' अपने सामन्ती छोरों के बीच तोड़ती जाती है। वह सामन्ती रुचि एवं उन उपनिवेशी भोगवादी प्रवृत्तियों की सामग्री नहीं बनना चाहती, बल्कि अपनी 'निष्क्रिय' भूमिका त्यागकर जीवन की कमान अपने हाथों में सँभालने का साहस कर प्रारम्भिक प्रयास करती है। 'खाँटी घरेलू औरत' का यह प्रारम्भिक प्रयास अगली पीढ़ी को आशान्वित कर सार्थक दिशा देता है। माँ को विश्वास है कि 'मेरी बेटियाँ/पहचानती हैं मेरी गलतियाँ/वे चिल्ला रही हैं/पूरे जोर-से सड़क पर, संसद में, सभाओं में/उनसे नहीं होगी भावुकता की भूल/वे बदल देंगी सारी व्यवस्था समूल।' वे सहअस्तित्व की माँग करती हैं, वह अधिकारों, शिक्षा, नाम और काम में बराबर की भागेदारी चाहती हैं। यह सहअस्तित्व व्यक्तिवादी मानसिकता को ब्रेक करता है। वे 'स्त्री' एवं 'स्त्रीत्व' के सूक्ष्म अन्तर में 'स्त्री होने के अर्थ' को विकसित कर आत्मसम्मान एवं आत्मविश्वास प्राप्त करने का प्रयास करती हैं। स्त्री की आग को शब्दबद्ध कर ममता कालिया भले ही समाज में क्रान्ति न ला पाएँ परन्तु एक प्रकार से क्रान्तिधर्मी सोच का संस्कार अवश्य निर्मित करती हैं। वे 'महापुरुषों के महाजाल' में फँसे स्त्री के बौने व्यक्तित्व के अस्तित्व पर गहरे प्रश्न उठाती हैं। इस संग्रह में कविताओं के शब्द यथार्थ के सम्पूर्ण भार को वहन करते हुए भी भारहीन जान पड़ते हैं। सेलफोनीय भाषा की अपेक्षा जीवन-भाषा का रचाव उनके यहाँ अधिक मिलता है। यह उनकी कविता का अलग विधान है। इस संग्रह में भीतरी-बाहरी दोनों तरह के संघर्ष विद्यमान हैं। ये कविताएँ भावुकता के स्थान पर पाठक को एक तरह का साक्षी बनाने के साथ विवेकपूर्ण व संवेदनशील बनाती हैं।

□□